Eine Architektur für individualisierte computergestützte Lernumgebungen

SCHRIFTEN ZUR WIRTSCHAFTSINFORMATIK

Herausgegeben von
Dieter Ehrenberg, Bodo Rieger und Peter Stahlknecht

Band 15

PETER LANG
Frankfurt am Main · Berlin · Bern · Bruxelles · New York · Oxford · Wien

Stefan Röder

Eine Architektur für individualisierte computergestützte Lernumgebungen

Grundlagen, Modularisierung und prototypische Realisierung

PETER LANG
Europäischer Verlag der Wissenschaften

Bibliografische Information Der Deutschen Bibliothek
Die Deutsche Bibliothek verzeichnet diese Publikation in der Deutschen Nationalbibliografie; detaillierte bibliografische Daten sind im Internet über <http://dnb.ddb.de> abrufbar.

Zugl.: Leipzig, Univ., Diss., 2003

15
ISSN 0946-1949
ISBN 3-631-50942-1

www.peterlang.de

Vorwort

An dieser Stelle sei allen gedankt, die mich bei der Fertigstellung dieses Werkes unterstützt haben. Zuerst gebührt dieser Dank meinem Doktorvater Herrn Prof. Dr. Dieter Ehrenberg. Vom ersten Gedanken bis zur fertigen Ausarbeitung hat er die Rahmenbedingungen geschaffen, die für die erfolgreiche Bearbeitung eines Dissertationsprojektes erforderlich sind. In zahlreichen Diskussionen hat Herr Prof. Dr. Ehrenberg durch seine Anregungen und Gedanken den Fortschritt der Ergebnisse mitgeformt und somit maßgeblich zum Gelingen dieses Projektes beigetragen.

Der Bertelsmann Stiftung Gütersloh danke ich für die Finanzierung des Forschungsprojektes „WINFOLine – Wirtschaftsinformatik Online", in dessen Rahmen die vorliegende Dissertation entstand.

Ich danke den Herren Prof. Dr. Armin Heinzl und Prof. Dr. Helmut Krcmar, die mir im Rahmen eines Doktorandenseminars zu zahlreichen neuen Einsichten verhalfen.

Mein besonderer Dank gilt den Projektpartnern des „WINFOLine"-Teams, die dieses Werk durch gemeinsame fachliche Diskussionen und Anregungen unterstützt haben.

Den Herren Prof. Dr. Fritz Klauser und Prof. Dr. Matthias Schumann danke ich für die Begutachtung des fertigen Werkes und die damit verbundenen Mühen.

Weiterhin danke ich allen Kollegen, Mitarbeitern und Studenten am Institut für Wirtschaftsinformatik der Universität Leipzig, die zum Gelingen dieser Arbeit beigetragen haben.

Ich danke Angelika, Martin, Ralf und Winfried für das Korrekturlesen des Manuskriptes und den damit verbundenen Hinweisen.

Mein innigster Dank geht an meine Tochter Annika Sophie und meine Frau Franka, die häufig zurückstehen mussten und mich trotzdem immer ermuntert und bei der Fortführung dieses Projektes bestärkt haben.

Besonderen Dank schulde ich meinen Eltern, ohne deren Erziehung und Unterstützung es mir nicht möglich gewesen wäre, dieses Werk zu erstellen. Ihnen widme ich dieses Buch.

Leipzig, im Dezember 2002 — Stefan Röder

Inhalt

Abbildungsverzeichnis

Tabellenverzeichnis

Abkürzungsverzeichnis

ADL	Advanced Distributed Learning Network
AI	Artificial Intelligence
AICC	Airline Industry CBT Consortium
API	Application Programming Interface
ARIADNE	Alliance for Remote Instructional and Authoring and Distribution Networks for Europe
ASP	Active Server Pages
BLOB	Binary Large Object
bzw.	beziehungsweise
CAI	Computer Aided Instruction
CBT	Computer Based Training
CBR	Case Based Reasoning
CDLS	computergestütztes Distance Learning-System
CD-ROM	Compact Disc Read Only Memory
CF	Certainty Factor
CGI	Common Gateway Interface
CMS	Content Management-System
CWA	Closed World Assumption
DBMS	Datenbankmanagementsystem
DBS	deutscher Bildungs-Server
DCMI	Dublin Core Metadata Initiative
d.h.	das heißt
DL	Distance Learning
DTD	Document Type Definition
ECMA	European Computer Manufacturers Association
Ed.	Editor (Herausgeber)
EJB	Enterprise Java Beans
ER-	Entity-Relationship-
ERM	Entity-Relationship-Modell
et al.	und andere
etc.	et cetera
evtl.	eventuell
FAQ	Frequently Asked Question
GDSS	Group Decision Support System

GESTALT	Getting Educational Systems Talking Across Leading Edge Technologies
ggf.	gegebenenfalls
Hrsg.	Herausgeber
HOMER	Hypertextbasierte Organisation Multimedialer Erklärungen
HTML	Hypertext Markup Language
HTTP	Hypertext Transfer Protocol
ID	Identification
IDL	Interactive Distance Learning
IEC	International Engineering Consortium
i.e.S.	im engeren Sinn
IEEE	Institute of Electrical and Electronic Engineers
IFIP	International Federation for Information Processing
IMS	Instructional Management System
IP	Internet Protocol
IRC	Internet Relay Chat
ISBN	Internationale Standard Buchnummer
ISSN	Internationale Standard Seriennummer
ISO	International Standardization Organisation
IT	Informationstechnologie
ITS	Intelligent Tutoring System
i.w.S.	im weiteren Sinn
J2EE	Java Enterprise Edition
JSP	Java Server Pages
JTC	Joint Technology Committee
KI	Künstliche Intelligenz
KoWiMo	Konstruktives Wissensmodell
LAP	Linear Absolute Prestige
LE	Learning Environment
LOM	Learning Objects Metadata
LTSC	Learning Technology Standards Committee
OCLC	Online Computer Library Center
o.g.	oben genannt
MIDI	Music Instruments Digital Interface
MIME	Multimedia Internet Mail Extension

NCSA	National Center for Supercomputing Applications
o. A.	ohne Autor
o. ä.	oder ähnlich
o. O.	ohne Ort
OODBMS	Objektorientiertes Datenbankmanagementsystem
OWA	Open World Assumption
PAPI	Public and Private Information
PHP	Personal Homepage Tools/PHP Hypertext Processor (rekursives Akronym)
PROMETEUS	PROmoting Multimedia Access to Education and Training in EUropean Society
RDBMS	Relationales Datenbankmanagementsystem
SGML	Standard Generalized Markup Language
SMC	Simple Matching Coefficient
sog.	sogenannt
SQL	Structured Query Language
TCP	Transmission Control Protocol
u.a.	und andere
UML	Unified Modeling Language
UPN	umgekehrt polnische Notation
URL	Uniform Resource Locator
u.U.	unter Umständen
vgl.	vergleiche
VR	virtuelle Realität
vs.	versus
WBT	Web Based Training
WINFOLine	Wirtschaftsinformatik Online
WWW	World Wide Web
XML	Extendible Markup Language
z.B.	zum Beispiel

1 Einleitung

1.1 Motivation und Einordnung des Themas

Die rapide Zunahme des menschlichen Wissens und die zunehmende Verkürzung der Halbwertzeit des Wissens ergeben neue Anforderungen des Marktes an das Ausbildungssystem. „Das Wissen der Menschheit verdoppelt sich alle 5 Jahre, während sich die Halbwertzeit des Wissens ständig verringert.“[1] Neue, bedarfsorientierte Formen der Wissensvermittlung werden nachgefragt. DRUCKER charakterisiert diese Anforderung mit dem Schlagwort „just-in-time education“[2]. BROOKE beschreibt den Zustand treffend mit: „..., the only constant thing is change...“.[3]

In diesem Zusammenhang ist der traditionelle Ansatz des Bildungssystems „Lernen auf Vorrat“ nicht mehr effizient genug.[4] Zusätzlich ist Wissen, welches früher nur sehr aufwändig zu recherchieren war, heute durch weltweite Datennetze mit relativ geringem Aufwand global verfügbar. Die Abfrage einer Suchmaschine im Internet fördert oft mehr Ergebnisse zu Tage, als mit vertretbarem Aufwand verwertbar sind. Neue Formen der Aus- und Weiterbildung sind gefragt. Diese integrieren sowohl neue Methoden der Wissensvermittlung als auch neue Werkzeuge. Methodisch sind insbesondere neue Fertigkeiten zum Auswählen relevanter Inhalte aus der in weltweiten Datennetzen verfügbaren Datenflut, zum Bewerten der Qualität dieser Inhalte, zur Generierung von Wissen aus diesen Inhalten sowie zur gemeinsamen Verwendung (Teilen) dieses Wissens in Gruppen erforderlich.[5]

Traditionell wird auch heute vielfach Frontalunterricht als Mittel zur Wissensvermittlung praktiziert. Dieser ist für viele Lernende mit der Erfahrung der Frustration verbunden. Vereinfachend lässt sich dieser Sachverhalt mit folgendem Zitat ausdrücken: „Wer lehrt, darf aktiv sein, wer lernt, muss sich rezeptiv verhalten...“[6]. Diese über Jahrhunderte geprägte und gewohnte Form der Wissensvermittlung wird häufig in einer „One-to-Many“-Kommunikation abgewickelt. Damit verbindet sich die Einschränkung, dass auf die individuellen Bedürfnisse der Lernenden nur unzureichend eingegangen werden kann.

Solche individuellen Bedürfnisse sind jedem Lernenden eigen, insbesondere, wenn ein unterschiedliches Niveau an Vorkenntnissen oder Hintergrundinformation innerhalb einer Lerngruppe vorhanden ist. Nach KLIMSA hat „jeder Erwachsene ... seinen eigenen Lernstil, um notwendige Verhaltensänderungen einzuleiten und einen individuellen Kognitionsstil, mit Informationen umzugehen.“[7] Daneben können individuelle Anforderungen durch Einschränkungen einzelner Sinne oder andere Behinderungen entstehen. Um auf diese Anforderungen geeignet reagieren zu können, bedarf es Möglichkeiten, diese zu erkennen, geeignet zu interpretieren und Lerninhalte flexibel zuzuordnen. Üblicherweise werden dazu vorhandene Lerninhalte neu konfiguriert und gegebenenfalls aktualisiert. Idealerweise wird es somit möglich, für die individuellen Anforderungen eines Lernenden aufbereitete Lerninhalte gemäß der Anforderung von DRUCKER „just in time“ zu generieren und auszuliefern. Dieser Punkt wird insbesondere im Zusammenhang mit lebenslangem Lernen relevant, da mit zunehmendem

[1] Zitiert nach: [Serv92].
[2] Vgl. [Druc00], S. 2.
[3] Zitiert nach: [Broo93], S. 29.
[4] Vgl. [Baum00], S. 4.
[5] Vgl. [Baum00], S. 9.
[6] Zitiert nach: [MaRe97], S. 6.
[7] Zitiert nach: [Klim93], S. 263.

Lebensalter der Lernenden die Differenzen in Vorkenntnisniveau und Hintergrundwissen zwischen den Lernenden einer Gruppe zunehmen.

SCHULMEISTER und HAACK betonen zusätzlich die Bedeutung von Interaktivität als Erfolgsfaktor für den Einsatz von Distance Learning.[8] Weiterhin spielt die umfassende Unterstützung der Kommunikation zwischen den am Lernprozess beteiligten Akteuren eine wesentliche Rolle, insbesondere, wenn eine zeitliche oder räumliche Trennung zwischen diesen vorhanden ist.[9]

Einen anderen Weg weisen hier virtuelle Bildungsangebote, die inzwischen von einer Vielzahl von Institutionen angeboten werden. Diese Angebote ermöglichen es, unabhängig von tradierten Zeitrastern und räumlichen Gegebenheiten die Effizienz des Prozesses der Wissensvermittlung wesentlich zu steigern. Ebenso wird es möglich, auf die individuellen Anforderungen der Lernenden detailliert einzugehen und spezifische Bildungsangebote bereitzustellen. Interessenten an einer effizienten Ausbildung sind sowohl Lernende als auch Unternehmen sowie Universitäten und Hochschulen.

DRUCKER stellt klassische Ausbildung (Training) und Distance Learning (eLearning) gegenüber (vgl. Tabelle 1-1):

Dimension	Training	eLearning
Delivery	Push – Instructor determines agenda	Pull – Student determines agenda
Responsiveness	Anticipatory – Assumes to know the problem	Reactionary – Responds to problem at hand
Access	Linear – Has defined progression of knowledge	Non-linear – Allows direct access to knowledge in whatever sequence makes sense to the situation at hand
Symmetry	Asymmetric – Training occurs as a separate activity	Symmetric – Learning occurs as an integrated activity
Modality	Discrete – Training takes place in dedicated chunks with defined starts and stops	Continuous – Learning runs in parallel loops and never stops
Authority	Centralized – Content is selected from a library of materials developed by the educator	Distributed – Content comes from the interaction of the participants and the educators
Personalization	Mass produced – Content must satisfy the needs of many	Personalized – Content is determined by the individual user's needs and aims to satisfy the needs of every user
Adaptivity	Static – Content and organization/taxonomy remains in their original authored form without regard to environmental changes	Dynamic – Content changes constantly through user input, experiences, new practices, business rules and heuristics

Tabelle 1-1: Gegenüberstellung Training und eLearning nach DRUCKER[10]

Das World Wide Web hat sich in den letzten Jahren als Standard-Plattform für Distance Learning-Systeme etabliert. Die hauptsächlichen Vorteile der Anwendung dieser Plattform liegen in der möglichen Integration von multimedialen Elementen und der weltweiten Verfügbarkeit des Lehrangebotes. Im Laufe der letzten zehn Jahre ist eine erhebliche Zunahme der

[8] Vgl. [Schu97] und [Haac97].
[9] Vgl. [BrGa00], S. 112.
[10] Vgl. [Druc00].

Komplexität und Funktionalität von WWW-Applikationen im Allgemeinen[11] und web-basierten Lernsystemen im Speziellen zu verzeichnen. Diese Komplexitätserhöhung geht mit gesteigerten Anforderungen an die systematische Entwicklung derartiger Systeme einher. OAKES erklärt 1999: „The way we educate people today is the exact same way we educated people 2000 years ago. Education is the last great frontier to be revolutionised by technology“.[12]

An der Erstellung derartiger Systeme sind Experten auf den Gebieten „Content Design/Multimedia“, „Didaktik“ und „Informatik“ beteiligt. Üblicherweise ist dieses Expertenwissen auf unterschiedliche Personen (Rollen) verteilt. Daraus resultiert die Anforderung für all diese Rollen eine bestmögliche Systemunterstützung zu gewährleisten. Weiterhin ist es erforderlich, die Interaktion zwischen den Rollen „Lernender“ und „Tutor“ intensiv zu unterstützen, um die üblicherweise gegebene räumliche und zeitliche Distanz nicht zum Engpass im Lernprozess zu machen.

Für eine hohe Akzeptanz virtueller Lernumgebungen bei den Lernenden ist eine umfassende Individualisierung erforderlich. RUML führt aus: „[There is a] need to create learning systems that can adapt to the learner, and that are integrated into the infrastructure of the institution.“[13] Diese Individualisierung kann durch

- die Anpassung der Darstellungsweise des Lernsystems an den Lernenden,
- die Präsentation des Lerninhaltes in verschiedenen Detaillierungsstufen (für verschiedene Zielgruppen),
- die Verfügbarkeit des Lerninhaltes auf verschiedenen Medien (WWW, CD-ROM),
- die Konfigurierbarkeit des Systems hinsichtlich der medialen Präsentation und
- die Möglichkeit des Erzeugens persönlicher Annotationen, semantischer Verknüpfungen im Lerninhalt sowie die visuelle Präsentation von semantischen Varianten verschiedener Lernender

in der Lernumgebung erreicht werden.

Individualisierung des Distance Learning bietet die Chance, einen entscheidenden Vorteil gegenüber der klassischen „face to face“-Ausbildungssituation zu erreichen: In der klassischen Situation kann nur eine allgemeine Variante des Lerninhaltes vermittelt werden. Jeder Lernende muss den Lerninhalt in seine eigene Lernstrategie und Repräsentationsform transformieren. Im Gegensatz dazu kann durch eine individualisiert gestaltete Lernumgebung auf die didaktischen Anforderungen jedes einzelnen Lernenden eingegangen werden.

Die Nachteile des Distance Learning, welche durch die zeitliche und räumliche Trennung (Kommunikationsbarriere (↗ Abbildung 4-15)) zwischen Lernenden und Lehrendem (Tutor) gegeben sind, werden durch die Möglichkeiten der Kommunikation und Individualisierung (↗ 4.8.3 und 4.8.4), die CDLS (Computergestützte Distance Learning-Systeme) bieten, aufgewogen.

1.2 Forschungsziele

Die primären Forschungsziele dieser Arbeit umfassen:

[11] Vgl. [FaCh99], S. 1.
[12] Zitiert nach: [DoJS+00].
[13] Zitiert nach: [Ruml00].

- Erstellung von Methoden zur
  - Unterstützung und Individualisierung des Prozesses „Wissensvermittlung",
  - Unterstützung der Aufbereitung von Lerninhalten,
  - Vereinfachung des Betreuungsprozesses,
- Umsetzung dieser Methoden in einem Softwaresystem sowie
- Einsatz und Evaluation dieses Systems in der Lehre.

Um diese Ziele zu erreichen wurden die beteiligten Rollen identifiziert. Üblicherweise interagieren vier Rollen mit einem CDLS:

- Lernende,
- Autoren,
- Tutoren und
- Administratoren.[14]

Im Unterschied zu bekannten Veröffentlichungen[15] trennt das in dieser Arbeit beschriebene Konzept den Lerninhalt vom Prozess der Wissensvermittlung. Diese Vorgehensweise ermöglicht es, den beschriebenen Ansatz auf beliebige Inhalte anzuwenden. Weiterhin kann durch eine Entkoppelung von inhaltlicher und technologischer Realisierung die Lebensdauer der Inhalte verlängert und eine hohe Portabilität erreicht werden.

Außerdem wird erstmalig ein gesamtheitlicher Ansatz zur Integration unterschiedlicher Kommunikations- und Wissensvermittlungsformen gewählt. Dazu werden bisher separat verwendete synchrone und asynchrone Einzel- und Gruppenkommunikationsformen sowie Content- und Kurs-Managementfunktionen in ein Gesamtsystem integriert. Das in Abschnitt 6.1.7 abgeleitete Modell ist generisch angelegt und trägt somit Referenzcharakter.

Den Anstoß zur Bearbeitung dieses Themenkomplexes gaben die im Rahmen des Projektes „WINFO*Line*"[16] mit einem computergestützten Distance Learning-System (CDLS) durchgeführten Lehrveranstaltungen. In deren Verlauf wurde deutlich, dass CDLS einerseits ein hohes Potenzial zur nutzerindividuellen Gestaltung der Lernumgebung bieten. Andererseits erfordern sie diese auch, weil einfache „Blättermaschinen"[17] von den Lernenden meistens in der Form genutzt werden, dass der Lerninhalt ausgedruckt und in Papierform bearbeitet wird.

Die Verhaltensweise „Ausdrucken und in Papierform weiterbearbeiten" wird verständlich, wenn bedacht wird, dass die Lernenden in einem CDLS durch die zeitliche und räumliche Entkoppelung häufig allein lernen. Dies wird durch die Nutzung der Papiervariante, welche wesentlich mobiler als ein Computer ist, umgangen. An dieser Stelle sind neue Ansätze wie individualisierte, virtuelle Lernumgebungen und Gruppenarbeit in virtuellen Lernumgebungen gefragt, um die Akzeptanz dieser Umgebungen bei den Benutzern zu steigern. Diese Arbeit soll zum Entstehen neuer individualisierbarer Formen virtueller Lernumgebungen beitragen.

---

[14] Vgl. [Paqu95].
[15] Vgl. [Schu97], S. 130.
[16] Das Projekt WINFO*Line* wurde von Mitte 1997 bis Anfang 2001 als Kooperation der Lehrstühle für Wirtschaftsinformatik an den Universitäten Göttingen, Kassel, Leipzig und Saarbrücken durchgeführt. Ziel war die Erarbeitung von Inhalten und Methoden für computergestütztes Distance Learning zwischen den Kooperationspartnern. Das Projekt wurde von der Bertelsmann Stiftung gefördert. Vgl. [ESSW01].
[17] Unter dem Begriff „Blättermaschine" sollen Lernsysteme subsumiert werden, die keine über die reine Präsentation des Lerninhaltes hinausgehenden Funktionalitäten bieten.

Die methodischen Aspekte dieser Arbeit umfassen:

- individuelles, selbstorganisiertes Lernen,
- vielseitige, kompetente Betreuung (Moderation des Lernprozesses),
- Modularisierung der Lerninhalte,
- kontinuierliche Aktualisierung der Lerninhalte sowie
- interdisziplinäre Zusammenarbeit (Fachwissenschaft, Didaktik, Design, Implementierung).

Es wird auf die Erkenntnismethode der Empirie zurückgegriffen.

Weitere Aspekte einer virtuellen Universität, welche nicht unmittelbar mit diesem Prozess verbunden sind (z.B. Verwaltung, Prüfungen), werden hier nicht betrachtet.

1.3 Aufbau der Arbeit

In den einführenden Abschnitten (2 und 3) dieser Arbeit werden der Forschungsbereich abgesteckt, der Stand der Forschung dargelegt sowie grundlegende Begriffe und Zusammenhänge dargestellt.

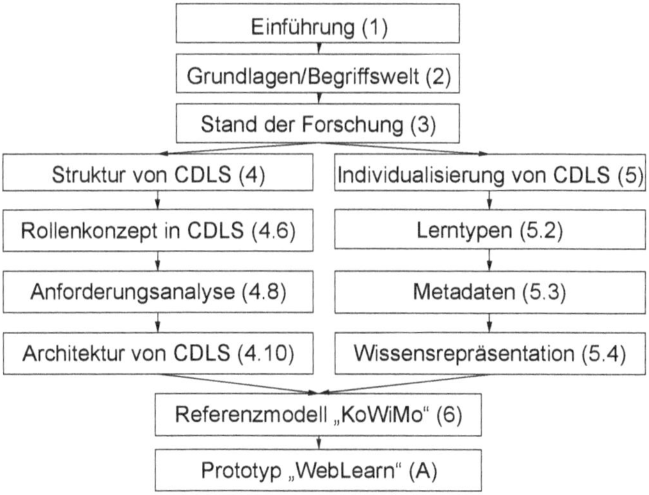

Abbildung 1-1: Überblick über die Arbeit

Der Hauptteil ist in die beiden Komplexe „Konzepte und Struktur von CDLS" (Kapitel 4) und „Individualisierung von CDLS" (Kapitel 5) unterteilt. Auf Basis der Ergebnisse dieser beiden Abschnitte wird in Kapitel 6 („Eine Architektur für individualisierte CDLS") ein Referenzmodell („KoWiMo") für CDLS entwickelt, welches die formulierten Anforderungen (↗ 4.8) umsetzt.

Den Abschluss bilden Fazit und Ausblick auf weiterführende Forschungsaufgaben (Abschnitt 7) sowie ein Überblick über die auf Basis des Referenzmodells „KoWiMo" realisierte web-basierte Lernumgebung „WebLearn" (↗ Anhang A). Abbildung 1-1 stellt die gegenseitigen Abhängigkeiten der einzelnen Abschnitte dar.

WebLearn wird im Rahmen des Projektes „WINFO*Line* – Wirtschaftsinformatik Online"[18] zur Entwicklung, Pflege und Bereitstellung der vom Institut für Wirtschaftsinformatik der Universität Leipzig im Rahmen dieses Projektes angebotenen multimedialen Bildungsangebote und Dienstleistungen eingesetzt.

1.4 Nutzen und Erkenntnisgewinn

Der Hauptnutzen der in dieser Arbeit entwickelten Konzepte und Modelle liegt in

- der individualisierten Vermittlung des im CDLS enthaltenen Wissens (↗ 6.3) durch
    - Selektion medialer Varianten des Lerninhaltes (↗ 6.3.1) und
    - Abbildung persönlicher Wissensstrukturen in CDLS (↗ 6.3.6) sowie
- der Integration von Kommunikationsmöglichkeiten in CDLS (↗ 4.5 und 6.1.5),
- der Lokalisierung von CDLS (↗ 6.4.3),
- der vereinfachten Nutz- und Wartbarkeit von CDLS insbesondere durch unerfahrene Anwender (Autoren) (↗ 6.2),
- der Wiederverwendbarkeit der Lerninhalte im CDLS (↗ 6.1.1 und 6.4.1),
- der Vereinfachung der Administration von CDLS (↗ 6.1.6).

Haupteinsatzgebiet der Erkenntnisse ist das Gebiet des Distance Learning.

Beispielsweise ist es denkbar, dass Kurse zu einem speziellen Thema nur von einer bestimmten Bildungseinrichtung angeboten werden. In diesem Fall ist es für Lernende eine mögliche Alternative, die Online-Variante dieses Kurses zu nutzen, um sich zeitraubende (und damit teure) Reisen zu dieser Bildungseinrichtung zu ersparen. In einer anderen Variante kann ein Unternehmen Lerninhalte zur Schulung der eigenen Mitarbeiter einkaufen, um sich zeitaufwendige und teure Seminare zu sparen. Außerdem können durch computergestützte Lernprozesse Einführungskurse zu bestimmten Wissensgebieten unterstützt werden.

Eine durchgängige Modellierung des Prozesses der Wissensvermittlung im Distance Learning Szenario mit Referenzmodellcharakter (↗ 6.1.7) erlaubt es, die dargestellten Ansätze (vollständiges Rollenkonzept und Individualisierung) auf andere Systeme zu übertragen.

Es ist denkbar, die entwickelten Konzepte und Modelle auf andere Gebiete der Wirtschaftsinformatik (z.B. Individualisierung innerhalb des eBusiness/eCommerce) sowie der Wissensrepräsentation zu übertragen.

[18] Vgl. [ESSW01].

2 Grundlagen

Neben den in Abschnitt 1.2 formulierten Forschungszielen sollen die Konzepte und Modelle dieser Arbeit auch wissenschaftlich korrekt in die Begriffswelt der Wirtschaftsinformatik eingeordnet werden. Aus diesem Grund führt Kapitel 2 in den verwendeten Begriffsapparat ein.

2.1 Lernen und Lehren

Die Begriffe Lernen und Lehren spielen eine wesentliche Rolle der Betrachtungen dieser Arbeit. Neben den Definitionen werden nachfolgend verschiedene Ansätze der Wissensvermittlung dargestellt. Diese wurden in der Wissenschaft bereits umfassend diskutiert und haben sich in der Praxis der klassischen Ausbildung bewährt. In der virtuellen Aus- und Weiterbildung wurden diese Ansätze bisher noch nicht explizit berücksichtigt.

⇒ *Lernen umfasst alle Verhaltensänderungen, die aufgrund von Erfahrungen zustande kommen.*[19]

Umgangsprachlich wird mit Lernen meist der mehr oder weniger mühevolle Vorgang des Wissenserwerbs (das Sammeln von Erfahrungen) umschrieben. Lernen kann unterteilt werden in Wissenserwerb durch Mitteilung und in Wissenserwerb durch eigenes Tun.

⇒ *Lernen bezeichnet die relativ dauerhafte Änderung des Verhaltens oder allgemeiner der Verhaltensmöglichkeit auf Grund von Erfahrungen.*

BOWER/HILGARD führen aus: „Der Mensch erwirbt den größten Teil seines Wissens nicht im eigenen Tun, sondern durch die sprachliche Mitteilung von anderen Menschen."[20] Im Gegensatz dazu steht die Tatsache, dass Wissenserwerb durch eigenes Tun eine wesentlich nachhaltigere Wirkung im Bezug auf die Anwendbarkeit und Dauerhaftigkeit des Wissens hat.

⇒ *Der Begriff Lehren bezeichnet den Prozess der Wissensvermittlung aus Sicht des Lehrenden.*

Zur Tätigkeit des Lehrens zählen die Darbietung des Lerninhaltes, sowie die Interaktion des Lehrenden mit dem Lernenden. Diese Interaktion kann durch verschiedene Übungen zielgerichtet unterstützt werden.

Der Prozess der Wissensvermittlung wird in der didaktischen Literatur verschiedenartig dargestellt. Nachfolgend werden der reaktionsorientierte Ansatz nach SKINNER, sowie der reizorientierte Ansatz nach CROWDER dargestellt. Beide repräsentieren für sich gesehen ein abgeschlossenes Verständnis über den Prozess der Wissensvermittlung. Abhängig von den Eigenschaften und Präferenzen der Lernenden kann der eine oder andere Ansatz für den Prozess der Wissensvermittlung angewandt werden.

2.1.1 Reaktionsorientierter Ansatz nach SKINNER

⇒ *Nach SKINNER besteht Lernen in einer Erhöhung von Verhaltenswahrscheinlichkeiten. Ein komplexes Verhalten lässt sich durch die Verkettung einfacher Reaktionen aufbauen.*[21]

Der reaktionsorientierte Ansatz geht davon aus, dass sich ein komplexes Verhalten durch eine Verkettung einfacher Reaktionen aufbauen lässt.[22]

[19] Vgl. [Lefr86], S. 4.
[20] Zitiert nach: [BoHi84] 2. Bd., S. 194.
[21] Vgl. [Skin54], S. 108.
[22] Diese Verkettung wird auch als „Shaping" bezeichnet

Der Lerninhalt muss demzufolge in viele, leicht zu verstehende und aufeinander aufbauende Lerneinheiten unterteilt werden. Diese sind dann in einer vorher festgelegten Reihenfolge durch den Lernenden zu absolvieren. Der Lernende kann auf die Testfragen der Lerneinheiten Antworten formulieren.[23] Die Rückmeldung durch den Lehrenden auf die richtige Antwort bewirkt eine Verstärkung des Wissens beim Lernenden.[24] Für den Gesamtprozess ist entscheidend, dass möglichst viele Antworten richtig sind, da nur auf richtige Antworten eine Verstärkung erfolgt.[25]

Der reaktionsorientierte Ansatz wird allgemein auf SKINNER zurückgeführt.[26]

2.1.2 Reizorientierter Ansatz nach CROWDER

⇒ *„Im reizorientierten Ansatz wird davon ausgegangen, daß Lernen die Organisation oder Re-Organisation kognitiver Strukturen bedeutet. Dementsprechend muß jeder Lehrstoff so aufbereitet werden, daß seine Struktur möglichst klar und deutlich dargestellt werden kann.“*[27]

Die einzelne Lehreinheit besteht aus der eigentlichen Information und einer anschließenden Verständnisfrage mit Multiple-Choice-Antwort.[28] Nach Beurteilung der Antwort (Feedback-Funktion) durch das CDLS wird, wenn die Antwort richtig war, mit der nächsten Lerneinheit fortgesetzt oder zu einer alternativen Lerneinheit über den gleichen Lerninhalt verzweigt. Falsche Antworten ermöglichen die aktive Steuerung des Lernprozesses durch das CDLS und können Defizite beim Lernenden aufzeigen.[29]

Der reizorientierte Ansatz wird allgemein auf CROWDER zurückgeführt.[30]

2.1.3 Stufen der Adaptivität nach CROWDER und STOLUROW

CROWDER vertritt die Ansicht, dass die reaktionsorientierten linearen Programme nicht-adaptiv sind, weil die Antworten der Lernenden nicht zur Ablaufsteuerung des Lernprozesses genutzt werden. Alle Programme mit Verzweigung hingegen sind adaptiv.[31]

Intrinsische Programme verzweigen ausschließlich auf Basis der zuletzt gegebenen Antwort des Lernenden. Extrinsische Programme ziehen noch andere Information (Kenntnisse über frühere Antworten) zur Entscheidungsfindung über die Verzweigung hinzu.

STOLUROW unterscheidet minimal-adaptive, teil-adaptive und adaptive Lernsysteme. Ein minimal-adaptives System basiert auf einem linearen Programm, wobei ein Lehrer erforderlich ist, der die Antworten der Lernenden beurteilt und für Rückmeldungen sorgt.[32] Die wesentliche Eigenschaft ist, dass die Möglichkeit der Verzweigung (Variantenbildung) besteht.

„Ein teil-adaptives System unterscheidet sich im wesentlichen dadurch, dass in Abhängigkeit von der Schülerantwort unmittelbar und automatisch eine geeignete Rückmeldung gegeben wird. In der Regel wird die nächste Lehreinheit automatisch ausgewählt.“[33]

[23] Dies umfasst keine Multiple-Choice-Antworten.
[24] Diese Verstärkung wird auch als „Reinforcement“ bezeichnet.
[25] Vgl. [Leut92], S. 24.
[26] Vgl. [Skin54].
[27] Zitiert nach: [Leut92], S. 26.
[28] Selbstformulierte Antworten werden üblicherweise nicht verlangt.
[29] Vgl. [Leut92], S. 26.
[30] Vgl. [Crow59].
[31] Vgl. [Leut92], S. 27.
[32] Vgl. [Stol61], S. 14.
[33] Zitiert nach: [Leut92], S. 28.

„Ein adaptives System schließlich verfügt über die Möglichkeit, das Instruktionsgeschehen durch Verzweigen oder andere Maßnahmen zu verändern und zwar in Abhängigkeit vom augenblicklichen Verhalten des Lernenden.“[34]

Weiterhin wird von STOLUROW in Mikro- und Makroadaption unterschieden. Bei der Mikroadaption wird aktiv in den Lernprozess eingegriffen und dieser dynamisch verändert. Demgegenüber basiert die Makroadaption auf der Anpassung der Lernumgebung vor dem Start des Lernprozesses. Während des Lernprozesses wird diese nicht verändert.

2.1.4 Lernparadigmen

Übersichten und allgemeine Abhandlungen über die verschiedenen Lernparadigmen finden sich in [BaPa94] ab S. 110, [Issi97] ab S. 199 und [TuHH+96] ab S. 42.

Die folgende Tabelle 2-1 gibt eine Übersicht über die drei gebräuchlichsten Lernparadigmen und deren Eigenschaften:

Kategorie	Behaviorismus	Kognitivismus	Konstruktivismus
Das Hirn ist	passiver Behälter	informationsverarbeitendes „Gerät“	informationell geschlossenes System
Wissen wird	abgelagert	verarbeitet	konstruiert
Wissen ist	eine korrekte Input-Output-Relation	ein adäquater interner Verarbeitungsprozess	mit einer Situation operieren zu können
Lernziele sind	richtige Antworten	richtige Methoden zur Antwortfindung	komplexe Situationen bewältigen
Paradigma ist	Stimulus-Response	Problemlösung	Konstruktion
Strategie ist	Lehren	Beobachten und Helfen	Kooperieren
Lehrer ist	Autorität	Tutor	Coach, (Spieler), Trainer
Feedback ist	extern vorgegeben	extern modelliert	intern modelliert
Interaktion ist	starr vorgegeben	dynamisch in Abhängigkeit des externen Lehrmodells	selbstreferenziell, zirkulär, strukturdeterminiert (autonom)
Programmmerkmale sind	starrer Ablauf, quantitative Zeit- und Antwortstatistik	dynamisch gesteuerter Ablauf, vorgegebene Problemstellung, Antwortanalyse	dynamisch, komplex vernetzte Systeme, keine vorgegebene Problemstellung
Softwareparadigma ist	Lernmaschine	künstliche Intelligenz	sozio-technische Umgebungen
„idealer“ Softwaretyp ist	Drill & Practice	adaptive Systeme	Simulationen, Mikrowelten

Tabelle 2-1: Eigenschaften von Lernparadigmen nach BAUMGARTNER und PAYR[35]

Da das prinzipielle Verständnis der Lernparadigmen für die Gestaltung von und die Arbeit mit CDLS relevant ist, werden diese im Folgenden ausführlicher beschrieben.

[34] Zitiert nach: [Leut92], S. 28.

[35] in Anlehnung an: [BaPa94], S. 110. Die Einordnung der Softwaretypen unterscheidet sich von der Quelle.

2.1.4.1 *Behaviorismus*

Das Lernparadigma des Behaviorismus fasst Lernen als konditionierten Reflex auf. Dem Lernenden wird ein geeigneter Stimulus (Reiz) präsentiert, um ein bestimmtes Verhalten (Reaktion) hervorzurufen.

Der Begriff des Behaviorismus geht auf WATSON zurück. Von THORNDIKE stammt die These, dass Belohnungen wirksamer sind als Strafen.[36] Im Kern enthält der Behaviorismus die Erzeugung bedingter Reflexe. Dieses auch als klassische Konditionierung oder Signallernen bekannte Verfahren basiert auf den von PAWLOW zu Beginn des 20. Jahrhunderts durchgeführten Experimenten.[37]

Eine Erweiterung der klassischen Konditionierung um das operante Konditionieren nahm SKINNER vor. SKINNER geht in seiner „Reinforcement Theory" davon aus, dass zusätzlich zum Reiz-Reaktions-Modell ein Verhalten wiederholt wird, wenn dieses belohnt wird. Wenn die Belohnung ausbleibt, oder gar eine Bestrafung erfolgt, wird das Verhalten von der Versuchsperson sehr wahrscheinlich nicht wiederholt. Die Belohnung hat die höchste Wirkung, wenn sie im unmittelbaren zeitlichen Zusammenhang mit dem erwünschten Verhalten steht.[38] KERRES erweitert diesen Zeitbezug auf einen längeren Zeitraum, wie er beispielsweise an Hochschulen zwischen dem Prozess der Wissensvermittlung (Lernen) und der Prüfung (Belohnung) üblich ist. Er bezeichnet dies als „Gratifikationsverzögerung".[39]

Basierend auf der „Reinforcement Theory" entwickelte SKINNER 1958 das Konzept „Programmed Instruction". Dieses Konzept stellt die Anwendung des Behaviorismus auf technische Medien dar.[40] Dabei wird der Lehrinhalt in einer Abfolge von Fragen und Antworten präsentiert. Der Schwierigkeitsgrad wird im Verlauf des Lernprozesses stetig gesteigert.[41] Dadurch wird gewährleistet, dass der Lernende seine Reaktion nach Absolvieren einer Lerneinheit in Form einer Antwort auf eine Testfrage formulieren kann. Eine richtige Antwort wirkt als Verstärker auf den Lernprozess. „Entscheidend ist, dass möglichst viele Antworten richtig sind, da nur richtiges Antwortverhalten verstärkt werden kann. Jede falsche Antwort bedeutet verschwendete Zeit, da – weil keine Verstärkung erfolgt – die Wahrscheinlichkeit der richtigen Teil-Reaktion nicht erhöht wird."[42]

CROWDER erweitert den Ansatz von SKINNER, indem er Verzweigungen innerhalb des Lehrprogramms einfügt. Diese Verzweigungen werden durch Multiple-Choice-Fragen realisiert. SKINNER wollte vermeiden, dass der Lernende mit falschen Varianten der Antwort konfrontiert wird, und verzichtete deshalb auf Multiple-Choice-Fragen.

KERRES visualisiert den Gesamtzusammenhang des Behaviorismus als Frage-Antwort-Spiel folgendermaßen:

[36] Vgl. [Hase95], S. 154f.
[37] Vgl. [Edel96], S. 95.
[38] Vgl. [Edel96], S. 100 ff.
[39] Vgl. [Kerr98], S. 47.
[40] Vgl. [Kerr98], S. 48.
[41] Vgl. [Hase95], S. 158.
[42] Zitiert nach: [Leut92], S. 26.

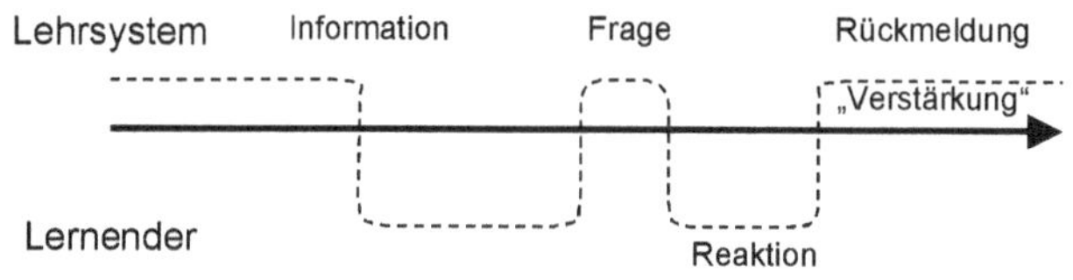

Abbildung 2-1: Fokus behavioristischer Ansätze[43]

Auf Basis dieses Prinzips wurden einfache mechanische Lernmaschinen entwickelt, die, bedingt durch die mangelnde Flexibilität, wenig erfolgreich waren.[44] Später wurde dieses Prinzip auf Lernsoftware übertragen. In den 60er Jahren des 20. Jahrhunderts erlebten diese Systeme einen Boom. Auf Grund der ebenfalls vorhandenen Inflexibilität fehlte die breite Akzeptanz bei den Lernenden.[45] Die Kritik am behavioristischen Konzept besteht hauptsächlich darin, dass es die Aufgabe der Lernenden ist, durch auswendig gelerntes Wissen „den richtigen Knopf zu drücken". Die Anwendung dieses Wissens spielt im Behaviorismus keine Rolle.

Der Behaviorismus ist somit nur zur Erreichung sehr einfacher Lernziele (Vermittlung von Faktenwissen) geeignet.

2.1.4.2 Kognitivismus

Der Kognitivismus basiert auf den Denkprozessen des Lernenden mit dem Ziel des Verstehens. Durch das Verstehen grenzt sich der Kognitivismus vom Behaviorismus ab, der das reine Reiz-Reaktions-Lernen postuliert. „Die kognitionstheoretische Grundposition unterscheidet sich von der behavioristischen zunächst dadurch, daß der Lernende als ein Individuum begriffen wird, das äußere Reize aktiv und selbständig verarbeitet und nicht einfach durch äußere Reize steuerbar ist."[46]

KLIMSA fasst Lernen im kognitivistischen Grundmodell als Informationsverarbeitungsprozess auf.[47] BAUMGARTNER und PAYR postulieren: „Die Sichtweise des Hirns als ein informationsverarbeitendes Gerät, in etwa wie es der Computer ist, wird als wichtigste heuristische Metapher betrachtet."[48]

BLUMSTENGEL beschreibt den Lernvorgang nach dem kognitivistischen Paradigma wie folgt: „Ein Lehrender teilt Informationen mit. Diese sind in einem Medium auf eine oder verschiedene Arten codiert. Der Empfänger, also der Lernende, decodiert diese Information aufgrund der ihm zur Verfügung stehenden Informationen und seiner internen Schemata."[49].

Nach KERRES besteht der Kerngedanke des Kognitivismus in der aktiven Konstruktion von Wissen aus den Wahrnehmungen einer Person im Lernprozess. Neue Information wird mit bereits vorhandenem Wissen verknüpft und interpretiert. Er beschreibt dies mit folgender Abbildung:

[43] Vgl. [Kerr98], S. 46.
[44] Vgl. [Hase95], S. 160.
[45] Vgl. [Möhr95], S. 15.
[46] Zitiert nach: [TuHH+96], S. 43.
[47] Vgl. [Klim93], S. 206.
[48] Zitiert nach: [BaPa94], S. 105.
[49] Zitiert nach: [Blum98], S. 111.

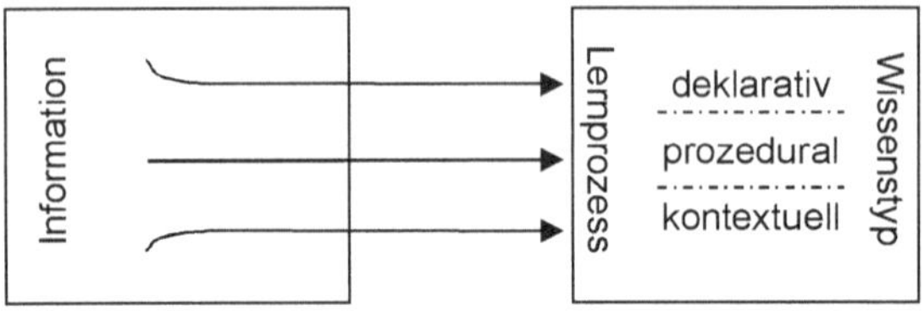

Abbildung 2-2: Fokus kognitiver Ansätze[50]

Erstmals wird im Kognitivismus durch ANDERSON zwischen deklarativem Wissen („knowing that", Faktenwissen) und prozeduralem Wissen unterschieden („knowing how", Handlungswissen).[51] KERRES unterscheidet weiterhin noch kontextuelles Wissen, d.h. fallbezogenes Wissen.[52]

Jeder, der beim Lernen den „Aha-Effekt" erlebt, wenn der Zusammenhang der neuen Information zu bereits Bekanntem plötzlich klar geworden ist, hat intuitiv nach dem kognitiven Schema gelernt.

Behaviorismus und Kognitivismus werden zum Objektivismus zusammengefasst. Die objektivistische Betrachtungsweise geht davon aus, dass es genau eine korrekte Repräsentationsform der Welt gibt. „Of course, since we are human, we are subject to error (illusions, errors of perception, errors of judgement, emotions and personal or cultural biases)."[53] Da hierzu vollständige Information über den Diskursbereich (↗ 2.12) vorausgesetzt wird, kann das abgeleitete Modell als nach der Closed World Assumption (CWA) der KI gültig betrachtet werden (↗ 5.4.6.3).

2.1.4.3 *Konstruktivismus*

Der Konstruktivismus wird seit den 90er Jahren des 20. Jahrhunderts als das „neue" Paradigma der Didaktik für CDLS postuliert. KERRES konstatiert, dass der Begriff des Konstruktivismus für die Lernpsychologie keinen neuen Ansatz enthält.[54] Dennoch hat dieses Konzept erst in den letzten zehn Jahren Einzug in das Denken von Entwicklern und Forschern rund um CDLS gehalten.

Grundauffassung des Konstruktivismus ist es, dass Wissen innerhalb eines Individuums durch eigene Ideen und Konzepte entsteht.[55] Diese Ideen und Konzepte werden selbständig konstruiert: „...meaning is imposed on the world by us, rather than existing in the world independently of us. There are many ways to structure the world, and there are many meanings or perspectives for any event or concept. Thus there is not a correct meaning that we are striving for."[56]

---

[50] Vgl. [Kerr98], S. 57.
[51] Vgl. [Ande83].
[52] Vgl. [Kerr98], S. 58.
[53] Vgl. [BCDP92], S. 20.
[54] Vgl. [Kerr98], S. 68.
[55] Der Begriff des Konstruktivismus wird auch in der Wissenschafts- und Erkenntnistheorie verwendet und beschreibt dort, wie über den Wahrheitsgehalt von Aussagen Entscheidungen getroffen werden. Aussagen können nach diesem Prinzip weder falsifiziert noch verifiziert werden, sondern diese können nur durch wissenschaftliche Methoden bewertet werden.
[56] Vgl. [DuJo92], S. 3.

KERRES formuliert eine grundlegende Kritik am Begriff des Konstruktivismus: „So wirkt der Begriff des Konstruktivismus in der Diskussion über didaktisches Design wenig präzise. Es handelt sich um ein Konglomerat von didaktischen Ansätzen und Methoden sowie Vorstellungen über Menschenbilder, so daß eine prägnante Charakterisierung einer entsprechenden Position als didaktischer Ansatz ... schwer fällt.“[57]

Trotzdem kann ein wesentlicher Unterschied zum Kognitivismus festgehalten werden:

Das Lernparadigma des Konstruktivismus geht davon aus, dass Wissen im Individuum generiert wird und es demzufolge möglich ist, dass mehrere verschiedene Repräsentationen desselben Sachverhaltes existieren. Diese Betrachtungsweise korrespondiert mit der Open World Assumption (OWA) aus der KI, da nicht alle Information über den Diskursbereich (↗ 2.12) vorhanden sein muss (↗ 5.4.6.3).

2.1.4.4 Kybernetischer Ansatz

Im Gegensatz zum Behaviorismus, der die Verstärkung als Mittel des Lernens postuliert, gehen kybernetische Ansätze davon aus, dass der Austausch von Information zwischen CDLS und Lernendem den zentralen Punkt beim Lernen darstellt.[58] KERRES verschweigt allerdings, wie dieser Austausch, der ja auf Gegenseitigkeit beruhen muss, stattfindet. Dazu wäre ein Verständnis des CDLS für die Antworten des Lernenden erforderlich, welches nicht gegeben ist. Dieser Ansatz kann nur funktionieren, wenn „hinter“ dem CDLS zusätzlich ein Tutor agiert, der den Gegenpart des Informationsaustausches mit dem Lernenden darstellt.

Der kybernetische Ansatz des Lernens basiert auf der Informationstheorie von SHANNON. Danach verfügt jeder Sinneskanal über eine bestimmte Verarbeitungskapazität (ausgedrückt in bit), die es erlaubt, die Prozesse der Informationsspeicherung und des Informationsaustausches darzustellen.[59]

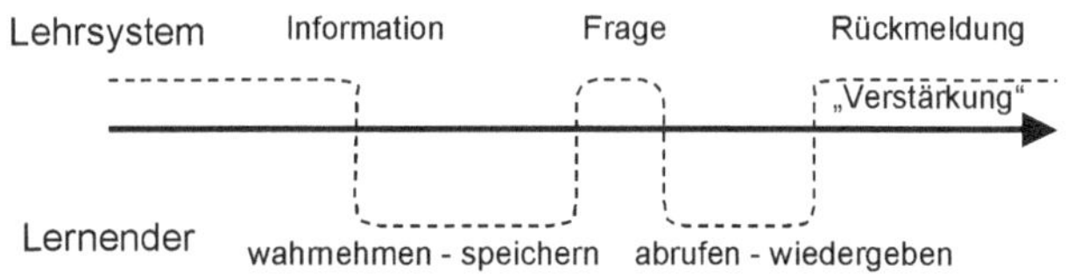

Abbildung 2-3: Fokus kybernetischer Ansätze[60]

Untersuchungen der Bio- und Neuroinformatik ergaben, dass sich diese abstrakte Beschreibung des menschlichen Lernens nicht nah genug an der Realität orientiert, um für weitere Untersuchungen geeignet zu sein.[61] Bleibendes Fazit dieses Ansatzes ist die Messung der Verarbeitungskapazität menschlicher Sinne in bit, welche die grobe Abschätzung der Aufnahmefähigkeit Lernender während des Lernprozesses, insbesondere im Zusammenhang mit multimedialen Darstellungen abschätzen helfen.

[57] Vgl. [Kerr98], S. 68.
[58] Vgl. [Kerr98], S. 52.
[59] Vgl. [Kerr98], S. 53.
[60] Vgl. [Kerr98], S. 52.
[61] Vgl. [Frie88].

2.1.5 Unterrichtsszenarien

Grundsätzlich können folgende Varianten der Wissensvermittlung unterschieden werden:[62]

- Einzelarbeitsplatz:

Der Lernende ist in seiner Lernumgebung isoliert, andererseits kann er sehr speziell an seine Bedürfnisse angepasste Lehrmedien verwenden. Als Lehrmedien kommen Lehrbücher oder Nachschlagewerke zum Einsatz. Eine Computerunterstützung kann hier durch Selektion und gegebenenfalls multimediale Darbietung des Lerninhaltes erfolgen.

- Partner-/Gruppenarbeit:

Das Lernergebnis dieser Variante ist sehr stark abhängig vom persönlichen Verstehen der Partner. Die Spanne reicht von sehr guten Ergebnissen bei Harmonie in der Gruppe bis zu völligem Misserfolg bei Vorliegen persönlicher Aversionen. Das Lernen in Gruppen erfolgt meist ungeführt auf Basis von Fallstudien. Computerunterstützung kann in diesem Szenario durch Kommunikationsunterstützung geleistet werden.

- Frontalunterricht:

Diese Variante der Wissensvermittlung ist durch eine 1:n-Beziehung zwischen Lehrendem und Lernenden gekennzeichnet (z.B. Vorlesungen). Die Interaktion zwischen Lehrendem und Lernenden ist minimal, dafür stehen darbietende Techniken im Mittelpunkt. Computerunterstützung ist in diesem Szenario als Ergänzung (Präsentationen) möglich.

- 1:1-Unterrichtsszenario:

Der Lernerfolg des tutoriell unterstützten Lernens ist am größten, wenn für einen Lernenden ein Lehrender zur Verfügung steht. Dieses Szenario kann durch CDLS angenähert werden: Jeder Lernende erhält gemäß seines individuellen Lernstils Unterstützung durch das System bzw. durch einen menschlichen Tutor zum notwendigen Zeitpunkt. Das Lerntempo und die Reihenfolge der Darbietung der zu vermittelnden Wissensbausteine wird individuell festgelegt. Die spontane Bildung von Lerngruppen zur Bearbeitung von Fallstudien wird ebenfalls durch CDLS unterstützt.

In traditionellen Ausbildungskonzepten stehen für das 1:1-Unterrichtsszenario üblicherweise nicht genügend Experten als Tutoren zur Verfügung. Durch CDLS kann hier eine Verbesserung erreicht werden, indem jedem Lernenden ein Tutor persönlich zugeordnet wird.

2.2 Bildung, Aus- und Weiterbildung

Der Bildungsbegriff bildet die Basis für die Begriffe Ausbildung und Weiterbildung. Aus diesem Grund soll zunächst der Begriff „Bildung" näher betrachtet werden. Die Definition des Begriffs Bildung ist in der Literatur stark umstritten. Es existiert keine anerkannte, disziplinübergreifende Definition.

GLÖCKEL definiert Bildung als eine „in unserem Kulturkreis übliche Umschreibung für die Gesamtverfassung der Person in geistiger und charakterlicher Hinsicht als Ergebnis des eigenen Er- und Verarbeitens aus dem Angebot der Umwelt und der Auseinandersetzung mit ihr in einer persönlicher, lebenslanger Beschäftigung."[63]

Demgegenüber kritisiert BREZINKA: „Bildung ist ein vieldeutiges und abgenutztes Wort, dem kein klarer Begriff entspricht, der allgemein anerkannt wird. Er ist ideengeschichtlich mit einer

[62] Vgl. [RePK+01], S. 3ff.
[63] Zitiert nach: [Glöc96].

Menge von Bedeutungen belastet, die widersprüchlich, verworren und wirklichkeitsfremd sind. In der Wissenschaft wird er vermieden...“[64]

Für diese Arbeit sollen die Minimalanforderungen an den Begriff Bildung auf Basis der GLÖCKELschen Definition wie folgt definiert werden:

⇒ *<u>Bildung</u> umfasst eine Vielzahl von Persönlichkeitsmerkmalen, die das Ergebnis der aktiven Verarbeitung von Umwelteinflüssen sind.*

Eine besondere Rolle beim Erlangen von Bildung spielt die Ausbildung. Auf Basis des Begriffes „Bildung“ kann an den Begriff „Ausbildung“ folgende minimale Anforderung gestellt werden:

⇒ *<u>Ausbildung</u> ist die Aneignung von Wissen zur Bildung von Persönlichkeitsmerkmalen.*

Neben dem Kernbereich der (Erst-)Ausbildung wird computergestütztes Lernen häufig im Bereich der Weiterbildung eingesetzt. KLIMSA definiert

⇒ *<u>betriebliche Weiterbildung</u> als: „alle Lernprozesse mit Erwachsenen, ... die aus praktischen betrieblichen Aufgabenstellungen resultieren und die Mitarbeiter direkt oder indirekt für betriebliche Erfordernisse weiterqualifizieren“.*[65]

Auf Grund der Vielschichtigkeit der verfügbaren Definitionen soll als wesentliches Kriterium für die Anwendbarkeit des Begriffes der Aus- bzw. Weiterbildung die Wissensvermittlung dienen. Der Autor ist sich dessen bewusst, dass weitere Einflussfaktoren auf die Bildung von Persönlichkeitsmerkmalen existieren. Diese können jedoch prinzipbedingt nicht durch computerbasierte Systeme unterstützt werden und finden somit keine Berücksichtigung.

2.3 Wissen

Zunächst sollen in diesem Abschnitt verschiedene Definitionen des Begriffs „Wissen“ und verwandter Begriffe (Information, Daten) betrachtet werden. Darauf aufbauend wird eine für diese Arbeit gültige Definition für die Wissensrepräsentation (↗ 2.4) abgeleitet. In der Literatur existieren zu diesem Begriff sehr viele unterschiedliche Sichtweisen, deren umfassende Darstellung den Rahmen dieser Arbeit sprengen würde. LEHNER und MAIER[66] sowie LUFT[67] geben einen Einblick in diese Begriffswelt.

2.3.1 Der Begriff „Wissen“

⇒ *Die Kognitionswissenschaft bezeichnet die Menge mentaler, systeminterner Repräsentationen als <u>Wissen</u>, die ein kognitives System zusammen mit geeigneten Inferenztechniken bzw. Inferenzverfahren in die Lage versetzt, eine Aufgabe zu bewältigen.*[68]

DELGRANDE und MYLOPOLOS verstehen unter Wissen den von einer Person mit guten Gründen als wahr erachteten Glauben („justified true belief“).[69]

Collins Cobuild English Language Dictionary definiert „Knowledge“ (Wissen) als: „Information and understanding about a subject which a person has in his or her mind or which is shared by all human beings.“[70]

[64] Zitiert nach: [Brez90], S. 23.
[65] Zitiert nach: [Klim93], S. 277.
[66] Vgl. [LeMa94].
[67] Vgl. [Luft88].
[68] Vgl. [Petk98], S. 126.
[69] Vgl. [DeMy86] S. 8.

BARR und FEIGENBAUM charakterisieren Wissen folgendermaßen: „We can say metaphorically, that a book is a source of knowledge, but without the reader, the book is just ink on paper. Similarly, we often talk about the list and pointer data structures in an AI database as knowledge per se, when we really mean that they represent facts or rules when used by a certain program to behave in a knowledgeable way.“[71] Durch diese Charakteristik wird Wissen als Verknüpfung von Daten und Programmen beschrieben.

WIEDERHOLD vergleicht Wissen mit Daten: „If we can trust an automatic process or clerk to collect the material then we are talking about data ... If we look for an expert to provide the material then we are talking about knowledge. Knowledge includes abstraction and generalization of voluminous data.“[72]

NEWELL charakterisiert Wissen durch folgende Aussagen: „Principle of rationality: If an agent has knowledge that one of its actions will lead to one of its goals, then the agent will select that action. Knowledge: Whatever can be ascribed to an agent such that its behavior can be computed according to the principle of rationality. Knowledge is to be characterized entirely functionally, in terms of what it does, not structurally, in terms of physical objects with particular properties and relations. This still leaves open the requirement for a physical structure for knowledge that can fill the functional role.“[73]

Diese Definitionen werfen alle mehr Fragen auf, als Klarheit zu schaffen. Insbesondere werden viele andere nicht klar abzugrenzende Begriffe zur Charakterisierung verwendet (z.B. Agent). Kann somit davon ausgegangen werden, dass der Begriff Wissen nicht strukturiert zu erklären ist? Sicher nicht. Das Problem an diesen Definitionen ist, dass diese den Begriff „Wissen“ in unterschiedlichen Kontexten beschreiben. Dies zeigt, wie breit die Bedeutung dieses Begriffes ist. Ebenso breit müsste eine Wissensbasis für universellen Einsatz angelegt sein. Da solch eine breite Wissensbasis sehr schwierig zu realisieren ist, beschränken sich die meisten Wissensbasen auf die Modellierung eines problemrelevanten Diskursbereichs (↗ 2.12). Ein Beispiel für eine universelle Wissensbasis ist das Projekt „Cyc“[74], in dem versucht wird, Wissen unabhängig von einer Problemstellung zu modellieren.

Für Anwendung mit CDLS wird davon ausgegangen, dass ein problemrelevanter Diskursbereich betrachtet wird, wobei die Abgrenzung dieses Bereichs von der Thematik des Lerninhaltes bestimmt wird und fließend ist. In den Randbereichen entscheidet der Autor der Wissensbasis, ob Zusammenhänge modelliert werden oder nicht. Gegebenenfalls kann die Wissensbasis auf Anforderung ergänzt werden.

2.3.2 Der Begriff „Information“

Collins Dictionary of the English Language definiert Information in sieben verschiedenen Bedeutungen:

„1. knowledge acquired through experience or study

2. knowledge of specific and timely events or situations; news

3. the act of informing or the condition of being informed

4. an office, agency, etc. providing information

---

[70] Zitiert nach: [Sinc87].
[71] Zitiert nach: [BaFe79].
[72] Zitiert nach: [Wied86].
[73] Zitiert nach: [Newe82], S. 95.
[74] Vgl. [Cyc00].

5. a charge or compliant made before justice of the peace

6. the results derived from the processing of data according to programmed instructions

7. another word for data"[75]

In der natürlichen Sprache hat der Terminus „Information“ eine sehr weite und unspezifische Bedeutung. Häufig wird er auch als Ersatz für den Terminus „Wissen“ gebraucht.

WEAVER bezieht sich auf die kybernetische Informationstheorie von SHANNON:

„Das Wort Information wird in dieser Theorie in einem speziellen Sinn verwendet, der nicht mit seinem gewöhnlichen Gebrauch verwechselt werden darf. Insbesondere darf Information nicht mit Bedeutung verwechselt werden. Tatsächlich können zwei Nachrichten, von denen eine voller Bedeutung steckt und die andere Unsinn ist, in dem von uns gebrauchten Sinn genau die gleiche Menge an Information enthalten. Dies meint Shannon, wenn er sagt, dass ‚die semantischen Aspekte der Kommunikation für das technische Problem irrelevant sind.‘“[76].

Es bleibt festzuhalten, dass zwischen einem umgangssprachlichen und einem technischen Informationsbegriff (nach SHANNON) zu unterscheiden ist. Das Problem der Wissensrepräsentation ergibt sich also aus der Überführung von Information im umgangssprachlichen Sinn (bedeutungsvolle Aussagen) in Information im technischen Sinn (Bits und Bytes).

2.3.3 Der Begriff „Daten“

Der Begriff „Daten“ wird durch Collins Cobuild English Language Dictionary folgendermaßen definiert:

⇒ *„Information, usually in the form of facts or statistics that you can analyze, or that you use to do further calculations.“*[77]

Der Zusammenhang zwischen Daten, Information und Wissen kann wie folgt veranschaulicht werden: „Eine Menge von Daten ist die Beschreibung einer objektiven Gegebenheit. Falls diese Daten zweckgebunden sind, bezeichnet man diese als Information. Wenn diese Information gefiltert und mit vorhandenen Vorkenntnissen verarbeitet wird, kann daraus neues Wissen entstehen.“[78] Abbildung 2-4 verdeutlicht den Zusammenhang.

[75] Zitiert nach: [Hank79].
[76] Zitiert nach: [Weav62], S. 99.
[77] Zitiert nach: [Sinc87].
[78] Zitiert nach: [Moli95], S. 277f.

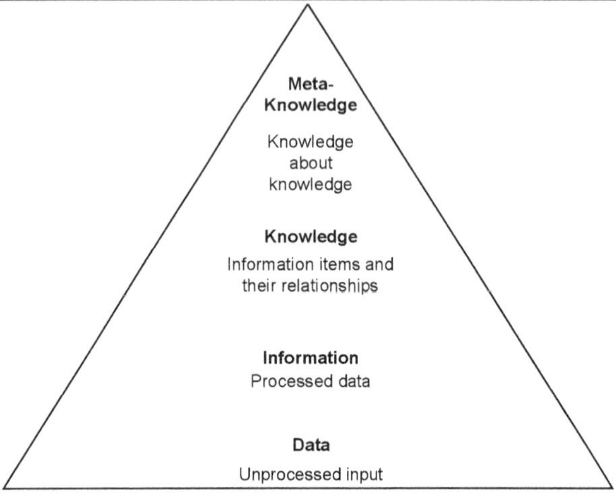

Abbildung 2-4 Wissenspyramide[79]

SCHULZ unterscheidet die Begriffe „Wissen“, „Information“ und „Daten“ in Anlehnung an LEHNER und MAIER[80] durch semiotische Ebenen:[81]

Ebene	Konstrukte	Beispiel
Pragmatische Ebene	Zweck, Ziel, Handlung	„Wenn der Lagerbestand unter 150 Stück sinkt, ist eine Bestellung auszulösen.“
Semantische Ebene	Begriff, Inhalt, Sinn, Bedeutung	„Der Lagerbestand beträgt 150 Stück.“
Syntaktische Ebene	Zeichen, Symbole, Wörter	If Lagerbestand < 150 then do Bestellung

Abbildung 2-5 Ebenen der Semiotik nach SCHULZ[82]

Die einzelnen Ebenen basieren aufeinander. Dabei betrachtet die syntaktische Ebene Zeichen aus einem Zeichenvorrat, die gemäß Regeln miteinander verknüpft sind. Auf der semantischen

[79] In Anlehnung an: [Kurf97], S. 8.
[80] Vgl. [LeMa94].
[81] Vgl. [Schu98], S. 6.
[82] In Anlehnung an: [Schu98], S. 6.

Ebene wird die Bedeutung dieser Zeichen untersucht, und die pragmatische Ebene stellt den Bezug zu einer Aktion her.

Eine andere Beschreibung des Zusammenhanges zwischen Daten, Information und Wissen stammt von MADER und STÖCKL. Beide Autoren definieren Daten als „die Summe aller Abbildungen von Phänomenen der Wirklichkeit oder der Vorstellungswelt eines Individuums, auf das es zu einem Zeitpunkt frei von Bedeutung (ohne Sinngebung) zugreifen kann"[83]. „Erst wenn das einzelne Individuum einem bestimmten Datum einen Sinn zuordnet bzw. mehrere Daten sinnvoll verknüpft, werden diese zur Information"[84]. Handlungswissen wird als Teilaspekt des Wissens betrachtet: „Beide Begriffe [Wissen und Handlung; Anm. d. Autors] beinhalten etwas Geistiges, sie spielen sich im Kopf des Individuums ab. Handlung hat dabei die Umsetzung von Gedachtem im Zusammenhang mit körperlichen Fähigkeiten zum Inhalt."[85] Von einigen Autoren wird Handlungswissen auch als Know How verstanden.[86]

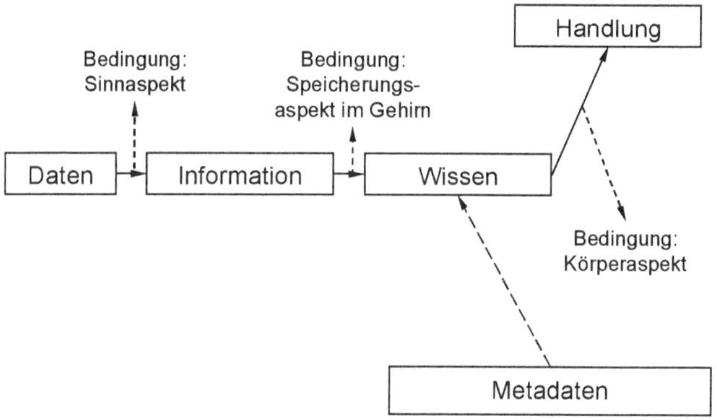

Abbildung 2-6: Wissensdefinition nach MADER/STÖCKL[87]

2.4 Wissensrepräsentation und Ontologie

Wissensrepräsentationsformalismen und Expertensysteme sind historisch eng miteinander verknüpft. Deshalb soll zunächst der Begriff Expertensystem definiert werden.

⇒ *CHRISTALLER, GRÄTHER und VOß verstehen unter einem Expertensystem ein Softwaresystem, mit dem Probleme eines abgegrenzten Fachgebietes durch die Verarbeitung von Wissen gelöst werden können.*[88] *Der Teil des Expertensystems, in dem das Wissen abgelegt ist, wird als Wissensrepräsentationssystem bezeichnet. Eine Problemlösung unter Einbeziehung der Wissensbasis erfolgt durch Inferenzmechanismen. Diese sorgen dafür, dass Regeln und Bedingungen, die in der Wissensbasis modelliert sind, eingehalten und ausgeführt werden.*

[83] Zitiert nach: [MaSt99], S. 48.
[84] Zitiert nach: [MaSt99], S. 49.
[85] Vgl. [MaSt99], S. 49.
[86] Vgl. [Fink00], insbes. Abschnitt 3.
[87] Vgl. [MaSt99], S. 48.
[88] Vgl. [ChGV90], S. 38.

Ein weiterer wichtiger Begriff im Zusammenhang mit der Wissensrepräsentation ist der Begriff der Ontologie. In der Philosophie bezeichnet der Begriff „Ontologie" den Wissenschaftsbereich, der sich mit dem Wesen des Seins befasst. Die Informatik subsumiert unter Ontologie die Darstellung und Formalisierung von Wissen. GRUBER definiert Ontologie folgendermaßen:

⇒ *„An Ontology is an explicit specification of a conceptualization".*[89] *Eine <u>Ontologie</u> ist somit der Bereich der Wissensrepräsentation, der Wissen eindeutig abzubilden versucht. Sie besteht aus einem Vokabular, Bildungsgesetzen für komplexe Ausdrücke sowie einschränkenden Constraints.*[90]

Ontologien werden üblicherweise taxonomisch organisiert, sie bestehen aus einer Baumstruktur, welche die Vererbungsbeziehungen zwischen Konzepten (Klassen) des Diskursbereichs (↗ 2.12) darstellt. Dabei werden nur „is a"-Relationen modelliert. Eine Unterscheidung von „is part"-Relationen wird häufig nicht vorgenommen. Diese müssten korrekterweise durch Assoziationen zwischen den Konzepten abgebildet werden.

Zu jedem Konzept gehört weiterhin eine Menge von Attributen und Axiomen.[91] Konzepte bilden die Elemente der Ontologie. Sie sind vergleichbar mit Klassen bei der objektorientierten Systemanalyse. Die Relationen bilden die Beziehungen zwischen den Konzepten ab. Attribute beschreiben die Eigenschaften der Konzepte.

Axiome sind allgemeingültige Sätze. Sie bilden das Regelwerk innerhalb der Wissensbasis ab. Ein Axiom kann beispielsweise lauten: „Ein Automobil besteht aus einer Karosserie und einem Motor". Damit würde eine kompositorische Beziehung zwischen zwei Konzepten abgebildet.

Die Wissensrepräsentationsformalismen die in dieser Arbeit verwendet werden (↗ 5.4 und 6), basieren auf dem Konzept der Ontologie.

2.5 Wissensmodell

Für die Verwendung in KoWiMo (↗ 6.1) werden Wissensmodelle wie folgt definiert.

⇒ *Ein <u>Wissensmodell</u> besteht aus Wissensbausteinen und semantischen Beziehungen zwischen diesen.*

Die Wissensbausteine (↗ 2.11) bilden zusammen mit den Beziehungen des Wissensmodells ein semantisches Netz.

Die semantischen Beziehungen können verschiedene Ausprägungen haben. Eine hohe Übersichtlichkeit wird gewahrt, wenn wenige fest definierte Beziehungstypen (↗ 6.1.3, Tabelle 6-1) verwendet werden und nur in Ausnahmefällen auf andere (spezielle) Beziehungstypen zurückgegriffen wird.

⇒ *Innerhalb eines Bildungsproduktes existiert ein <u>grundlegendes Wissensmodell</u>, das von den Autoren der Lerninhalte definiert wurde.*

Autoren des Lerninhaltes modellieren im grundlegenden Wissensmodell die semantischen Beziehungen (Wissensstrukturen), die zwischen den einzelnen Konzepten des betrachteten Diskursbereiches bestehen (↗ 6.1.3).

⇒ *Daneben können mehrere <u>persönliche Wissensmodelle</u> existieren, welche die Lernenden selbst definiert haben.*

---

[89] Zitiert nach: [Grub93], S. 201.
[90] Vgl. [Stra92], S. 38.
[91] Vgl. [PeBe99].

Mit Hilfe der persönlichen Wissensmodelle können die individuellen Wissensstrukturen der Lernenden in einem CDLS abgebildet werden (↗ 6.1.3).

2.6 Lernumgebung

Nachdem der Begriff „Lernen" bereits im Abschnitt 2.1 dargestellt wurde, wird hier aufbauend darauf der Begriff der Lernumgebung definiert.

Ein Beschreibungsansatz für mediale Lernumgebungen stammt von KERRES. Dieser Ansatz enthält charakteristische Merkmale solcher Lernumgebungen:

- „Sie beinhalten eine Kollektion unterschiedlicher Arten von Medien (Einzel- oder Multimedien) und Hilfsmitteln (Versuchsanordnungen, Spiel- und Werkzeuge, PC, Einrichtungen der Telekommunikation).
- Die Medien sind so aufbereitet, daß sie das ‚Eintauchen' in eine Umwelt, die Lernprozesse besonders anregt, fördern.
- Die Lernprozesse in dieser Umgebung basieren in starkem Maße auf der Eigenaktivität von Lernenden.
- Die mediale Lernumgebung ist meist Teil einer bewußt gestalteten physikalisch-sozialen Umwelt: z.B. eines Weiterbildungs- oder Fernstudiensystems mit unterschiedlichen Arten von Betreuung.
- Wenn auch nicht unmittelbar und immer von außen sichtbar, ist die bewußte Planung wie auch Steuerung oder Regelung des Lernverhaltens Teil der gestalteten Lernumgebung."[92]

KERRES geht damit also besonders auf die didaktischen Zusammenhänge von Lernumgebungen ein. Bemerkenswert ist, dass auch er wie WINAND und POHL die Metapher einer „virtuellen Lernwelt" benutzt.[93] Diese ist offensichtlich sehr gut geeignet, um die Interaktion des Lernenden mit dem CDLS zu verdeutlichen.

Die Virtualität einer virtuellen Lernwelt besteht darin, dass die Funktion des Interaktionspartners (Mitlernende, Lehrer, Tutor) nicht direkt von einer Person oder Personengruppe wahrgenommen wird, sondern dass, zwischen diesen Personen über Informations- und Kommunikationstechniken vermittelt[94], der persönliche Interaktionspartner ggf. auch durch die Lernumgebung selbst ersetzt wird.

WINAND und POHL charakterisieren die Eigenschaften virtueller Lernwelten wie folgt:

- sie werden in digitalisierter und gegebenenfalls visualisierter Form auf bzw. über entsprechende Medien angeboten,
- zeichnen sich durch Multimedialität und/oder Hypermedialität (Informationsvernetzung) aus,
- unterstützen gegebenenfalls die Interaktivität mit dem Lernenden und
- sind direkt für die Lernenden verfügbar, entweder lokal oder über ein Rechnernetzwerk.[95]

Eng mit dem Begriff der Lernumgebung verknüpft ist der Begriff „Lernsystem". Häufig werden die Begriffe synonym verwandt.

[92] Zitiert nach: [Kerr98], S. 16.
[93] Vgl. [WiPo00], S. 332.
[94] Vgl. [MaSt99], S. 75.
[95] Vgl. [WiPo98], S. 332.

Im „DUDEN – Informatik“ wird der Begriff eines Lernsystems folgendermaßen charakterisiert:

⇒ *Ein Lernsystem dient der Vermittlung, Einübung, Prüfung und Bewertung von Wissen, Kenntnissen und Fähigkeiten.*[96]

Beide Definitionen zeigen, dass ein Lernsystem nicht notwendigerweise mit einem Computersystem in Verbindung stehen muss. Es kann ebenso durch andere Medien unterstützt werden. In diesem Sinn sind auch Telekolleg-Sendungen oder traditionelle Fernstudienangebote auf der Basis von Lehrbriefen als Lernsystem einzustufen.

Für computergestützte Lernsysteme sind in der Literatur eine Vielzahl von Begriffen gebräuchlich. Eine genaue Abgrenzung wird in der Regel nicht vorgenommen, so dass eine häufige synonyme Verwendung beobachtet werden kann. Die am häufigsten verwendeten Bezeichnungen sind:

- CBI (Computer Based Instruction) [Cris89], [LiHS89],
- CAT (Computer Aided Teaching) [GrSc97],
- CAL (Computer Aided Learning/Computer Assisted Learning) [GrSc97],
- CUL (Computerunterstütztes Lernen) [Möhr95],
- CUU (Computerunterstützter Unterricht) [Klim93],
- CBL (Computer Based Learning) [Hamm93],
- CAI (Computer Aided Instruction) [Bode90], [LiHS89],
- CBT (Computer Based Training) [Bren90] sowie
- WBT (Web Based Training) [Bixl00], [WBT00].

Es fällt auf, dass in acht von neun Begriffen das Wort „Computer“ enthalten ist. Dieses Wort lässt keine weitere Differenzierung der Begriffsvarianten zu und ist somit redundant. Weitere Differenzierungsmerkmale dieser Begriffe sind Synonyme der Begriffe Lernen bzw. Unterricht. Es kann folglich davon ausgegangen werden, dass die oben zitierten Bezeichnungen für computerunterstützte Lernsysteme, trotz Differenzen im Detail, im Wesentlichen denselben Inhalt haben. Ausnahmen bilden „CAI“, „CBT“ und „WBT“.

Der Begriff „CAI“ stammt noch aus der Ära des programmierten Unterrichts in den 60er Jahren des 20. Jahrhunderts und bezieht sich auf die Anwendung verschiedener instruktionspsychologischer Paradigmen. Der Begriff „CBT“ wird oft für CD-ROM-basierte Produkte verwandt. In der Variante „WBT“ wird das Medium „World Wide Web“ zur Differenzierung verwendet.

Diese Begriffe sind somit nicht „assoziationsfrei“ und sollen deshalb nicht weiter verwendet werden. Da in dieser Arbeit das Lernen auf Computerbasis mit oder ohne Netzwerkunterstützung unter zeitlicher und/oder räumlicher Entkoppelung im Mittelpunkt der Betrachtung steht, wird statt dessen der Begriff computergestütztes Distance Learning-System (CDLS) verwendet (zur Definition ↗ 2.6.5).

[96] In Anlehnung an [Duln93], S.147.

2.6.1 Distance Learning

Wenn beim Prozess der Wissensvermittlung zwischen Lernendem und Lehrendem eine räumliche Distanz besteht, wird dies als Fernunterricht (Distance Education) bezeichnet.[97] Sollte zusätzlich der Transport des Lerninhaltes über diese Distanz mittels elektronischer Medien geschehen, wird der Vorgang als Telelearning bezeichnet.[98] Beim Telelearning kann zwischen synchronem und asynchronem Telelearning unterschieden werden.

⇒ *Beim synchronen Telelearning wird der Lerninhalt direkt vom Lehrenden zum Lernenden übertragen. Produktion und Konsum des Lerninhaltes finden zum gleichen Zeitpunkt statt.*[99]

⇒ *Asynchrones Telelearning ist dadurch gekennzeichnet, dass der Lehrende (der Autor) den Lerninhalt auf einem Speichermedium ablegt. Der Lernende kann den Lerninhalt von dort abrufen. Der Zeitraum zwischen Produktion und Konsum des Lerninhaltes kann beliebig groß sein.*[100]

Nach der Richtung der Betrachtungsweise kann Telelearning in Telelernen und Telelehren unterschieden werden. Beim Telelehren steht die Perspektive des Lehrenden im Vordergrund, beim Telelernen die Perspektive des Lernenden.[101]

Sehr häufig wird auch der Begriff Distance Learning (DL) verwendet, insbesondere, wenn dabei der Aspekt der Computerunterstützung betrachtet wird.

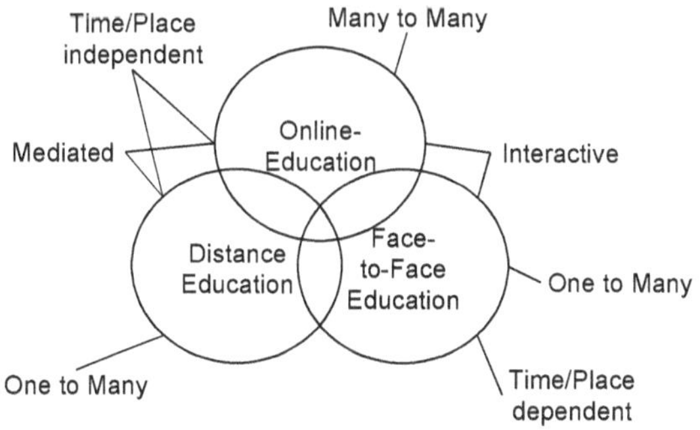

Abbildung 2-7: Einteilung von Distance Learning nach HARASIM[102]

SUN/CHOU definieren Distance Learning als Lernen, bei dem Lehrender und Lernender getrennt voneinander sind.[103] Diese Trennung kann sowohl räumlich als auch zeitlich verstanden

[97] Vgl. [Pete93], S. 16.
[98] Vgl. [HeKu94], S. 1.
[99] Vgl. [Bode00], S.74.
[100] Vgl. [Bode00], S.74.
[101] Vgl. [Bode00], S.74.
[102] Vgl. [Hara90], S. 51.
[103] Vgl. [SuCh96], S.361.

werden.[104] Einige Autoren, so z.B. LEIDNER/JARVENPAA, verstehen darunter eine rein räumliche Trennung, der zeitliche Aspekt wird außer Acht gelassen.[105]

Andere Autoren sehen die Interaktion als weiteres Kriterium für Distance Learning. Der Begriff wird dann zu Interactive Distance Learning (IDL) erweitert.[106]

HARASIM teilt Distance Learning mit Hilfe der Kriterien zeitliche/räumliche Verteilung der Akteure, Interaktion der Akteure und Multiplizität der Kommunikation ein (↗ Abbildung 2-7).

Diese Einteilung spiegelt die eigentlichen Kriterien nach Ansicht des Autors nur unzureichend wieder. Die folgende Abbildung zeigt die Einordnung verschiedener Lernsystemklassen hinsichtlich der Kriterien „räumliche Verteilung", „zeitliche Verteilung" und „Interaktion".

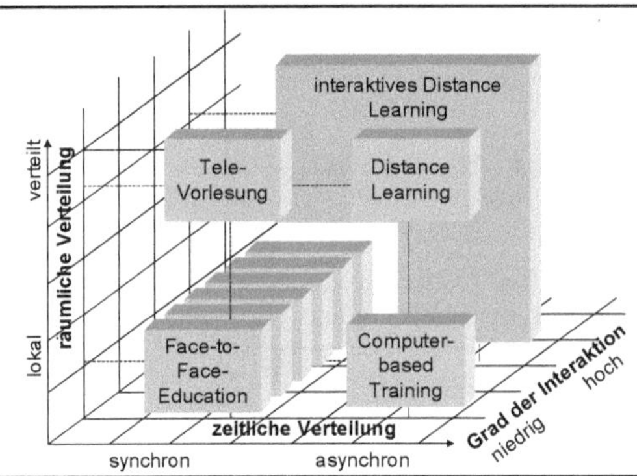

Abbildung 2-8: Dimensionen von Distance Learning

Zusammenfassend kann definiert werden:

⇒ *<u>Distance Learning</u> ist Wissensvermittlung, während deren Verlauf Lehrender und Lernender zeitlich und/oder räumlich getrennt sind und durch Computer unterstützt werden.*

⇒ *Wenn zusätzlich ein hoher Interaktionsgrad zwischen den Akteuren im Lernprozess gegeben ist, handelt es sich um <u>interaktives Distance Learning</u>.*

2.6.2 Intelligente Tutoring-Systeme (ITS)

Eng verbunden mit dem Begriff „Distance Learning" sind Intelligente Tutoring-Systeme. Diese ergänzen die Dimension der individualisierten Anpassung an die Bedürfnisse des einzelnen Lernenden.

⇒ *Ein <u>ITS</u> (Intelligent Tutoring System) nutzt das Wissen über die Eigenschaften des Lerninhaltes, die Lernenden und die Lernstrategien um eine umfassende Individualisierung des Lernprozesses zu erreichen.*[107]

Die Idee der ITS geht zurück auf einen Vorschlag von CARBONELL zur Einbeziehung von Methoden der künstlichen Intelligenz in die Entwicklung von Lernsystemen.[108]

[104] Vgl. [PcLa96], S. 442 und [ScMi96], S. 27.
[105] Vgl. [LeJa95], S. 274.
[106] Vgl. [Mino96], S. 3.
[107] Originaltext: „The goal of various ITS is the use of the knowledge about the domain, the student, and about teaching strategies to support flexible individualized learning and tutoring." Zitiert nach: [Brus99], S. 2.

⇒ *„Such systems are referred to as intelligent tutoring systems and allow access to tutoring and testing material on language syntax. These systems offer adaptive instruction to individual learner needs and are able to analyze student responses and determine correctness; guide and interact with students; and provide feedback and advice."*[109]

ITS wurden zunächst sehr häufig zum Lehren von Programmierwissen eingesetzt. Beispiele hierfür sind: „The BASIC Instructional Program (BIP)"[110], „LISP Tutor"[111], „PROUST, a tutoring system for Pascal programs"[112] und „ACT Programming Tutor (APT)"[113].

Charakteristisch für ITS ist es, dass komplexe Lerner-Modelle zur Beschreibung der Eigenschaften und des Verhaltens der Lernenden aufgestellt werden. Auf Basis dieser Lerner-Modelle wird versucht, eine Anpassung der ITS-Eigenschaften an den einzelnen Lernenden oder Gruppen von Lernenden vorzunehmen.

VANMERRIENBOER/VANDENBERG und MAASWINKEL visualisieren den Aufbau eines idealtypischen ITS wie folgt (↗ Abbildung 2-9):

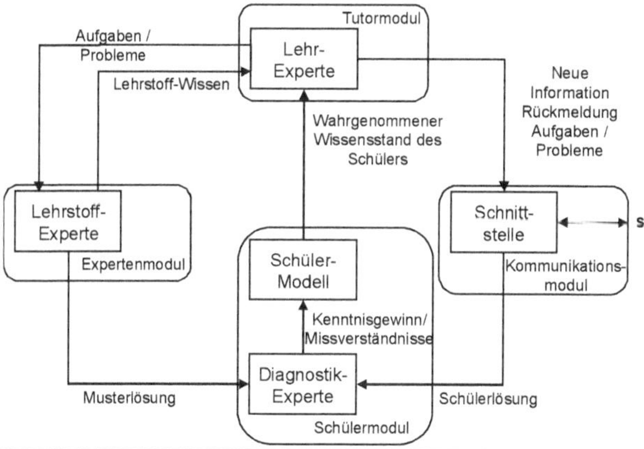

Abbildung 2-9: Funktionskomponenten eines ITS[114]

Kerngedanke dabei ist es, Information über die Eigenschaften, Wünsche und Lernstrategien des Lernenden (Schülermodul) und die Eigenschaften des Lerninhaltes (Expertenmodul) zu erfassen und miteinander in Einklang zu bringen. Wenn dabei verschieden aufbereitete Varianten des Lerninhaltes verwendet werden, kann mit diesem Modell eine individualisierte Lernumgebung realisiert werden. Über ein sogenanntes Kommunikationsmodul wird mit der Systemumgebung kommuniziert.

Nach NWANA besteht ein ITS aus den Komponenten

---

[108] Vgl. [Carb70], S. 192.
[109] Zitiert nach: [DeMc98], S. 320.
[110] Vgl. [BaBA76], S. 572.
[111] Vgl. [AnRe85], S. 161.
[112] Vgl. [JoSo85], S. 185.
[113] Vgl. [CoAn93], S. 135.
[114] in Anlehnung an: [VaVM89].

- Domain Model,
- Student Model und
- Tutoring Model.[115]

Dabei ist das Domain Model für die Speicherung des Expertenwissens des betrachteten Diskursbereichs (↗ 2.12) zuständig.

Das Student Model setzt dieses Expertenwissen auf die individuellen Anforderungen jedes einzelnen Lernenden um. Im Student Model erfolgt die Beobachtung der Benutzer. Basierend auf den Beobachtungen wird eine Diagnose der typischen Benutzereigenschaften erstellt.

Im Tutoring Model werden auf Basis des Domain und Student Model die individuellen Lerninhalte für die Lernenden generiert. Außerdem werden mit Hilfe des Tutor Model didaktische Strategien (z.B. sokratischer Dialog oder Coaching) im System verfügbar gehalten.

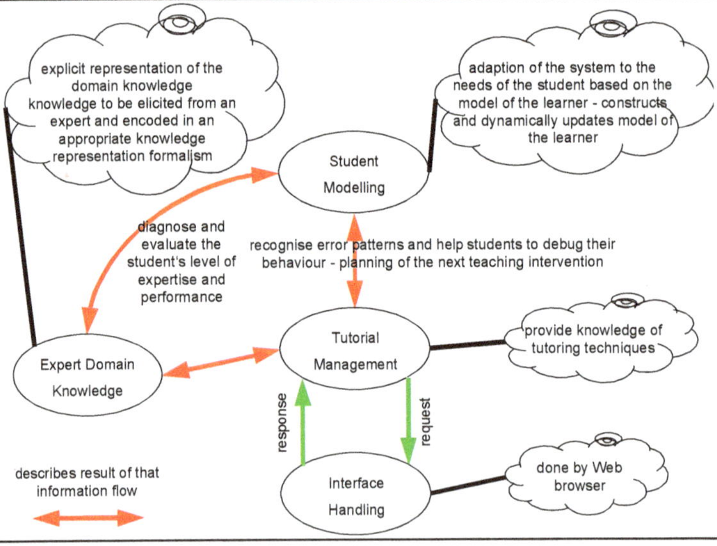

Abbildung 2-10: Architektur eines ITS[116]

ITS werden teilweise auch als adaptive Systeme bezeichnet. Eine detaillierte Darstellung der Funktionsweise von ITS findet sich in [Lust92].

PATERNÓ und MANCINI stellen ein ITS vor, welches auf drei Nutzertypen basiert. Diese Nutzertypen beinhalten jeweils eine andere Herangehensweise an den Lerninhalt im Lernprozess.[117]

Die TU Darmstadt hat ein ITS namens „iTeach" entwickelt, welches auf einem datenbankbasierten Drei-Ebenen-Konzept beruht und jedem Lernenden einen eigenen Bereich für die Abbildung des Lernermodells zur Verfügung stellt.[118]

115 Vgl. [Nwan90].
116 In Anlehnung an: [Nwan90].
117 Vgl. [PaMa99].

Beide Konzepte scheitern an dem Anspruch, Anforderungen verschiedener, vorher unbekannter Lerntypen (↗ 5.2.2) zu berücksichtigen.

BRUSILOVSKY beschreibt ein Konzept, nach dem die Anpassung des ITS an die Eigenschaften der Akteure auf Basis der Technologien „curriculum sequencing", „intelligent analysis of student's solutions", „interactive problem solving support" und „example-based problem solving support" erfolgt.[119] Einzelheiten zu diesen Technologien werden in Abschnitt 3.2 beschrieben.

Die Erwartungen, die in ITS gesetzt wurden, konnten bis heute nicht erfüllt werden. Das Attribut „intelligent" impliziert ein Verhalten dieser Systeme, welches dem eines menschlichen Tutors nahe kommen (z.B. eigenständiger Wissenserwerb; Aufbereitung dieses Wissens entsprechend den Anforderungen der Lernenden). In Wirklichkeit wurden in diesen Systemen einfache Adaptionsmechanismen (↗ 3.2) implementiert, die von diesem Anspruch weit entfernt sind. KERRES konstatiert dazu:

„Mit den desillusionierenden Erfahrungen sogenannter ‚intelligenter' tutorieller Systeme drängt sich die Frage auf, welche Komponente des Mediums eigentlich die ‚Intelligenz' beinhaltet. ... Demnach ist die Intelligenz nicht nur ‚im' Programm zu suchen, sondern in der Art, wie das Informations- und Lehrangebot dem Benutzer präsentiert und verfügbar gemacht wird... ."[120]

KERRES schlägt als Konsequenz vor, das Nutzerinterface intelligenter zu gestalten, so dass ein Nutzer aus verschiedenen Abstraktionsstufen des Lerninhaltes wählen kann. Sicherlich ist dies eine Möglichkeit, CDLS an die Benutzerbedürfnisse anzupassen, jedoch sollte diese Anpassung wesentlich weiter gehen und das im Lerninhalt enthaltene Wissen einbeziehen.

2.6.3 Computer Based Training (CBT)

⇒ *„Computer Based Training (CBT) bezeichnet rechnergestützte Lernprogramme, die Unterrichtsthemen multimedial aufbereiten und dem Lernenden die Möglichkeit der individuellen Interaktion geben."*[121]

Der Kernpunkt dieser Definition „multimediale Aufbereitung" ist unstrittig. Jedoch bleibt für „individuelle Interaktion" ein großer Interpretationsspielraum. Insbesondere stellt sich die Frage: Ist dies die Interaktion zwischen Menschen (Lernenden) oder die Interaktion zwischen Mensch und Maschine (Lernprogramm)? In CBT ist durch die Verwendung des Mediums CD-ROM üblicherweise keine zwischenmenschliche Kommunikation möglich. Somit kommt in CBT-Systemen nur die Mensch-Maschine-Kommunikation zum Einsatz.

Die Vorteile von CBT sind im Wesentlichen:

- einfache Publizierbarkeit auf CD-ROM und
- dadurch universelle Verfügbarkeit.

Die Nachteile von CBT lassen sich folgendermaßen charakterisieren:

- Bei vielen Autorensystemen besteht keine hinreichende Trennung von Daten und Funktionalität.[122]
- Dadurch ist nur eine eingeschränkte Wiederverwendbarkeit der Lerninhalte gegeben.

[118] Vgl. [SeSR+99].
[119] Vgl. [Brus99], S. 2.
[120] Zitiert nach: [Kerr98], S. 65.
[121] Zitiert nach: [GoLi99], S. 144.
[122] z.B. bei mit Asymetrix Toolbook erstellten CBT

- Weiterhin ist der Erstellungsprozess für CBT nicht standardisiert und sehr aufwändig.

2.6.4 Web Based Training (WBT)

⇒ *„Web-based training (WBT) is an innovative approach to Distance Learning in which computer-based training (CBT) is transformed by the technologies and methodologies of the World Wide Web, the Internet, and intranets."*[123]

WBT unterscheiden sich von CBT durch den Einsatz von Web-Technologie. Hauptsächliches Augenmerk wird bei Entwicklung und Einsatz von WBT auf eine ansprechende Gestaltung der Lerninhalte gelegt. Die Kommunikationsmöglichkeiten, die durch die Web-Technologie eröffnet werden, finden vielfach in WBT nur unzureichend Berücksichtigung bzw. werden nicht integriert (↗ 3.1.2). Ein Ziel dieser Arbeit ist es daher, einen in sich geschlossenen Rahmen sowohl für die Abbildung der Funktionen als auch für die technische Realisierung zu erarbeiten.

Vorteile von WBT gegenüber CBT sind:

- Falls gewünscht, kann ohne Mehraufwand eine weltweite Verfügbarkeit gewährleistet werden und
- es bestehen geringe Anforderungen an die beim Anwender zu installierende Software.[124]

Als Nachteile können die folgenden Punkte angesehen werden:

- Für den privaten Gebrauch entstehen unter Umständen hohe Kosten für die erforderliche Telekommunikation.
- Es besteht durch die nachträgliche Änderbarkeit (im Gegensatz zu CBT, die auf CD-ROM ausgeliefert werden) ein Pflegebedarf nach abgeschlossener Erstellung.

2.6.5 Computergestützte Distance Learning-Systeme (CDLS)

Im Umfeld des Distance Learning wird eine Vielzahl von Begriffen zur Beschreibung der verwendeten Systeme verwendet. Die zu Grunde liegenden Begriffsdefinitionen sind nicht immer eindeutig und überschneidungsfrei. Aus diesem Grund soll hier der Begriff computergestütztes Distance Learning-System (CDLS) verwendet und eingeführt werden.

Im Unterschied zu den Begriffen „CBT" (Computer Based Training), der für CD-ROM-Produkte verwendet wird, und „WBT" (Web Based Training), der auf die Anwendung im WWW beschränkt ist, beschreibt CDLS einen umfassenden Ansatz, welcher wesentliche Eigenschaften von CBT und WBT einschließt und diese um neue Möglichkeiten erweitert.

⇒ *Ein CDLS (computergestütztes Distance Learning-System) ist ein computergestütztes System, welches durch räumlich und zeitlich voneinander getrennte Systemnutzer zur Wissensvermittlung genutzt werden kann.*

CBT bieten im Unterschied zu CDLS üblicherweise eine Variante des Inhaltes für alle Lernenden. Im Zuge der Bestrebungen, mehr Individualität im Lernprozess zu ermöglichen, ist der Schritt zu web-basierten Lernumgebungen naheliegend. Durch die mit der WWW-Technologie verbundene Client-Server-Architektur ist es möglich, besser auf die individuellen Bedürfnisse der Nutzer einzugehen, als dies mit klassischen CD-ROM-basierten CBT umgesetzt werden könnte.

---

[123] Zitiert nach: [Kilb97].

[124] Ein Web-Browser und ggf. einige Plug-Ins (Programme zur Erweiterung der Funktionalität des Browsers) reichen aus.

Weiterhin finden Kommunikationstechnologien (↗ 4.8.3) insbesondere in WBT (↗ 2.6.4) Anwendung, damit eine umfangreiche Interaktion (↗ 4.5) der am Lernprozess beteiligten Rollen (↗ 4.6) stattfinden kann.

2.6.6 Exkurs: Historie des Distance Learning

Für ein umfassendes Verständnis des Entwicklungsweges des Distance Learning hin zu modernen Anwendungssystemen für die Online Aus- und Weiterbildung ist es nützlich, die Historie des Fernunterrichtes etwas näher zu beleuchten. Dies ist das Anliegen des folgenden Abschnittes.

Anforderungen und Gestaltungsmöglichkeiten von CDLS sind im zeitlichen Verlauf der Entwicklung mit der Veränderung der zu Grunde liegenden Rechentechnik gewachsen. Wenn die Definition des Distance Learning (↗ 2.6.1) genau angewandt wird, findet Distance Learning in Form von Fernunterricht bereits seit einem wesentlich längeren Zeitraum statt, als dieser Begriff verwendet wird.

2.6.6.1 Die Anfänge

Die Wurzeln des Fernstudiums sind im Selbststudium zu suchen. Die Quellen zu diesem Thema sind spärlich. Erste für das Selbststudium konzipierte „Lehrbriefe" finden sich seit 1865 als „Methode Toussaint-Langenscheidt – Brieflicher Sprach- und Sprechunterricht für das Selbststudium Erwachsener". Hierbei war eine Kommunikation mit den Herausgebern nicht nur nicht vorgesehen, sondern überhaupt nicht erwünscht.

Kennzeichen dieser ersten Generation[125] des Fernunterrichts ist es, dass die Distribution der Lehrmaterialien ausschließlich in Papierform erfolgte und eine Kommunikation zwischen den Lernenden nicht stattfand.

Bereits in einem Text aus dem Jahre 1897 [126]wird das Wort „Fernunterricht" erwähnt. MÜLLER beschreibt dort das Fernstudium nach dem „System Karnack-Hachfeld". Dieses war zunächst rein monologisch[127] ausgelegt (Selbststudium). Nach einiger Zeit etablierte sich im erwähnten „System Karnack-Hachfeld" der Dialog zwischen Lernendem und Lehrendem:

„Von der Lieferung 15 an wurde dem Werk ein Briefkasten beigegeben und bald begann ein reger Austausch von Correspondenz zwischen Redaktion und Abonnenten, wichtige Fragen wurden öffentlich beantwortet, zahlreiche Briefe aber gehen täglich in alle Welt, um die Fragen wißbegieriger Schüler zu beantworten. Aus dem Verkehr mit den Abonnenten hat sich die Praxis des *Fernunterrichts* herausgebildet."[128]

Es hat also relativ lange gedauert, bis das Potenzial des Dialoges während des Fernstudiums erkannt wurde. Über die Ursachen kann nur spekuliert werden.

Die zeitlich folgenden technischen Entwicklungen zur Unterstützung des Fernstudiums wie Hörfunk, Fernsehen, Tonband brachten Verbesserungen für einige Lehrgebiete (z.B. natürlichsprachliche Wiedergabe für Sprachlehrgänge oder Demonstrationsexperimente für Naturwissenschaften), jedoch blieb es bei dem ausschließlichen Dialog zwischen Lehrendem und Lernendem. Ein Dialog zwischen den Lernenden, wie er im Zusammenhang mit

[125] Vgl. [Weis98], S: 57.
[126] Vgl. [Müll97].
[127] Monologisch bedeutet in diesem Zusammenhang: Einweg-Kommunikation ohne Rückkanal (Informatiker würden sagen: Simplex).
[128] Zitiert nach: [Müll97].

Präsenzlehrveranstaltungen gegeben ist, war primär nicht vorgesehen[129] und technisch/organisatorisch nur schwer zu realisieren.

Diese zweite Generation des Fernunterrichts ergänzte die erste Generation um mediale Bestandteile des Lerninhaltes. In Abhängigkeit des betrachteten Diskursbereichs wurde dem geeigneten Medium (Fernsehen, Hörfunk, Tonband, Lehrbrief) der Vorzug gegeben.[130]

2.6.6.2 Programmierter Unterricht

In den 60er Jahren des 20. Jahrhunderts hat das Forschungsgebiet der kybernetischen Pädagogik unter dem Schlagwort „programmierter Unterricht" versucht, die Antwort des Lernenden auf Testfragen auszuwerten (↗ 2.1.4.1). Damit verband sich die Hoffnung, das weitere Lehrangebot nach den Anforderungen des einzelnen Lernenden steuern zu können und auf diese Weise individualisiertes Lernen zu realisieren.[131] Durch die fehlende Verfügbarkeit von adäquaten Medien auf den damaligen Rechnersystemen war der Einsatzbereich derartiger Lernsysteme auf den Bereich der Ausbildung in der Informatik (Programmiersprachen) beschränkt. Später wurden diese Ideen unter dem Schlagwort „intelligente tutorielle Systeme" (↗ 3.2) fortgesetzt. Die Erweiterung bestand in dem Versuch, den gesamten Lernfortschritt des Lernenden zu ermitteln und daraus auf dessen aktuelle Kompetenz zu schließen. Die in den 80er Jahren des 20. Jahrhunderts aufkommenden Hypertext- und Hypermediasysteme leiteten eine Wende ein, indem dem Lernenden über freizügige Navigationsmechanismen die Auswahl aus dem Lerninhalt und damit der Lernweg überlassen wurde. Dieser Ansatz wird auch als exploratives Lernen bezeichnet.

Der Autor dieser Arbeit vertritt die Ansicht, dass in der Kombination beider Ansätze mit aktuellen Technologien ein enormes Potenzial für die Forschung zu computergestützten Distance Learning-Systemen besteht. In den Abschnitten 5 und 6 dieser Arbeit wird ein Ansatz beschrieben, wie dieses Potenzial in ein reales CDLS umgesetzt werden kann.

2.6.6.3 CBT-Systeme

Zunächst wurden CBT-Systeme als „klassische" Programmierprojekte entwickelt. Dabei waren Spezialkenntnisse in der Systemprogrammierung der jeweiligen Plattform erforderlich.[132] Damit verband sich das Problem, dass Fachautor und Programmierer nur sehr selten in einer Person vereinigt waren. Entsprechend hoch war der Aufwand zur Erstellung derartiger CBT.

Eine wesentliche Rolle bei der Entwicklung von CBT spielen sogenannte Autorensysteme. Nachdem diese verfügbar wurden, konnten sich auch Fachautoren ohne Spezialkenntnisse in der Programmierung an die Erstellung von CBT wagen.

Es fällt auf, dass in Veröffentlichungen aus verschiedenen Zeiträumen jeweils eine Vielzahl von CBT-Systemen beschrieben werden.[133] Da diese Systeme jeweils auf Rechnerplattformen ihrer Zeit lauffähig waren, stellt sich die Frage, was aus ihnen in späterer Zeit geworden ist. Die Hypothese liegt nahe, dass die Erstellung von CBT gar nicht so aufwändig und teuer ist, wie in vielen Veröffentlichungen behauptet wird. Umgekehrt kann gemutmaßt werden, dass die beschriebenen Systeme allesamt Prototypen (evtl. zu Forschungszwecken) darstellten, deren hinterlegter Lerninhalt nur rudimentär war.

---

[129] Dies bedeutet nicht, dass dieser nicht in Einzelfällen existiert hat.

[130] Vgl. [Weis98], S. 57.

[131] Vgl. [Kerr98], S. 26.

[132] Vgl. [Eule92]. S. 16.

[133] Beispielsweise schreiben HAEFNER, EICHMANN und HINZE [HaE+87], dass mit der Autorensoftware PLATO über 40000 Lektionen in über 250 Wissensgebieten entwickelt wurden.

Ein großer Nachteil klassischer CBT ist die Beschränkung auf die Interaktion zwischen Lernprogramm und Lernendem und die Vernachlässigung der Kommunikation zwischen Lernenden bzw. zwischen Lernenden und Lehrenden.

Die CBT-Systeme stellen die dritte Generation des Distance Learning dar.[134]

2.6.6.4 Verteilte CBT-Systeme

Die Situation der eingeschränkten Kommunikation im Distance Learning änderte sich mit dem Aufkommen der sogenannten „neuen Medien"[135]. Mit diesen war a priori ein Rückkanal zur Kommunikation zwischen allen am Lernprozess Beteiligten gegeben.

WEISER bezeichnet Distance Learning-Systeme mit der Möglichkeit einer umfassenden Kommunikation als „vierte Generation des Distance Learning".[136]

Vorteile der „neuen Medien" für Fernstudium sind:

- Dialogfähigkeit (Rückkanal) mit allen am Lernprozess Beteiligten,
- Multimediafähigkeit,
- Ortsunabhängigkeit,
- Zeitunabhängigkeit.

Frühe Prototypen bauen bereits auf einer verteilten Architektur (ggf. bereits mit dem Internet als Übertragungsmedium) auf. Ein Vertreter dieser Systeme ist CoMEdiA (Cooperative hyperMedia Editing Architecture)[137]. Nachteilig an diesem System ist, dass spezielles Equipment in Form von multimediafähiger Hardware und proprietärer Zugangssoftware zur Arbeit mit den Systemen notwendig ist. Mit diesen Systemen wurden erstmals verteilte und computergestützte Szenarien in der Aus- und Weiterbildung erprobt. Die dabei entwickelten Verfahrensweisen haben die grundlegenden Funktionalitäten von WBT-Systemen weitgehend mit geprägt. Insbesondere sind in diesen Systemen die Wurzeln für komplexe Kommunikationsfunktionen wie Application Sharing oder Videoconferencing in WBT-Systemen zu finden.

2.6.6.5 WBT-Systeme

Der nächste große Schritt bestand in der Benutzung des Internet als universelles Übertragungsmedium und dem Web-Browser als Darstellungsplattform (WBT-System). Damit war es zum ersten Mal einer breiten Personengruppe ohne spezielle Kenntnisse und ohne spezielles Equipment (von einem Standard-PC abgesehen) möglich, an computergestützten Fernlehrgängen teilzunehmen.

Die WBT-Systeme vereinigen in sich die multimedialen Elemente von klassischen CBT-Systemen und die Kommunikationselemente von verteilten CBT-Systemen. Diese Kom-

---

[134] Vgl. [Weis98], S: 57.

[135] Es gibt natürlich in jedem Zeitalter „neue Medien", nämlich diese, die zu den bereits vorhandenen hinzukommen. Der Begriff „neue Medien" soll hier dennoch insbesondere für Computer mit dem Kommunikationsmedium Internet und eingeschränkt für die CD-ROM als Speichermedium verwendet werden. Die CD-ROM kommt naturgemäß als Kommunikationsmedium nicht in Frage. Als Speichermedium für Lerninhalte wird sie solange ihre Bedeutung behalten, wie die Telekommunikationskosten für die Lernenden relevant sind oder die für multimediale Lerninhalte erforderlichen Übertragsungsbandbreiten nicht flächendeckend verfügbar sind.

[136] Vgl. [Weis98], S. 57.

[137] Vgl. [Trit97], S. 188.

munikationselemente erlauben die Überwindung der bei Distance Learning bestehenden Barriere im Lernprozess (↗ Abbildung 2-11).

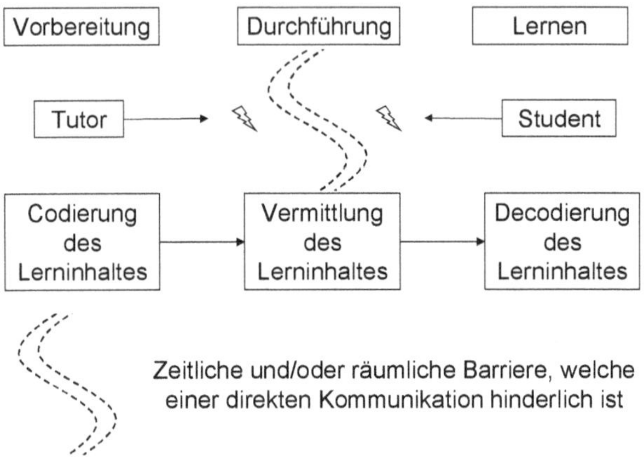

Abbildung 2-11: Barriere im Lernprozess bei Distance Learning

Der entscheidende Unterschied zwischen klassischen CBT-Systemen und WBT-Systemen ist, dass die Kommunikationsbarriere (↗ Abbildung 2-11) bei WBT-Systemen durch geeignete Kommunikationswerkzeuge überwunden wird. Abbildung 2-12 zeigt die historische Entwicklung von CDLS.

Die Phase der Programmierten Unterweisung (auch Programmierter Unterricht) war gekennzeichnet durch eine behavioristische Lernstrategie. Hauptfunktion war die Präsentation von Texten und die Wissensabfrage mittels Multiple-Choice-Tests. Die Systeme wurden auf Großrechnern realisiert und standen nur wenigen Benutzern zur Verfügung.

In der folgenden Phase (Ende der Dekade 1960 bis Ende der Dekade 1980 in Abbildung 2-12) etablierten sich die Kategorien Tutorial, Simulation/Mikrowelt und Spiel. Diese fanden durch den Einsatz von Personal Computern eine zunehmend größere Zielgruppe. Es kam weiterhin großflächig die behavioristische Lernstrategie zum Einsatz. Simulationen und Spielsysteme basieren auf der konstruktivistischen Lernstrategie.

Die dritte Phase aus Abbildung 2-12 (ab Ende der Dekade 1980) lässt sich nach Ansicht des Autors, im Gegensatz zur Darstellung in [Bode90], sowohl zeitlich als auch inhaltlich nicht klar von der zweiten Periode abgrenzen. Der Übergang ist fließend, und in vielen Systemen finden sich Elemente aus beiden Perioden. Neu ist hauptsächlich der Einsatz von Hypertextstrukturen und multimedialen Elementen. Intelligente Lehrsysteme finden in dieser Periode eine erste größere Verbreitung, obwohl die Ursprünge wesentlich früher liegen.[138] In Systemen dieser Periode werden Lernstrategien kombiniert eingesetzt.

[138] Erste Ideen dazu werden bereits in [Carb70] dargelegt.

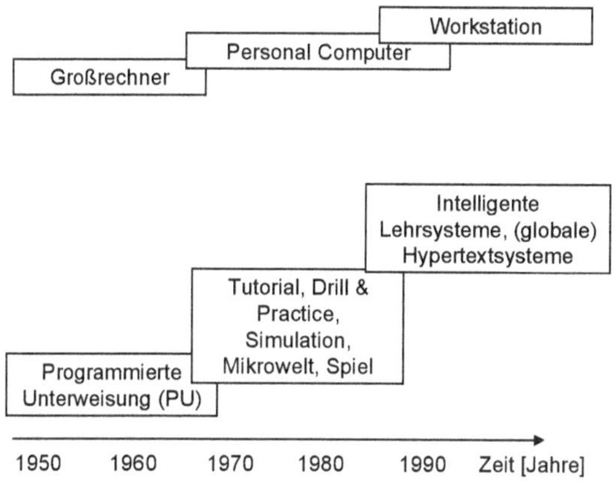

Abbildung 2-12: Historische Entwicklung von CDLS[139]

2.6.6.6 Realisierung im World Wide Web

Das World Wide Web (WWW) ist ein universelles, verlinktes, plattformunabhängiges, erweiterbares Client-Server-Informationssystem, welches eine Vielzahl verschiedener Datenformate (Text, Grafik, Multimedia) unterstützt. Es basiert auf dem HTTP (Hypertext Transfer)-Protokoll, welches über TCP/IP-Netzwerke übertragen wird. Die Information wird in Hypertextform strukturiert (↗ 2.8). Zur Beschreibung und Strukturierung der Information im WWW wird die Seitenbeschreibungssprache HTML (Hypertext Markup Language) verwandt. Die Grundstruktur des WWW basiert auf statischen Hypertexten. Durch neue Anforderungen, welche über die bloße Präsentation von Information hinausgehen (z.B. Interaktion mit dem Benutzer), wurden zunächst clientseitige Skripte (z.B. ECMA-Skript) und serverseitige Skripte (z.B. Perl, PHP) eingeführt.

Clientseitige Skripte ermöglichen insbesondere die grafische Gestaltung der präsentierten Information. Zur Realisierung von komplexen Funktionen (insbesondere zur Interaktion mit dem Anbieter der Information) werden serverseitige Skripte verwendet.

2.7 Multimedia

Multimedia ist ein Modebegriff, der seine Wurzeln in der Konvergenz unterschiedlicher Medien wie Text, Ton, Bild und Video hat. Diese Multimediadaten können sowohl offline als auch online verwendet werden.

Zunächst soll der Begriff „Medium" geklärt werden.

In der Nachrichtentechnik ist das Medium als Übertragungskette vom Sender zum Empfänger definiert. An den Enden dieser Übertragungskette werden die Signale jeweils in eine Form codiert, die dem Menschen das Erkennen der Nachricht ermöglicht. Für die didaktischen Fragestellungen, welche in dieser Arbeit eine Rolle spielen, erscheint es sinnvoller, die Medien nicht nach ihren technischen Merkmalen zu unterscheiden, sondern nach den Sinnen, welche beim Menschen angesprochen werden.

[139] Vgl. [Bode90], S. 15.

Die Multimedia and Hypermedia Experts Group der ISO unterscheidet folgende Arten von Medien:

- Speichermedium: Wie wird Information gespeichert? (z.B. Papier, magnetische Speicher),
- Repräsentationsmedium: Wie wird Information codiert? (z.B. Zahlen, Sprache, Bilder),
- Übertragungsmedium: Wie wird Information übertragen? (z.B. Schall, Kabel, Funk),
- Informationsaustauschmedium: Wie wird Information für den (physikalischen) Austausch zwischen Orten transportiert? (z.B. Mikrofilm, Diskette, Glasfaser),
- Präsentationsmedium: Wie wird Information wiedergegeben? (z.B. Wandtafel, Lautsprecher, Bildschirm) und
- Perzeptionsmedium: Wie wird Information vom Benutzer wahrgenommen? (Sinneskanal).[140]

Diese Medienarten sind untereinander nicht überschneidungsfrei. Beispielsweise überlappen sich Präsentationsmedium und Repräsentationsmedium hinsichtlich der Wiedergabe von Information (bei beiden Varianten wird Information dargestellt). Informationsaustauschmedium und Übertragungsmedium überschneiden sich ebenfalls bei der Übertragung von Information (bei beiden Varianten wird Information übertragen, dass eine Diskette (Informationsaustauschmedium) physisch greifbar ist, hat nichts mit der Eigenschaft von Information zu tun).

Diese Übersicht über Medienarten nach Auffassung der ISO zeigt, trotz der Kritik, wie weit der Begriff „Medium" zu fassen ist. Insofern ist ein Bezug der gewählten Definition des Begriffes „Medium" zum betrachteten Thema zwingend erforderlich.

DICHANZ und KOLB definieren den Begriff Medium und beziehen ihn auf die Wissensvermittlung (Unterricht):

„Unter Medium soll hier ein Zeichen- bzw. Informationsträger, aber auch ein Zeichen- bzw. Informationssystem verstanden werden, das die Kommunikation zwischen mindestens zwei Partnern unterstützt bzw. erst ermöglicht. Unterrichtsmedien sind also Zeichenträger bzw. Zeichensysteme im didaktischen Feld."[141]

WEIDENMANN[142] unterscheidet bei seiner Definition von Multimedia die Dimensionen Medium, Codierung und Modalität. Medien sind dabei verschiedene Präsentationstechnologien[143], Codierungen bezeichnen verschiedene Symbolsysteme[144], die Modalität bezeichnet das Ansprechen verschiedener Sinneskanäle des Menschen[145]. Die folgende Tabelle 2-2 zeigt die Zuordnung der Begriffe jeweils für das einzelne (mono-) oder gemischte (multi-) Auftreten der Dimensionen:

[140] Vgl. [Stei93], S 127.
[141] Zitiert nach: [DiKo75], S: 851.
[142] Vgl. [Weid95].
[143] Dies können beispielsweise Bücher oder CD-ROMs sein.
[144] z.B. Text, Bilder oder Animationen.
[145] z.B. optische oder akustische Sinnesreize.

	mono-	multi-
Medium	medial	medial
Codierung	codal	codal
Modalität	modal	modal

Tabelle 2-2: Dimensionen medialer Angebote nach WEIDENMANN

Wenn streng nach der WEIDENMANNschen Definition vorgegangen wird, fällt auf, dass der Begriff „Multimedia" sich eigentlich nur auf den gemischten Einsatz von Medien bezieht. Danach wäre ein Lernvideo (Medium: Video) mit begleitendem Lehrbuch (Medium: Buch) auch „Multimedia". Der Begriff „Multimedia" wird heute wesentlich weiter gefasst. Er bezieht sich üblicherweise auf die gesamte rechte Spalte von Tabelle 2-2.

Eine weitere Facette von Multimedia ist Interaktivität. „Multimedia systems are not primarily defined by their data structures, but by the nature of their communication."[146] Diese Multimediadefinition von MAYES zeigt, dass Interaktion ein wesentlicher Bestandteil von Multimedia ist. Ein sinnvoller (nicht stereotyper) Einsatz von interaktiven Medien ist nur online möglich. Erst mit der Vernetzung kann auch mit anderen Menschen kommuniziert werden, was für viele Einsatzgebiete ein k.o.-Kriterium darstellt. Die stereotype Kommunikation mit einem Rechner (genauer: der Software) ist nur in wenigen Ausnahmefällen (z.B. Expertensystemen) sinnvoll und zumutbar.

Zusammenfassend können die folgenden Eigenschaften als wesentlich für Multimediasysteme gekennzeichnet werden:

- Interaktion des Systems mit dem Benutzer,
- bei Mehrbenutzersystemen: Interaktion der Benutzer untereinander,
- Verwendung verschiedener Medientypen.

2.7.1 Medienarten in CDLS

Basierend auf diesen Eigenschaften des Multimedia-Begriffes (↗ 2.7) sollen nachfolgend verschiedene Medienarten, die in Bezug zu CDLS stehen, näher erläutert werden.

Auf die klassische Unterscheidung von multimedialen Daten in Text, Audio und Videodaten und deren Formate soll hier nicht näher eingegangen werden, da sie in der Literatur bereits ausreichend reflektiert sind (z.B. [Pohl99], S. 159f. oder [Stei93]).

Eine für CDLS maßgebende Differenzierung wird in [HSKV01] vorgenommen: Die Autoren unterscheiden Multimediadaten nach den Kriterien Zeitunabhängigkeit (diskrete und kontinuierliche Medien) und Interaktivität.

Diskrete Medien (z.B. Bilder) sind zeitunabhängig. Kontinuierliche Medien (z.B. Video) sind zeitabhängig und verändern ihren Zustand im Zeitverlauf.[147]

Interaktive Medien können durch den Benutzer beeinflusst werden. Dabei können sowohl diskrete Medien als auch kontinuierliche Medien interaktiv gestaltet werden.[148]

Ein Beispiel für ein diskretes, interaktives Medium ist Text, der mit Annotationen versehen werden kann. Eine Animation, deren Ablauf durch den Benutzer gesteuert werden kann, ist ein Beispiel für ein kontinuierliches, interaktives Medium.

---

[146] Zitiert nach: [Maye92], S. 3.
[147] Vgl. [HSKV01], S. 3.
[148] Vgl. [HSKV01], S. 3.

2.7.2 Darstellung der Information in CDLS

Die Visualisierung der Information erfolgt durch die im CDLS gewählten Darstellungsmedien. In diesem Abschnitt soll der Fragestellung nachgegangen werden, wie verschieden visualisierte Information (Text vs. Bild) im Gehirn verarbeitet wird. Daraus lassen sich Schlussfolgerungen für einen sinnvoll dosierten Einsatz der Visualisierungsvarianten ziehen.

Über das Veranschaulichungspotenzial von Text im Vergleich zu Bildern existieren sehr kontroverse Ansichten. Diese reichen von „ein Bild sagt mehr als tausend Worte“ bis zu „ein Bild führt zu einer Überflutung der Gedankenwelt und trägt zur Desinformation bei“. Um die Frage nach der Verwendungsfähigkeit der einen oder anderen Visualisierungsvariante in CDLS zu klären, werden im Folgenden didaktische Eigenschaften dieser Varianten betrachtet. Daneben soll auch die akustische Darstellung von Information in die Betrachtung einbezogen werden.

- Textuelle Darstellung

Text ist ein linear-sequentielles Medium. Während der gedanklichen Verarbeitung ist die Reihenfolge der Argumente fest vorgegeben. Andererseits können komplexe Sachverhalte, welche in Textform repräsentiert werden, sehr schnell unverständlich werden. Textinformation lässt tendenziell weniger Interpretationsspielraum als bildliche Information. Der Text erschließt sich dem Leser induktiv.

- Bildliche Darstellung

Ein Bild ist im Gegensatz zum Text ein ganzheitliches Medium. Der Betrachter empfindet einen Gesamteindruck, auch wenn er nicht jedes Detail verstanden haben muss. Beim Betrachten erfolgt die Abtastung des Bildes sequentiell, wobei die Wahrnehmungen mit eigenen Erfahrungen und Information des Betrachters verknüpft werden. Somit lässt bildliche Information tendenziell mehr Interpretationsspielraum als Textinformation. Die Erschließung des Inhaltes eines Bildes erfolgt deduktiv.

Die vermeintlichen Vorteile der bildlichen Darstellung werden allerdings durch die Oberflächlichkeit der Betrachter relativiert. WEIDENMANN schreibt: „Neuere Befunde aus der Forschung mit bewegten Bildern (Film/Fernsehen) dokumentieren, daß Lerner gerade bei Bildern zu einer oberflächlichen und gedankenlosen Verarbeitung neigen.“[149] Er erklärt dies dadurch, dass Texte als „seriös“ gelten und der Leser eine höhere mentale Anstrengung in das Verstehen des Textes investiert, als dies bei Bildern der Fall ist, die gemeinhin als „unterhaltsam“ und „leicht“ aufnehmbar gelten.

- Akustische Darstellung

In der Vergangenheit war das menschliche Leben wesentlich mehr von Lauten und Musik zur Nachrichtenübermittlung geprägt als dies heute der Fall ist. Beispiele hierfür sind die Buschtrommel, das Posthorn oder das Jagdhorn. All diese Instrumente dienten zur Nachrichtenübermittlung in einem nichtsprachlichen Kontext. Dabei fällt auf, dass diese Nachrichten eine wesentlich höhere Aufmerksamkeit beim Empfänger erzeugen als dies mit sprachlicher Kommunikation möglich wäre.[150]

Im Gegensatz zur Vergangenheit sind wir heute durch Multimediasysteme in der Lage, jeden beliebigen Klang zu (re)produzieren. Ziel sollte es deshalb sein, durch gezielten Einsatz dieses

---

[149] Zitiert nach: [Weid88], S. 44.

[150] Ein Beispiel aus dem heutigen Leben ist das Signalhorn an Fahrzeugen: Dieses erzeugt einen wesentlich höheren Aufmerksamkeitswert als eine visuelle Nachricht mit gleichem Inhalt.

Mediums geeignete Nachrichten in nichtsprachlicher Form zu übermitteln und somit die Aufmerksamkeit des Nutzers zu steigern.[151] Ein einfacher Weg dies zu tun, sind beispielsweise Achtungssignale, die bei verschiedenen Systemzuständen an den Nutzer übermittelt werden.

BLATTNER und GREENBERG beschreiben eine weitere Möglichkeit der Lernunterstützung durch akustische Signale im Sprachunterricht:

Sie setzen sogenannte „Earcons"[152] zur Vermittlung von Wissen über Sprachen ein. Dabei werden bestimmten Spracheigenschaften (z.B. Zeitform, Person, Zahl) bestimmte kurze Melodien (Earcons) zugeordnet. Der Lernende bekommt diese Zuordnung zunächst an Beispielen vorgeführt. Danach werden Aufgaben gestellt, für die als Hilfe die zugehörige Melodie aus Earcons verfügbar ist. Der Lernende muss nun zu einem gegebenen Satz eine andere Zeitform bilden.[153]

Durch die Verankerung der Earcons im Unterbewusstsein des Lernenden wird die Anwendbarkeit dieses impliziten Wissens auf neue Anwendungsfälle erreicht.

Zusammenfassend kann der Einsatzbereich verschiedener Medientypen in CDLS folgendermaßen dargestellt werden:

Interaktionsformen	Medientyp/Umsetzung
passives Konsumieren	Bewegtbild, Animation ohne Interaktion
einfache Fakten; Kernaussagen	Text bzw. Standbild
komplexe Zusammenhänge	Bewegtbild
aktives Teilnehmen	interaktive Animation

Tabelle 2-3: Einsatzbereich verschiedener Medientypen

2.7.3 Arten von Lehrmedien

BODENDORF unterscheidet drei Arten von Medienklassen zum Einsatz in CDLS, welche untereinander in Beziehung stehen:

- Darstellungsmedien (Primärmedien)

  Diese dienen der Repräsentation von Information und können direkt durch den auditiven, optischen, haptischen, gustorischen oder olfaktorischen Sinn aufgenommen werden. Sprache, Bilder, Töne, Gestik sowie sozialer Kontakt zählen zu den Primärmedien.[154]

- Trägermedien (Sekundärmedien)

  Trägermedien sind Träger der Primärmedien und können diese ggf. transportieren oder konservieren. Beispiele sind: Papier, akustische oder Videoaufzeichnung sowie Modelle.[155]

- Verteilermedien (Tertiärmedien)

  Verteilermedien dienen der Distribution der Sekundärmedien an die Anwender. Beispiele sind Groupware-Systeme, Audio-/Video-Übertragungseinrichtungen, Dokumenten-Server oder Virtual-Reality-Systeme.[156]

[151] Vgl. [BlGr94], S. 139.
[152] Dieser Begriff leitet sich vom Begriff Icon (Sinnbild) ab. Earcon steht für eine kurze, mit einer eindeutigen Bedeutung versehene, Tonfolge.
[153] Vgl. [BlGr94], S. 141.
[154] Vgl. [Bode00], S. 76.
[155] Vgl. [Bode00], S. 76.
[156] Vgl. [Bode00], S. 76.

Alle diese Medienklassen können gemeinsam in CDLS eingesetzt werden. Zwischen den Klassen bestehen Abhängigkeits- und Substitutionsbeziehungen gemäß Abbildung 2-13.

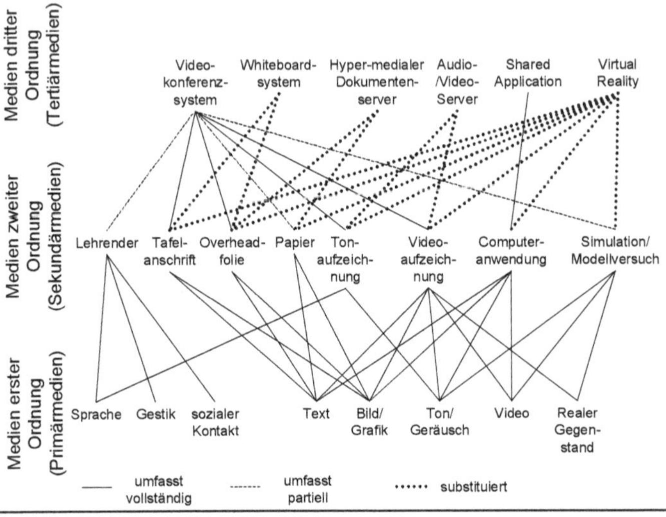

Abbildung 2-13: Ebenenmodell nach BODENDORF [157]

BODENDORF erweitert mit diesem Modell wesentlich den klassischen Medienbegriff. Die Medien zweiter und dritter Ordnung sind als Komponenten von CDLS einzuordnen. Die Darstellung des Lehrenden als Medium zweiter Ordnung ist kritisch zu bewerten, da keines der von der ISO definierten Kriterien zutrifft (↗ 2.7).

2.8 Hypertext

Hypertextstrukturen bilden die Grundlage für viele existierende ITS-, CBT- und WBT-Systeme (↗ 2.6.2, 2.6.3 und 2.6.4). Sie finden auch Anwendung in adaptiven CDLS. Aus diesem Grund soll hier die Entwicklung von Hypertexten dargestellt sowie auf wichtige Metriken im Zusammenhang mit Hypertexten eingegangen werden. SHNEIDERMAN und KEARSLEY definieren den Begriff

⇒ *<u>Hypertext</u> als "a database that has active cross-references and allows the reader to ‚jump' to other parts of the database as desired".* [158]

Wichtig in diesem Zusammenhang ist das Merkmal der Strukturierung durch Querverweise, welches die zentrale Eigenschaft von Hypertexten ausmacht. Eng im Zusammenhang mit dem Begriff „Hypertext" steht der Begriff „Hypermedia". Er ist ein Kunstwort aus „Hypertext" und „Multimedia" und bezeichnet Strukturen von Multimedia-Komponenten, welche ähnlich wie ein Hypertext nichtlinear durch Hyperlinks strukturiert sind. SCHWAPPACHER gibt die folgende Definition:

[157] Vgl. [Bode00], S. 76.
[158] Zitiert nach: [ShKe89].

⇒ *„Hypermedia ist die Verknüpfung verschiedener Medienkomponenten wie z.B. Text, bewegte Bilder oder Audiosequenzen. Diese Verknüpfung erfolgt wie beim Hypertext über Hyperlinks auf weitere Komponenten, die in beliebiger Beziehung zu der Komponente stehen, die den Hyperlink enthält. "*[159]

Moderne Hypermediasysteme sind in der Lage, vielfältige Formen von multimedialen Daten zu speichern und zu verarbeiten. Soweit es in den folgenden Ausführungen um die Strukturierung von Dokumenten durch Querverweise geht, wird deshalb im Folgenden der Begriff „Hypertext" synonym für den Begriff „Hypermedia" verwendet.

Der Ursprung der Hypertext-Idee geht auf BUSH zurück. Er entwarf 1945 das Konzept einer Maschine, „Memex" genannt, welches zum Navigieren und Setzen von Notizen in großen Textmengen gedacht war.[160] Grundlage dieser Idee war das Vernetzen der einzelnen Textabschnitte, welche später wieder in dieser vernetzten Struktur abgerufen werden konnten. Die Analogie hierzu war das assoziative Arbeiten des menschlichen Gehirns. BUSH war seiner Zeit mit dieser Idee weit voraus, wenn bedacht wird, dass die ersten funktionierenden Computer[161] gerade einmal zehn Jahre alt waren. Diese Maschinen waren nur sehr wenigen Menschen zugänglich und für spezielle Aufgaben (Numerik) konzipiert. Insofern ist es nicht verwunderlich, dass BUSH seine Idee nur auf dem Papier beschreiben konnte.

Innerhalb des „Augment Project" wurde unter Leitung von ENGELBART die Idee BUSHs weitergeführt, um ein Computersystem zur Erweiterung des menschlichen Intellektes zu konzipieren.[162] Die Idee BUSHs wurde von ENGELBART[163] um variable Hyperlink-Typen, mit denen beliebige Textstellen verknüpft werden können, erweitert.[164] Allerdings ist der Begriff „Hypertext" in seiner heutigen Form erst 1965 von NELSON im Zusammenhang mit dem System XANADU geprägt worden.[165]

Wenn die von BUSH und ENGELBART propagierte Methode des Vernetzens von Textbausteinen auf multimediale Systeme angewandt wird, werden diese als „Hypermediasysteme" bezeichnet.[166]

TRITSCH gibt folgende Übersicht über Hypermediasysteme, deren Urheber und Einsatzzwecke:

[159] Zitiert nach: [Schw96].
[160] Vgl. [Bush45], S. 107.
[161] Eigentlich müsste hier der Terminus „Rechenmaschine" verwendet werden, da diese Rechner, insbesondere deren Benutzerinterface, noch sehr wenig mit heutigen und für BUSHs Zwecke geeigneten Methoden zu tun hatten.
[162] Vgl. [Enge62], S. 7.
[163] Auf ENGELBART gehen neben dem Hypertextkonzept auch das Konzept des Application-Sharing zur Gruppenarbeit sowie die erste Computer-Maus zurück. Präsentiert wurden diese Konzepte von ENGELBART 1968 auf der „Fall Joint Computer Conference" in San Francisco. Vgl. auch <http://sloan.stanford.edu/mousesite/1968Demo.html> (Abruf am 1999-09-05).
[164] Vgl. [Enge62], S. 91.
[165] Vgl. [Niel95], S. 35.
[166] Vgl. [Schu97], S. 225.

Hypermediasystem	Urheber	Einsatzbereich
Memex	Vannevar Bush	Gedankenspiel/theoretisches Konstrukt
Xanadu	Ted Nelson/Xanadu Operating Company	Publizieren von Information in Rechnernetzen (bidirektionale Links in Hypertext) mit integrierter Verwaltung der Copyright-Rechte
KMS	Carnegie Mellon University	Gruppenarbeit, Projektmanagement
Hyperties	University of Maryland	Elektronische Enzyklopädie
Intermedia	Brown University	System für die kooperative Entwicklung von Unterrichtsmaterialien und zum Lernen am Bildschirm
Guide	Office Workstations Ltd.	Hypertextsystem
Hypercard	Apple	Hypermediasystem als Bestandteil eines Betriebssystems
SEPIA	GMD-PSI	Planung und Kooperation innerhalb von Gruppen

Tabelle 2-4: Übersicht über historische Hypermediasysteme[167]

Für die formale Beschreibung der Struktur von Hypertextdokumenten und deren Elemente existieren Maße, die im Folgenden dargestellt werden sollen. Die Anwendung dieser Maße ist notwendig, weil durch die in Hypertexten mögliche Netzstruktur keine zwingende Vorschrift zur Bildung einer Hierarchie und zum Festlegen eines Wurzelknotens existiert. Diese Maße erlauben es, Anhaltspunkte für die Bildung einer Hierarchie und das Finden eines Wurzelknotens zu erhalten, wie sie im Prozess der Erstellung der Lerninhalte benötigt werden (↗ 6.2.1). Außerdem sind Aussagen über die Qualität der Navigationsstruktur eines Hypertextes möglich.

2.8.1 Abstandsmatrix und konvertierte Abstandsmatrix

Die Basis zur formalen Beschreibung der Struktur von Hypertextdokumenten bilden die Abstandsmatrix D bzw. die konvertierte Abstandsmatrix. Um die Abstandsmatrix aufzubauen, wird das Hypertextdokument als gerichteter Graph aufgefasst. Es wird unterstellt, dass die Hyperlinks unidirektional sind. Die Einsprungstellen (Anker) der Hypertextdokumente bilden die Knoten des Graphen, die Kanten werden durch die Hyperlinks selbst repräsentiert. Die Abstandsmatrix ergibt sich nun, indem die Elemente der Abstandsmatrix gemäß

$$d_{uv} = m_{uv} \qquad \text{(Gl. 2.1)}$$

berechnet werden. Dabei ist u (Zeilenindex) der Ausgangspunkt eines Hyperlinks, v (Spaltenindex) das Ziel desselben. m bezeichnet die Anzahl der Dokumente (Links), die vom Start- zum Zielknoten durchlaufen werden müssen. Zielknoten, die vom betrachteten Startknoten aus nicht erreicht werden können, haben den Abstand unendlich.

Aus dem in Abbildung 2-14 dargestellten Hypertextdokument mit den Knoten a bis g ergibt sich die in der Abbildung 2-15 dargestellte Abstandsmatrix.

[167] Vgl. [Trit97], S. 50.

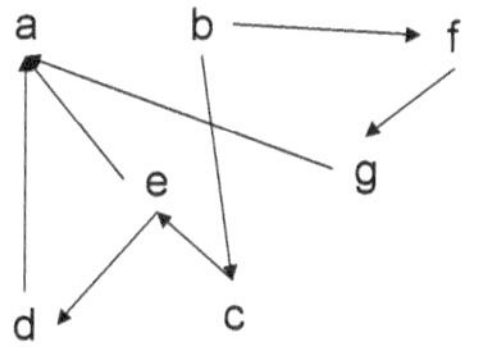

Abbildung 2-14: Hypertextdokument

	a	b	c	d	e	f	g
a	0	∞	∞	∞	∞	∞	∞
b	3	0	1	∞	∞	1	2
c	∞	∞	0	∞	∞	∞	∞
d	1	∞	∞	0	∞	∞	∞
e	1	∞	1	1	0	∞	∞
f	2	∞	∞	∞	∞	0	1
g	1	∞	∞	∞	∞	∞	0

Abbildung 2-15: Abstandsmatrix

	a	b	c	d	e	f	g
a	0	7	7	7	7	7	7
b	3	0	1	7	7	1	2
c	7	7	0	7	7	7	7
d	1	7	7	0	7	7	7
e	1	7	1	1	0	7	7
f	2	7	7	7	7	0	1
g	1	7	7	7	7	7	0

Abbildung 2-16: Konvertierte Abstandsmatrix

Zur Berechnung der Metriken für Hypertextdokumente ist es erforderlich, auf Basis der Abstandsmatrix Summen und Mittelwerte zu bilden. Dies funktioniert nicht mit den unendlichen Abständen, falls ein Dokument von einem anderen nicht direkt erreichbar ist. Aus diesem Grund wird der Wert „unendlich" durch eine Konstante *K* ersetzt. Diese wird als Konversionskonstante bezeichnet.[168] Durch eine geeignete Wahl von *K* kann bestimmt werden, wie die

[168] Vgl. [ShKe89].

Tatsache, dass Knoten nicht erreicht werden können, gewichtet wird. Durch Ersetzen der unendlichen Abstände mit *K* ergibt sich die konvertierte Abstandsmatrix (↗ Abbildung 2-16).

Zur Wahl von *K* gibt es folgende Heuristiken: Falls ein sinnvoller Wurzelknoten für ein Hypertextdokument ermittelt werden soll, führt ein großes *K* zu guten Ergebnissen. Wenn Metriken (↗ 2.8.2) bestimmt werden, sollte *K* der Gesamtanzahl der Knoten im Dokument entsprechen. Endliche Abstände zwischen Knoten werden damit angemessen berücksichtigt. Für die konvertierte Abstandsmatrix in Abbildung 2-16 wurde deshalb $K=7$ gewählt.

2.8.2 Metriken für Hypertextdokumente

BOTAFOGO, RIVLIN und SHNEIDERMAN beschreiben die Metriken „Kompaktheit" und „Stratum".[169]

Die Kompaktheit eines Hypertextdokumentes beschreibt den mittleren Abstand der Knoten in Relation zur Gesamtgröße des Hypertextdokumentes. Die Kompaktheit basiert auf der konvertierten Abstandsmatrix (↗ Abbildung 2-16).

Seien

$$q = (u * K) * (v * K), \qquad \text{(Gl. 2.2)}$$

$$r = u * v, \qquad \text{(Gl. 2.3)}$$

$$s = \sum d_{uv} \forall u \text{ in D}, \forall v \text{ in D}, \qquad \text{(Gl. 2.4)}$$

dann ergibt sich die Kompaktheit c_p nach

$$c_p = \frac{q-s}{q-r}. \qquad \text{(Gl. 2.5).}$$

Wenn ein Hypertextdokument keine Querverweise besitzt (alle Elemente der konvertierten Abstandsmatrix außer der Hauptdiagonalen sind *K*), dann gilt $c_p=0$. Ein vollständig verlinktes Hypertextdokument (jeder Knoten ist mit jedem anderem Knoten innerhalb des Hypertext-Dokumentes verbunden) hat die Kompaktheit $c_p=1$.

Für die Ermittlung der Kompaktheit sollten nur referentielle Hyperlinks (↗ 5.3.3.2) zu Grunde gelegt werden, da die strukturellen Hyperlinks unabhängig existieren und den Aussagewert des Maßes „Kompaktheit" verfälschen würden.

Ein gutes Maß für die Kompaktheit, welches Autoren von Hypertextdokumenten anstreben sollten ist $c_p=0{,}5$. Viele reale Hypertextdokumente (auch das Werk von BOTAFOGO, RIVLIN und SHNEIDERMAN [BRS92]) erreichen diesen Wert annäherungsweise.

Eine hohe Kompaktheit führt dazu, dass von jedem Knoten eines Hypertextdokuments jeder andere Knoten auf kurzem Wege erreicht werden kann. Folglich sind viele Querverweise vorhanden. Dies ist (falls nicht vom Autor beabsichtigt) ein Hinweis darauf, dass das Hypertextdokument wenig strukturiert ist. Der Leser erhält in diesem Fall keine Hinweise, wie er durch den Hypertext navigieren soll. Der Autor kann also nicht sicherstellen, dass der Hypertext in einer gewünschten Abfolge durchgearbeitet wird. Eine niedrige Kompaktheit führt dazu, dass Teile des Hypertextes nur auf Umwegen oder gar nicht erreichbar sind.

Das Stratum eines Hypertextes zeigt, welche Wahlfreiheit ein Leser bei der Navigation im Hypertext hat. Es beschreibt die lineare Ordnung des Hypertextes. Zur Berechnung des Stratum wird die Abstandsmatrix D (ohne die Konversionskonstante *K*) zu Grunde gelegt.

---

[169] Vgl. [BRS92], S. 156.

Sei

$A_i = \sum d_{iv} \forall v \text{ in D}$ (Out Distance oder Status von i), (Gl. 2.6)

$B_i = \sum d_{ui} \forall u \text{ in D}$ (In Distance oder Kontrastatus von i). (Gl. 2.7)

Aus Status und Kontrastatus eines Knotens i ergibt sich die Wertigkeit W_i

$W_i = A_i - B_i$ (Wertigkeit). (Gl. 2.8)

Das absolute Stratum (absolute Wertigkeit) P eines Hypertextes ergibt sich aus der Summe der absoluten Wertigkeiten aller Knoten dieses Dokumentes:

$P = \sum |W_i| \forall i \text{ in D}$. (Gl. 2.9)

Das absolute Stratum P eines Hypertextes ist abhängig von der Größe des zu Grunde liegenden Hypertextes. Um die Vergleichbarkeit von verschieden großen Hypertexten zu gewährleisten muss das absolute Stratum normalisiert werden. Dies geschieht, indem die absolute Wertigkeit eines gleich großen (gleiche Anzahl Knoten) linearen Dokumentes (linear absolute prestige *LAP*) gegenübergestellt wird. Das Stratum S des Hypertextes ergibt sich, indem das absolute Stratum P durch das Stratum eines linearen Dokumentes (*LAP*) dividiert wird

$S = \frac{P}{LAP}$. (Gl. 2.10)

Das Stratum bringt die lineare Ordnung, welche im Hypertext besteht, zum Ausdruck. Es beschreibt den Freiheitsgrad eines Lesers im betrachteten Hypertext. Ein lineares Dokument ($S=1$) kann nur auf einem Weg gelesen werden. Ein kleines Stratum beschreibt ein Dokument mit vielen Freiheitsgraden bei der Navigation, was möglicherweise zur Desorientierung beim Leser führt. Ein großes Stratum bedeutet wenig Wahlfreiheit in der Navigation.

Auch für das Stratum gilt (wie für die Kompaktheit), dass nur referentielle Hyperlinks (↗ 5.3.3.2) als Berechnungsgrundlage dienen sollen, um einen aussagefähigen Wert zu erhalten.

2.9 Navigation in CDLS

Zum Abruf einzelner Wissensbausteine in CDLS ist es erforderlich, einen Mechanismus zu definieren, der diesen Wissensbausteinabruf ermöglicht. Dieser Mechanismus wird als Navigation bezeichnet. Für die Realisierung dieser Navigation gibt es mehrere Varianten. Die klassische Variante ist die Navigation in einer Baumstruktur, wie sie beispielsweise auch in Büchern zu finden ist. Eine weiterentwickelte Variante ist die Netzstruktur. Die Baumstruktur kann dabei als Spezialfall der Netzstruktur betrachtet und prinzipiell in denselben Datenstrukturen wie die Netzstruktur abgebildet werden.

2.9.1 Verhaltensmuster während der Navigation in Hypertextstrukturen

Während der Navigation in Hypertextstrukturen lassen sich typische Verhaltensmuster identifizieren. Diese sind:[170]

- gerichtetes Browsing

Der Lernende navigiert mit der Zielstellung, eine bestimmte Information zu finden, durch den Hypertext. Dabei verwendet er Systematiken, Schlagwortregister oder Indizes. Kann diese

[170] Vgl. [Sieg00].

Zielstellung erreicht werden, wird dies auch als „Mitnahmeeffekt“ (↗ 2.9.3) bezeichnet. Falls der Lernende sich von anderer Information ablenken lässt und das Ziel nicht erreicht, wird dies als „Serendipityeffekt“ bezeichnet (↗ 2.9.3).

- ungerichtetes Browsing

Falls der Lernende ohne konkrete Zielstellung durch den Lerninhalt navigiert, wird dies als ungerichtetes Browsing oder „Surfen“ bezeichnet. Der Lernende lässt sich in diesem Fall von der Attraktivität des Informationsangebotes leiten.

Beide Verhaltensmuster können zur Wissensvermittlung beitragen. Es muss beachtet werden, dass der Lernende in Abständen auf das zu erreichende Ziel hingewiesen wird. Information, welche durch den Mitnahmeeffekt (↗ 2.9.3) aufgenommen wurde, kann dazu beitragen, ein umfassendes Verständnis des Lerninhaltes beim Lernenden aufzubauen. Dieses Verhalten geht somit über bloßes Auswendiglernen hinaus.

2.9.2 Navigationshilfen

Um eine zielgerichtete Navigation in Hypertextstrukturen zu erreichen, können durch Hypertextsysteme Navigationshilfen zur Verfügung gestellt werden. Im Folgenden werden Varianten für Navigationshilfen sowie deren Realisierungsmöglichkeiten in CDLS beschrieben.

- Backtracking

Backtracking ermöglicht den Rücksprung über den letzten begangenen Hyperlink. Falls Backtracking in einem Hypertextsystem unterstützt wird, darf es auch Knoten ohne ausgehende Links geben, da diese durch Backtracking wieder verlassen werden können. Backtracking ist auch über mehrere Hyperlinks möglich und wird im WWW von den meisten Browsern unterstützt. Für CDLS ist es sinnvoll, die Backtracking-Funktion serverseitig zu realisieren, da somit die Konsistenz über mehrere Sitzungen (↗ 5.5) hinweg gewahrt ist und für jeden Client zur Verfügung steht.

- Vorschau

Die Vorschaufunktion ermöglicht es, den Kurzinhalt eines Knotens ohne Verfolgung des zum Knoten führenden Hyperlinks einzusehen. Dies kann als Popup-Fenster über dem Hyperlink realisiert werden.[171] Durch die Vorschaufunktion wird die Informationsaufnahme erleichtert. Sie hilft, den Serendipityeffekt (↗ 2.9.3) zu vermeiden, indem im betrachteten Zusammenhang irrelevante Inhalte gar nicht erst gelesen werden.

- Markierung bereits verfolgter Hyperlinks

Das Markieren bereits verfolgter Hyperlinks ist sinnvoll, wenn umfangreiche Hypertextstrukturen zu absolvieren sind. Bereits vom Lernenden verfolgte Hyperlinks werden dann geeignet hervorgehoben. Dies kann durch farbliche Kennzeichnung geschehen. Im WWW wird diese Hervorhebung für Seiten, welche sich im lokalen Zwischenspeicher (Cache) des Browsers befinden, vorgenommen. In CDLS kann diese Funktion sinnvollerweise auf Serverseite vom CDLS realisiert werden, um auf allen Plattformen und über mehrere Sitzungen (↗ 5.5) hinweg verfügbar zu sein.

- Historie

In der Navigationshistorie werden vom Lernenden besuchte Knoten des Hypertextes vermerkt. Diese Funktion ist für große Hypertexte wichtig. Häufig erinnert sich ein Lernender an einen

---

[171] Vgl. [KoMü99].

Sachverhalt und den Zeitraum, in dem dieser bearbeitet wurde. Über die Historie kann er relativ schnell die zugehörigen Wissensbausteine finden.

Im WWW wird die Historie üblicherweise im Browser geführt. Von Vorteil ist dabei, dass für alle besuchten Sites eine Historie existiert. Nachteilig für die Anwendung mit CDLS ist, dass dies nicht ortsunabhängig funktioniert. Die Historie ist an die Client-Maschine gebunden. Deshalb sollte in CDLS die Historie auf Serverseite geführt werden, um auf allen von Lernenden genutzten Clients verfügbar zu sein.

- Annotationen

Annotationen (Lesezeichen) dienen ähnlich wie die Historie der Orientierung in umfangreichen Hypertexten. Lernende können Wissensbausteine mit Bemerkungen (Annotationen) versehen und diese in einer Übersicht speichern. Im WWW wird diese Funktion von den meisten Browsern unterstützt. CDLS sollten diese Funktion auf Serverseite realisieren, um die Annotationen clientunabhängig zur Verfügung zu stellen.

Erweiterte Interaktionsmöglichkeiten zwischen den Lernenden ergeben sich, wenn die Annotationen veröffentlicht werden können. Lernende können somit auf die Annotationen anderer Lernender zugreifen und auf diese Weise in eine asynchrone Kommunikationsbeziehung treten.

- Strukturübersicht

Die Strukturübersicht eines Hypertextes stellt die Hypertextstruktur oder Ausschnitte daraus als Netzwerk von Knoten und Kanten grafisch dar. Sie wird häufig als Site-Map bezeichnet. Im WWW wird eine Strukturübersicht häufig vom Informationsanbieter einer Web-Site generiert und zur Verfügung gestellt. Für CDLS wird die Strukturübersicht für die Visualisierung der Beziehungen zwischen den Wissensbausteinen genutzt. Visualisierungstechniken werden in Abschnitt 5.4.11 beschrieben.

- geführte Navigation

Unerfahrene Lernende können durch geführte Navigation einen ersten Überblick über den Diskursbereich (↗ 2.12) erlangen. Dabei wird durch den Autor des Lerninhaltes ein Pfad der Navigation durch den Lerninhalt vorgegeben. Zur Vertiefung des in diesem Schritt erworbenen Überblickswissens ist es sinnvoll, dem Lernenden nach Absolvieren dieses Überblicks die freie Navigation im Lerninhalt zu ermöglichen. Eine geführte Navigation ist mit den Basistechniken des WWW nicht realisierbar. Sie muss deshalb in CDLS auf Serverseite realisiert werden.

- Pop-Up-Übersicht

Eine weitere Navigationshilfe wird durch Pop-Up-Fenster realisiert. Dem Lernenden wird dabei weiterführende Information durch ein Pop-Up-Fenster direkt am Hyperlink zur Verfügung gestellt. Damit kann vor der eigentlichen Navigation (Verfolgen des Hyperlinks) durch den Lernenden entschieden werden, ob der zu erwartende Wissensbaustein seiner momentanen Fragestellung entspricht.

2.9.3 Probleme während der Navigation in Hypertexten

Basierend auf den Verhaltensmustern während der Navigation in Hypertextstrukturen (↗ 2.9) treten Orientierungsprobleme des Lernenden auf. In der Literatur werden Desorientierung, kognitive Überlastung und Serendipityeffekt beschrieben.

- Desorientierung

⇒ *<u>Desorientierung</u> resultiert aus der durch die nichtlineare Navigation im Hypertext erzeugten Gefahr, dass Gliederung, Logik und Gedankengang des Autors durch den Leser nicht erfasst werden.*

Ursache für diese Probleme ist, dass Lernende sich ohne geeignete Hilfsmittel (↗ 5.4.11) nur schwer eine mentale Vorstellung (innere Karte) von der Struktur von Hypermedia-Dokumenten machen können.[172]

Das Problem der Desorientierung wurde von EDWARDS und HARDMAN treffend als „Lost in Hyperspace"-Phänomen bezeichnet.[173] Damit wird der Zustand bezeichnet, dass sich der Benutzer eines Hypertextsystems nicht orientieren kann, wo er sich in der Gesamtstruktur des Hypertextes momentan befindet und somit den aktuellen Lerninhalt nicht in den Gesamtkontext einordnen kann.[174]

- kognitive Überlast

Eng mit dem Problem der Desorientierung ist das Problem der kognitiven Überlast verbunden: Hierbei steht der Lernende vor dem Problem, sich bereits aufgesuchte Knoten im Hypermedia-Dokument zu merken und noch aufzusuchende Knoten zu identifizieren.[175]

⇒ *<u>Kognitive Überlastung</u>: Der Weg zur Erarbeitung des Lerninhalts muss durch den Lernenden selbst gewählt werden. Dadurch entsteht zusätzlicher mentaler Aufwand, der zur kognitiven Überlastung führen kann.*[176]

Eine mögliche Lösung dieses Problems bietet der Ansatz, bereits verfolgte Hyperlinks zu markieren (↗ 2.9.2).[177]

- Serendipityeffekt

KUHLEN beschreibt den

⇒ *<u>Serendipityeffekt</u> als Informationsaufnahme eines Lernenden zu einem anderen als dem ursprünglich avisierten Thema, in einer Intensität dass das ursprüngliche Ziel aus den Augen verloren wird.*[178]

Der Lernende ist von einer anderen als der ursprünglich verfolgten Information eingenommen, so dass das ursprüngliche Ziel als nicht mehr relevant betrachtet wird. Die Grenze zwischen der gerichteten Informationsaufnahme und dem Serendipityeffekt ist fließend. Ursache für diese Effekte ist häufig eine mangelhafte Konzeption des Hypertextes.[179]

- Mitnahmeeffekt

Der Mitnahmeeffekt ist kein eigentliches Problem und soll hier als positives Beispiel zur Navigation in Hypertexten dienen. Der Lernende erhält während seiner Navigation, die möglicherweise nicht zielgerichtet abläuft (Stöbern), zusätzliche Information durch verlinkte

---

[172] Vgl. [Terg95], S. 12.
[173] Vgl. [EdHa89].
[174] Vgl. [BoSc95], S. 142.
[175] Vgl. [Conk87], S. 23.
[176] Vgl. [Wede98], S. 77.
[177] Vgl. [HeMü93], S. 150.
[178] Vgl. [Kuhl91], S. 129.
[179] Vgl. [BoSc95], S. 142.

Wissensbausteine. KUHLEN vergleicht dies mit dem Stöbern in einer Bibliothek, bei dem thematisch naheliegende Bücher ebenfalls entdeckt und ggf. gelesen werden.[180]

2.9.4 Anforderungen an die Navigationsstruktur von Hypertexten

Aus den Problemen bei der Navigation in Hypertexten lassen sich folgende Anforderungen an die Gestaltung der Navigationsstruktur von Hypertexten ableiten:

- Einrichtung einer jederzeit erreichbaren Übersicht über den Hypertext mit Kennzeichnung des aktuellen Knotens, so dass das Problem der Desorientierung vermieden wird,
- Markierung bereits aufgesuchter Knoten im Hypertext durch das Hypertextsystem zur Vermeidung des Problems der kognitiven Überlast,
- Einrichtung eines Stufenindex (der Eltern- und alle verfügbaren Kinderknoten werden in einer hierarchischen Navigationsstruktur angezeigt), um das „Lost in Hyperspace"-Phänomen zu vermeiden.[181]

Der Serendipityeffekt (↗ 2.9.3) wird primär durch den Lernenden verursacht und kann nicht durch spezielle Navigationstechniken verhindert werden.

2.10 Content Management-System

⇒ *Ein <u>Content Management-System</u> (CMS) dient der Speicherung, der Bearbeitung, dem Retrieval, der Bereitstellung und der Aktualisierung von Content in unterschiedlichsten Formaten.*[182]

Häufig werden Datenbanken und Workflow-Komponenten in CMS integriert. Ein häufiger Anwendungsfall ist das Management von Web-Sites. CMS werden dann auch als Web-CMS bezeichnet.

Innerhalb von CDLS können CMS eingesetzt werden, um die Lerninhalte zu verwalten (↗ 4.9).

2.11 Wissensbaustein, Blob

Innerhalb von CDLS und CMS müssen die (Lern-)inhalte strukturiert abgelegt werden. Dazu bietet sich eine Unterteilung in logische Einheiten (Wissensbausteine) und informationstechnische Einheiten (Blobs) an.

⇒ *Ein <u>Blob</u>*[183] *ist die kleinste logische Informationseinheit in einem CDLS. Ein Blob kann beispielsweise einen Textblock, eine Grafik oder eine Animation enthalten.*

⇒ *Ein <u>Wissensbaustein</u> ist die kleinste Informationseinheit, die in einem gegebenen Kontext nicht weiter zu untergliedern und durch Navigationsmechanismen direkt ansprechbar ist. Er besteht üblicherweise aus einem oder mehreren Blobs.*

Dieser zweistufige logische Aufbau ist vergleichbar mit sogenannten „Baukastenstrukturstücklisten", wie sie in der Industriebetriebslehre verwendet werden. Die folgende Abbildung zeigt, wie sich die Elemente „Baugruppe" und „Wissensbaustein" sowie „Einzelteil" und „Blob" entsprechen.

[180] Vgl. [Kuhl91], S. 128.
[181] Vgl. [HeMü93], S. 151.
[182] Vgl. [Kart98].
[183] Der Begriff Blob leitet sich aus „Binary Large Object" ab.

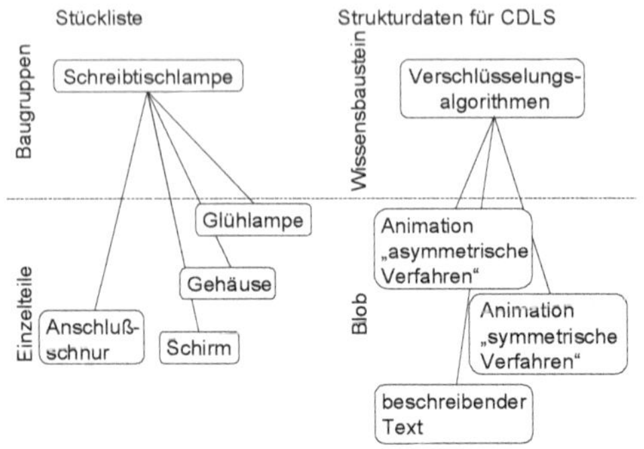

Abbildung 2-17: Gegenüberstellung „Baukastenstrukturstückliste“ – Strukturdaten für CDLS

Beim Erstellen der Lerninhalte stellt sich die Frage: Wie groß dürfen die Wissensbausteine und Blobs sein? [184] OTTMANN führt dazu aus: „Die Granularität dieser Untergliederung muss unterhalb der Einheit „Vorlesung“ liegen, aber deutlich oberhalb der Modulebene von Einheiten, die in einer digitalen Bibliothek gespeichert sind.“[185]

Im Laufe der Untersuchungen zur vorliegenden Arbeit hat sich herausgestellt, dass folgende Heuristiken sinnvoll sind.

Heuristik 1: Die Blobs sollten so groß sein, dass diese einem Schlagwort (dies kann ein Indexeintrag sein) eindeutig zuzuordnen sind.

Heuristik 2: Für audiovisuelle Wissensbausteine (Animationen, Filme, etc.), die zur zusätzlichen Erläuterung dienen, ist es zulässig, längere komplexe Abläufe zusammenzufassen.

2.12 Diskursbereich

⇒ *Ein Diskursbereich ist ein Ausschnitt aus der realen Welt, für den ein Modell Gültigkeit besitzt.*

Im Unterschied zum Begriff „Wissensgebiet“ umfasst ein Diskursbereich einen enger abgegrenzten Ausschnitt aus der realen Welt (beispielsweise enthält das Wissensgebiet „Kryptographie“ u. a. die Diskursbereiche „Einwegalgorithmen“ und „symmetrische Verschlüsselungsverfahren“).

2.13 Bildungsprodukt, Kontext

⇒ *Ein Bildungsprodukt ist die Zusammenfassung mehrerer Wissensbausteine für einen Diskursbereich in einer konkreten Struktur.*

Ein Bildungsprodukt umfasst eine inhaltlich zusammengehörende Menge von Lerneinheiten in einem CDLS. Das Pendant zu diesem Begriff an der traditionellen Lehreinrichtung (Schule, Universität) ist die Lehrveranstaltung (Vorlesung, Übung).

[184] Vgl. [Schu97] S. 289.
[185] Zitiert nach: [Siet00].

⇒ *Auf der Basis einer Grundmenge von Wissensbausteinen lassen sich verschiedene Bildungsprodukte konfigurieren (Wiederverwendbarkeit). Diese Konfigurationen werden im Folgenden als Kontext bezeichnet.*

2.14 Kurs

⇒ *Ein Kurs umfasst ein Bildungsprodukt, einen Tutor, sowie eine Menge von Lernenden in einem bestimmten Zeitrahmen mit einem bestimmten Lernziel.*

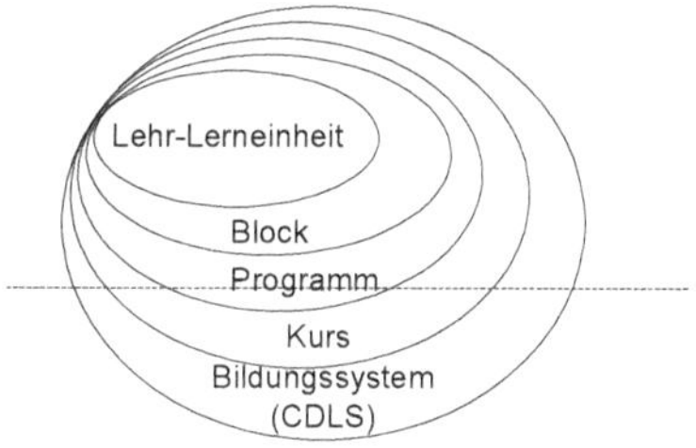

Abbildung 2-18: Designebenen in CDLS[186]

Die Elemente eines Kurses (Bildungsprodukt, Tutor, Lernende) werden einander zugeordnet. Diese Zuordnung ist vergleichbar mit der Teilnahme eines Lernenden an einer klassischen Lehrveranstaltung. Üblicherweise hat ein Kurs einen Tutor (klassisch: Kursleiter/Dozent). Weiterhin ist ein Kurs durch Termine für Anfang, Ende, evtl. Zwischentests und evtl. Klausur gekennzeichnet.

FLECHSIG und HALLER visualisieren den mengentheoretischen Zusammenhang zwischen den Begriffen „Blob", „Wissensbaustein", „Kurs" und „Bildungsprodukt" wie in Abbildung 2-18 gezeigt. Dabei sind „Lehr-Lerneinheit" und „Blob", „Block" und „Wissensbaustein", „Bildungsprodukt" und „Programm" äquivalent anzusehen.

2.15 Individualisierung

⇒ *Individualisierung umfasst die Anpassbarkeit und die Konfigurierbarkeit von Hilfsmitteln.*

⇒ *Als Anpassbarkeit wird die Veränderbarkeit von Hilfsmitteln als Reaktion auf erkannte Benutzerbedürfnisse während ihrer Nutzung bezeichnet.*[187]

⇒ *Die Konfigurierbarkeit erlaubt es, die Hilfsmittel vor ihrer Nutzung an die Benutzerbedürfnisse anzupassen.*[188]

⇒ *Adaptierbarkeit ist die Fähigkeit eines Lernsystems, sich auf der Grundlage einer extern vorgenommenen Diagnose durch extern vorgenommene Eingriffe so einzustellen, dass es dem Unterstützungsbedarf der Lernenden möglichst gut entspricht.*[189]

Die Anpassung erfolgt durch Eingriffe in das System von außen.

---

[186] In Anlehnung an [FlHa75].
[187] Vgl. [HeKy91], S. 225.
[188] Vgl. [Ober94], S. 35.
[189] In Anlehnung an die Definition von LEUTNER in [Leut97], S. 142.

⇒ *Adaptivität beschreibt, inwieweit das System selbst in der Lage ist, den Unterstützungsbedarf der Lernenden zu diagnostizieren und das Ergebnis der Diagnose in geeignete angepasste Lehrtätigkeit umzusetzen.*[190]

Die Anpassung geschieht durch eigene Aktionen des Systems.

LEUTNER zählt folgende adaptive Größen auf:[191]

- Instruktionsumfang und Lerndauer,
- Instruktionssequenz (Lernweg),
- Aufgaben-Präsentationszeit und Antwortzeitbegrenzung,
- Schwierigkeitsgrad der Aufgaben,
- Hilfe beim entdeckenden Lernen (d.h. Hinweis auf Information, welche im gegenwärtigen Kontext für den Lernenden von Bedeutung sind, jedoch nicht vordergründig wahrgenommen werden),
- Hilfestellung im Umgang mit dem Lernsystem,
- variables Angebot an Hyperlinks im Lernsystem (in Abhängigkeit des augenblicklich diagnostizierten Wissensprofils des Lernenden).

2.16 Gruppenarbeit und Groupware

TEUFEL, SAUTER, MÜHLHERR und BAUKNECHT definieren eine Gruppe dahingehend, dass zwischen zwei oder mehreren Personen eine Interaktion stattfindet und diese zu einer gegenseitigen Beeinflussung führt.[192] Eine weitergehende Präzisierung wird von LEWE durch die Unterscheidung zwischen den Begriffen „Gruppe“ und „Team“ gemäß Tabelle 2-5 vorgenommen.
Gruppen können hinsichtlich der Zahl der Mitglieder, der Art der Interaktion sowie der Dauer der Existenz unterschieden werden.[193] Auf Gruppenarbeit wird im Zusammenhang mit der Individualisierung von CDLS näher eingegangen (↗ 5.1.2).

Der Begriff Groupware ist eng mit dem Begriff der Gruppenarbeit verknüpft.

⇒ *Groupware ist Software, die den Informationsaustausch und die Zusammenarbeit innerhalb von Gruppen oder Teams unterstützt.*[194]

Zur Groupware werden die Softwarekategorien

- Group Decision Support Systems (GDSS),
- Terminmanagement-Systeme für Gruppen,
- Projektmanagement-Systeme,
- Workflow-Systeme,
- Audio- und Videokonferenzsysteme,
- Application Sharing-Systeme,

---

[190] In Anlehnung an die Definition von LEUTNER in [Leut97], S. 142.
[191] Vgl. [Leut97], S. 144 ff.
[192] Vgl. [TSMB95], S. 9ff.
[193] Vgl. [Lewe95], S. 12.
[194] Vgl. [Lewe95], S. 27.

- E-Mail-Systeme sowie
- Diskussionsforen

gezählt.[195]

Merkmal	Gruppe	Team
Mitgliederzahl	2 bis nach oben offen	2 bis überschaubare Anzahl
Dauer	beliebig	begrenzt auf den Zeitraum der konkreten Aufgabenerfüllung
Struktur	Struktur aus dem Kontext der Gruppe heraus und aufgrund von Rollen sowie Persönlichkeitsmerkmalen	autonome Festlegung der Rollenstruktur; kaum ausgeprägte Status- und Machtunterschiede
Normen	bilden sich durch gegenseitige Einflussnahme heraus; Belohnungs- und Sanktionsmuster können vom Kontext vorgegeben sein	an Aufgabenstellung ausgerichtet; Belohnungs- und Sanktionsmuster sind kollektiv geregelt
Gruppenbewusstsein	im Vordergrund steht eher die Sichtweise einer sich aus diversen Individuen zusammensetzenden Gruppe	im Vordergrund steht eher die Betrachtung der Gruppe als ganze Einheit oder als Kollektiv
Beispiele	Kollegien Ausschüsse Komitees Gremien	Projektgruppen, Task Force (Arbeitsteam mit Sonderaufgaben), Corporate Venture Teams (bereichsübergreifende betriebliche Einsatzteams)

Tabelle 2-5: Unterschiede zwischen den Begriffen Gruppe und Team nach LEWE[196]

Für den Wissensvermittlungsprozess innerhalb des computergestützten Distance Learning sind insbesondere die vier letztgenannten Kategorien von Bedeutung, da diese zur Kommunikation zwischen den am Wissensvermittlungsprozess beteiligten Personen eingesetzt werden können. Für Sekundärprozesse in CDLS können auch Workflow-Systeme, Gruppen-Terminmanagementsysteme sowie GDSS eingesetzt werden.

2.17 Metadaten und Metamodell

⇒ *Ein Metamodell basiert auf der Abstraktion der realen Welt in zwei Ebenen. Zu einem Modell der realen Welt (M1) wird ein Modellsystem (M2) entwickelt. Dieses Modellsystem M2 wird als Metamodell bezeichnet.*

Ein Metamodell basiert auf Daten, welche als Metadaten bezeichnet werden.

Datenmodelle, welche auf Metadaten beruhen, werden als Metadatenmodelle bezeichnet.

⇒ *Die Metadaten werden in einem Repository verwaltet.*

In CDLS werden Metadaten über die Systembenutzer und Metadaten über den Lerninhalt unterschieden (↗ 5.3.2 und 5.3.3). Diese Metadaten enthalten sowohl technische und didaktische Information, als auch Erfahrungswissen der Systembenutzer.

---

[195] Vgl. [Lewe95], S. 28.
[196] Vgl. [Lewe95], S. 18.

⇒ *Metadaten enthalten abstrakte Information über Daten. Wenn diese in einer generischen Struktur abgelegt und verwaltet werden, handelt es sich um strukturierte Metadaten.*

2.18 Strukturgleiche vs. strukturfremde Vektoren

Jede dieser Zuordnungen hat andere Eigenschaften hinsichtlich der Struktur der zu verarbeitenden Vektoren. Insbesondere ist zwischen strukturgleichen und strukturfremden Vektoren zu unterscheiden.

⇒ *Strukturgleiche Vektoren enthalten die gleichen Attribute, die wiederum unterschiedliche Ausprägungen (Werte) haben können.*

⇒ *Strukturfremde Vektoren unterscheiden sich in Art und Anzahl ihrer Attribute.*

Strukturgleich sind beispielsweise die Merkmalsvektoren von Lernenden, wenn die gleichen Attribute berücksichtigt wurden. Strukturfremd sind die Merkmalsvektoren von Lerninhalten und von Lernenden (↗ 5.3). In Abhängigkeit dieser Eigenschaften sind andere Methoden zur Zuordnung geeignet. Die folgende Übersicht zeigt diese Zuordnungsmethoden:

Ausgangsvektor	Zielvektor	Strukturmerkmal	Zuordnungsmethode
Merkmalsvektor des Benutzers	Merkmalsvektor der Gruppe	Strukturgleich	Vektormatching
Merkmalsvektor des Lerninhaltes	Merkmalsvektor der Gruppe	Strukturfremd	Vektortransformation
Merkmalsvektor der Gruppe	Merkmalsvektor der Gruppe	Strukturfremd	Vektortransformation

Tabelle 2-6: Zuordnungsmethoden für Merkmalsvektoren

2.19 Knowledge Repository

⇒ *Ein Knowledge Repository enthält strukturierte Metadaten über Lernende und über den Lerninhalt in einem CDLS. Gleichzeitig stellt es Methoden bereit, um innerhalb dieser Metadaten recherchieren zu können.*

Die Strukturierung mit Hilfe eines Knowledge Repository wird in der Gesamtstruktur eines CDLS verwendet (↗ 4.9).

2.20 Datenbankmanagementsystem

⇒ *„Ein Datenbankmanagementsystem (DBMS) ist ein Computerprogramm zur Verwaltung eines permanenten Datenspeichers, der seinen Inhalt selbst beschreibt. Dieser Datenspeicher heißt Datenbank und ist in einer oder mehreren Dateien gespeichert.“*[197]

Datenbankmanagementsysteme bilden eine Grundlage für die Architektur von CDLS (↗ 4.10 und 6.1).

2.21 Objekt

Für den Begriff „Objekt“ existieren in der Literatur verschiedene Definitionen:

⇒ *„An Object is a package of information and a description of its manipulation. ... It ... comprises a data structure definition and its defined procedures in a single structure.“*[198]

[197] Zitiert nach: [RBP+93], S. 443.
[198] Zitiert nach: [Oxfo93].

⇒ *„Softwarepaket, daß eine Menge zueinander in Beziehung stehender Daten (in Form von Variablen) und Methoden (Prozeduren) für die Verarbeitung dieser Daten enthält. ... Es wird der Begriff Objekt für ein bestimmtes Objekt einer Klasse verwendet und drückt auch die Eigenschaften dieser Klasse aus."*[199]

Neben diesen allgemeinen Definitionen ist in strukturbezogene und problembezogene Definitionen zu unterscheiden.

Die strukturbezogene Definition von „Objekt" stammt von EMBLEY, KURTZ und WOODFIELD:

⇒ *„An object is a person, place or thing. An object may be physical or conceptual. ... The idea is that an object is a single entity or notion. Each object is a unique individual. An object may be related to or made up of other objects, but each object is unique."*[200]

Die problembezogene Definition des Begriffes „Objekt" geht auf das Lehrbuch von RUMBAUGH, BLAHA, PREMERLANI, EDDY und LORENSEN zurück:

⇒ *„Wir definieren ein Objekt als Konzept, Abstraktion oder einen Gegenstand mit klaren Abgrenzungen und einer präzisen Bedeutung für das anstehende Problem. ... Alle Objekte besitzen eine eigene Identität und sind klar unterscheidbar. Zwei Äpfel mit der gleichen Farbe, Form und Struktur sind dennoch individuelle Äpfel, die man nacheinander essen kann."*[201]

COAD und YOURDON definieren den Begriff „Objekt" mit allen für diese Arbeit wesentlichen Aspekten:

⇒ *An Object is „an encapsulation and an abstraction: an encapsulation of Attributes and exclusive Services on those Attributes; an abstraction of the problem space, representing one or more occurrences of something in the problem space."*[202]

2.22 Architektur

FOEGEN und BATTENFELD definieren den Begriff der Architektur:

⇒ *„... werden unter Architektur die Dinge verstanden, welche die Struktur eines Systems definieren. Mit Struktur sind dabei nicht nur die statischen Aspekte eines Systems wie z.B. Komponenten, ihre Schnittstellen und Beziehungen untereinander gemeint, sondern auch dynamische Aspekte wie etwa die Kommunikation zwischen den Komponenten. Die Struktur eines Systems ergibt sich aus einer Reihe von sich ergänzenden und überlagernden Teilstrukturen (beispielsweise die physische Komponentenstruktur, die logische Paketstruktur oder die Verteilungsstruktur)."*[203]

Eine klar definierte Struktur unterstützt bei der Systementwicklung und definiert eine gemeinsame Sprache der Entwickler. Die Unterteilung in statische und dynamische Beschreibung ist dabei essentiell. Sie widerspiegelt sich in den Abschnitten 6.1 (statische Struktur von CDLS) und 6.2 bis 6.4 (dynamische Abläufe in CDLS).

---

[199] Zitiert nach: [Tayl92], S. 172.
[200] Zitiert nach: [EKWo92], S. 18.
[201] Zitiert nach: [RBP+93], S. 27.
[202] Zitiert nach: [CoYo91], S. 57.
[203] Zitiert nach: [FoBa01] S. 290.

3 Stand der Forschung

Die Ausgangssituation zu Beginn der Untersuchungen war durch eine Vielzahl von ITS (Intelligent Tutoring System)-, CBT (Computer Based Training)- sowie WBT (Web Based Training)-Angeboten charakterisiert (↗ 2.6.2, 2.6.3 und 2.6.4).[204] Gemeinsames Merkmal dieser Angebote war ein umfangreicher Einsatz multimedialer Lehrmittel, verbunden mit einem generalisierten, aber nicht individuell gestalteten Betreuungsangebot. Dies war eine ungenügende Basis, um Distance Learning eine breite Akzeptanz bei den Lernenden zu verschaffen. Als Schwachstelle bestehender Angebote wurde mangelndes Eingehen auf individuelle Anforderungen der Lernenden identifiziert. Weiterhin waren die für die Abwicklung des Lernprozesses notwendigen Funktionen auf eine Vielzahl von Werkzeugen verstreut. Eine Plattform zu deren Integration war nicht vorhanden. COENEN identifiziert ein Defizit bei der Integration verschiedener Lehrmedien (z.B. Streaming Video, Application Sharing, Videoconferencing, Chat, Diskussionsforen) zur Unterstützung der Aus- und Weiterbildung.[205] Eine Übersicht über Strukturierungs- und Integrationsmöglichkeiten für Hypertexte und deren Anwendung im Distance Learning findet sich bei SCHELLHASE.[206]

Abschnitt 3.1 befasst sich zunächst mit den Grenzen des computergestützten Lernens. Die Betrachtung wird dabei in grundlegende Einwände und Grenzen aktueller CDLS unterteilt. Basis der Untersuchungen in dieser Arbeit ist die Forschung zu CBT-, WBT-Systemen, adaptiven Hypermediasystemen sowie zu Intelligent Tutoring Systems (ITS). Dabei werden Standardisierungsansätze berücksichtigt (↗ 3.4). Die nutzerindividuelle Gestaltung ist insbesondere Gegenstand der Forschung zu adaptiven Hypermediasystemen und ITS. Diese werden in Abschnitt 3.2 näher betrachtet. Ein eigener Abschnitt widmet sich dem aktuellen Stand bei der Individualisierung von CDLS (↗ 3.3).

Aus den Grenzen aktueller CDLS (↗ 3.1.2, 3.3) leiten sich die Forschungsfragestellungen ab, die in Abschnitt 3.4 dargestellt werden. Den Abschluss dieses Kapitels bildet eine Systematik der in der Arbeit betrachteten Forschungsfelder (↗ 3.6).

3.1 Grenzen des computergestützten Lernens

In den folgenden Abschnitten 3.1.1 und 3.1.2 werden die Grenzen von CDLS beschrieben. Dabei wird zunächst auf grundsätzliche Einwände gegen computergestütztes Lernen eingegangen (↗ 3.1.1). Abschnitt 3.1.2 widmet sich den Grenzen der dafür eingesetzten Systeme (CDLS). Diese Grenzen sind teilweise prinzipieller Art und werden auf absehbare Zeit nicht überwunden werden (z.B. Vermittlung von Handlungswissen) (↗ 4.8.2). Andere Grenzen (↗ 3.1.2) (z.B. Individualisierung des Nutzerinterface des Lernenden (↗ 5.1.5)) können durch neue Ansätze in der Modellierung der zu Grunde liegenden Anwendungssysteme bewältigt werden.

3.1.1 Grundsätzliche Einwände gegen computergestütztes Lernen

Einen prinzipiellen Einwand gegen computergestütztes Lernen formuliert STOLL folgendermaßen: „Die interaktive Sofortbelohnung, mit denen die Edutainment-Produkte unter dem Motto ‚Lernen macht Spaß‘ locken, fördert die geistige Trägheit und treibt den Schülern

[204] z.B. „Magellan Mediothek“ des Klett Verlages, Projekt „Lehre2000“ des Institutes für Wirtschaftsinformatik der Universität Saarbrücken (↗ [ScMi96]), Projekt „Virtus“ der Universität Köln (↗ [Virt01]).
[205] Vgl. [Coen01].
[206] Vgl. [Sche00].

jegliche Ausdauer, Geduld und Lust am Probieren aus ... Es gibt keinen mühelosen Zugang zu einer qualifizierten Bildung...".[207]

In einem früheren Werk präzisiert STOLL seine Vorstellung vom computergestützten Lernen: „Was mich betrifft, so beginnt für mich das wahre Lernen dort, wo ich meine eigenen Lösungsverfahren erfinde... [Auslassung im Original, d. Verf.] die dann möglicherweise nicht in die vorfabrizierte Software hineinpassen".[208]

Für das Lernen in der Grundschule stimmt der Autor mit der Ansicht STOLLs überein. In späteren Lebens- und Lernphasen kann das computergestützte Lernen durchaus effektiv sein, wenn der Lernende sich der genannten Gefahren bewusst ist. Nicht das Lernen mit dem Computer an sich wird in Frage gestellt, sondern der effektive Umgang mit diesem Werkzeug wird angemahnt. Es kommt nicht darauf an, möglichst viel Information anzuhäufen, sondern durch geschickte Aufbereitung der Lerninhalte zu einem umfassenden Verständnis beim Lernenden beizutragen.

Nicht alle Wissensgebiete sind zur Wissensvermittlung durch CDLS geeignet. Insbesondere trifft dies auf die Vermittlung kommunikativer Fähigkeiten und auf die Vermittlung von Handlungswissen zu.[209] Die Fähigkeit zum selbstgesteuerten Lernen ist bei Lernenden oft nicht vorhanden.[210]

Nach Meinung von SCHULMEISTER lassen sich die didaktischen Funktionen von CDLS auf folgende Kernfunktionen reduzieren:

„– Der gleichzeitige Zugang zu einer Vielzahl an Quellen und unterschiedlichen Informationssorten (Daten, Texte, Bilder, Filme) wird erleichtert.

– Das Quellenstudium, das heute zu Lasten der Studierenden geht, wird entfrachtet; es wird Zeit eingespart, die für ein effektiveres Studium genutzt werden kann.

– Der Informationsreichtum führt auch zur Konfrontation mit einer Vielfalt von Meinungen; dies kann die Nachdenklichkeit anregen, die Reflexion fördern und pluralistische Sichtweisen fördern.

– Kognitive Werkzeuge sind kreative Extensionen für die intellektuelle Arbeit und bieten verstärkt Gelegenheit zu kognitiven Konstruktionen."[211]

Damit beschreibt SCHULMEISTER im wesentlichen die Funktionen „Darbieten" und „Konsumieren", lässt die Funktionen „Kommunizieren" und „Interagieren" jedoch unbetrachtet. Gerade diese machen aber einen großen Teil der Möglichkeiten von CDLS aus.

„Mir scheint, daß Lernen meistens aus kindlicher Neugier hervorgeht, für die keine rasch zu installierende Software zu haben ist. Neugier beginnt normalerweise mit der stofflichen Welt, nicht einer phosphoreszierenden Leuchtabstraktion[212]. Kinder müssen mit greifbaren Materialien herumspielen können ... Bauklötze und Buntstifte bringen da mehr als Comicstrips und Videos."[213] Was STOLL hier für Kinder beschreibt gilt nach Ansicht des Autors für alle Phasen des Lernens und für alle Lernenden. Für das tiefe Verständnis von stofflichen Prozessen ist das computergestützte Lernen nur schlecht geeignet. Jedoch gibt es Situationen, in denen es

[207] Zitiert nach: [Stol01], S. 27.
[208] Zitiert nach: [Stol95], S. 183.
[209] Vgl. [GeMa+98], S.182.
[210] Vgl. [FrMa97], S.237.
[211] Zitiert nach [Schu97], S. 13.
[212] Gemeint ist die Bildschirmausgabe eines Rechnersystems.
[213] Zitiert nach: [Stol95], S. 200.

eine Alternative darstellt. Insbesondere für die schnelle Einarbeitung in und zur Gewinnung von Überblickswissen über einen neuen Diskursbereich können CDLS eine wertvolle, weil zeitsparende, Möglichkeit sein.

Ein weiterer Kritikpunkt ist das Ungleichgewicht zwischen geistiger und körperlicher Aktivität bei der Nutzung von Computern: geistiger Konsum bei körperlicher Starre. Dieses Problem ist so alt wie der Mensch-Maschine-Dialog und Forschungsgegenstand zahlreicher Veröffentlichungen[214] und soll deshalb hier nur genannt werden.

EULER beschreibt das Lernen am Computer als „Kommunikation ohne Verantwortung". Er geht sogar soweit, rechnergestützte Lernumgebungen als „ein Terrain ungestörter, asozialer Einsamkeit" zu bezeichnen.[215] Diese Kritik mag auf den ersten Blick plausibel erscheinen. Bei genauerer Betrachtung des typischen „Computerlernenden" wird klar, dass dieser keineswegs sämtliches Wissen durch Lernen am Computer erwirbt. Vielmehr wird diese Lernform zur Vertiefung genutzt. Ein autodidaktischer Lernstil kann für einen begrenzten Lernabschnitt durchaus von Vorteil sein. Der Lernende erhält damit die Möglichkeit, ein abgegrenztes Thema intensiv zu durchdenken und eigene Ideen einfließen zu lassen, was in einem Gruppenunterricht nur schwer vorstellbar ist. SCHREIBER distanziert sich gar von den extremen Ansichten EULERs zu diesem Thema und schreibt: „Eine solche Situation birgt im Normalfall keineswegs gleich die Gefahr sozialer Verarmung, die im übrigen ganz allgemein von jedem potentiell suchtfördernden Medium (Fernsehen, Internet) ausgeht."[216]

MADER und STÖCKEL beschreiben den sog. „einsamen" Lernprozess.[217] Diese sind für das Verstehen besonders kritisch, da der Lernende sich seine eigene Vorstellung über den zu lernenden Sachverhalt bildet, ohne eine Rückmeldung vom Lehrenden zu erhalten. Wenn diese Vorstellung fehlerhaft ist, wird diese nicht korrigiert und in der fehlerhaften Variante in das Langzeitgedächtnis übernommen.

Häufig basieren CDLS auf Hypertextstrukturen. Beim Umgang der Lernenden mit Hypertexten lassen sich typische Probleme im Umgang mit Hypertexten ausmachen. Die in der Literatur häufigst genannten Probleme sind Desorientierung und kognitive Überlastung (↗ 2.9.3).

REINMANN-ROTHMEIER und MANDL formulieren die folgenden Einschränkungen für den Multimediaeinsatz in CDLS:

„So zeigt sich in empirischen Studien etwa, dass allein die Kombination unterschiedlicher Symbolsysteme nicht ausreicht, um das Lernen zu verbessern; auch die Verwendung animierbarer Grafiken und die Erhöhung der Interaktivität sind für sich genommen keine Garanten für erfolgreiches Lernen."[218]

Die Umsetzung von Hypertextstrukturen zum Einsatz im WWW führt zum Web based Training (WBT). WBT-Systeme schöpfen noch nicht das volle Potenzial, welches durch dynamische Web-Publishing-Technologien möglich ist, aus. SCHÖCH, SPECHT und WEBER charakterisieren den erreichten Stand folgendermaßen: „Meanwhile, a lot of so called "courseware" is spread all over the net which is often not only based on an ordinary book, but simply reprinted in HTML. This way, possible advantages of hypertext vanish immediately and certain disadvantages become dominant."[219]

[214] Vgl. [Schu97], S. 9 ff.
[215] Vgl. [Eule92], S. 43.
[216] Zitiert nach: [Schr98], S. 23.
[217] Vgl. [MaSt99], S. 65 ff.
[218] Zitiert nach: [ReMa00], S. 176.
[219] Zitiert nach: [ScSW98], S. 1271.

Aktuell verwendete WBT-Systeme basieren auf deklarativem Wissen, welches in hypermedialer Darstellung hinterlegt ist. Es entsteht ein undurchsichtiges Netz von Beziehungen (Links), wobei diesen Beziehungen keine Bedeutung zugeordnet werden kann. Der Lernende kann zwar frei navigieren und somit seinen Wissenszuwachs steuern. „Es fehlen beispielsweise Möglichkeiten für geeignete Lernerfolgskontrollen und dementsprechend auch für Rückmeldungen, die dem Lernenden bei der Durchführung seines Lernprozesses hilfreich sind."[220]

Das WBT-System selbst „weiß" nichts über den in ihm hinterlegten Lerninhalt. Es ist somit auch nicht möglich, gezielt nach bestimmten Zusammenhängen zu suchen. Dieser Zustand ist unbefriedigend und motiviert zur Suche nach verbesserten Wissensakquisitions-, Speicherungs- und Retrievalmethoden (↗ 6). Das Modell „KoWiMo" (↗ 6.1) bietet hier erweiterte Möglichkeiten, indem zu jeder Beziehung eine Bedeutung hinterlegt werden kann.

Innerhalb von CDLS werden vielfach Multiple Choice-Tests zur Abfrage des Wissensstandes der Lernenden und als Übungsaufgaben eingesetzt. Problematisch ist, dass Multiple Choice-Tests eine „Schwarz-Weiß-Sicht" auf das Wissen vermitteln.[221]

In CDLS steht häufig das Ergebnis über dem Prozess. Lernende verbringen mehr Zeit damit, die Beherrschung der Lernsoftware zu erlernen, als das eigentliche Wissen zu verarbeiten. Ebenso gibt das Ergebnis eines solchen Multiple Choice-Tests keine Auskunft über die Leistung, die der Lernende vollbracht hat, weil die richtige Antwort nicht bedeutet, dass jemand viel geleistet hat.[222] Aus diesem Grund ist für die Akzeptanz von CDLS von entscheidender Bedeutung, dass neben Multiple Choice-Tests, die für einen effektiven Ablauf[223] der Lehrveranstaltung zweifellos unverzichtbar sind, genügend Möglichkeiten für Übungen an Fallstudien existieren.

3.1.2 Grenzen von CDLS

CDLS sollten immer eine Unterstützung für den Lernprozess darstellen, diesen jedoch nicht mehr als notwendig dominieren oder gar zum Selbstzweck verkommen. NIX konstatiert: „The focus is not the technology itself. The goal is to enable the child to be creative and self-expressive using the computer..."[224]. Diese Beschreibung ist auf die schulische Erstausbildung zugeschnitten, beschreibt jedoch nach Meinung des Autors dieser Arbeit sehr treffend den Zielkonflikt, in dem sich CDLS befinden.

Sehr häufig werden den letzten Jahren synchrone Szenarien des Distance Learning erprobt und angewandt.[225] Die technologischen Grenzen dieser Verfahren scheinen zunehmend zu schwinden, umso stärker treten die methodischen Grenzen in den Vordergrund: OTTMANN erklärt im September 2000 auf der Jahrestagung der GI in Berlin: „Eine Vorlesung in Echtzeit zu übertragen ... ist gewöhnungsbedürftig und führt leicht zu einer sehr statischen Vortragsweise, die die Zuhörer am Ort und erst recht diejenigen an den entfernten Standorten schnell ermüden lässt."[226]

[220] Vgl. [Schw96], Kapitel Hypermedia.
[221] Es wird unterstellt, dass Tests auch zur Wissensvermittlung beitragen.
[222] Vgl. [Stol95], S.189.
[223] Hierunter ist die Entlastung des Tutors von Routineangelegenheiten wie das Auswerten von Test-Antworten auf Grundlagenfragen zu verstehen.
[224] Zitiert nach: [NiSp90].
[225] Z.B. in Deutschland Teleteaching Mannheim-Heidelberg, Projekt „Viror" oder Projekt mStar in Schweden. Vgl. [HSKV01], [Viro98] und [SPWS99].
[226] Zitiert nach: [Siet00].

Zu den Erfahrungen mit verschiedenen Wissenschaftsdisziplinen führt OTTMANN aus: „Die Technik ist für Nicht-Spezialisten nicht alltagstauglich; das geht mit experimentierfreudigen Informatikern, die leidensfähiger sind als andere, aber mit Historikern oder Juristen bekommt man da Schwierigkeiten."[227]

Einen interessanten Lösungsansatz bieten hier die Autoren HILT, SCHREMMER, KUHMÜNCH und VOGEL mit ihrem Verfahren „Authoring on the fly", welches im Projekt VIROR[228] umgesetzt wurde. Vorlesungsmitschnitte werden dabei gemeinsam mit dem Foliensatz und Annotationen direkt aufbereitet und im Anschluss als CD-ROM für die Lernenden zur Verfügung gestellt. Nachteilig an dieser Vorgehensweise ist, dass durch mangelnde Unterstützung seitens der Software keine Kooperation zwischen verteilten Standorten möglich ist und Annotationen ausschließlich auf dem Whiteboard vorgenommen werden können.[229] Dennoch bietet diese Lösung enormes Potenzial für die kurzfristige Produktion von Lerninhalten für CDLS.

DE BOER und COLLIS beschreiben in [BoCo00] den Einsatz des Systems „TeleTOP" an der Universität Twente. TeleTOP bietet weitreichende Unterstützung für Kommunikation und Kooperation (News, Email, Diskussion).[230] Merkmale der Individualisierung (↗ 3.2) sind in TeleTOP nicht vorhanden.

MASON unterscheidet in ihrer Untersuchung drei Typen von Online-Kursen:

- das Materialdepot mit wenig Online-Interaktivität,
- das „Übergangsmodell", in dem die angebotenen Lerninhalte bereits mit interaktiven Komponenten unterstützt werden, und
- das integrierte Modell, das virtuelles kollaboratives Lernen mit Kommunikation und Kooperation (Gruppenarbeit) integriert.[231]

Die auf dem Markt befindlichen Lehr- und Lernplattformen wie Lotus Learning Space, WebCT, TopClass oder Gentle hält OTTMANN für nicht geeignet. OTTMANN: „Die kommerziellen Produkte sind eher am Weiterbildungsbedarf in Unternehmen ausgerichtet und bieten für typische Lehrformen in Universitäten, etwa für den Übungsbetrieb oder für virtuelle Seminare, nur unzureichende oder gar keine Unterstützung."[232]

CDLS stoßen auch beim Management der Lerninhalte an Grenzen. Bisher verwendete Lehr-/Lernumgebungen decken in der Regel nur ein Teilgebiet der erforderlichen Systemklassen (Content-Management, Tutorensystem, Kommunikationssystem und Kurs-Management) ab. POHL formuliert die Einschränkung für das Subsystem Content-Management wie folgt: „... So können umfangreichere Lehr-/Lernsysteme in der Regel nur von mehreren Autoren aufgebaut werden. Da hierbei nicht die Programmierung des Systems, sondern die Umsetzung der Lehrinhalte den deutlichen Hauptkostenanteil des Gesamtaufwandes ausmacht, sollte das Lehr-/Lernsystem über einen längeren Zeitraum hinweg einfach zu warten und sukzessive erweiterbar sein. Der Großteil gegenwärtig erhältlicher Autorentools und Werkzeuge zum Aufbau solcher Systeme ist aber gerade nicht auf diese Zielsetzung hin konzipiert."[233]

---

[227] Zitiert nach: [Siet00].
[228] Das Akronym VIROR steht für „Virtuelle Universität Oberrhein". An diesem Projekt sind die vier Universitäten des Oberrheins, Freiburg, Karlsruhe, Mannheim und Heidelberg, beteiligt. Vgl. [Viro98].
[229] Vgl. [HSKV01], S. 24.
[230] Vgl. [BoCo00], S. 240.
[231] Vgl. [Maso98].
[232] Zitiert nach: [Siet00].
[233] Zitiert nach: [Pohl99]: S. 27.

Große Hoffnungen für eine Erhöhung der Akzeptanz von CDLS verknüpfen sich mit den Themenkomplexen „Intelligent Tutoring Systems" bzw. „Adaptivität von CDLS". Leider differieren die Anforderungen der Anwender an ein solches System mit den momentanen Möglichkeiten. KERRES schränkt den aktuell erreichten Stand zur individuellen Gestaltung von CDLS drastisch ein:

„Bis heute ist es nur in kleinsten Ausschnitten gelungen, aus dem registrierten Benutzerverhalten während der Bearbeitung von Lerninhalten auf zu Grunde liegende Kompetenzen bzw. Defizite zu schließen und darauf abgestimmte Sequenzen von Lehrangeboten zu generieren. ... Überhaupt nicht in Sicht ist schließlich ein allgemeines, *domänenunspezifisches*, also von Inhalten unabhängiges Verfahren, mit dem solche Kompetenzen bei einer *online*-Diagnose festzustellen wären."[234]

BOYLE charakterisiert den erreichten Stand folgendermaßen:

"It is very noticeable at many learning technology conferences that there are two contradictory indicators of the status of intelligent tutoring systems. On the one hand there is usually a significant number of papers in this area. On the other hand many delegates express scepticism about the ability of ITS to deliver."[235]

Seit der Veröffentlichung von BOYLE ist eine Vielzahl von Forschungsarbeiten zu adaptiven CDLS und deren Standardisierung veröffentlicht worden. Insbesondere sind hier zu erwähnen: [Brus99], [Brus00a], [PaAd01] und [StSS01]. Trotzdem konnte bis heute noch kein weitreichender Einsatz von CDLS mit Adaptionsfähigkeiten erzielt werden.

Nach einer Untersuchung von Baumgartner [Baum01] zu den Systemen „CourseInfo v4.0" der Firma Blackboard und „e-Learning Suite V1.2" der Firma HyperWave unterstützen diese Systeme die Funktionsbereiche Content-Management und Kooperation/Kommunikation umfassend.[236] „e-Learning Suite V1.2" bietet zusätzlich die Möglichkeit der Annotation. Weitergehende Funktionen zur Individualisierung fehlen in den untersuchten Systemen.

SEEGMÜLLER beschreibt die aktuellen Schwierigkeiten folgendermaßen:

„Die heutigen Angebote seien noch viel zu statisch ... Auf der technischen Seite müsse man ... die sozialen Protokolle ausweiten, wie zum Beispiel die Möglichkeit, sich zu melden und aufgerufen zu werden. Auch die Einbindung von Quizfragen und einem Online-Feedback könne die Akzeptanz erhöhen."[237]

„‚Televorlesungen aufzuzeichnen ist relativ einfach.' ... Schwieriger sieht es bei Folien und Animationen aus, vor allem, wenn der Professor im Laufe der Vorlesung Anmerkungen auf den Folien hinterlasse."[238]

Bestehenden CDLS mangelt es häufig an einer fehlenden durchgängigen Modellierung und Implementierung. Vielfach bestehen diese Systeme aus einem Konglomerat von Content-Management-, Kurs-Management- und Kommunikationssystemen. Dadurch bedingt gibt es kein klares Rollenkonzept in diesen Systemen und keine redundanzfreie Modellierung der informationstechnisch relevanten Objekte. Eine individuelle Form der Wissensvermittlung wird in bestehenden CDLS häufig nicht unterstützt.

---

[234] Zitiert nach: [Kerr98], S. 64.
[235] Zitiert nach: [Boyl97], S. 48.
[236] Vgl. [Baum01], S. 9ff.
[237] Zitiert nach: [Seeg01].
[238] Zitiert nach: [Seeg01].

Deutlich erkennbar ist der Forschungsbedarf zum Thema Individualisierung von CDLS im Allgemeinen und Adaptionsfähigkeit dieser Systeme im Speziellen. Diese Arbeit soll helfen, einen Schritt auf diesem Weg zu gehen und ein Referenzmodell zu formen, welches den Prozess der Wissensvermittlung mit CDLS durchgängig abbildet, ein vollständiges Rollenkonzept enthält und individuelle Varianten bei der Wissensvermittlung erlaubt („KoWiMo“).

3.2 Adaptive Hypermediasysteme

Problematisch ist die unscharfe Abgrenzung von adaptiven Hypermediasystemen zu ITS (Intelligent Tutoring Systems) in der Literatur. Vielfach werden diese Begriffe synonym verwendet. Auf Grund der in Abschnitt 2.6.2 diskutierten Grenzen von ITS (insbesondere der nicht erfüllte Anspruch des Attributes „intelligent“; dementsprechend entfällt ein wesentliches Differenzierungsmerkmal für ITS) werden adaptive Hypermediasysteme und ITS gemeinsam abgehandelt.

Die meisten verfügbaren ITS sind Prototypen für einen abgegrenzten Diskursbereich ohne Anspruch auf Generalisierbarkeit des verwendeten Modells für andere Diskursbereiche. In der Begrenztheit des Diskursbereichs liegt der Nachteil der verfügbaren ITS begründet. Grundsätzliche Grenzen von ITS wurden bereits in Abschnitt 2.6.2 diskutiert. Der erreichte Stand dieser Systeme wird durch BRUSILOVSKY reflektiert:

„In the early times of ITS, most of these systems provide little or no learning material.“[239]

SPECHT formuliert den erreichten Stand folgendermaßen: „In den meisten Fällen der Entwicklung adaptiver Lehr-/Lernsysteme im WWW werden jedoch nur Prototypen oder Konzeptionen zur Umsetzung erarbeitet. Ein Einsatz in der Praxis oder evaluative Studien sind noch die Seltenheit.“[240]

BRUSILOVSKY gibt in [Brus01] einen Überblick über den Stand der Forschung zu adaptiven Hypermediasystemen am Ende des Jahres 2000. Er konstatiert, dass der Bereich des Web based Distance Learning der am Weitesten entwickelte Bereich innerhalb der Forschung zu adaptiven Hypermediasystemen ist. Die Entwicklung war seit 1996 durch eine Vielzahl von Prototypen wie „ELM-ART“ ([BrSW96a]), „Interbook“ ([BrSW96]) oder „2L670“ ([Debr96]) sowie deren Erweiterungen AHAM ([DeHW99], [WuKD01]) und AHA! ([BrDe98], [DeCa98] und [WeSp97]) gekennzeichnet.[241] Diese Systeme sind durchweg webbasierte Systeme mit Unterstützung für adaptive Navigation und adaptive Präsentation. BRUSILOVSKY unterteilt adaptive Hypermediasysteme gemäß Abbildung 3-1 in Kategorien.

In dieser Arbeit wird der Versuch unternommen, eine individualisierbare Architektur für Distance Learning zu entwickeln, die unabhängig von einem konkreten Diskursbereich eingesetzt werden kann. In der Systematik nach Abbildung 3-1 kann das Modell aus Abschnitt 6 in der Kategorie „Adaptive link annotation“ eingeordnet werden.

Die derzeitige Entwicklung ist gekennzeichnet vom Abgehen von der Annahme, dass eine diskrete Anzahl von Lerntypen (↗ 5.2.2) zur Individualisierung ausreichend ist[242], hin zu kontinuierlicher Anpassung des CDLS an die Benutzereigenschaften[243].

MATHÉ und CHEN beschreiben einen Prototypen zum adaptiven Indizieren und Retrieval von Information (ARNIE) unter Nutzung eines künstlichen neuronalen Netzes.[244] Die Technologie

[239] Zitiert nach: [Brus00a], S. 3.
[240] Zitiert nach: [Spec98a], S: 79.
[241] Vgl. [Brus01], S. 90.
[242] Vgl. [Schr94], [Eule92], [Vest01].
[243] Vgl. [MVGB00], S. 53.

von ARNIE wird beispielsweise im System WebTagger™ genutzt, um Information über Ressourcen im Internet zwischen Benutzern und Benutzergruppen auszutauschen (Bookmarking-Service).[245]

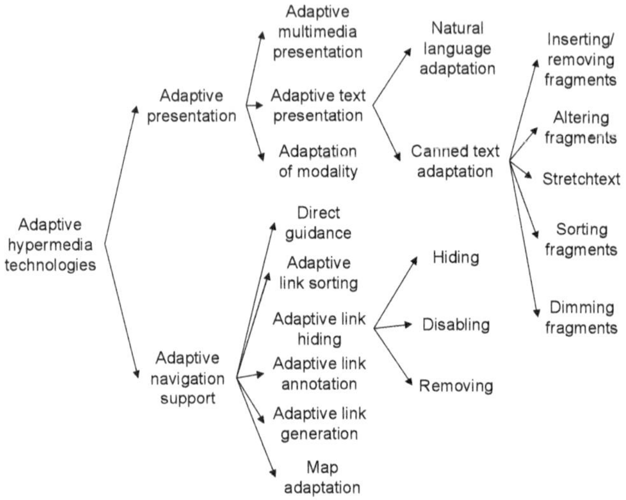

Abbildung 3-1: Systematik von Technologien für adaptive Hypermediasysteme[246]

SCHÖCH, SPECHT und WEBER beschreiben das System „ADI — Adaptives Drogen Informationssystem". ADI ist ein Agentensystem, welches auf der Courseware AST aufsetzt. Die Autoren verfolgen dabei den Ansatz, Lernenden Hilfe durch einen Software-Agenten zu gewähren. Der Agent tritt auf Anforderung des Lernenden in Aktion und kann auf Basis der Präferenzen des Lernenden Empfehlungen für den Fortschritt des Lernprozesses geben.[247]

Im Ergebnis einer von SCHÖCH, SPECHT und WEBER auf der Basis von ADI durchgeführten Evaluation zeigt sich, dass Lernende das sequentielle Bearbeiten durch die Arbeit mit Lehrbüchern etc. gewöhnt sind und eine zusätzliche Motivation zur Benutzung des Agenten benötigen. Mit Einsatz des Agenten durch die Lernenden wird eine Effizienzsteigerung des Lernprozesses durch Vermeidung ineffizienter Lernabfolgen und unbewusstes Überspringen wichtiger Passagen möglich.[248]

Einen Ansatz zur Strukturierung des Lerninhaltes in CDLS durch Annotationen an Hyperlinks (diese Annotationen können als Metadaten aufgefasst werden) beschreiben EKLUND, BRUSILOVSKY und SCHWARZ als „Adaptive annotation of links".[249] Allerdings fehlt dort die Unterstützung durch eine Wissensbasis. Es wird lediglich versucht, Hyperlinks zwischen

[244] Vgl. [MaCh96], S. 225 ff.
[245] Vgl. [MaCW98], S. 77.
[246] Vgl. [Brus01], S. 100.
[247] Vgl. [ScSW98], S. 1275.
[248] Vgl. [ScSW98], S. 1281.
[249] Vgl. [EkBS], S. 388.

einzelnen Knoten des Lerninhaltes mit kontextspezifischen Annotationen zu versehen. Eine Retrievalmethode ist ebenfalls nicht vorgesehen.

Die weitreichendsten Möglichkeiten zur semantischen Strukturierung von Inhalten bietet das Konzept „Ontobroker“[250]. Durch Ontobroker[251] wird es möglich, Ontologien (↗ 5.4) in heterogenen Informationsquellen (z.B. Web-Seiten) aufzudecken und durch Meta-Tags in den Informationsquellen zu beschreiben. Für eine Anwendung im Bereich Distance Learning (wie in „eLearning based on the Semantic Web“[252] beschrieben) fehlt die Unterstützung spezifischer Konzepte wie Rollenkonzept und Unterstützung individueller Wissensmodelle (↗ 2.5). Weiterhin wird in Ontobroker keine Unterscheidung zwischen „is a“-Relationen und „is part“-Relationen vorgenommen (↗ 5.4).

3.3 Individualisierung von CDLS

BRUSILOVSKY unterscheidet die Individualisierung[253] von CDLS in „adaptive Präsentation“[254] und „adaptive Unterstützung der Navigation“.[255][256]

Die Strategie „adaptive Präsentation“ wird in „vergleichende Erläuterung“[257] und „Erläuterungsvarianten“[258] unterschieden.

Die Strategie „vergleichende Erläuterung“ basiert auf der Idee, neuen Lerninhalt mit bekanntem Lerninhalt ähnlichen Inhaltes zu verknüpfen. Lernende, die den Lerninhalt „Konstruktion von Iterationen in C++“ verinnerlichen sollen, können beispielsweise mit der bekannten Konstruktion „Konstruktion von Iterationen in Pascal“ als vergleichende Erläuterung konfrontiert werden.[259]

Die Strategie „Erläuterungsvarianten“ versucht, Lernende mit verschiedenen Vorkenntnis-Niveaus den gleichen Lerninhalt nahe zu bringen. Beispielsweise können medizinische Lerninhalte für einen Lernenden mit Vorkenntnissen der lateinischen Sprache mit lateinischen Fachbegriffen beschrieben werden, hingegen sollten diese bei einem Lernenden ohne diese Vorkenntnisse in der Muttersprache abgefasst sein.[260]

Die Strategie „adaptive Unterstützung der Navigation“ kann in folgenden Ausprägungen eingesetzt werden:

- „Direkte Führung“[261]: Der Link zum „besten“ folgenden (relevanten) Thema wird hervorgehoben gekennzeichnet.
- „Sortierung der Links“[262]: Links zu folgenden Themen werden in der Reihenfolge der Relevanz sortiert.

---

[250] Vgl. [DEFS99], S. 351ff.
[251] Ontobroker besteht aus den Komponenten „crawling component“ (Wissensakquise), „knowledge base“ (Wissensspeicherung), „inference engine“ (Wissensretrieval) und „query interface“ (Abfrageschnittstelle).
[252] Vgl. [StSS01].
[253] BRUSILOVSKY bezeichnet die Individualisierung als Adaptionsfähigkeit.
[254] im Originaltext: „content-level adaptation“.
[255] im Originaltext: „link-level adaptation“.
[256] Vgl. [Brus00a], S. 2.
[257] im Origialtext: „comparative explanation“.
[258] im Originaltext: „explanation variants“.
[259] Vgl. [Brus00a], S. 2.
[260] Vgl. [Brus00a], S. 2.
[261] im Originaltext: „direct guidance“.
[262] im Originaltext: „link sorting“.

- „Annotation der Links“[263]: Links zu folgenden (relevanten) Themen werden durch Kommentare (z.B. Kurzzusammenfassungen) gekennzeichnet.
- „Verstecken der Links“[264]: Links, welche in der momentanen Lernsituation nicht relevant sind, werden unterdrückt. Diese werden entweder nicht hervorgehoben oder sind gänzlich ohne Funktion.

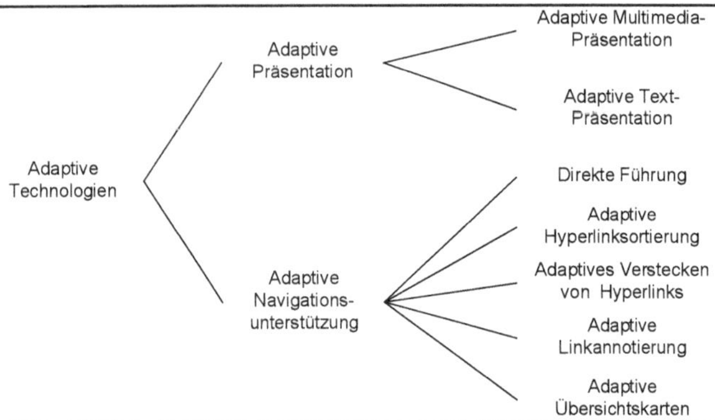

Abbildung 3-2: Individualisierungsstrategien in Hypermediasystemen nach BRUSILOVSKY[265]

Aufbauend auf diesen Strategien wurde von BRUSILOVSKY, PESIN und ZYRYANOV für das Lernsystem ITEM/P eine einfache Technik zur Individualisierung mit der Bezeichnung „conditional text“ entwickelt.[266] Alle zu einem Thema gehörenden Varianten des Lerninhaltes sind in einem Dokument enthalten. Dieses Dokument wird in Wissensbausteine[267] unterteilt. Jeder Wissensbaustein steht für eine andere Variante des Lerninhaltes, welche für unterschiedliche Bedürfnisse des Lernenden entwickelt wurde. Zur Präsentation werden diejenigen Wissensbausteine ausgewählt, die den aktuellen Bedürfnissen des Lernenden entsprechen.[268]

Der Ansatz zur individualisierten Unterstützung der Navigation, welcher in ITEM/P realisiert ist, wird als „curriculum sequencing“ bezeichnet. Durch diesen wird die Führung des Lernenden auf speziellen, für ihn angepassten Pfaden durch die Lerninhalte realisiert. Dabei wird in die individualisierte Unterstützung der Navigation durch den Tutor (dieser gibt Hinweise auf empfohlene nächste Wissensbausteine), oder durch die Maschine (diese kennzeichnet die Links zu den empfohlenen nächsten Wissensbausteinen) unterschieden. Die Empfehlung nachfolgender Wissensbausteine basiert auf dem Absolvieren von Tests zu inhaltlich vorgelagerten Wissensbausteinen.

Die Individualisierungsstrategien nach BRUSILOVSKY sollen im Folgenden kurz skizziert werden.

---

[263] im Originaltext: „link annotation“.
[264] im Originaltext: „link hiding, disabling and removal“.
[265] in Anlehnung an [Brus96], S. 97.
[266] Vgl. [BrPZ93], S. 348f.
[267] Im Originaltext als „Chunks“ bezeichnet.
[268] Vgl. [Brus00a], S. 3.

- Sequenzierung von Lerneinheiten[269]

Die Sequenzierung von Lerneinheiten[270] hat die Aufgabe, für den Lernenden relevante nächste Schritte von nicht relevanten nächsten Schritten zu unterscheiden. Auf dieser Basis wird entschieden, welcher Wissensbaustein dem Lernenden als nächstes angeboten wird. Empfohlen wird, dem Lernenden die volle Wahl aus allen Wissensbausteinen während der Navigation zu überlassen und den/die empfohlenen nächsten Wissensbausteine geeignet (z.B. farblich) zu kennzeichnen. Dadurch wird die Handlungsfreiheit des Lernenden nicht beschränkt. Er ist dennoch in der Lage, den Empfehlungen des Systems zu folgen.

Grundlage für diese Unterstützungsform ist die Hinterlegung von gegenseitigen Abhängigkeitsbedingungen zwischen den Wissensbausteinen. Diese Bedingungen werden durch den Autor formuliert (grundlegendes Wissensmodell; ↗ 2.5 und 6.3.6.1).

Es kann also in verschiedene Aufgabenbereiche differenziert werden:

Prozess	Akteur	Zeitpunkt
Hinterlegung der Abhängigkeitsbedingungen	Autor	Erstellung der Lerninhalte
Anpassung des Lernerprofils	CDLS, ggf. Tutor	ständig
Auswertung des aktuellen Lernerprofils und Generierung der aktuellen Empfehlung für den Lernenden	CDLS	während der Navigation

Tabelle 3-1: Sequenzierung von Lerneinheiten

Nach BRUSILOVSKY wird dynamisches Sequencing von etablierten Course Management-Systemen, wie TopClass oder WebCT, nicht unterstützt[271]. Grund ist, dass diese auf einer statischen Struktur der Wissensbausteine aufbauen.

Beispiele für CDLS, welche Sequenzierung von Lerneinheiten realisieren, sind SmexWeb[272] und InterBook[273].

- Intelligente Analyse der Lösungen des Lernenden[274]

Die intelligente Analyse der Lösungen des Lernenden[275] hat die Erkennung der Richtigkeit einer Lösung einer Übungsaufgabe zum Ziel. Die intelligente Analyse besteht aus den Subprozessen:

- Erkennen der Richtigkeit der Lösung (solution analyzer),
- Bestimmen der unrichtigen oder unvollständigen Komponente der Lösung sowie
- Erkennung des dafür verantwortlichen fehlenden Wissens (knowledge diagnosis).

Zum ersten Mal eingesetzt wurde diese Technologie im System PROUST.[276]

[269] Vgl. [Brus99], S. 2.
[270] Im Originaltext: Curriculum Sequencing.
[271] Vgl. [Brus00b], S. 626.
[272] Vgl. [AlTK99].
[273] Vgl. [BrSW96].
[274] Vgl. [Brus99], S. 3.
[275] Im Originaltext: Intelligent analysis of student solutions.
[276] Vgl. [JoSo85], S. 185.

- Interaktive Unterstützung bei der Problemlösung[277]

Während der interaktiven Unterstützung bei der Problemlösung erfährt der Lernende erforderlichenfalls Hilfe bei der Bearbeitung einer Übungsaufgabe, nicht erst nach Abschluss derselben. Die Unterstützung reicht dabei vom Mitteilen eines falschen Lösungsschrittes über Tipps zur Lösung bis zur Ausführung einzelner Lösungsschritte durch das CDLS.[278] Basis ist die Beobachtung des Lernenden und die fortlaufende Aktualisierung des Lernermodells.

Diese Technologie wird in „LISP Tutor"[279] verwandt.

- Beispiel-basierte Problemlösungsunterstützung[280]

Lernende erhalten im Prozess der Beispiel-basierten Problemlösungsunterstützung Hinweise auf andere, bereits erfolgreich gelöste Probleme. Dabei können kommentierte Beispiele oder vom Lernenden selbst gelöste Probleme zum Einsatz kommen.[281] Diese Methode basiert auf der Vorgehensweise des Fallbasierten Schließens (CBR) (↗ 5.4.4).

Das System ELM-PE[282] unterstützt diese Methode.

- Selektive Annotation von Hyperlinks

Das Verfahren der selektiven Hervorhebung von Hyperlinks geht zurück auf [ZhOF93]. Es basiert auf der Kennzeichnung von Hyperlinks zu Knoten im Hypertext in verschiedenen Stadien. Dazu wird der Lernprozess beobachtet sowie der Wissensstand der Lernenden in einem Lernermodell gespeichert und fortlaufend aktualisiert. Ein System, in dem diese Technologie angewandt wird, ist InterBook.[283] InterBook unterscheidet die Stadien „Vorkenntnisse vorhanden; Bearbeitung empfohlen", „Vorkenntnisse noch nicht komplett; Bearbeitung nicht empfohlen" und „Wissensbaustein bereits bearbeitet". [284] Die Kennzeichnung dieser Zustände erfolgt durch farbliche Codierung der Hyperlinks zu den korrespondierenden Wissensbausteinen.

KASHIHARA, HASEGAWA und TOYODA beschreiben in [KaHT00] eine Vorgehensweise zum Annotieren von Lerninhalten und zur Ermittlung von Wissensstrukturen der Lernenden. Durch Aufzeichnen der Historie der bearbeiteten Wissensbausteine wird eine sogenannte „Knowledge Map" erstellt. Diese kann im weiteren Verlauf des Prozesses der Wissensvermittlung verwendet werden, um das „Lost in Hyperspace"-Phänomen bzw. den Serendipityeffekt (↗ 2.9.3) zu vermeiden. Die Lernenden können jederzeit durch Zugriff auf die erstellte Knowledge Map den absolvierten Lernprozess nachvollziehen.[285] Zusätzlich werden die durch Lernende erstellten Annotationen in die Struktur der Knowledge Map einbezogen. Der Lernende erhält somit nicht nur die Information, dass ein Wissensbaustein bearbeitet wurde, es wird zusätzlich transparent, weshalb dies geschah.

Es wird deutlich, dass die beschriebenen Individualisierungsstrategien auf der Grundlage von „klassischen" Hypertexten funktionieren. Dabei werden bestimmte Teile des Lerninhaltes im Lernprozess verwendet, andere Teile werden verborgen (dynamische Erweiterung bzw.

---

[277] Im Originaltext: Interactive problem solving support.
[278] Vgl. [Brus99], S. 3.
[279] Vgl. [AnRe85], S. 161.
[280] Im Originaltext: Example-based problem solving support.
[281] Vgl. [Brus99], S. 3.
[282] Vgl. [Webe96].
[283] Vgl. [EkBS98], S. 388.
[284] Vgl. [EkBS98], S. 389.
[285] Vgl. [KaHT00], S. 468.

Einschränkung des Navigationsraumes). Über die Strategie des Erkennens der Nutzerbedürfnisse und des Abgleichs dieser mit dem Lerninhalt ist in den betrachteten Veröffentlichungen keine Aussage enthalten. Ebenso fehlt eine Aussage, wie die Eigenschaften der Nutzer und die Eigenschaften der Lernenden geeignet beschrieben werden können. Neue Ideen aus dieser Arbeit sollen dazu beitragen, diese Lücke zu schließen (↗ 5.1.4, 6 und 6.2).

CDLS, die individualisiert gestaltet wurden, sind häufig nach der behavioristischen Lernstrategie ausgerichtet: Es soll verhindert werden, dass der Lernende mit Lerninhalten in Berührung kommt, denen er vom Vorwissen her nicht gewachsen ist. Resultat ist ein Frage-Antwort-Dialog zwischen Lernendem und CDLS, um das Vorwissen zu erfassen. KERRES äußert folgende Einschränkung zu dieser Vorgehensweise: „[Es] muß bedacht werden, daß Lerner nur selten bereit sind, ... sich vor dem Aufruf der Information [gemeint ist der Lerninhalt; Anm. d. Autors] einem Test zu unterziehen."[286] Um diesen Mangel zu umgehen werden in Abschnitt 6.3.7.2 Ansätze zur Individualisierung erarbeitet, die nicht auf der Befragung des Lernenden basieren.

3.4 Standardisierung von CDLS

Da die Erstellung von Inhalten für CDLS durch einen verhältnismäßig hohen Aufwand geprägt ist, gibt es internationale Bestrebungen, die Austauschbarkeit der Inhalte durch Standardisierung zu vereinfachen.

Für CDLS existieren mehrere konkurrierende Standardisierungsentwürfe. Diese Standards wurden für verschiedene Anwendungsbereiche entwickelt und werden im Folgenden kurz charakterisiert.

- ADL (Advanced Distributed Learning Network) (Start: 1997) wurde vom US-Verteidigungsministerium und vom White House Office of Science and Technology Policy für allgemeine Distance Learning-Anwendungen entwickelt. Als Ergebnis steht das Referenz-Modell SCORM (Sharable Content Object Reference Model), welches Lerninhalte auf einer abstrakten Ebene beschreibt. Weiterhin sind abstrakte Spezifikationen für die Zusammenarbeit verschiedener Gruppen enthalten.[287]
- AICC (Start: 1988) wurde von Luftfahrtunternehmen, welche im AICC (Airline Industry CBT Consortium) organisiert sind, für CBT in der Luftfahrt ins Leben gerufen.[288] AICC ist auf die Belange der Luftfahrtunternehmen spezialisiert.
- ARIADNE (Alliance for Remote Instructional and Authoring and Distribution Networks for Europe) (Start: 1996) wurde für universitäre Zwecke mit Fokus auf Werkzeuge und Protokolle für Entwicklung, Speicherung, Übertragung und Wiederverwendung von Lerninhalten entwickelt. Das Ziel besteht in der Erstellung und Pflege eines Pools von Lerninhalten.[289]
- Die Dublin Core Metadata Initiative (DCMI) (↗ 5.3.3.1) (Start: 1995) wurde durch das Online Computer Library Center (OCLC) und das National Center for Supercomputing Applications (NCSA) in Dublin, Ohio gegründet und hat eine Definition für Metadaten zu allgemeinen Online-Ressourcen erstellt. Seit 1999 existiert eine Arbeitsgruppe, die

---

[286] Zitiert nach: [Kerr98], S. 145.
[287] Vgl. [Dodd02].
[288] Vgl. [AICC01].
[289] Vgl. [ARIA00].

Erweiterungen für den pädagogischen Bereich entwickelt (DCMI Education Working Group).[290]

- GESTALT (Getting Educational Systems Talking Across Leading Edge Technologies) (Start: 1998) ist ein Projekt der Europäischen Union, das in der Partnerschaft von acht Organisationen und Unternehmen Metadaten- und Architekturentwürfe zu Distance Learning entwickelt.[291]
- LTSC (Learning Technology Standards Committee) (Start: 1996) ist das Standardisierungsgremium des IEEE zu Distance Learning-Themen.[292] Durch den notwendigen offiziellen Charakter der Standardisierungsentwürfe des LTSC ist der Prozess bis zur Verabschiedung eines Entwurfes sehr langwierig.
- IMS (Instructional Management System) (Start: 1997) hat seine Wurzeln im Projekt EduCom - National Learning Infrastructure Initiative[293] und hat den Anspruch, einen umfassenden, offenen Standard zu entwickeln. Dieser soll insbesondere die Interoperabilität von Lerninhalten verschiedener Anbieter ermöglichen.[294]
- ISO/IEC JTC1 (International Standards Organization and International Engineering Consortium Joint Technology Committee) (Start: 2000) befasst sich innerhalb der Arbeitsgruppe SC36 (Standards Committee 36) mit Standardisierungsentwürfen für den IT-Einsatz im Distance Learning.[295]
- PROMETEUS (PROmoting Multimedia Access to Education and Training in EUropean Society) (Start: 1998) ist ein EU-Projekt, welches im Zusammenschluss von Unternehmen und akademischen Institutionen das Ziel verfolgt, interoperable Lerninhalte zu entwickeln.[296]

Die vorstehend beschriebenen Standards bilden jeweils die Spezifika der zu Grunde liegenden Diskursbereiche ab und sind untereinander zum jetzigen Zeitpunkt in wesentlichen Bereichen inkompatibel, obwohl sich die Zielstellungen aller Standardisierungsgremien ähneln (Interoperabilität der Lerninhalte). Dies hat zur Folge, dass Lerninhalte nicht direkt zwischen Systemen, die auf verschiedenen Standards beruhen, ausgetauscht werden können.

Durch die Standardisierung wird das bestehende Spannungsfeld zwischen Inhalts-Anbieter und Inhalts-Nachfrager basierend auf einer Infrastruktur (CDLS, zu Grunde liegende Systemsoftware und Hardware) derart beschrieben werden, dass ein problemloser Austausch des Inhalts zwischen Anbieter und Nachfrager möglich wird. Die Infrastruktur eines Content-Nachfragers muss idealerweise in der Lage sein, auf der Basis eines gemeinsamen Standards die Wissensbausteine beliebiger Content-Anbieter zu integrieren (↗ Abbildung 3-3).

Derzeit sind einerseits die Produktionskosten für CDLS zu hoch, andererseits ist das Potenzial der Wiederverwendung von CDLS-Komponenten noch zu gering. Der Bedarf eines einheitlichen Standards ist dringend geboten. Wenn es gelingt, einen solchen Standard für CDLS zu etablieren, kann es zu beträchtlichen Kosteneinsparungen bei der Entwicklung von CDLS kommen.

---

290 Vgl. [Dubl02].
291 Vgl. [Gest99].
292 Vgl. [LTSC00].
293 Vgl. [Grav99].
294 Vgl. [IMS00].
295 Vgl. [ISO02].
296 Vgl. [Prom01].

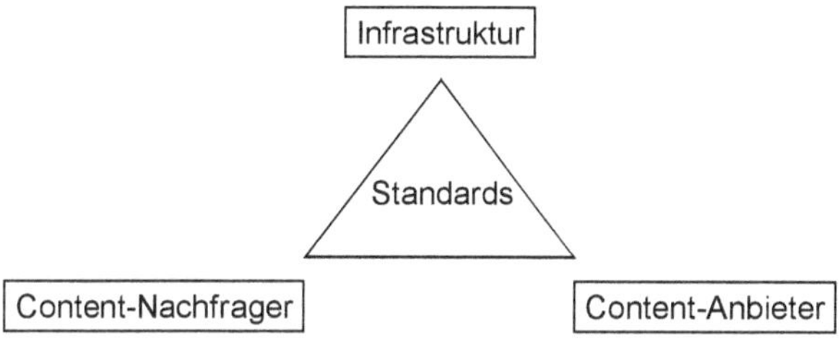

Abbildung 3-3: Standardisierung im Spannungsfeld zwischen Inhalts-Anbieter, Inhalts-Nachfrager und Infrastruktur

Im Rahmen dieser Arbeit sind CDLS-Standards für Metadaten von Bedeutung (↗ 5.3). Die weiteren Ausführungen stützen sich auf allgemeingültige Attribute, die an das jeweils verwendete Standardisierungsschema angepasst werden können (↗ 5.3 und 6.3).

3.5 Forschungsfragestellungen

Aus den aufgezeigten aktuellen Grenzen für CDLS lassen sich unter Berücksichtigung des Forschungsbereichs „Individualisierung des Distance Learning" folgende Überlegungen ableiten.

Die Vermutung

„Die Akzeptanz und Effizienz von Distance Learning kann durch Individualisierung des verwendeten CDLS während der Wissensvermittlung gesteigert werden".

soll als Leitgedanke für diese Arbeit gelten.

Im Zusammenhang damit stehen die Fragestellungen:

- „Wie kann eine umfassende Individualisierung im Prozess der Wissensvermittlung erreicht werden?",
- "Welche Methoden sollen zur individuellen Gestaltung eines CDLS eingesetzt werden?",
- „Wann ist der Einsatz welcher Individualisierungs-Methode sinnvoll?",
- „Wie kann Teamarbeit in Distance Learning-Prozesse einbezogen werden?" und
- „Welche Systemarchitektur soll die Grundlage für ein individualisiertes CDLS bilden?"

Daraus ergibt sich die Kernfragestellung dieser Arbeit:

„Wie muss ein computergestütztes Distance Learning-System (CDLS) gestaltet sein, damit eine Steigerung der Effektivität des Prozesses „Wissensvermittlung" erreicht wird?".

3.6 Einordnung der Forschungsfelder

Im Begriff des Distance Learning lassen sich die didaktische Dimension und die wissensbasierte Dimension unterscheiden.

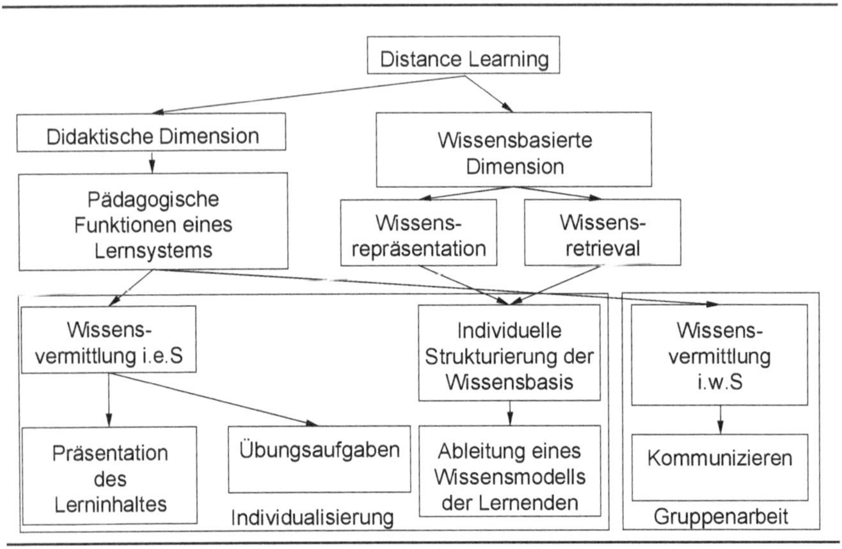

Abbildung 3-4: Systematik des Distance Learning

Die didaktische Dimension bezieht sich in der Literatur hauptsächlich auf die Wissensvermittlung im engeren Sinn, insbesondere die Präsentation des Lerninhaltes und die Verwendung von Übungsaufgaben (Drill- & Practice).

Die wissensbasierte Dimension ergibt sich aus der Tatsache, dass der Lerninhalt selbst als Wissen aufgefasst werden kann. Weiterhin entsteht im Verlauf des Wissensvermittlungsprozesses neues Wissen. Gegenstand der wissensbasierten Dimension des Distance Learning sind die problemadäquate Repräsentation dieses Wissens, das Retrieval sowie der Aufbau eines Wissensmodells (↗ 2.5) für die Lernenden im CDLS (↗ 6).

4 Konzepte und Struktur von CDLS

Hypertext-Umgebungen (↗ 2.8) sind nicht dazu geeignet, alle Formen von Lerninhalt (↗ 4.4) aufzunehmen und zu speichern. Beispielsweise können interaktive Wissensbausteintypen nicht durch Hypertextstrukturen abgebildet werden. Außerdem kann Handlungswissen nicht vollständig in Hypermedia-Umgebungen abgebildet werden (↗ 5.4.2).

Sie sind deshalb nicht ohne weitere Hilfsmittel (interaktive Wissensbausteintypen (↗ 4.4.2)) zur Unterstützung des Prozesses der Wissensvermittlung verwendbar. Abhilfe schaffen hier CDLS, die die erforderlichen Funktionsbereiche (↗ 4.9 und A.1) und Hypermedia-Strukturen für den Lerninhalt integrieren.

Daraus folgt, dass der Einsatz von CDLS problemorientiert erfolgen und die Hypermedia-Strukturen zur Problemlösung integriert werden sollten. Die didaktische Gestaltung der Lerninhalte muss sich folglich an diesem Anspruch messen lassen.[297]

Im folgenden Kapitel werden deshalb grundlegende Konzepte von CDLS (↗ 4.1) und weitere relevante Aspekte (↗ 4.2, 4.3, 4.3, 4.4, und 4.5) vorgestellt. Daneben wird ein Rollenkonzept für CDLS abgeleitet (↗ 4.6) und Untersuchungen zur Individualisierung von CDLS beschrieben (↗ 4.7).

Ergebnis der Untersuchungen in diesem Kapitel bildet die Anforderungsanalyse (↗ 4.8), auf deren Basis ein Vorschlag für die grundlegende Struktur von CDLS (↗ 4.9) sowie deren Architektur (↗ 4.10) formuliert wird.

4.1 Kategorien von CDLS

MANDL definiert eine Lernumgebung als „das Arrangement von Methoden, Techniken, Lernmaterialien und Medien, die mit dem Ziel aufeinander abgestimmt sind, Lernprozesse anzuregen und zu unterstützen“[298].

Für die Kategorisierung von CDLS existieren in der Literatur verschiedene Vorschläge.

KALKBRENNER unterteilt CDLS in fünf Kategorien:

- Drill & Practice-Systeme (↗ 4.1.5),
- Intelligente Tutoring-Systeme (↗ 2.6.2),
- Hypermedia-Systeme (↗ 2.8),
- Kognitive Werkzeuge[299] und
- Simulationsspiele (↗ 4.1.1).[300]

KLEINSCHROTH unterteilt CDLS in:

- Teachware,
- Learnware und
- Tools.[301]

---

[297] Vgl. dazu weiterführend auch [Schu97] und [Schr98].
[298] Zitiert nach: [Mand93], S. 31.
[299] Cognitive tools are "both mental and cognitive devices that support guide, and extend the thinking processes of learners." Zitiert nach: [Derr90].
[300] Vgl. [Kalk96], S. 23.
[301] Vgl. [Klei96], S. 64.

Teachware definiert KLEINSCHROTH als Programme, welche die Aufgaben des Lehrers in einem begrenzten Diskursbereich übernehmen. Dazu zählt er Tutorien, Expertensysteme und Simulationen.[302]

Learnware sind nach KLEINSCHROTH Programme, die den Computer zum Lernwerkzeug machen. Dabei unterscheidet er zwischen geschlossener und offener Learnware, wobei die offene Learnware inhaltlich vom Nutzer erweiterbar ist, die geschlossene jedoch nicht.[303]

Tools sind in der KLEINSCHROTHschen Begriffswelt Programme, „die uns bei der geistigen Arbeit helfen".[304] Er zählt diverse Klassen von Anwendungssystemen (Textprozessoren, elektronische Enzyklopädien, Analysesysteme und Präsentationssysteme) dazu.

Systemeigenschaften / Anwendungsfeld	Passive Systeme	Aktive Systeme
Hilfe	Vom Benutzer abgefragte uniforme oder Hypertext-Hilfetexte	Intelligente tutorielle Systeme, Benutzerbeobachtung, Kontext-sensitive Unterstützung
Training	Erwerb von Fähigkeiten durch selbstgesteuertes Üben	"Drill and Practice"-System steuert die Dialogfolge: Frage-Antwort-Analyse-Feedback
Information	Benutzergesteuerte Navigation durch große, schwach strukturierte Wissensbestände, Hypertextsysteme	Wissensbasierte Informationsverwaltung, Expertensysteme
Simulation	Entdeckendes Lernen, eine Benutzerinteraktion löst eine Systemreaktion aus	Problemlösung mit schrittweise angeleiteter Lösung gestellter Aufgaben

Tabelle 4-1: Systematik computergestützten Lernens[305]

Bei diesen Definitionen fällt auf, dass sie sehr techniklastig sind und versuchen, den menschlichen Tutor in den betreffenden Diskursbereichen durch einen Rechner zu ersetzen. Diese Sichtweise, welche noch aus der Ära des „programmierten Unterrichts" stammt, kann mittlerweile als überholt angesehen werden. Ziel der Bestrebungen ist nicht, das Ersetzen menschlicher Betreuungsleistung durch Maschinen, sondern die Interaktion über Rechnernetze mit dem Ziel, eine weitgehende zeitliche und räumliche Unabhängigkeit zu gewinnen.

Neuere Veröffentlichungen orientieren sich in dieser Richtung. GLOWALLA und SCHOOP fassen die Kategorien von CDLS gemäß Tabelle 4-1 zusammen. Diese Systematik zeigt die Vielfalt der für CDLS verfügbaren methodischen Grundtypen. Wesentlich ist die Unterteilung in passive und aktive Systeme.

SCHÄFER unterscheidet CDLS hinsichtlich Adaptivität und Interaktivität und kommt zu folgender Unterteilung:

[302] Vgl. [Klei96], S. 105.
[303] Vgl. [Klei96], S. 64.
[304] Zitiert nach: [Klei96], S.39.
[305] Vgl. [GlSc92], S. 13.

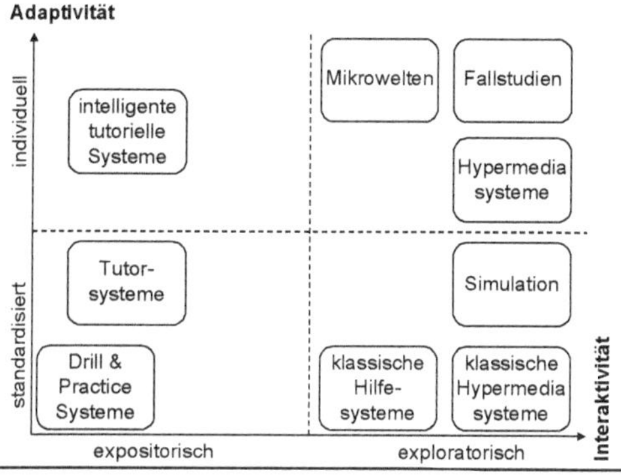

Abbildung 4-1: Gegenüberstellung von CDLS[306]

Auf der Basis vorstehend beschriebener Kategorisierungen aus der Literatur werden nachfolgend relevante Kategorien (methodische Grundtypen) für CDLS und deren Einsatzbereiche beschrieben. Diese können sowohl alleinstehend, als auch in Kombination eingesetzt werden.

4.1.1 Simulation

Simulationen dienen der Abbildung von dynamischen Modellen über Apparate, Prozesse und Systeme.[307] Häufig werden die realen Vorgänge vereinfacht dargestellt. Der Lernende kann durch Variation von Parametern den Ablauf der Simulation ändern und somit neue Szenarien erproben. Der Übergang zur Kategorie „Spiele" ist fließend.

Simulationen können nach MIN in vier Typen unterteilt werden:

- Konversationssimulation[308],
- Simulation des Expertenverhaltens[309],
- Simulation mit bewegten Bildern (Animation)[310] und
- modellgesteuerte Simulation von Phänomenen.[311] [312]

EULER unterteilt den methodischen Grundtyp der Simulation in Entscheidungssimulation, aufgabenorientierte Anwendungssimulation, darstellungsorientierte Anwendungssimulation und Verhaltenssimulation.[313]

[306] In Anlehnung an [Schä00], S. 39.
[307] Vgl. [Schu97], S. 353.
[308] Konversationssimulationen simulieren den Ablauf eines Dialoges, häufig zwischen Mensch und Maschine (Frage-und-Antwort-Sequenzen in Lernsystemen).
[309] Diese Art der Simulation wird in Expertensystemen angewandt, indem das Wissen des menschlichen Experten durch das Softwaresystem nachgeahmt wird.
[310] Animation bezeichnet die grafische Darstellung eines Vorganges durch eine Abfolge von Bildern. Animationen werden sehr häufig un CDLS eingesetzt.
[311] Modellgesteuerte Simulationen basieren auf mathematischen Modellen, deren Parameter veränderbar sind. Sie können mit einer visuellen Komponente (Animation) versehen sein, die dem Lernenden ein tieferes Verständnis der zu Grunde liegenden Sachverhalte der realen Welt erlauben.
[312] Vgl. [Min95].
[313] Vgl. [Eule92], S. 20.

Die Entscheidungssimulation ist durch den Zyklus aus Aktionen, als Reaktion auf unvorhergesehene Ereignisse durch den Lernenden und Aktualisierung des Szenarios gekennzeichnet. Die folgende Abbildung visualisiert diesen Ablauf.

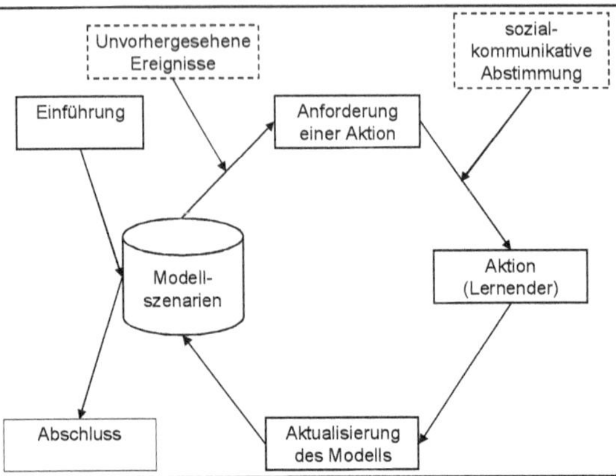

Abbildung 4-2: Entscheidungssimulation[314]

Die aufgabenorientierte Anwendungssimulation basiert auf Anwendungsaufgaben mit durch den Lernenden wählbaren Optionen. Die Problemlösung erfolgt dabei eigenständig durch den Lernenden. Auf jede Aktion des Lernenden folgt eine Rückmeldung des CDLS, welche die Auswirkung der Aktion auf das Simulationsmodell an den Lernenden vermittelt.

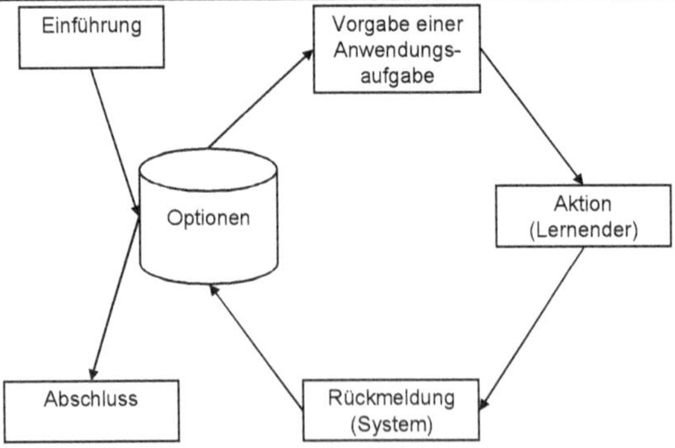

Abbildung 4-3: Anwendungssimulation (aufgabenorientiert)[315]

Die darstellungsorientierte Anwendungssimulation basiert auf dem Präsentieren („Vorführen") und Nachvollziehen („Nachahmen") einer Problemlösung. Die Auswirkungen dieses Nachahmens auf das Simulationsmodell werden mit einer Rückmeldung des CDLS an den Lernenden übermittelt.

[314] In Anlehnung an: [Eule92], S. 22.
[315] In Anlehnung an: [Eule92], S. 22.

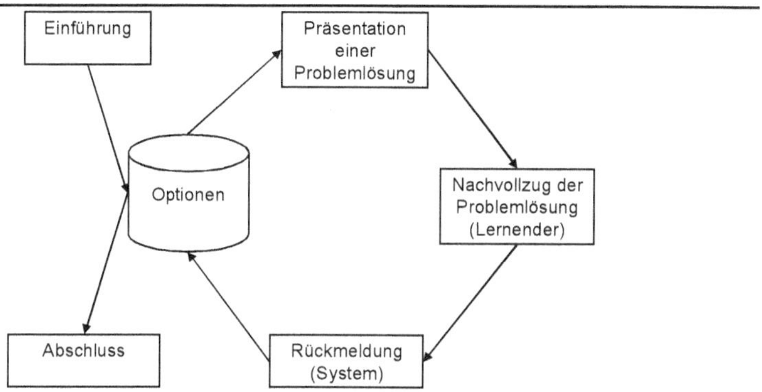

Abbildung 4-4: Anwendungssimulation (darstellungsorientiert)[316]

Die Verhaltenssimulation ermöglicht es dem Lernenden, verschiedene alternative Handlungsmöglichkeiten zu simulieren („Was-wäre-wenn-Analyse"). Erst nach der Bestätigung des Lernenden wird die Aktion tatsächlich in das Simulationsmodell übernommen.

Diese Art der Simulation eignet sich für komplexe Modelle mit vielen Freiheitsgraden.

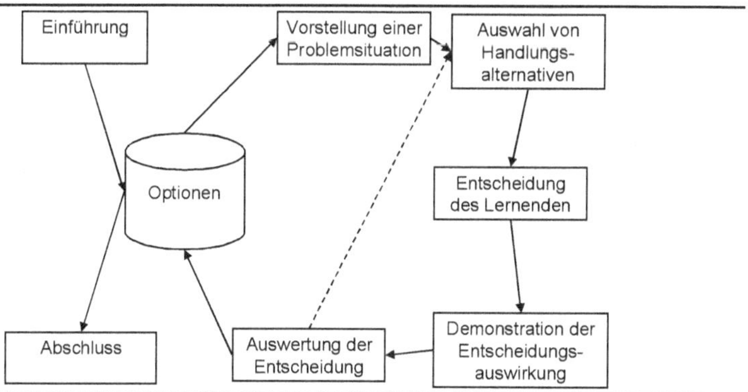

Abbildung 4-5: Verhaltenssimulation[317]

Die Methode der Simulation erlaubt es, Systeme und deren Zusammenhänge aus der realen Welt modellhaft nachzubilden und durch Variation von Parametern die Sensitivität dieser zu erforschen. Somit können Konstellationen untersucht werden, die in der realen Welt nicht oder mit einer geringen Wahrscheinlichkeit auftreten, sehr teuer oder sehr zeitintensiv ablaufen würden bzw. ethisch bedenklich wären.

[316] In Anlehnung an: [Eule92], S. 22.
[317] In Anlehnung an: [Eule92], S. 22.

4.1.2 Spiele

Spiele lehnen sich in der Grundkonzeption an Simulationen an. Zusätzliches Ziel ist ein mehr oder minder großer Unterhaltungswert. Allerdings ist nicht bei allen Spielen ein Lerneffekt gegeben. Die Übergänge zwischen Spiel und Simulation sind fließend. Der Anwendungsbereich von Spielen in CDLS ist ähnlich dem der Simulation. Zusätzlich wird durch Spiele die Lernmotivation erhöht.

4.1.3 Mikrowelten

Mikrowelten basieren auf dem Konzept der Simulation (↗ 4.1.1), die Komplexität ist im Gegensatz zu Simulationen sehr hoch. Die „Modellkonstruktion" steht im Mittelpunkt der Betrachtung.[318] Es werden möglichst wenige Vereinfachungen an der Realität vorgenommen.

„This non-explicitness about the phenomenon under investigation (or concept to be learned) is one feature which distinguishes microworlds from other modes of instruction using computers; for instance, computer-based tutorials or other presentation of concepts and information."[319]

Der Einsatzbereich von Mikrowelten in CDLS deckt sich mit dem der Simulation.

4.1.4 Programmierumgebungen

Programmierumgebungen werden in Verbindung mit CDLS eingesetzt, um Handlungswissen über Softwareentwicklung zu vermitteln. Die Vermittlung von Handlungswissen wird in Abschnitt 4.8.2 näher betrachtet.

4.1.5 Drill & Practice

Die Vorgehensweise Drill & Practice orientiert sich am Lernparadigma des Behaviorismus (↗ 2.1.4.1). Durch Rückmeldung bei richtiger Antwort wird versucht, das Bewusstsein über den gelehrten Zusammenhang beim Lernenden zu verstärken (↗ Abbildung 4-6).

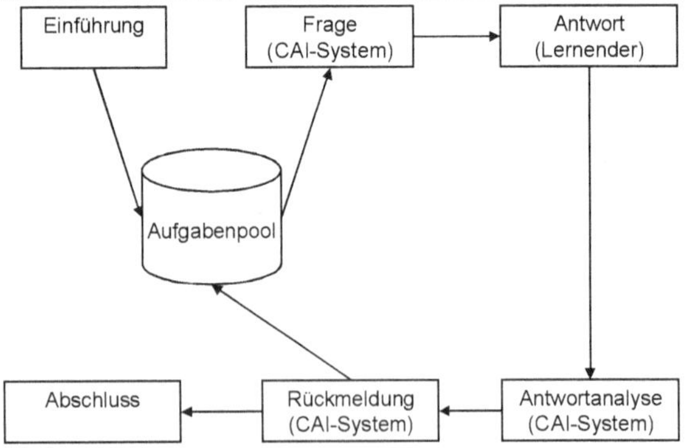

Abbildung 4-6: Drill & Practice[320]

Drill & Practice wird in CDLS eingesetzt, um Faktenwissen zu vermitteln und zu vertiefen.

[318] Vgl. [BaPa94], S. 167.
[319] Zitiert nach: [Edwa95], S. 131.
[320] In Anlehnung an: [Eule92], S. 22.

4.2 Vorteile durch den Einsatz von CDLS

Die folgenden Abschnitte geben einen Überblick über mögliche Vorteile, die durch den Einsatz von CDLS erzielt werden können. Dabei wird zwischen verschiedenen Teilkonzepten unterschieden (Hypermedia, Simulation, Individualisierung). Anschließend werden kritische Erfolgsfaktoren für CDLS dargelegt.

4.2.1 Einsatz von Multimedia-Techniken in CDLS

Für eine allgemeine Akzeptanz beim Lernenden ist der sinnvolle Einsatz von Multimediatechniken unumgänglich. Hierbei ist jedoch nicht nur auf bunte Animationen Wert zu legen. Vielmehr müssen diese, wenn sie vorhanden sind, eine kompetente Hilfe bei der Erarbeitung der Lerninhalte durch den Lernenden sein.

TREICHLER bezeichnet die Darstellung aus Abbildung 4-7 als Spekulation.[321] Unbestreitbar ist sicherlich, dass der Einsatz von multimedialen Elementen eine höhere Motivation beim Lernenden erzeugt. Allerdings ist nicht sicher erwiesen, dass das Verstehen beim Lernenden durch Einsatz von Multimedia verbessert wird. Viele Erfahrungen von Lehrenden deuten aber darauf hin. Letztlich kann der Lernerfolg nur für jeden Lernenden individuell bestimmt und gesteuert werden. Somit sind Individualisierungstechniken, wie in dieser Arbeit beschrieben, ein möglicher Weg, um u.a. durch gezielten Einsatz verschiedener Darstellungsmedien einen höheren individuellen Lernerfolg zu erzielen.

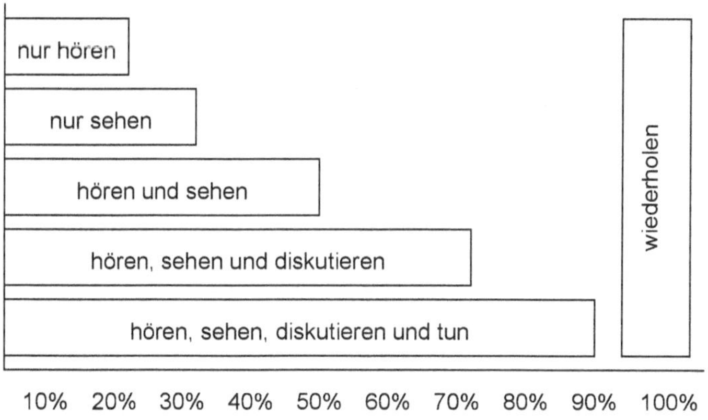

Abbildung 4-7: Behaltensquote bei Ansprache verschiedener bzw. mehrerer Sinneskanäle[322]

Multimediale Elemente in CDLS erlauben die Verknüpfung des Lerninhaltes mit einem erklärenden Beispiel. Zur Vermittlung des Ohmschen Gesetzes ist es nicht ausreichend, dieses Gesetz nur mitzuteilen. Es ist vielmehr erforderlich, eine Versuchsanordnung zur Verfügung zu stellen, die es erlaubt, dieses Gesetz nachzuvollziehen.[323] Diese Versuchsanordnung wird von

[321] Vgl. [Trei67].

[322] Zitiert nach [Heid91]. Leider wird diese Abbildung in vielen Publikationen ohne Angabe von Quellen genutzt. Vermutlich stammt die ursprüngliche Darstellung aus einer Publikation der British Audio-Visual Society: [Trei67].

[323] Für dieses Beispiel wäre dies ein elektrischer Stromkreis mit einem variablen Widerstand und je ein Messgerät für die elektrische Stromstärke und die elektrische Spannung.

KÖNIG/RIEDEL[324] als Operationsobjekt bezeichnet. Mit seiner Hilfe wird es dem Lernenden möglich, bestimmte Lernaufgaben zu bearbeiten und damit einen lang andauernden Lernerfolg zu erzielen.

4.2.2 Hypermedia-Einsatz in CDLS

Lerninhalte, die in einem CDLS abgebildet werden sollen, sind üblicherweise in ihrer Ursprungsform linear organisiert. Es bietet sich an, ja es ist geradezu empfehlenswert, zusätzlich zur häufig gewählten vernetzten Struktur eine Baumstruktur[325] im CDLS abzubilden. Die Benutzer des Systems werden sich in dieser kombinierten Darstellungsweise besser zurechtfinden, als in einer reinen vernetzten Struktur.[326]

Hypermediastrukturen in CDLS bieten durch Anwendung von Methoden der Wissensrepräsentation die Möglichkeit, das im CDLS enthaltene strukturelle Wissen abzubilden. In Kapitel 5.4 wird ein Ansatz beschrieben, wie dieses Wissen für jeden Lernenden individuell abgebildet werden kann. Außerdem werden Möglichkeiten der Interaktion auf Basis dieser Wissensstrukturen beschrieben.

4.2.3 Einsatz von Simulationstechniken in CDLS

Simulationen dienen der tiefgreifenden Veranschaulichung von komplexen Sachverhalten, indem eine Ursache-Wirkungs-Beziehung mit Manipulationsmöglichkeit durch den Lernenden dargestellt wird. Simulationen eröffnen die Möglichkeit, Sachverhalte nachvollziehbar zu machen und gehen über bloßes Konditionieren des Lernenden weit hinaus. Sie basieren auf der konstruktivistischen Lernstrategie und stellen gewissermaßen die höchste Stufe in der Methodik des computergestützten Lernens dar.

Einschränkungen existieren dennoch, da Simulationen das Üben in der Realität nicht ersetzen können. Die Simulation dient lediglich der Vorbereitung auf das Üben in der Realität.

Ein gutes Beispiel liefert das Experiment mit einem Detektor-Radio, das den Themenbereich „Elektronik“ sinnlich erfahren lässt. Neben einem Kopfhörer, einer Diode und einer Spule wird dazu nur eine Handvoll Klingeldraht und einen Drehkondensator benötigt. Die Kapazität ändert sich in Abhängigkeit des Plattenabstandes dieses Kondensators. Je weiter die Plattenpakete eines Drehkondensators ineinander ragen, um so größer die Kapazität. Mit der Kapazität ändert sich die Resonanzfrequenz des angeschlossenen Schwingkreises und damit der hörbare Radiosender. Dieses Experiment, welches mit einfachsten Mitteln auch von jungen Menschen zu realisieren ist, führt zu beeindruckenden Erlebnissen, die mit Simulation nicht annähernd so spannend wiedergegeben werden können.

4.2.4 Vorteile von CDLS gegenüber traditionellen Ausbildungskonzepten

CDLS bieten gegenüber traditionellen Ausbildungskonzepten (Frontalunterricht; Fernunterricht mit Unterstützung durch Lehrbriefe) Vorteile wie

- Erreichbarkeit eines verteilten Publikums (Beispiel ist das „größte Schulzimmer der Welt“ in Alice Springs/Australien, wo die Schulkinder im Outback bereits seit vielen Jahren per Funk unterrichtet werden),[327]
- unabhängiger Lernort,

[324] Vgl. [KöRi79], S. 63.
[325] Die Baumstruktur bildet eine klassische Gliederungshierarchie ab.
[326] Die Ursache hierfür ist im ursprünglich gelernten und immer wieder geübten Umgang mit üblicherweise hierarchisch gegliederten (Print-)Medien zu sehen.
[327] Vgl. [Alic00].

- unabhängiger Lernzeitpunkt,
- Möglichkeit der gefahrlosen Wissensvermittlung zu gefährlichen Sachverhalten (z.B. chemische Experimente mit ätzenden Stoffen),
- Möglichkeit des berufsbegleitenden Lernens am Arbeitsplatz,
- Einsatz individueller Strategien der Wissensvermittlung,
- erwachsenengerechte Form des Lernens, da eigenverantwortlich und ohne „Klassenzimmercharakter" sowie
- die Möglichkeit der Mehrfachverwendung der Lerninhalte (des Handels mit den Lerninhalten).

Diese Vorteile kommen besonders zum Tragen, wenn die Halbwertzeit des Wissens für verschiedene Wissensgebiete berücksichtigt wird.

Abbildung 4-8 zeigt, dass besonders EDV-Fachwissen und Technologiewissen sehr schnell veralten. Andererseits sind EDV- und Technologiewissen auch sehr gut für die Vermittlung in CDLS geeignet. Zudem ist davon auszugehen, dass die Zielgruppen, die dieses Wissen benötigen, bereit sind, sich dieses mittels CDLS anzueignen und demzufolge CDLS bevorzugt zur Vermittlung dieser Wissensbereiche eingesetzt werden.

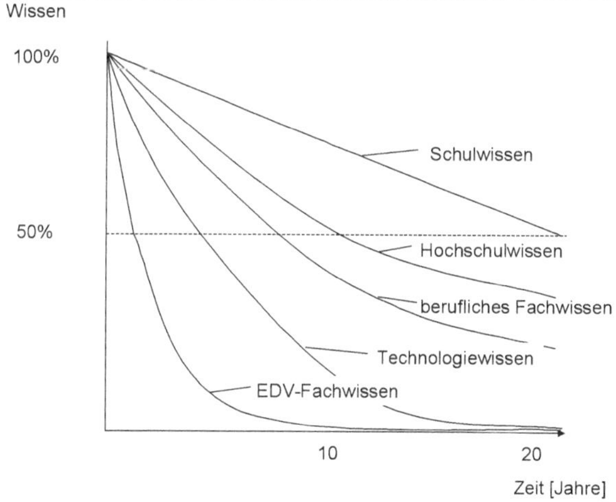

Abbildung 4-8: Entwicklung der Halbwertzeit des Wissens[328]

DRUCKER hebt als entscheidendes Merkmal für Distance Learning die Integration in die Wertschöpfungskette von Unternehmen und Organisationen hervor.[329] Distance Learning ist somit integraler Bestandteil der Unternehmenskultur.

In dynamischen Branchen kann der Einsatz von CDLS durch die hohe Innovationsgeschwindigkeit begünstigt werden oder diesen gar unabdingbar machen. GLOWALLA beschreibt

[328] Vgl. [Nage91], S. 48.
[329] Vgl. [Druc00], S. 5.

dies folgendermaßen: „Die Dauer der gesamten Maßnahme würde bei traditionellem Seminarbetrieb den Innovationszyklus überschreiten“[330].

4.3 Kritische Erfolgsfaktoren für den Einsatz von CDLS

Kosten und Personalverfügbarkeit stellen sich als kritische Erfolgsfaktoren für den Einsatz von CDLS dar.

Zu Betrachtung der Kosten existieren Untersuchungen, die im Wesentlichen zu dem Schluss kommen, dass die fixen Kosten von Kursen, welche mit CDLS angeboten werden, höher liegen als in der klassischen „face to face“-Ausbildung. Die variablen Kosten liegen tendenziell niedriger als in der klassischen Ausbildung. EBERLE schematisiert diesen Zusammenhang gemäß Abbildung 4-9.

Es kann also konstatiert werden, dass der Einsatz von CDLS-basierten Kursen erst oberhalb einer bestimmten Teilnehmerzahl wirtschaftlich sinnvoll ist. Problematisch ist die Bestimmung dieser Zahl, da die Ermittlung der Kosten für diese Kurse sehr umstritten ist. Die fixen Kosten bestehen hauptsächlich aus den Kosten für die Erstellung des Lerninhaltes und den Kosten für den Aufbau der Infrastruktur. Die variablen Kosten entstehen durch die Betreuung der Lernenden während des Prozesses der Wissensvermittlung, der Pflege der Lerninhalte und der Wartung der Infrastruktur.

Zur Höhe dieser Kostenbestandteile gibt es sehr kontroverse Angaben. Die Divergenz der Autoren beginnt bereits bei den zu Grunde zu legenden Verrechnungseinheiten: Fixe Kosten werden teilweise in Kosten/Kurs oder Kosten/Stunde angegeben, variable Kosten in Kosten/Lernendem*Kurs oder Kosten/Lernender*Stunde. Über die Höhe der Kosten herrscht größte Uneinigkeit. Nach KERRES reicht die Bandbreite von 60.000 DM[331] pro aufbereiteter Unterrichtsstunde bis zu 5.000 DM[332] pro Minute für Videomaterial.[333] STEPPI ermittelt einen Entwicklungsaufwand von 200 bis 400 Stunden pro aufbereiteter Unterrichtsstunde.[334] SCHUCHOW gibt einen durchschnittlichen Erstellungsaufwand (dieser variiert je nach Komplexität und Medientyp) von 200 Mannstunden für eine Stunde CBT an.[335] Auch der Aktualisierungsaufwand wird häufig unterschätzt oder gar nicht kalkuliert.[336]

[330] Zitiert nach: [GlSc92], S. 21.
[331] gemäß amtlichem Umrechnungskurs entspricht dies einem Betrag von 30677,51 €
[332] gemäß amtlichem Umrechnungskurs entspricht dies einem Betrag von 2556,46 €
[333] Vgl. [Kerr98], S. 122.
[334] Vgl. [Step90], S. 164.
[335] Vgl. [Schuc98], S. 52.
[336] Vgl. [GöHä92], S. 8.

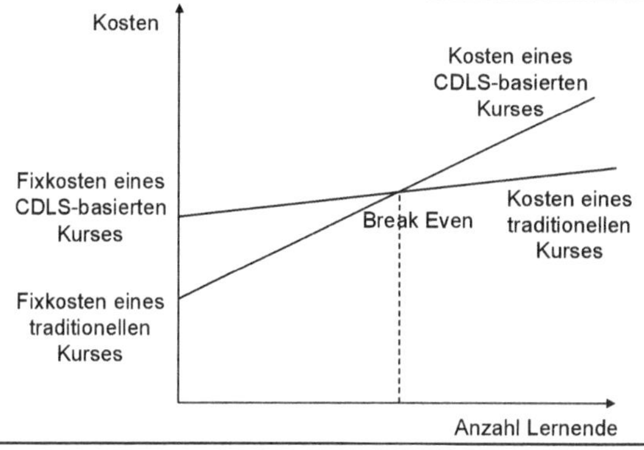

Abbildung 4-9: Kostenverlauf von Kursen unter Nutzung von CDLS vs. klassischer Ausbildung nach EBERLE[337]

Wegen fehlender weiterer Bezugsgrößen in den Veröffentlichungen sind diese Angaben häufig nicht genau zu verifizieren. Viele Autoren geben gar keine Kosten an, wohl weil deren Projekte aus Forschungsgeldern finanziert wurden und prototypischen Charakter tragen. Eine umfassende Untersuchung zu den Kostenstrukturen, Verrechnungsgrößen und deren Beziehungen fehlt bisher.

Das Stuttgarter Fraunhofer-Institut für Arbeitswirtschaft und Organisation hat eine Untersuchung über die Kosten für die Erstellung klassischer CBT vorgenommen. Danach haben CBT-Anbieter Angebote zur Erstellung einer CBT zum Thema „Sicherheit rund um den PKW" (Lerndauer 60 Minuten) abgegeben, deren Gesamtkosten im Intervall von 45.000[338] bis 155.000 DM[339] (Mittelwert 100.000 DM[340]) variierten. Dies zeigt, wie viel Unsicherheit über die Kosten in diesem Bereich herrscht.[341]

SCHREIBER kommt zu dem Schluss, dass das Maß „Lerndauer" zur Kostenermittlung ungeeignet ist.[342] Er schlägt vor, die Anzahl der verwendeten Frames[343] als Grundlage der Kostenermittlung zu verwenden.[344] Dieser Vorschlag bringt etwas mehr Transparenz in die Kostenermittlung, allerdings können auch verschiedene Frames innerhalb einer CBT einen sehr unterschiedlichen Umfang (und damit Kosten) aufweisen. Außerdem fehlt der Bezug zwischen der Einheit Frame und dem Nutzen aus der CBT (Lernerfolg).[345] Somit ist immer noch kein verlässliches Maß für den Aufwand der Erstellung von CBT vorhanden.

Im Prinzip ist es möglich, aus dem Wissen über die Kosten zur Erstellung von CBT Schlüsse auf die fixen Kosten bei CDLS-basierten Kursen zu ziehen. Leider scheitert dieser Ansatz

---

337 In Anlehnung an: [Eber95], S. 471.
338 gemäß amtlichem Umrechnungskurs entspricht dies einem Betrag von 23008,13 €
339 gemäß amtlichem Umrechnungskurs entspricht dies einem Betrag von 79250,24 €
340 gemäß amtlichem Umrechnungskurs entspricht dies einem Betrag von 51129,19 €
341 Vgl. [Schr98], S. 77.
342 Vgl. [Schr98], S. 62.
343 SCHREIBER definiert einen Frame als kleinste, in einem bestimmten Kontext nicht weiter zu untergliedernde Einheit. Vgl. [Schr98], S. 13. Ein Frame ist somit identisch mit einem Wissensbaustein (↗ 2.11).
344 Vgl. [Schr98], S. 62.
345 Es hilft gar nichts, wenn die Kosten für eine gewisse Anzahl Frames bekannt sind, jedoch nicht deren Nutzen.

daran, dass auf dem Gebiet der CBT große Uneinigkeit über die Höhe und Struktur der entstehenden Kosten herrscht.

Die variablen Kosten für CDLS-basierte Kurse lassen sich demgegenüber recht gut ermitteln, weil die geplante Zeitdauer und die Zahl der Teilnehmer (daraus leitet sich die Zahl der erforderlichen Tutoren ab) die einzig relevanten Bezugsgrößen sind.

Der kritische Erfolgsfaktor „Personalverfügbarkeit" resultiert aus der Tatsache, dass zum Erstellen von Lerninhalten für CDLS Experten mit Wissen auf dem Gebiet des zu vermittelnden Diskursbereichs und dem Gebiet CDLS/Multimedia erforderlich sind. Diese Experten sind außerordentlich rar, zumal wenn bedacht wird, dass sich der betrachtete Diskursbereich für jeden zu erstellenden Kurs ändert.[346] Es ist also sinnvoll die Anforderung „Personalverfügbarkeit" auf Personal mit ausgeprägter Teamfähigkeit zu reduzieren und gegebenenfalls Experten des Wissensgebietes als Ratgeber zu konsultieren. Damit wird die Zahl der am Erstellungsprozess beteiligten Personen zwar erhöht, jedoch steigt gleichzeitig die Chance, überhaupt geeignete Autoren zu finden. Der Kommunikationsaufwand zwischen diesen und damit die benötigte Zeit steigt zwangsläufig ebenfalls an.

4.4 Inhaltstypen in CDLS

In CDLS können die Lerninhalte nach verschiedenen methodischen Aspekten aufbereitet werden. Diese Varianten werden im Folgenden als Inhaltstypen bezeichnet. Diese Inhaltstypen sind sowohl einzeln als auch in Kombination einsetzbar. Die nächsten Abschnitte geben einen Überblick über Inhaltstypen in CDLS. Dabei wird unterschieden in Wissensbausteintypen ohne Interaktion und interaktive Wissensbausteintypen.

Wissensbausteintypen sind Inhaltstypen, welche die Wissensvermittlung zum Ziel haben. Interaktive Wissensbausteintypen unterteilen sich in Übungstypen und Tests. Übungstypen sollen bereits vermitteltes Wissen vertiefen. Tests dienen der Verifikation zuvor gelehrten Wissens.

4.4.1 Wissensbausteintype ohne Interaktion

Wissensbausteintypen ohne Interaktion können in Übersichtswissensbausteine und deklarative Wissensbausteintypen unterschieden werden. Übersichtswissensbausteine werden auch als Navigationselemente verwendet und können auf verschiedenen Granularitätsebenen (Gesamtübersicht oder Übersicht über einen Abschnitt) verwendet werden. Übersichtstypen basieren auf strukturellen Hyperlinks innerhalb des Gesamtkontextes des Lerninhaltes. Abbildung 4-10 zeigt die Gesamtübersicht eines Bildungsproduktes.

Zur Navigation werden außerdem referentielle Hyperlinks verwendet. Da diese keine Wissensbausteintypen im engeren Sinne darstellen, und sie nicht der unmittelbaren Wissensvermittlung dienen, werden sie in Abschnitt 5.3.3.2 beschrieben.

346 Vgl. [Schr98], S. 98.

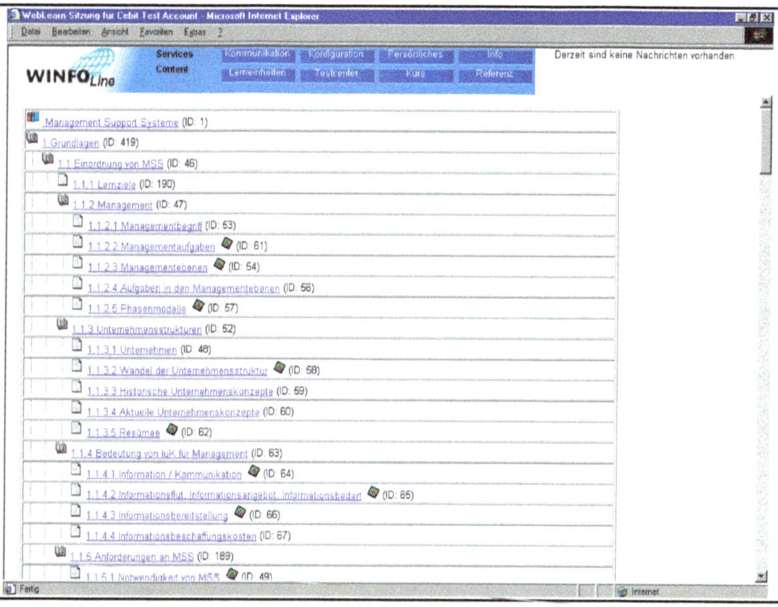

Abbildung 4-10: Hierarchische Navigation im Lerninhalt

Bei den deklarativen Wissensbausteintypen wird zwischen Text, Abbildungen und Animationen unterschieden. Diese können getrennt oder gemischt, je nach didaktischer Anforderung der Lerninhalte verwendet werden. Die folgende Abbildung 4-11 zeigt einen deklarativen Wissensbaustein (↗ 2.11) innerhalb eines Bildungsproduktes (↗ 2.13) im CDLS „WebLearn" (↗ Anhang A):

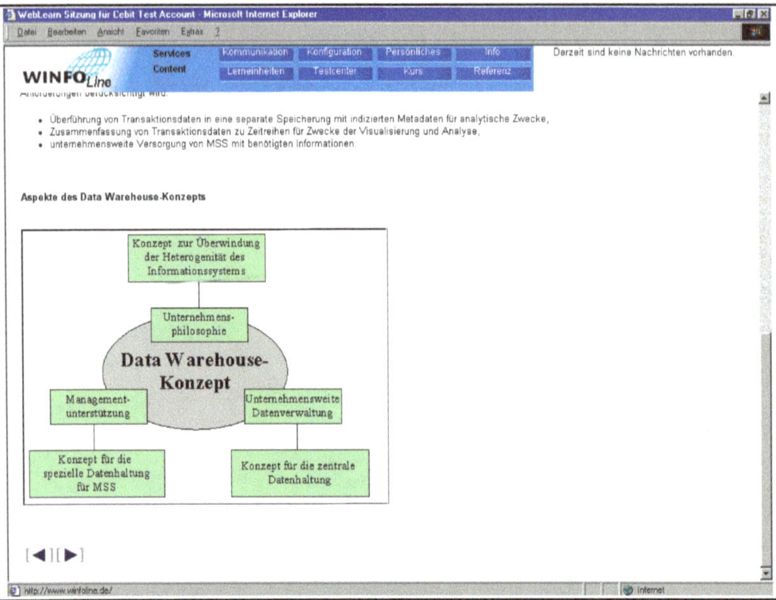

Abbildung 4-11: Darstellung eines deklarativen Wissensbausteines

Ein Wissensbaustein kann aus einem oder mehreren multimedialen Elementen bestehen, welche der Autor des Lerninhaltes zuvor im Lernsystem hinterlegt hat. Als Darstellungsart kann dabei jede Form gewählt werden, die ein Browser auf der Zielplattform des Lernenden darstellen kann. Gängige Formate hierfür sind z.B.:

- Text,
- Grafik sowie
- Animation (Macromedia Flash-, Macromedia Director-Format)/Video (AVI-Filme), Audio (RealAudio-Format).

Eine spezielle Variante der Kombination von Wissensbausteinen stellt die Sequenz dar. Mit Hilfe einer Sequenz können mehrere unterschiedliche Wissensbausteintypen in eine zeitliche Abfolge gebracht werden, durch die der Lernende in der vorgegebenen Reihenfolge navigieren kann. Dies ist besonders hilfreich, wenn komplexe Zusammenhänge verdeutlicht werden sollen (↗ Abbildung 4-12).

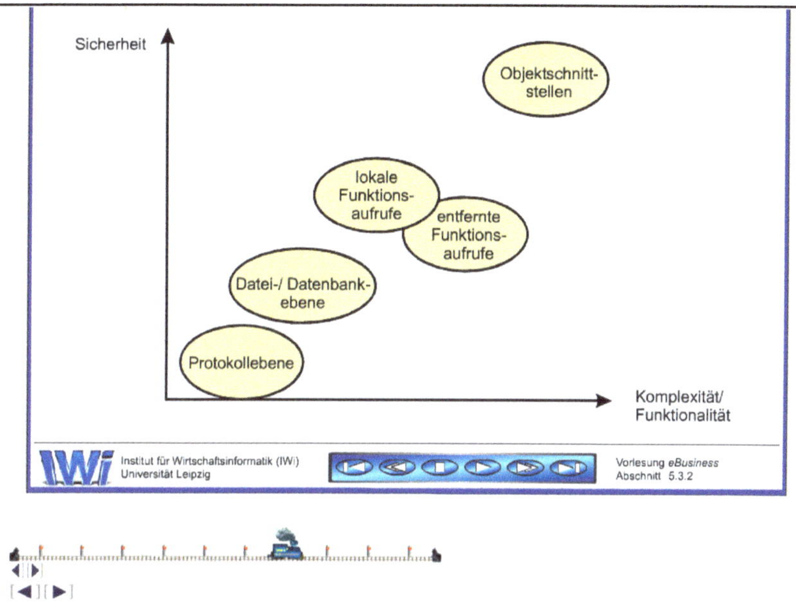

Abbildung 4-12: Darstellung einer Sequenz in WebLearn

4.4.2 Interaktive Wissensbausteintypen

Interaktive Wissensbausteintypen werden eingesetzt, wenn eine Rückmeldung des Lernenden an das CDLS im Verlauf des Lernprozesses erforderlich ist. Zu den interaktiven Wissensbausteinen zählen Übungen und Tests. Übungstypen dienen der Vertiefung des Wissens des Lernenden. Tests der Einschätzung des erreichten Lernfortschrittes durch den Tutor.

Charakteristisch für Tests ist, im Gegensatz zu Übungstypen, dass die Antwort des Lernenden zur Überprüfung des Wissensstandes und nachfolgend zur Steuerung des Lernprozesses innerhalb der Wissensbausteine (Navigationsempfehlung) genutzt wird.

Folgende interaktive Wissensbausteintypen werden unterschieden:

4.4.2.1 Geschlossene Fragetypen

Geschlossene Fragen geben dem Lernenden eine endliche Menge von Antwortmöglichkeiten vor. Die Auswertung der Antworten zu diesem Fragetyp lässt sich tendenziell einfacher mit CDLS bearbeiten.

Die folgende Abbildung 4-13 zeigt den Ablauf der Interaktion zwischen CDLS und Lernendem bei einer geschlossenen Fragestellung. Pfeile zeigen die Abfolge der einzelnen Aktionen, gestrichelte Linien zeigen mögliche alternative Abläufe.

Zunächst wird die Information zum Diskursbereich präsentiert (Wissensbaustein). Darauf folgt die geschlossene Fragestellung mit den möglichen Resultaten:

- richtige Beantwortung: es erfolgt eine positive Rückmeldung durch das CDLS,

- falsche Beantwortung (Formatfehler): das CDLS liefert einen Korrekturhinweis,
- teilkorrekte Antwort: das CDLS reagiert ebenfalls mit einem Korrekturhinweis oder
- inhaltlich falsche Antwort (falls die Antwort nicht in eine der vorstehenden Alternativen eingeordnet werden kann): der Lernende erhält die Aufforderung zum erneuten Absolvieren der Aufgabenstellung vom CDLS.

Es ist auch möglich, die Beantwortung der Fragestellung zu überspringen (alternativer Ablauf). Die Resultate werden gegebenenfalls im Lernerkonto (↗ 6.1.5) festgehalten.

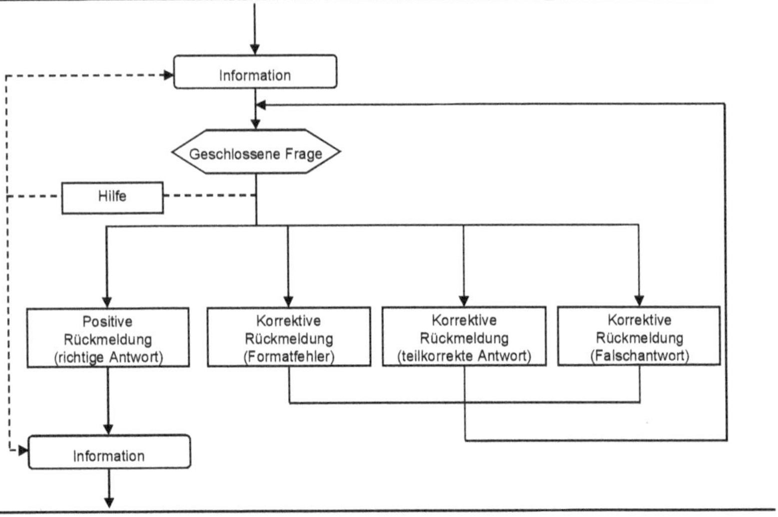

Abbildung 4-13: Rückmeldungsvarianten innerhalb einer geschlossenen Fragestruktur[347]

Geschlossene Fragetypen können in die folgenden Kategorien unterteilt werden:

- Multiple-Choice-Fragen

Multiple-Choice-Fragen werden auch als Auswahl-Fragen bezeichnet. Erstmals in CDLS eingesetzt wurden sie von CROWDER.[348] Bei der Durchführung von Übungen, welche auf Multiple-Choice-Fragen beruhen, hat der Lernende die Wahl zwischen mehreren Antwort-Alternativen, von denen eine oder mehrere als korrekt gekennzeichnet werden müssen.

- Zuordnungsaufgaben

Die Grundlage für Zuordnungsaufgaben besteht aus mehreren Begriffen, die gemäß der Aufgabenstellung durch den Lernenden paar- oder gruppenweise zugeordnet werden müssen.

- Lückentext mit vorgegebenen Antwortvarianten (Zuweisen)

Der Aufgabentyp „Lückentext“ basiert ähnlich wie der Typ „Zuordnungsaufgabe“ auf Begriffen oder Textbausteinen, die gemäß der Aufgabenstellung durch den Lernenden in einen Lückentext einzuordnen sind. Dabei kann in „Lückentext mit vorgegebenen Antwortvarianten“

[347] In Anlehnung an: [Eule92], S. 143.
[348] Vgl. [Crow59], S. 112.

und „Lückentext mit freier Antwort" unterschieden werden. Der Aufgabentyp „Lückentext mit freier Antwort" ist den offenen Fragetypen zuzuordnen.

4.4.2.2 Offene Fragetypen

Offene Fragen geben dem Lernenden die Freiheit, eine eigene Antwort (ohne vorgegebene Optionen) zu entwickeln. Die Menge der Antwortmöglichkeiten ist unendlich groß. Folglich lässt sich die Auswertung der Antworten zu diesem Fragetyp tendenziell schwerer durch CDLS bearbeiten. Die Bearbeitung durch ein CDLS beschränkt sich im Wesentlichen auf das Aufspüren von Stichworten in der Antwort.[349] Interaktionen mit Tutoren sind bei dieser Aufgabenklasse für eine sinnvolle Anwendung notwendig.

In der folgenden Abbildung 4-14 ist der Ablauf der Interaktion des Lernenden mit dem CDLS für eine offene Fragestellung dargestellt. Wie in Abbildung 4-13 stellen Pfeile die Abfolge der einzelnen Aktionen dar, gestrichelte Linien zeigen mögliche alternative Abläufe an.

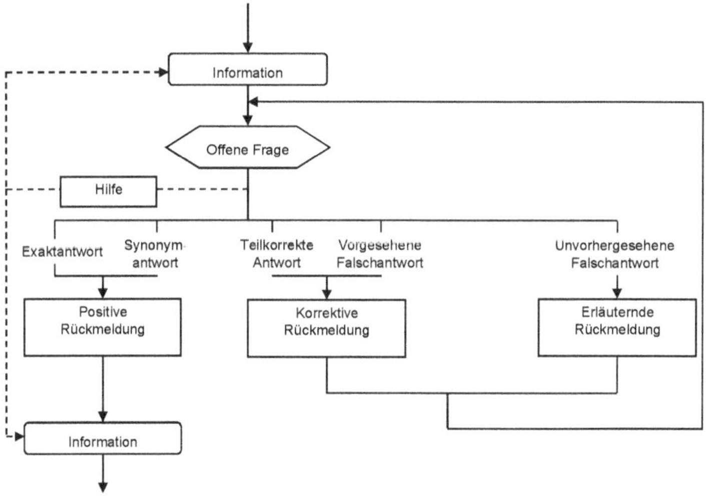

Abbildung 4-14: Rückmeldungsvarianten innerhalb einer offenen Fragestruktur[350]

Als mögliche Resultate kommen hier in Frage:

- exakte Antwort (die Antwort des Lernenden stimmt exakt mit der Musterlösung im CDLS überein) oder Synonymantwort (die Antwort des Lernenden stimmt inhaltlich mit der Musterlösung überein): das CDLS reagiert mit einer positiven Rückmeldung,
- teilkorrekte Antwort oder in den Musterlösungen vorgesehene falsche Antwort: der Lernende erhält eine korrektive Rückmeldung vom CDLS oder
- unvorhergesehene Falschantwort (nicht in der Menge der Musterlösungen enthalten): vom CDLS wird eine Erläuterung zur falschen Antwort generiert.

[349] Systeme, die natürliche Sprache verstehen können, ermöglichen hier eine weitergehende Integration dieses Fragetyps in CDLS. Diese befinden sich aber noch nicht in einem für den breiten Einsatz geeigneten Entwicklungsstadium (↗ 5.4).
[350] In Anlehnung an: [Eule92], S. 145.

Die Beantwortung der Fragestellung kann alternativ übersprungen werden. Die Resultate werden auch in dieser Variante gegebenenfalls im Lernerkonto (↗ 6.1.5) hinterlegt.

Offene Fragetypen können in folgende Kategorien unterteilt werden:

- Übung mit Beantwortung durch freie Texteingabe (gegebenenfalls mit Musterlösungen)

Offene Fragestellungen werden vom Lernenden durch eine Antwort mit frei formuliertem Text beantwortet. In Abhängigkeit der Aufgabe können auch andere Medientypen (Skizzen, Grafiken) zur Lösung gehören. Zur Begutachtung der Lösung ist der Eingriff eines menschlichen Tutors erforderlich. Dieser kann gegebenenfalls auf Musterlösungen zurückgreifen.

- Korrekturaufgabe

Korrekturaufgaben unterscheiden sich von offenen Fragestellungen durch eine vorgegebene Lösung, die mit versteckten Fehlern versehen ist. Dieser Aufgabentyp ist vergleichbar mit Lückentexten, durch die Unvorhersehbarkeit der Lösungsvorschläge der Lernenden aber in die Klasse der offenen Fragetypen eingeordnet.

- Übung mit Beantwortung durch eine Gruppe

Übungen, welche zur Lösung durch eine Gruppe von Lernenden vergeben werden, basieren üblicherweise auf offenen Fragetypen. Die Aufgabenstellung ist in der Regel komplex und das Ergebnis nicht vorhersehbar. Dieser Aufgabentyp dient neben dem Festigen der Lerninhalte dem Training der Interaktion der Lernenden untereinander. Üblicherweise ist die Unterstützung durch zusätzliche Kommunikationswerkzeuge (synchron und asynchron) erforderlich.

4.5 Interaktive Komponenten in CDLS

Neben unterschiedlichen Wissensbausteintypen kommen in CDLS eine Vielzahl interaktiver Komponenten zum Einsatz. Komponenten mit einer Interaktion zwischen CDLS und Systembenutzer wurden in Abschnitt 4.4 (interaktive Wissensbausteintypen) beschrieben. Die im Folgenden abgehandelten interaktiven Komponenten beziehen sich auf die interpersonelle Interaktion in CDLS.

4.5.1 Synchrone interaktive Komponenten

4.5.1.1 Chat

Die Funktion „Chat“ unterstützt den synchronen, multilateralen Nachrichtenaustausch zwischen den Teilnehmern. Medium für die Nachrichten ist üblicherweise Text. Ein etablierter Netzwerkdienst für diese Funktionalität im Internet ist der sogenannte IRC (Internet Relay Chat). Um diesen nutzen zu können, bedarf es eines zentralen IRC-Servers und dezentraler IRC-Clients bei jedem Teilnehmer.

Die Funktion „Chat“ wird in der Literatur auch als „Chat Box“ (z.B. in [GrBa93]) bezeichnet. Dieser Begriff wird für denselben Sachverhalt verwendet und soll hier durchgängig durch den Begriff „Chat“ ersetzt werden.

In CDLS kann die Funktion „Chat“ zur Unterstützung der Gruppenarbeit verwendet werden. Für eine breite Akzeptanz ist es hilfreich, wenn die Kommunikationspartner sich bereits kennen und an einer gemeinsamen Problemlösung arbeiten.

Da die Lebensdauer der Nachrichten in einem Chat-Raum[351] sehr kurz ist und die Nachrichten typischerweise nicht archiviert werden, hat die funktionale Integration der Chat-Funktion in das CDLS nicht so hohe Bedeutung wie bei einem Diskussionsforum. Trotzdem wirkt es auf die Akzeptanz der Teilnehmer positiv, wenn eine minimale Integration (z.B. automatisches Übernehmen des Benutzernamens) gegeben ist.

4.5.1.2 Video Conferencing

Durch die Funktion „Video Conferencing" wird ein synchroner, bi- oder multilateraler Nachrichtenaustausch zwischen den Teilnehmern ermöglicht. Als Nachrichtenmedium fungieren Ton und Bild. Damit ist eine natürlichsprachliche Kommunikation möglich.

Nachrichten, welche über die Funktion „Video Conferencing" ausgetauscht werden, können archiviert werden. Dies ist besonders dann sinnvoll, wenn zusätzlich zu der synchronen Anwendung die Videodaten noch zu einem späteren Zeitpunkt genutzt werden sollen (z.B. Vorlesungsarchiv). Problematisch hierbei sind die enormen Anforderungen an die Speicherressourcen. Da in der Vergangenheit das Verhältnis zwischen Aufwand (insbesondere Speicherbedarf) und Nutzen in einem schlechten Verhältnis stand, wurde diese Variante nur selten eingesetzt.

Besondere Probleme treten beim multilateralen Video Conferencing auf. Bedingt durch die Architektur des im Internet verwendeten Protokollstack TCP/IP (IPv4) ist eine Übertragung grundsätzlich nur von einem Sender zu einem Empfänger möglich. Dies hat zur Folge, dass im Szenario „ein Sender – mehrere Empfänger" (multilaterale (Video-) Konferenz oder Multicast-Übertragung) der Sender jedes Paket in mehrfacher Kopie versenden muss (genau eine Kopie an jeden Empfänger). Die auf dem Übertragungsweg liegenden Teilnetze müssen also eine Vielzahl gleichartiger Kopien eines einzigen Datenstromes übertragen. Damit wird die verfügbare Bandbreite verschwendet und es kommt im Falle von Videodatenströmen sehr schnell zu Engpässen. Dieses Problem der 1:1-Adressierung ist in der Definition von IPv4 begründet. Zur Umgehung dieses Engpasses wurde das System „Mbone" geschaffen, das in einem speziellen, reservierten Adressraum auf IPv4 arbeitet und die Kopien der Pakete erst an den Knotenpunkten im Netz erzeugt, ab denen diese wirklich erforderlich sind. Das Gesamtübertragungsvolumen wird somit deutlich reduziert und die verfügbare Bandbreite effektiver genutzt.[352]

Im zukünftigen IPv6-Standard wird die Multicast-Übertragung unterstützt.

4.5.1.3 Whiteboard

Die Komponente „Whiteboard" stellt eine Form der Gruppenarbeit in CDLS dar, bei der eine Benutzergruppe auf einem gemeinsamen Medium Information austauscht und gemeinsam strukturiert. Dabei können sowohl Texte als auch einfache Grafiken zum Einsatz kommen. Bei der Arbeit mit dem Whiteboard werden zwei Betriebsarten unterschieden:

- „Anarchy mode": Im „anarchy mode" dürfen zu einem Zeitpunkt alle Teilnehmer auf dem Whiteboard schreiben;
- „Polite mode": dagegen darf im „polite mode" zu einem Zeitpunkt immer nur ein Teilnehmer Information hinzufügen.

In Abhängigkeit der Zusammensetzung und Größe der Gruppe kommt die eine oder andere Betriebsart zum Einsatz. Für größere Gruppen wird wegen der besseren Überschaubarkeit eher

[351] Zur thematischen Gliederung benutzt man häufig sogenannte Chat-Räume.
[352] Vgl. [Mbon01].

der „polite mode“ verwendet. Außerdem kann gegebenenfalls ein Moderator in der Sitzung den Informationsfluss steuern und die Teilnehmer in Richtung des gewünschten Zieles führen.

4.5.1.4 Koautorensysteme

Koautorensysteme[353] stellen eine Erweiterung der Anwendung des Whiteboard dar. Der Fokus der bearbeiteten Information liegt hierbei auf Text.

Koautorensysteme ermöglichen gleichzeitiges Bearbeiten eines Dokumentes durch mehrere Bearbeiter.[354] Gleichzeitig erfolgt eine Kennzeichnung der überarbeiteten Stellen. Dies kann beispielsweise durch verschiedene Farben, welche den Bearbeitern zugeordnet werden, geschehen.

Eine Erweiterung der Koautorensysteme stellen Annotationssysteme dar. Dabei können Bearbeiter Kommentare zum Text hinzufügen. Ein Moderator sorgt für den inhaltlichen Bezug der Kommentare und fügt die generierte Information gegebenenfalls dem Basisdokument hinzu.

Koautorensysteme kommen in CDLS sowohl bei der Erstellung der Lerninhalte, als auch im Prozess der Wissensvermittlung zum Einsatz.

4.5.1.5 Application Sharing

Application Sharing ist eine Abwandlung des Gedankens der Koautorensysteme. Mit Application Sharing-Systemen können beliebige Medienarten durch ein Autorenteam bearbeitet werden. Dazu wird ein Abstraktionslayer über ein beliebiges Anwendungssystem gelegt, der die Ein- und Ausgaben dieses Anwendungssystems zum Betriebssystem-API hin abfängt und an entfernte Standorte überträgt. Somit können Benutzer an entfernten Standorten die Aktionen des Anwendungssystems beobachten und dieses gegebenenfalls steuern.

In Kombination mit Chat- und Video Conferencing-Komponenten ergibt sich eine leistungsfähige Umgebung zur räumlich verteilten, synchronen Gruppenarbeit in CDLS.

4.5.2 Asynchrone interaktive Komponenten

4.5.2.1 E-Mail

Durch E-Mail wird die asynchrone, (bilaterale) Kommunikation unterstützt. E-Mail-Nachrichten haben typischerweise einen Absender und einen (seltener mehrere) Empfänger.

E-Mail-Nachrichten müssen im Allgemeinen durch den Empfänger (genauer: durch ein Software-System des Empfängers) archiviert werden.

Die Funktion „E-Mail“ wird in der Literatur auch als „elektronische Post“ oder „expliziter asynchroner Austausch von Informationen“ bezeichnet.[355] Diese Begriffe werden für denselben Sachverhalt verwandt und sollen hier durchgängig durch den Begriff „E-Mail“ ersetzt werden.

Die Funktion „E-Mail“ wird im Zusammenhang mit CDLS für die gezielte Weiterleitung von Hinweisen des Tutors, die Beantwortung von Einsendeaufgaben und die Verteilung von wichtigen Systemnachrichten[356] eingesetzt.

---

[353] Der Begriff (Ko-) Autorensystem ist nicht zu verwechseln mit dem Begriff „Autorensystem“ welcher in der Literatur zur Beschreibung von Systemen zur Erstellung von Lehrmaterialien verwendet wird.
[354] Vgl. [Weis98], S. 121.
[355] z.B. in [TSMB95], S. 25.
[356] z.B.: Änderungen des Benutzerstatus oder Mitteilungen zur Systemverfügbarkeit.

4.5.2.2 Diskussionsforen

Diskussionsforen haben die Eigenschaft, asynchrone, multilaterale Kommunikation zu unterstützen. Dazu werden Beiträge von den Teilnehmern in Textform (seltener auch in binärer Form (↗ A.1.1.4)) in einer Baumstruktur hinterlegt, wobei sich die einzelnen Beiträge jeweils thematisch auf den in der Hierarchie übergeordneten Beitrag beziehen. So lässt sich der Verlauf der Diskussion jederzeit nachvollziehen.

Die Archivierung der Beiträge wird durch das CDLS übernommen.

In der Literatur finden sich verschiedene Bezeichnungen für Diskussionsforen, so z.B. „Bulletin Board-Systeme" (in [TSMB95], S. 25), „Computer Conferencing" (in [Kaye90], S. 4) und „Electronic Conferencing" ([Nast96], S. 129). Diese Begriffe werden für denselben Sachverhalt verwandt und sollen hier durchgängig durch den Terminus „Diskussionsforum" ersetzt werden.

Diskussionsforen finden ihren Einsatz im Zusammenhang mit CDLS für die inhaltliche Betreuung eines Kurses, das Ankündigen von Terminen und das gemeinsame Lösen von Übungsaufgaben.

Wenn die inhaltliche Gestaltung der Diskussionsbeiträge mehr auf soziale Interaktion und weniger auf die eigentliche Wissensvermittlung ausgerichtet ist, wird dieses Forum auch als „virtuelles Café" bezeichnet. Der Funktionsumfang ist der gleiche wie bei einem Diskussionsforum.

Nach einer Umfrage von WEISER haben 1997 schweizerische Großbanken und Versicherungen keine Diskussionsforen in ihrer betrieblichen Weiterbildung eingesetzt.[357] In Forschungsprojekten zum Telelearning (z.B. Lehre2000, WINFO*Line*[358]) konnten jedoch positive Erfahrungen mit dem Einsatz von Diskussionsforen gemacht werden.[359]

Allerdings waren diese Diskussionsforen (mit Ausnahme einiger Bildungsprodukte in WINFO*Line*) nicht funktional in ein CDLS integriert. Dies könnte ein Ansatzpunkt zur Erklärung der mangelnden Akzeptanz in der betrieblichen Weiterbildung sein. Dieser Gegensatz zeigt, dass ein deutlicher Forschungsbedarf zur funktionalen Integration von Diskussionsforen in CDLS besteht (↗ A.1.1.4).

4.6 Rollenkonzept in CDLS

Am klassischen Prozess „Wissensvermittlung" (ohne Computerunterstützung) sind üblicherweise Akteure in zwei verschiedenen Rollen beteiligt: Lernende und Lehrende (Lehrer). Diese führen primär die Tätigkeiten „Lernen" und „Lehren" aus. Der Lehrende führt in der klassischen Version noch weitere Tätigkeiten aus: „Erstellung der Inhalte"[360] und „Administration der ihm zugeordneten Gruppe Lernender".[361] Aus diesem Grund werden für die Betrachtung des Prozesses „Telelearning" zwei weitere beteiligte Benutzerklassen identifiziert: „Autoren" und „Administratoren". Der „Lehrende" in seiner Funktion „Lehren/Betreuen" wird im Folgenden als „Tutor" bezeichnet.

Das Rollenkonzept in CDLS geht zurück auf PAQUETTE. Er beschreibt die handlungsbezogenen Aktionsbereiche der Rollen in einem CDLS folgendermaßen:

[357] Vgl. [Weis98], S. 97.
[358] Vgl. [ESSW01].
[359] Vgl. [SKES+00], S. 7.
[360] In den weiteren Ausführungen wird hierfür der englische Begriff „Authoring" verwendet.
[361] Möglicherweise ist diese Tatsache den Lehrenden nicht bewusst bzw. sie wird unter der Tätigkeit „Lehren" subsumiert. Für eine mögliche Arbeitsteilung ist diese Unterscheidung jedoch sinnvoll.

Rolle	handlungsbezogener Aktionsbereich
Lernender	Navigation, „Erforschen" des Lerninhaltes, Lernerfolgskontrolle, Kommunikation, soziale Interaktion, Teamarbeit.[362]
Tutor	Technologische Unterstützung, pädagogische Unterstützung, Evaluation des Lernfortschritts, Organisation der Gruppenarbeit, Ratgeber, Wissenstransfer, Wissensorganisation.[363]
Autor[364]	Pädagogische Planung, Entwicklung von didaktischen Szenarien, Entwicklung eines Wissensmodells, Planung des Lernsystems, Auswahl von Tools für die Gruppenarbeit.[365]
Administrator[366]	Sicherstellen der Funktion des Lernsystems, Gruppenzuordnung der Lernenden, Versionsmanagement, Netzwerkadministrator.[367]

Tabelle 4-2: Akteure und deren Rolle in einem CDLS[368]

Zunächst sollen die genannten Rollen definiert und beschrieben werden.

- Lernender

⇒ *Ein <u>Lernender</u> ist dadurch gekennzeichnet, dass er im Prozess der Wissensvermittlung auf Basis der ihm vom CDLS dargebotenen medialen Information ein eigenes Verständnis vom betrachteten Diskursbereich aufbaut.*

Das CDLS ist hat dabei nur eine Vermittlerfunktion, um zeitliche bzw. räumliche Differenzen zu überbrücken. Der eigentliche Wissenstransfer erfolgt vom Tutor zum Lernenden. Weiterhin kommuniziert der Lernende mit dem Tutor und anderen Mitlernenden.

- Tutor

⇒ *Der <u>Tutor</u> hat im Prozess der Wissensvermittlung die Rolle eines „Vermittlers" inne. Er übernimmt zusätzlich Aufgaben der Koordination und Betreuung innerhalb des Prozesses der Wissensvermittlung.*

Ein Tutor ist dadurch gekennzeichnet, dass er den Lernenden die Strukturen des im CDLS beschriebenen Wissen vermittelt und beim Lernenden zum Aufbau eines eigenen Verständnis des Diskursbereichs beiträgt. Weiterhin steht er mit den Lernenden in Dialog, um diese anzuleiten und themenbezogene Fragen zu beantworten.

- Autor

⇒ *Der <u>Autor</u> hat die Aufgabe, das Wissen, welches vermittelt werden soll, problemadäquat und auf die Anforderungen des/der Lernenden zugeschnitten, aufzubereiten.*

Der Autor bereitet das Wissen für eine mediengerechte Präsentation auf. Anschließend ist der Autor in Zusammenarbeit mit Mediendesignern für die Umsetzung und Implementierung der aufbereiteten Lerninhalte in das verwendete Lernsystem verantwortlich. In der klassischen Ausbildung befindet sich der Autor häufig in Personalunion mit dem Tutor (Lehrer). Dies

362 Im Original: Navigator, Explorer, Self-Evaluator, Communicator, Social Actor, Team Worker.

363 Im Original: Technological Support, Paedagogical Support, Progress Evaluator, Group Animator, Advisor, Knowledge Transmitter, Knowledge Organizer.

364 Im Original: Designer.

365 Im Original: Pedagogic planner, Didactic instruments producer, Knowledge model-builder, Learning system planificator, Collaborative tools selector.

366 Im Original: Manager.

367 Im Original: Operations director, Group formation controller, Revision organizer, Network administrator.

368 In Anlehnung an: [Paqu95].

macht die klare Aufgabentrennung in der Realität schwierig. Für die Analyse und das Design von CDLS ist diese Trennung jedoch unerlässlich.

- Administrator

Der Administrator betreut, pflegt und wartet das Lernsystem. Ihm obliegen Aufgaben wie das Einrichten neuer Bildungsprodukte und Kurse (↗ 2.13 und 2.14), die Vergabe von Rechten an Benutzer und Benutzergruppen, die Datensicherung und schließlich das Entfernen veralteter oder nicht mehr genutzter Inhalte aus dem System.

Basierend auf den in Tabelle 4-2 genannten Rollen lassen sich Unterstützungsfunktionen definieren, welche in der jeweiligen Rolle für die bestehenden Aufgaben benötigt werden:

Rolle	Aktionsbereich	Unterstützungsfunktion
Lernender	Navigation	Navigationselemente (Bäume, Menüs)
	Lernerfolgskontrolle	Testelemente (Übungen, Selbsttests)
	Kommunikation/soziale Interaktion	Kommunikationselemente
	Teamarbeit	Kommunikationselemente
Tutor	Pädagogische Unterstützung	Kommunikationselemente/Übungselemente
	Evaluation des Lernfortschrittes	Auswertungselemente (Statistik über gelöste Übungsaufgaben)
	Organisation der Gruppenarbeit	Kommunikationselemente
	Ratgeber	Kommunikationselemente
	Wissensorganisation	Editor für Lerninhalt
Autor	Pädagogische Planung	Editor für Lerninhalt
	Entwicklung eines Wissensmodells	Editor für Navigationsstruktur
Administrator	Gruppenzuordnung der Lernenden	Editor für Gruppenzugehörigkeit

Tabelle 4-3: Unterstützungsfunktionen für Rollen in einem CDLS

Diese Unterstützungsfunktionen werden in existierenden CDLS häufig nicht ganzheitlich betrachtet, da diese nichts mit dem eigentlichen Prozess der Wissensvermittlung zu tun haben. Trotzdem kann ein praxisnahes CDLS nicht ohne diese vermeintlichen Randprozesse funktionieren. Aktionsbereiche und Unterstützungsfunktionen von Lernenden und Tutoren basieren auf dem Prozess der Wissensvermittlung, der in den Abschnitten 2.1 und mit Erweiterungen in Abschnitt 6.2 betrachtet wird. Der Prozess der Erstellung der Lerninhalte (Aktionsbereich des Autors) wird in Abschnitt 6.2.1 dargestellt.

Es fällt auf, dass in der Darstellung von VANMERRIENBOER/VANDENBERG und MAASWINKEL (↗ Abbildung 2-9) eine Unterscheidung in die Funktionsbereiche „Tutoring" (Tutormodul), „Authoring" (Expertenmodul) und „Lernen" (Schülermodul) vorgenommen wird. Dies bestätigt die Richtigkeit der Annahme, die Betrachtung von CDLS aus den Blickwinkeln der beteiligten Akteure (Lernender, Tutor, Autor) vorzunehmen.

4.7 Individualisierung in CDLS

MARK und GREER haben in einer Studie an 76 Probanden herausgefunden, dass eine Vergrößerung des Erfahrungsschatzes eines CDLS eine Verringerung der Fehler und eine Verringerung der Vorbereitungszeit für Leistungstests bei den Lernenden bewirkt.[369] Der Erfahrungsschatz des CDLS wird dabei durch die Anzahl der Varianten, die das CDLS für eine gegebene Problemstellung anbieten kann, gemessen.

BLOOM et al. haben untersucht, wie die Verwendung von Faktoren wie Stichworte, Erläuterungen, Wiederholungen und Rückmeldung das Lernen in einer Lernkonstellation ohne Computerunterstützung beeinflusst.[370] Das Ergebnis dieser Untersuchungen war, dass Lernende, welche eine Unterstützung durch individuelle Betreuung seitens des Tutors erfahren haben, eine signifikant höhere Leistung in den Tests erbrachten, als Lernende, die ohne individuelle Betreuung (Situation: Klassenraum) waren. Außerdem waren die Leistungsunterschiede zwischen den Probanden mit individueller Betreuung geringer, als zwischen jenen ohne diese Betreuung.[371]

Eine Untersuchung, die von LESGOLD und LAJOIE an Technikern der US-amerikanischen Air Force durchgeführt wurde, erforschte das Erlernen von Handlungswissen an komplexen Testgeräten.[372] Eine Kohorte wurde mit dem System „SHERLOCK 1" (Lernumgebung mit der Möglichkeit der individuellen Anpassung) geschult, während die andere Kohorte ihre Erfahrungen im täglichen Umgang mit den Geräten sammelte (learning-by-doing). Im Ergebnis hatten Probanden, die 20-25 Stunden mit SHERLOCK 1 lernten, das gleiche Kenntnisniveau, wie Probanden mit vierjähriger Berufserfahrung (learning-by-doing-Kohorte).[373]

Aus diesen Forschungsergebnissen lässt sich schließen, dass es für den Lernerfolg sowie für die Reduzierung des Zeitaufwandes beim Lernen förderlich ist, wenn sich ein CDLS an die Anforderungen und Eigenschaften jedes einzelnen Lernenden anpasst.

„With the stack of such needs, the World-Wide Web and Hypertext hold a lot of promise as teletraining media, to the extent that an adaptive Learning Environment (LE) can become a relevant solution. Put together, these technologies can help not only improve access to training but also come up with a constructivist approach for designing an individualized, user-centered, authentic-task and cognitively flexible model for adult learners."[374]

SPECHT führte eine empirische Untersuchung durch, die zum Ergebnis hat, dass sowohl die Lernergebnisse als auch die für das Lernen benötigte Zeit mit einem individualisierten CDLS deutlich besser bzw. kürzer sind, als mit einem statischen System.[375]

Ein Grund für die Individualisierung von CDLS liegt im unterschiedlichen Verständnis bei der menschlichen Kommunikation. Vom Lernenden können verschiedene Varianten (abstrakt, bildhaft, erläuterungsintensiv) gefordert werden. Ein CDLS deckt diese Kommunikationskomponenten (↗ 4.5) nur unzureichend durch die (multi-)mediale Aufbereitung des Lerninhaltes ab. Aus diesem Grund ist es erforderlich, den Lerninhalt so flexibel aufzubereiten, dass dieser sich gewissermaßen an den Lernenden anpasst.

In einem CDLS müssen dafür die Voraussetzungen derart geschaffen werden, dass sich

- Inhaltsvarianten abbilden lassen,
- Nutzerklassen mit ihren Anforderungen an die Inhaltsvarianten erkennen lassen und

---

[369] Vgl. [MaGr95], S. 221.
[370] Vgl. [Bloo84], S. 14.
[371] Vgl. [Bloo84], S. 16.
[372] Vgl. [Lajo93], S. 274.
[373] Vgl. [Lajo93], S. 287.
[374] Zitiert nach: [DaPa98], S. 1664.
[375] Vgl. [Spec98], S. 1375.

- Nutzerklassen den Inhaltsvarianten zuordnen lassen.[376]

Außerdem ist die Anpassung an Benutzerbedürfnisse förderlich für die Motivation bei der Arbeit mit CDLS. Dies resultiert daraus, dass jeder Lernende seine persönliche Sicht auf den betrachteten Diskursbereich besser abbilden kann, als das in einem statischen CDLS der Fall wäre. Zur Anpassung an die Benutzerbedürfnisse ist die Kenntnis dieser Bedürfnisse notwendig. Weiterhin müssen entsprechende Varianten des Lerninhaltes und problemadäquate Beschreibungen dazu verfügbar sein. Diese Beschreibungen werden als Metadaten zu den operativen Daten im CDLS abgelegt. Voraussetzung ist in jedem Fall eine geeignete Beschreibung der Lerninhalte und deren semantischer Beziehungen untereinander (↗ 5.3.3 und 5.4). Um diese Eigenschaften und Beziehungen abzubilden, wird auf strukturierte Metadaten zurückgegriffen. Die Abbildung dieser Metadaten erfolgt in einem Knowledge Repository (↗ 2.19).

4.8 Anforderungsanalyse zu CDLS

Grundsätzlich muss ein CDLS in der Lage sein, deklaratives sowie prozedurales Wissen zu vermitteln (↗ 2.1.4.2 und 5.4.2). Zu diesem Zweck bedarf es verschiedener Konzepte, die in Abschnitt 4.8.7 dargestellt werden.

4.8.1 Vermittlung von deklarativem Wissen

Für die Vermittlung von deklarativem Wissen werden originäre Gestaltungsmöglichkeiten des WWW (Multimedia) genutzt. Es ist hierbei abhängig vom Abstraktionsgrad des zu vermittelnden Wissens, welche Art von Gestaltungsmittel (Medium) genutzt wird. Dies bleibt dem Autor des Lerninhaltes überlassen. In Abhängigkeit des gewählten didaktischen Paradigmas (↗ 2.1.4) kommen dabei unterschiedlich strukturierte Lerninhalte zum Einsatz. Die Bandbreite reicht hier von einfachen Präsentationen über Frage/Antwort-Sequenzen für Drill & Practice bis zu Simulationen und Mikrowelten.

4.8.2 Vermittlung von prozeduralem Wissen

Um prozedurales Wissen (Handlungswissen) zu vermitteln, bedarf es einer Möglichkeit, den Nutzer im CDLS mit realen Umweltbedingungen zu konfrontieren. Dies kann durch Integration von virtuellen Realitäten (VR) realisiert werden.[377] Dieser Sachverhalt wird aktuell intensiv diskutiert[378] und ist in sich ein abgeschlossenes Thema[379]. Der Autor dieser Arbeit beschränkt sich deshalb an dieser Stelle auf die Betrachtung des Sachverhaltes „Vermittlung von Handlungswissen über Software". Als Beispiel dafür mag Handlungswissen über ein bestimmtes Softwareprodukt dienen, welches traditionell in Form von Schulungen vermittelt wird.

Als konkrete Anforderung wird also formuliert: Es sollte eine Möglichkeit geben, im CDLS andere Software als das Lernsystem selbst[380] zu präsentieren und die Benutzung dieser zu ermöglichen.

[376] Vgl. [Schu97], S. 292.
[377] Beispielsweise kann man einen Lernenden mit einem Datenhandschuh ausstatten und ihm auf diese Weise ein Gefühl beispielsweise für die Tätigkeit „Hobeln von Holz" vermitteln.
[378] Eine Übersicht findet sich in [ScBu01].
[379] Einen Einstieg in das Thema gibt [Heud00]. Ein Beispiel für ein existierendes CDLS mit VR-Unterstützung ist Virtual Worlds 5 der Firma Blaxxun Interactive [Blax02b].
[380] Hierbei werden die Werkzeuge zur Realisierung des CDLS (z.B. Web-Server, Datenbank, Browser etc.) als zu diesem gehörend betrachtet.

4.8.3 Kommunikation in CDLS

Kommunikationsmechanismen in CDLS können zur Kommunikation der Akteure in den einzelnen Rollen eines CDLS (↗ 4.6) untereinander (zwischenmenschliche Kommunikation) oder zur Kommunikation der Benutzer mit dem CDLS (Mensch-Maschine-Kommunikation) dienen.

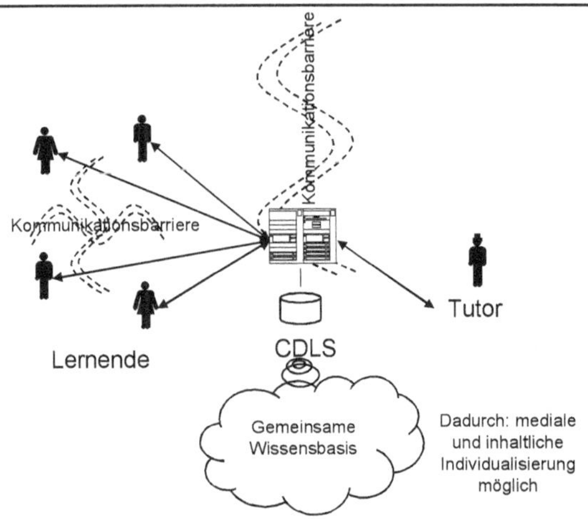

Abbildung 4-15: Kommunikationsbarriere und neue Möglichkeiten durch CDLS

Diese Mechanismen werden durch interaktive Komponenten in CDLS (↗ 4.5) sowie interaktive Wissensbausteintypen (↗ 4.4.2) realisiert. Durch die in verteilten CDLS bestehende räumliche und zeitliche Kommunikationsbarriere (↗ Abbildung 4-15) ist das für den Lernprozess erforderliche gegenseitige Verstehen der Wissensstrukturen der Akteure erschwert.

CDLS sollten also zusätzliche Mechanismen bieten, welche die Wissensstrukturen der beteiligten Akteure repräsentieren und in geeigneter Form als Kommunikationsgrundlage zur Verfügung stellen können. Einen Lösungsansatz für diese Anforderung bieten die mediale und thematische Individualisierung von CDLS (↗ 5.1.3 und 5.1.4).

4.8.4 Individualisierung von CDLS

Die Individualisierung von CDLS kann verschiedenen Zielen dienen und durch unterschiedliche Mechanismen (↗ 6.3) erreicht werden. Zunächst sollen die Zielvarianten dargestellt werden. Diese ergeben sich aus den Grenzen von CDLS (↗ 3.1.2), insbesondere auf die häufig noch niedrige Akzeptanz bei den Lernenden.

Ziele der Individualisierung beziehen sich auf unterschiedliche Lernstrategien, aber auch auf unterschiedliche Varianten der Betreuung.

Die Ziele der Individualisierung unterscheiden sich je nach betrachteter Zielgruppe (Lernender, Tutor, Autor):

- Hinsichtlich des Wissensvermittlungsprozesses (Zielgruppe: Lernende) bestehen die Ziele in der Erhöhung des Lernerfolges und der Erhöhung der Lernmotivation (↗ 5.2.1).

- Das Ziel der Individualisierung des Tutoringprozesses (Zielgruppe: Tutoren) umfasst die Vereinfachung der Betreuungsaufgabe des Tutors durch Zusammenfassen Lernender mit ähnlichen Präferenzen zu Lerngruppen (↗ 5.1.2) und die Möglichkeit, Wissensstrukturen der Lernenden zu erkennen und gezielt zu steuern (↗ 6.3.5).
- Die Individualisierung bezüglich des Authoringprozesses (Zielgruppe: Autoren) hat die Unterstützung für verschiedene Fertigkeiten der Autoren im Umgang mit dem CDLS zum Ziel.[381]

Diese Ziele können durch folgende Methoden in CDLS erreicht werden:

- Unterstützung der Gruppenarbeit (Gruppenlernen) (↗ 5.1.2 und 6.3.8),
- verschiedenartige mediale Aufbereitung des Lerninhaltes (↗ 6.3.1 und 6.3.2),
- verschiedenartige thematische Aufbereitung des Lerninhaltes (↗ 6.3.6)[382] sowie
- verschiedenartige Varianten für das Benutzerinterface (↗ 5.1.5)[383].

Der Einsatzbereich dieser Methoden unterscheidet sich in Abhängigkeit der Zielgruppe. So muss ein Autor eine andere Unterstützung bei der Gestaltung verschiedener didaktischer Varianten seines Lerninhaltes erhalten, als der Lernende beim Erlernen des Inhaltes. Die Individualisierung wird hierbei durch verschiedene Funktionen des CDLS realisiert.

Auch soll es sowohl einem Tutor als auch einem Lernenden möglich sein, mit dem Lerninhalt zu interagieren und diesen an die persönlichen Bedürfnisse anzupassen. Die Individualisierung wird hierbei mit der gleichen Funktion des CDLS ausgeführt, aber durch verschiedene Rollen angewandt.

Um die Motivation Lernender bei der Arbeit mit CDLS zu erhöhen, ist es nötig, CDLS so zu gestalten, dass diese sich an die Bedürfnisse ihrer Benutzer anpassen können. Dazu ist die Kenntnis dieser Bedürfnisse notwendig. Weiterhin müssen entsprechende Varianten des Lerninhaltes und problemadäquate Beschreibungen dazu verfügbar sein. Diese Beschreibungen werden als Metadaten zu den operativen Daten im CDLS abgelegt.

Voraussetzung ist in jedem Fall eine geeignete Beschreibung der Lerninhalte und deren semantischer Beziehungen untereinander. Um diese Eigenschaften und Beziehungen abzubilden, wird auf strukturierte Metadaten zurückgegriffen. Die Abbildung dieser Metadaten erfolgt in einem Knowledge Repository (↗ 2.19).

4.8.5 Rekonfiguration

Aus der in 4.2.4 dargestellten Entwicklung der Halbwertzeit des Wissens folgt, dass der verfügbare Zeitraum von der Entwicklung der Lerninhalte bis zur Verfügbarkeit für Lernende insbesondere für EDV- und Technologiewissen sehr knapp bemessen ist. Daraus folgt die Anforderung, dass es in einem CDLS die Möglichkeit geben muss, vorhandene Lerninhalte für neue Anwendungsgebiete flexibel zu konfigurieren.

---

[381] Da Autoren nur mittelbar am Prozess der Wissensvermittlung beteiligt sind (üblicherweise findet in CDLS keine direkte Interaktion der Rollen „Autor" und „Lernender" statt), werden Aspekte der Individualisierung für Autoren in dieser Arbeit nur soweit betrachtet, wie es für den Prozess der Wissensvermittlung erforderlich ist.

[382] Dies kann beispielsweise eine unterschiedliche Tiefe des Lerninhaltes für verschiedene Vorkenntnis-Stufen der Lernenden sein.

[383] Diese Variante wird in der Mehrzahl der Fälle durch ein grafisches Benutzerinterface repräsentiert. Dennoch sind auch Varianten wie textbasiertes Nutzerinterface, auditives oder haptisches Nutzerinterface denkbar. Im Unterschied zu medialen Varianten bezieht sich diese Variante nicht auf den Lerninhalt sondern auf das Nutzerinterface des CDLS.

Für die Rekonfiguration ist es sinnvoll, für jeden Wissensbaustein mehrere inhaltlich gleichwertige, verschieden aufbereitete Varianten im CDLS zu hinterlegen. Diese Verschiedenartigkeit bezieht sich auf alle Aspekte der Individualisierung (z.B. mediale Varianten, thematische Varianten ↗ 3.2). Dies ist mit einem erheblichen Mehraufwand im Vergleich zur Nutzung ohne Anpassung an Benutzerbedürfnisse verbunden. Aus diesem Grund fällt die Entscheidung zu dieser Vorgehensweise häufig erst in einer späten Ausbaustufe eines CDLS. In den folgenden Ausführungen soll davon ausgegangen werden, dass mehrere, verschieden aufbereitete Varianten für die Mehrzahl der Wissensbausteine verfügbar sind.

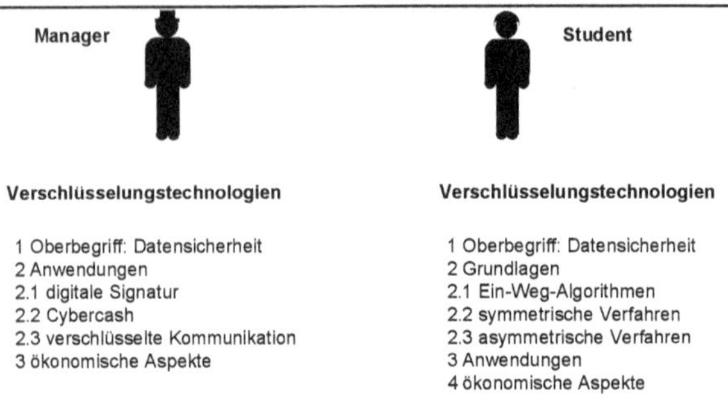

Abbildung 4-16: Rekonfiguration

Ein Manager könnte sich beispielsweise das Thema „Verschlüsselungstechnologien" in einer anders gegliederten Variante als ein Student aneignen. Beide lernen aber mit denselben Lerninhalten (↗ Abbildung 4-16). Vorgehensweisen zur Rekonfiguration basieren auf Anwendung von Metadaten (↗ 5.3) und werden in Abschnitt 6.4.2 beschrieben.

4.8.6 Anforderungen an die Datenbasis von CDLS

Mit zunehmender Komplexität internet-gestützter Präsentationssysteme[384] entstehen Anforderungen an diese Systeme, auf die mit traditioneller[385] (filesystembasierter) Speicherung der Information (Lerninhalte) in einem Web-Server nicht flexibel genug reagiert werden kann.

Abbildung 4-17 zeigt, basierend auf Erfahrungen des Autors dieser Arbeit, den Zusammenhang des Erstellungsaufwandes für Lerninhalte in Abhängigkeit von der Größe des Gesamtsystems (Anzahl der Wissensbausteine/Knoten) für die zwei Anwendungsfälle „Neuerstellung der Lerninhalte" und „Änderung (Redesign) auf der Basis bestehender Lerninhalte" unter Nutzung eines filesystembasierten Web-Servers. Mit zunehmender Systemgröße steigt der Erstellungsaufwand (insbesondere der Aufwand zur Pflege der referentiellen Hyperlinks) überproportional an. Gegenübergestellt ist die Relation Aufwand/Systemgröße für einen datenbankbasierten Web-Server. Hier ist der Erstellungsaufwand sowohl im Fall der Neuerstellung als auch im Fall der Änderung bestehender Lerninhalte proportional zur Größe des Lernsystems.

[384] Das können Lernsysteme, aber auch Präsentationssysteme mit anderer Zielsetzung (z.B.: Produktkataloge) sein. Das entwickelte Datenmodell ist in der Teilkomponente "Inhaltsdarstellung" so flexibel, dass es für alle Arten von Präsentationssystemen geeignet ist. Erst die Teilkomponenten "Benutzerverwaltung" und "Leistungsverwaltung" sind spezifisch für Lernsysteme zugeschnitten. In den weiteren Betrachtungen wird jedoch immer auf Lernsysteme Bezug genommen.

[385] In diesem Zusammenhang wird darunter die Speicherung der Inhalte in einzelnen HTML-Seiten(-Dateien) verstanden.

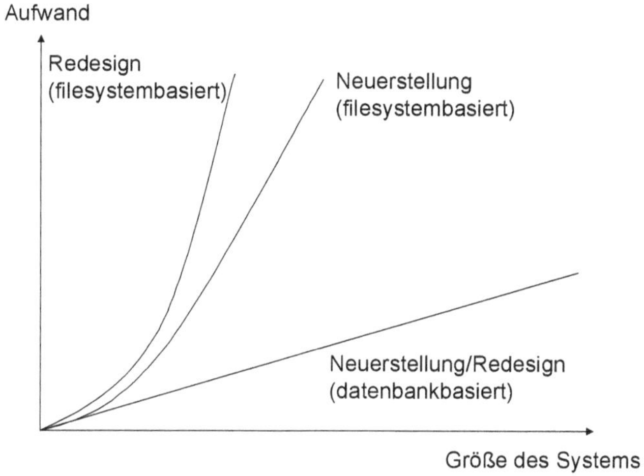

Abbildung 4-17: Erstellungsaufwand in Abhängigkeit von der Systemgröße

Grund für die Inflexibilität filesystembasierter Web-Server ist die Tatsache, dass diese ihre Information traditionell in statische Seiten[386] speichern, welche untereinander durch Hyperlinks verbunden sein können. Für kleine Präsentationen[387] mag das ausreichend sein. Wenn jedoch große Informationsmengen strukturiert[388] zu verwalten sind, werden die Grenzen dieser Methode schnell erreicht.

Das Problem besteht letztendlich darin, dass die Struktur des Gesamtdokumentes auf viele Teildokumente verteilt ist und entsprechend schwierig zu handhaben ist.

Ein Ausweg mit traditionellen Mitteln wäre, die Strukturierung der Information durch Anker[389] auf einer Seite vorzunehmen. Dies bedingt aber sehr lange Seiten, die für den Benutzer zusätzliche Schwierigkeiten[390] mit sich bringen.

Ein weiteres Problem ist die fehlende Trennung der Daten von der Anwendungslogik (traditionelle Vorgehensweise). Das bedeutet einerseits, dass evtl. vorhandene Anwendungslogik[391] auf jeder Informationsseite vorhanden sein muss (fehleranfällig!). Andererseits müssen hinzukommende Daten an die vorhandene Anwendungslogik angepasst werden. Die einsetzbare Anwendungslogik beschränkt sich auf die Client-Seite (ECMA-Script). Komplexere Interaktionen sind damit nicht realisierbar.

---

386 Diese Seiten sind letztendlich HTML-Dateien. Im Folgenden soll unter dem Begriff "Seite" auch "HTML-Datei" verstanden werden.

387 Unter "kleiner Präsentation" wird ein Umfang verstanden, welcher sich manuell durch eine Person verwalten läßt.

388 Hiermit ist die Strukturierung durch Hyperlinks gemeint.

389 Dies sind Hyperlinks innerhalb einer Seite.

390 Dies ist insbesondere ein höheres Datenvolumen und dadurch bedingt längere Ladezeiten und höhere Kosten als bei kleinen Seiten.

391 Diese ist traditionell auf Client-Seite angesiedelt (z.B.: ECMA-Script).

Wenn die Hyperlinks ebenfalls als Datenbankobjekte abgelegt werden, ist es möglich diese dynamisch darzustellen. Das bedeutet, dass in Abhängigkeit davon, ob ein Benutzer die erforderlichen Rechte auf das Ziel des Hyperlinks hat, der Hyperlink dargestellt wird oder nicht. Dadurch ist es erforderlichenfalls möglich, Hyperlinks automatisch auf die dem Benutzer entsprechende Sprachversion verweisen zu lassen.

DIEPOLD berichtet über ähnliche Probleme beim Aufbau des deutschen Bildungs-Servers (DBS) und formuliert daraus Anforderungen, welche die in dieser Arbeit formulierten Anforderungen stützen (↗ 4.8.7).[392]

Um diese Probleme zu vermeiden, haben sich verschiedene Techniken etabliert, welche die Anwendungslogik auf die Serverseite verlagern[393]. Diese Vorgehensweise bietet den Vorteil, dass unabhängig von dem auf Client-Seite verwendeten Browser volle Kontrolle über die Anwendungslogik besteht (↗ 4.10.3).

Für die effiziente Datenhaltung in multimedialen Systemen (zu denen die CDLS hier gezählt werden) sind die folgenden Gesichtspunkte besonders relevant:[394]

- Es sind große Datenmengen zu verarbeiten. Diese Größe ergibt sich aus der Anzahl der Systemnutzer, dem Umfang des Lerninhaltes und der Nutzungsintensität der Systemnutzer.
- Die Daten sind ständig konsistent zu halten.
- Es muss schneller Zugriff auf unterschiedlichste Kombinationen und Verknüpfungen von Daten gewährleistet sein.
- Die Selektion der Daten muss sehr flexibel sein.

4.8.7 Anforderungskatalog für CDLS

Auf CDLS wirken primär instruktional-technische (↗ 2.3), soziale (↗ 2.1.4) sowie inhaltsbezogene Einflussfaktoren (↗ 2.7 und 2.8). Basierend auf diesen Einflussfaktoren können die folgenden Anforderungen an CDLS formuliert werden.

Instruktionale und technische Aspekte werden durch

- Interaktivität (↗ 4.4.2),
- Visualisierung (↗ 5.4.11),
- Animation (Aufmerksamkeitssteuerung, räumliche Vorstellung) (↗ 2.7 und 4.4) und
- Orientierungshilfen (Werkzeuge zur Navigation) (↗ 2.9)

realisiert. Soziale Aspekte werden durch den Einsatz von

- Betreuung/Tutoring (↗ 6.1.5 und A.1.3),
- netzbasierte Austauschforen (↗ 4.5),
- Bildung virtueller Lerngruppen (↗ 2.16) sowie
- Einbau von Präsenzphasen in den Ablauf der Lehrveranstaltungen

berücksichtigt. Die inhaltliche Aufbereitung umfasst üblicherweise

- Modularisierung (↗ 2.11),

---

[392] Vgl. [Diep98] S. 172 ff.

[393] Das sind zum Beispiel ASP (Active Server Pages), PHP (Personal Home Page Tools) oder ColdFusion.

[394] Vgl. zu dieser Problematik auch: [BeSS93].

- hypertextuelle Aufbereitung (↗ 2.8),
- Kombination zu Text, Bild und Animation (Multimedia) (↗ 2.7) und
- Anbindung an externes Wissen (Datenbanken).

Darüber hinaus finden zunehmend Ansätze zum selbstgesteuerten und individualisierten Lernen Eingang in die Forschung. Zentrale Einflussfaktoren hierbei sind:

- individuelle Steuerung des Lernfortschrittes auf Basis persönlicher Bedürfnisse und des Vorwissens (↗ 6.3.1, 6.3.2 und 6.3.7),
- Strukturierung des Lerninhaltes durch den Lernenden (↗ 6.3.6 und 6.3.6.4),
- gemeinsames Bearbeiten und Austausch dieser Strukturinformation (↗ 6.3.6.5) sowie
- Bildung einer gemeinsamen Wissensbasis aller Lernenden über den Lerninhalt (↗ 6.3.6).

Die Ausführungen in den Abschnitten 4.10, 5 und 6 berücksichtigen diese Anforderungen und führen letztlich zum Referenzmodell „KoWiMo" (↗ 6.1) sowie zur Implementierung „WebLearn" (↗ Anhang A).

4.9 Struktur von CDLS

Auf Basis der in 4.8.7 zusammengefassten Anforderungen an CDLS kann eine Grundstruktur für die Architektur von CDLS abgeleitet werden (↗ Abbildung 4-18). Basiskomponenten sind:

- Content Management-Komponente zur Verwaltung von Wissensbausteinen (↗ 4.4.1),[395]
- Komponente zur Verwaltung und Realisierung von interaktiven Wissensbausteinen (z.B. Übungsaufgaben) (↗ 4.4.2),
- Navigationskomponente zur Realisierung der Benutzerführung (↗ 2.9),
- Kommunikationskomponente zur Unterstützung der Interaktion zwischen den Akteuren in einem CDLS (↗ 4.5) und
- Verwaltungskomponente zum Management der Benutzerkonten sowie der Ergebnisse von Übungsaufgaben (↗ 6.1.5 und 6.1.6).[396]

Zusatzkomponenten, die auf in dieser Arbeit entwickelten Konzepten beruhen und individualisiertes Lernen ermöglichen, sind:

- Wissensmodell zur individuellen Strukturierung des Lerninhaltes (↗ 6.3.5) sowie
- Knowledge Repository zur Abbildung der Metadaten über Lerninhalt und über Lernende (↗ 5.3.1).

Die einzelnen Komponenten können gemäß Abbildung 4-18 zu einem Gesamtsystem zusammengefügt werden. Mit weißem Hintergrund dargestellte Rahmen bezeichnen Basiskomponenten. Ein grauer Hintergrund kennzeichnet Zusatzkomponenten. Linien geben jeweils die Schnittstellen zwischen den Komponenten an.

---

[395] Stand Alone-Systeme zum Content Management werden auch als Content Management-Systeme (CMS) bezeichnet. Eine Übersicht über Anforderungen, Struktur und Einsatzbeispiele gibt [Sche00], S. 132.

[396] Stand Alone-Systeme zur Verwaltung von Benutzerinformation für CDLS werden auch als Kurs-Managementsysteme bezeichnet.

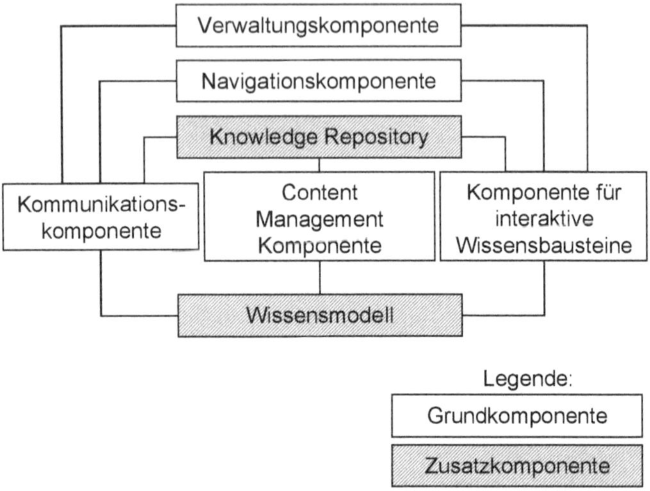

Abbildung 4-18: Grundstruktur für die Architektur von CDLS

Viele aktuelle CDLS basieren auf ähnlichen Strukturen (ohne die Zusatzkomponenten) wie in Abbildung 4-18 dargestellt (z.B. SABA[397], Blaxxun[398], Clix[399]). Diese werden teilweise als Kombination separater Anwendungssysteme (z.B. Saba), in anderen Fällen als integriertes Anwendungssystem realisiert (z.B. Clix). In allen Broschüren und White Papers der genannten Softwareanbieter, die dem Autor dieser Arbeit zur Verfügung standen, fand sich kein Hinweis darauf, dass weitreichende Konzepte zur Individualisierung von CDLS (Zusatzkomponenten in Abbildung 4-18) in den betreffenden Produkten integriert sind. Die einzige Ausnahme bildet das System Clix, welches es ermöglicht, bestimmte Lerninhalte regelbasiert freizuschalten.[400]

In den Abschnitten 5 und 6 dieser Arbeit werden Konzepte für die Zusatzkomponenten sowie deren Integration in eine Gesamtarchitektur für CDLS (↗ 6.1) vorgestellt.

Eine Übersicht über aktuelle CDLS und deren Eigenschaften findet sich in [HaRö01].

4.10 Architektur von CDLS

Ziel der folgenden Betrachtungen ist es, basierend auf den Anforderungen an die Datenbasis von CDLS (↗ 4.8.6) eine Anwendungssystemarchitektur auszuwählen (↗ 4.10.2 und 4.10.3) sowie grundlegende Datenstrukturen (↗ 4.10.4) und die informationstechnische Infrastruktur (↗ 4.10.6) zu beschreiben.

4.10.1 Aspekte der Datenhaltung in CDLS

Für die Erfüllung dieser Anforderungen (↗ 4.8.6) ist die Wahl des geeigneten Datenbankmanagementsystems von entscheidender Bedeutung. Das erfolgt weniger aus Sicht eines

[397] Vgl. [Saba01].
[398] Vgl. [Blax02a].
[399] Vgl. [Clix00].
[400] Vgl. [Mili02], S. 168.

konkreten Produkts, sondern vielmehr im Hinblick auf den Typ des verwendeten Datenmodells.

Ein sehr verbreitetes Modell ist das relationale Datenmodell. Für dieses Modell sind eine Vielzahl ausgereifter Datenbankmanagementsysteme auf dem Markt. Auch ist die Methodik im Umgang mit diesem Modell am weitesten entwickelt.[401]

Bei der Wahl des geeigneten Datenmodells muss unter anderem folgender Sachverhalt berücksichtigt werden:

In der Praxis wird es häufig vorkommen, dass Datensätze (im konkreten Fall des Lernsystems repräsentieren diese dann die Wissensbausteine) eine ähnliche Struktur haben, jedoch vom Umfang des Inhaltes verschiedenartig sind. Dies ist z.B. der Fall, wenn ein Wissensbaustein eine kurze Erläuterung in Textform enthält, ein anderer eine umfangreiche Animation oder gar einen Videofilm. Noch vor einigen Jahren war dies ein Problem für relationale Datenbankmanagementsysteme, da diese an eine feste Datensatzstruktur auch hinsichtlich der Größe der Attribute gebunden waren.[402] Heute stellt das für die meisten relationalen Systeme kein Problem mehr dar, wenn der Datentyp „Blob" (Binary Large Object) verfügbar ist. Für diesen Datentyp wird Platz außerhalb des eigentlichen Speicherplatzes der Tabelle reserviert, auf den dann mittels Pointern in der Tabelle referenziert wird. Somit ist eine effektive Speicherung und ein schneller Zugriff auf diese Blobs gewährleistet.

Aufgabentyp / Attribut	Übung mit freier Beantwortung	Multiple Choice Übung	Lückentext
Aufgabentext	Text/Blob[403]	Text/Blob	Text
Musterlösung	Text/Blob	(Text/Blob)	Text
Lösungsalternativen	-	Text/Blob	-
Lückenausdrücke[404]	-	-	Text

Tabelle 4-4: Typen von Übungsaufgaben mit zugehörigen Attributen[405]

Ein anderes Problem ergibt sich aber, wenn die Datensätze eine unterschiedliche Struktur aufweisen. Dies wird an folgendem Beispiel ersichtlich:[406]

Wenn ein Lernsystem verschiedene Typen von Übungsaufgaben anbietet (z.B. Übungen mit freier Beantwortung, Multiple Choice-Übungen und Lückentexte), ist sofort ersichtlich, dass dafür auch verschiedene Attribute notwendig sind (↗ Tabelle 4-4).

Es ist also erforderlich, in Abhängigkeit von einem Attribut (in diesem Fall: „Aufgabentyp") die Art und Anzahl weiterer Attribute für den betreffenden Datensatz flexibel zu wählen. Ein relationales Datenbankmanagementsystem stößt an dieser Stelle an seine Grenzen. Mit ihm ist es nicht möglich, die Art und Anzahl der Attribute für verschiedene Datensätze in einer Tabelle flexibel zu gestalten. Aus dieser Situation bieten sich zwei Auswege an:

- Einsatz eines objektrelationalen oder objektorientierten Datenbankmanagementsystems.

  Vorteil: Diese Variante ist sehr übersichtlich und informationstechnisch „sauber".

[401] Im Vergleich zum objektorientierten Datenbankmodell.
[402] Vgl. [Schr97], S. 99.
[403] „Blob" bei multimedialer Darstellung.
[404] Mit dem Begriff „Lückenausdruck" wird der jeweils vom Lernenden einzusetzende Satzteil bezeichnet.
[405] In den Zellen der Tabelle ist jeweils der erforderliche Datentyp angegeben.
[406] Es lassen sich viele weitere derartige Beispiele in einer Lernsystemarchitektur finden.

Nachteil: Die momentan für objektorientierte oder objektrelationale Datenbankmanagementsysteme existierenden Standards werden von deren Herstellern nur unzureichend umgesetzt.[407] Somit ist es sehr aufwändig und fehlerträchtig ein solches System anzubinden.

- Auslagerung der variablen Attribute in externe Entitäten, welche mit der ursprünglichen Entität „Aufgabe" in einer 1:n-Beziehung stehen.

  Vorteil: Diese Vorgehensweise lässt sich mit zur Verfügung stehenden relationalen Datenbankmanagementsystemen realisieren.

  Nachteil: Diese Variante ist sehr unübersichtlich.

Auf Grund der diskutierten Vor- und Nachteile stützen sich die weiteren Betrachtungen auf das relationale Datenmodell.

4.10.2 Zwei-Ebenen-Architektur

WBT-Systeme mit Flat-File-System basieren auf der Zwei-Ebenen-Architektur. Dabei wird in die Serverseite, welche sowohl für die Speicherung der Daten (Lerninhalte) als auch die Manipulation der Daten (Anwendungslogik) zuständig ist, und die Clientseite, welche die Präsentation der Lerninhalte erledigt, unterschieden (↗ Abbildung 4-19). Die Anwendungslogik beschränkt sich üblicherweise auf einfachste Elemente der Navigationsunterstützung welche üblicherweise auf Clientseite realisiert werden (ECMA-Script).

Es stellt sich die Frage nach der Sinnhaftigkeit einer solchen Architektur, deren Nachteile überwiegen. Der Grund für die Wahl einer solchen Architektur liegt eher in der Historie des WWW als in praktischen Erwägungen begründet: Ursprünglich dienten Web-Server „nur" dazu, Daten (meistens HTML-Dateien und Abbildungen) aus einem Flat-File-System via HTTP an den Client (Browser) auszuliefern. Eine Anwendungslogik konnte nur rudimentär über die CGI-Schnittstelle angebunden werden. Diese Konstellation wurde offensichtlich einige Zeit von den Nutzern für den überwiegenden Einsatzzweck (Präsentation von Material, welches langfristigen Aktualisierungszyklen unterliegt) als ausreichend erachtet. Mit steigenden Anforderungen (nutzerspezifisch individualisierte Aufbereitung der Inhalte (↗ 4.10)) konnte diese Architektur nicht mehr Schritt halten. Die Erweiterung zur Drei-Ebenen-Architektur (↗ 4.10.3) war die logische Konsequenz.

[407] Dies liegt weniger am mangelnden Interesse der Hersteller als vielmehr an der Unzulänglichkeit der verfügbaren Standards. Vgl. dazu auch [Heue98], S. 431 ff.

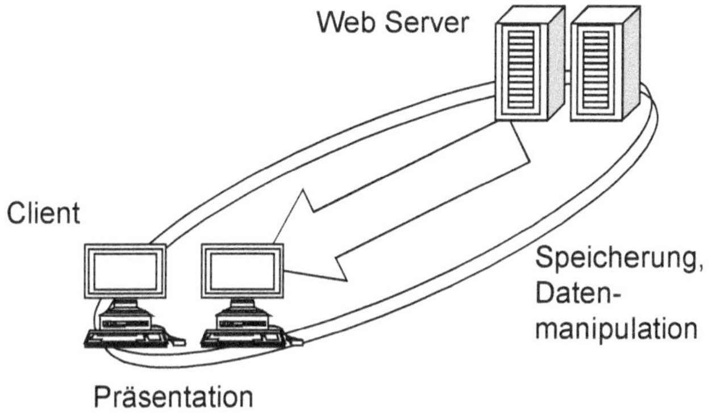

Abbildung 4-19: Zwei-Ebenen-Architektur

Vorteil:

- einfache und schnelle Erstellung eines WBT-Sytems.

Nachteile:

- schwierige Wartung,
- keine zwingende Einheitlichkeit in der Gestaltung,
- kaum Interaktivität mit dem Nutzer möglich (falls doch, dann um den Preis einer eingeschränkten Datensicherheit),
- Bindung des Benutzers an den Client, da keine nutzerspezifische Information auf Serverseite vorgehalten wird.

4.10.3 Drei-Ebenen-Architektur

WBT-Systeme mit Datenbank basieren auf der Drei-Ebenen-Architektur (↗ Abbildung 4-20). Wichtigstes Merkmal dieser Anwendungssystemarchitektur ist, dass die Ebene der Datenspeicherung und die Ebene der Anwendungslogik voneinander getrennt sind. Dies hat den Vorteil, dass Änderungen der Anwendungslogik unabhängig von den Inhalten der Datenbasis vorgenommen werden können. Umgekehrt ist dieser Vorteil noch deutlicher, der Lerninhalt kann ohne irgendwelche funktionalen Zusätze (ECMA-Script) und in einer frei wählbaren Abstraktionsform in der Datenbasis gehalten werden und ist von Veränderungen der Anwendungslogik unabhängig.

Vorteile:

- Reduzierung des Aufwandes zur Nachnutzung der Inhalte,
- vereinfachte Wartung,

- einfache Möglichkeit der Hinterlegung von Metadaten in zusätzlichen Attributen und/oder Entitäten.

Nachteile:

- größerer Aufwand bei der ersten Erstellung eines geeigneten Anwendungssystems,
- evtl. höherer Einarbeitungsaufwand.

Die Drei-Ebenen-Architektur ermöglicht die klare Trennung der Anwendungslogik von den Daten. Dadurch wird eine hohe Flexibilität hinsichtlich der Oberflächengestaltung und der funktionalen Erweiterbarkeit des Systems erreicht.

Nachteilig ist der zunächst höhere Aufwand, um eine klare und für spätere Erweiterungen tragfähige Struktur zu erreichen. Dieser höhere Aufwand zahlt sich jedoch spätestens dann aus, wenn es um konkrete Erweiterungen geht.

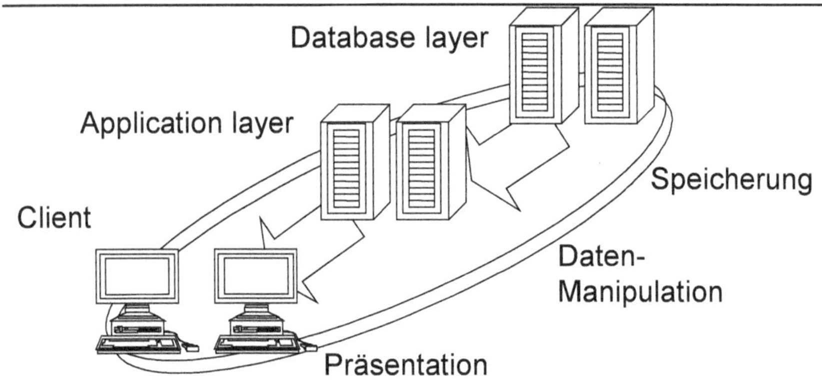

Abbildung 4-20: Drei-Ebenen-Architektur für Web-Applikationen

Nachfolgend sollen die Funktionen der einzelnen Ebenen in einer Drei-Ebenen-Architektur näher erläutert werden (↗ Abbildung 4-20).

- Client

Der Client übernimmt die Darstellung der vom application layer übermittelten Information. Im Fall eines web-basierten CDLS wird der Client durch den Web-Browser des Endbenutzers repräsentiert.

- Application Layer

Durch den Application Layer werden sämtliche Funktionalitäten des CDLS realisiert. Dies geschieht basierend auf den Daten der zu Grunde liegenden Datenbank.

Beispiele für die realisierbaren Funktionalitäten sind (↗ Anhang A):[408]

---

[408] Dass diese Beispiele jeweils das Wort „Frontend" enthalten, ist dadurch bedingt, dass sämtliche Funktionalität durch den application layer realisiert wird und der Client nur noch für das Anzeigen der Systemausgaben bzw. die Annahme von Nutzeranforderungen zuständig ist. Dies hat den Vorteil, dass es absolut keine Rolle spielt, welche Funktionalität der Browser auf Clientseite zur Verfügung stellt, da dieser nur

- Lernfrontend mit
    - Komponente zur Präsentation des Lerninhaltes,
    - Komponente zum Absolvieren von Leistungstests verschiedener Art,
    - Kommunikationskomponente (Nachrichtenaustausch, Diskussionsforum, Chat),
    - Suchmaschine,
    - Index,
    - Glossar,
    - Hilfefunktionen,
- Frontend für Tutoren,
    - Komponente zur Auswertung der Leistungstests der Lernenden,
    - Komponente für statistische Auswertungen,
    - Prüfungsanmeldungen einsehen/gegebenenfalls ändern,
- Frontend für Content-Autoren,
    - Komponente zur Eingabe/Veränderung von Lerninhalten (Editor für Content),
    - Komponente zur Verknüpfung der Lerninhalte (Editor für Struktur),
    - Komponente zum Upload multimedialer Elemente,
- Frontend für allgemeine Administration,
    - Zuordnung der Kursteilnehmer,
    - Rechtevergabe an die Systembenutzer (Tutorenrecht, Autorenrecht),
    - Frontend für Prüfungsamt und
    - Komponente/Interface zum Abfragen prüfungsrelevanter Ergebnisse aus dem Lernsystem.

Mit der beschriebenen Drei-Ebenen-Architektur ließe sich die Aufteilung der Funktionalitäten auch derart vornehmen, dass Teile der Anwendungslogik auf den Client ausgelagert werden (ECMA-Script). Damit wird aber der Vorteil der Unabhängigkeit von der Architektur des Client aufgegeben.

- Database Layer

Die Datenbank (Database Layer), welche dem CDLS zu Grunde liegt, enthält Information über:

- den Lerninhalt,
    - Metainformation über den Lerninhalt (z.B. Kurzreferenz, verwendete Sprache, logische Struktur),
    - mit dem Lerninhalt verknüpfte Ressourcen (z.B. Literaturhinweise, Hyperlinks),
- die Systembenutzer,

reines HTML interpretieren muss. Damit ist das System mit allen Browsern kompatibel, welches als großer Vorteil erachtet wird. Nachteilig an dieser Konstellation ist die u.U. erhöhte Serverbelastung.

  - das persönliche Profil der Systembenutzer (Lernergebnisse, Kommentare, etc.),
  - die Rechte der Systembenutzer,
  - Nachrichten zwischen den Systembenutzern und Benutzergruppen (Diskussionsforum, Kurznachrichten, Chat),
- Prüfungen, Prüfungsteilnahme und –ergebnis der Systembenutzer und
- Zeitpläne.

Für CDLS lassen sich die folgenden Gründe für den Einsatz einer Drei-Ebenen-Architektur ableiten:

- Der Zugriff auf operative Datenbanksysteme kann über eine vereinheitlichte Oberfläche erfolgen,
- die sichere Verarbeitung von Daten bei der Durchführung von Transaktionen (Electronic Commerce) wird ermöglicht,
- die Bearbeitung der Information kann mit einem WWW-Browser als Front-End erfolgen,
- alle Information, die auf veränderlichen Daten beruht, ist jederzeit aktuell, da sie „on the fly" generiert werden kann.

Die Summe dieser Vorteile ist für CDLS erfolgsentscheidend, so dass für die Realisierung in WebLearn (↗ Anhang A) die Drei-Ebenen-Architektur gewählt wurde.[409]

Idealerweise beschränkt sich die Kommunikation zwischen Server und Client auf reines HTML, welches jeder Web-Browser verarbeiten kann. Nachteilig sind bei diesem Verfahren die hohen Anforderungen an die Server-Performance.

Auf Basis dieser Drei-Ebenen-Architektur kann die Information, welche der Client für die Interaktion mit dem Benutzer verwendet, statisch oder dynamisch generiert werden.

Die Generierung statischer Hypertexte aus der Datenbasis ist für selten aktualisierte Hypertexte oder Hypertextbestandteile sinnvoll. Der Hauptvorteil liegt in der sehr hohen Performance dieser Hypertexte, da außer der Übertragung der Daten keine weiteren Verarbeitungsprozesse (Datenbankabfragen, Aggregierung der Daten) notwendig sind. Nachteilig ist, dass mit jeder Änderung einer noch so kleinen Komponente der Datenbasis eine komplette Neugenerierung erforderlich ist, welche in Abhängigkeit des Umfanges des Datenbestandes einen beträchtlichen Zeitaufwand bedeuten kann.

Um die umfassende Funktionalität eines web-basierten CDLS zu realisieren, wird die Information, welche der Client zur Darstellung im Benutzerinterface benötigt, normalerweise dynamisch generiert. Nur so ist die Abarbeitung von komplexen Benutzeranfragen möglich. Da die Performance heute verfügbarer Rechner für diese Aufgabe ausreichend ist, stellt dies auch kein großes Problem dar. Eine statische Generierung der Information ist also nur in Ausnahmefällen (z.B. Verbreitung der Information auf Offline-Medien wie CD-ROM oder erforderliche Unabhängigkeit von einer Anwendungsschicht und damit Einsatz einer Zwei-Ebenen-Architektur) erforderlich.

4.10.4 Objektorientierte Sichtweise von CDLS

Die Attribute und Methoden verschiedener Teilsystemobjekte innerhalb von CDLS sind oft sehr ähnlich. Aus diesem Grund ist es sinnvoll, eine objektorientierte Darstellungsweise für

[409] Vgl. [Röde00].

diese zu wählen, weil damit diese Ähnlichkeiten sehr einfach abgebildet und zur Vereinfachung des Gesamtmodells genutzt werden können (↗ 2.21). Weiterhin ermöglicht es die objektorientierte Vorgehensweise, bei der Analyse und dem Design von Softwaresystemen die Sachverhalte sehr realitätsnah zu modellieren. YOURDAN et al. beschreiben dies wie folgt: „There are two primary arguments for object technology, productivity and quality.“[410]. Ein weiteres Argument für die objektorientierte Modellierung liefern JACOBSON, ERICSON und JACOBSON: „There is a very minor semantic gap between reality and the model.“[411]

Ein Problem der klassischen, prozeduralen Systemanalyse ist die fehlende Integration von Funktionen und Daten, wie sie für das objektorientierte Paradigma erforderlich ist. Grund für die fehlende Integration ist, dass sich Funktionen und Daten auf unterschiedlichen Ebenen befinden (↗ 4.10.3).

COAD und YOURDAN definieren den Begriff „objektorientiert“ folgendermaßen:

⇒ *„- From Information Modeling, meaning a representation of some real-world thing, and some number of occurrences of that thing.*

⇒ *- From Object-Oriented Programming Languages, meaning a runtime instance of some processing and values, defined by a static description called a ‚class‘.“*[412]

Kerneigenschaften der objektorientierten Systemanalyse und des objektorientierten Designs sind:

- Abstraktion (Konzentration auf das, was ein Objekt tut, und nicht wie es das tut),
- Kapselung (Trennung der Schnittstelle von den Interna (Datenstrukturen und Algorithmen)),
- Verbindung von Daten und Methoden (die Entscheidung, welche Methode verwendet wird, wird vom Objekt selbst getroffen; die Anzahl der Implementierungsvarianten eines Objektes ist für den Aufrufer der Methode egal),
- gemeinsame Nutzung (Wiederverwendung von Code durch die Möglichkeit der Vererbung).[413]

Damit ergibt sich die (häufig benötigte) Möglichkeit, ähnliche Objekte differenziert zu speichern und zu behandeln.

Beispielsweise wird dies in folgender Situation benötigt:

In einer Literaturdatenbank für ein Dissertationsprojekt werden Literaturverweise abgelegt. Dies können sein: Bücher, Zeitschriften, Internet-Ressourcen. Für diese Literaturtypen können gemeinsame Attribute (z.B. Titel, Autor, Erscheinungsdatum), aber auch verschiedenartige Attribute (z.B. Verlag bei Büchern und Zeitschriften, aber nicht bei Internet-Ressourcen, URL, Datum des Abrufes nicht bei Büchern und Zeitschriften).

Dieses Dilemma wird nach der prozeduralen Anwendungssystementwicklung üblicherweise so gelöst, dass die Summe aller Attribute in der Datenbank abgelegt werden kann. Etwas eleganter ist noch die Auflösung in eine 1:n-Beziehung, so dass der Platz für diese Attribute wirklich nur dann belegt wird, wenn er auch benötigt wird. Kritischer stellt sich die Situation dar, wenn es um die Bearbeitung der gespeicherten Daten geht. Hier muss die

[410] Zitiert nach: [YoWT+95], S. 4.
[411] Zitiert nach: [JaEJ95], S. 47.
[412] Zitiert nach: [CoYo91], S. 30.
[413] Vgl. [RBP+93], S.9.

Applikationslogik an Hand eines Attributes, welches über die Art des Literaturverweises Auskunft gibt, entscheiden, welches Teilprogramm dafür zuständig ist.

Entitätstypen, welche für verschiedene Tupel unterschiedliche Attributtypen fordern, sind mit einem ER-Modell nicht direkt darstellbar. Beispiele hierfür sind verschiedene Übungstypen, die jeweils unterschiedliche Attribute erfordern (↗ 4.4.2), wie Multiple-Choice-Übung oder Übung mit freier Beantwortung. Die folgende Abbildung zeigt die Objekthierarchie für den Wissensbausteintyp „Übung".

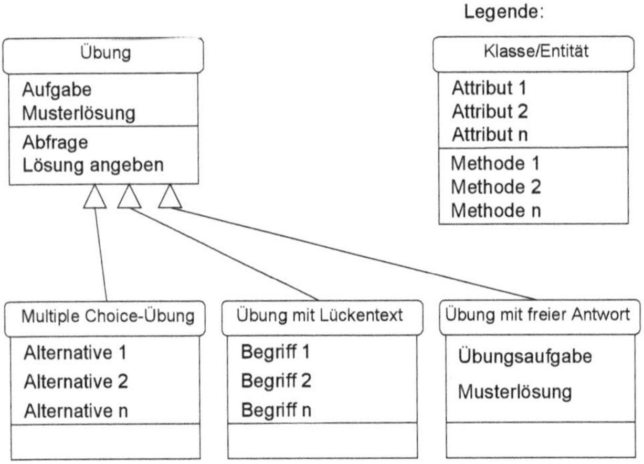

Abbildung 4-21: Klassenhierarchie für Übungstypen

Dabei werden die Attribute in einer Hierarchie mit Vererbung dargestellt. Diese werden von relationalen Systemen nicht angeboten. Ein Ausweg besteht in der Nutzung des objektorientierten Paradigmas.

Um Objekthierarchien[414] in Datenstrukturen verwenden zu können, ohne auf proprietäre OODBMS angewiesen zu sein, bietet sich folgende Vorgehensweise an:

- Mapping der Attribute auf verschiedene Entitäten,
- Identifiation eines Objektes in allen Entitäten über einen einheitlichen Primärschlüssel,
- Zusammenfassung aller Records in den betroffenen Entitäten, um die Datenstruktur des Objektes zu erhalten.

RDBMS stellen keine Funktionen zum Handling dieser Datenstrukturen zur Verfügung. Folglich muss dieses Handling in den Methoden der zu Grunde liegenden Objekte beschrieben werden.

Eine Lösung ist durch die Verwendung von objektrelationalen DBMS gegeben. Hier können die Vererbungsbeziehungen zwischen den Entitäten direkt abgebildet werden. Die Im-

[414] In der objektorientierten Beschreibungssprache wird dafür auch der Begriff „Generalisierung" verwendet.

plementierung der Methoden der verwendeten Klassen muss nach wie vor getrennt von den Daten erfolgen.

Den umfassendsten Ansatz liefern hier objektorientierte Systemarchitekturen mit Persistenzlayer wie z.B. das J2EE-Framework der Firma Sun. Die Datenhaltung wird hierbei durch einen Abstraktionslayer (EJB-Container) vollständig vom zu Grunde liegenden DBMS entkoppelt. Methoden und Daten können gemeinsam durch die Anwendungslogik gehandhabt werden. Zur Persistenzsicherung genügt die Definition einer Klasse als „persistente Klasse".

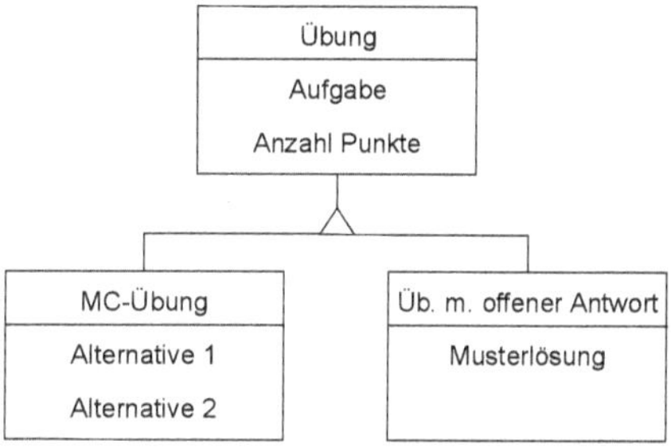

Abbildung 4-22: Objektmodell zur Generalisierung

Entitätstyp „Übung"

Attribut	Null ?	Typ
<u>ÜbungID</u>	N	int
Aufgabe	J	varchar
Anzahl Punkte	J	int

Entitätstyp „MC-Übung"

Attribut	Null ?	Typ
<u>ÜbungID</u>	N	int
Alternative 1	J	varchar
Alternative 2	J	varchar

Entitätstyp „Übung mit offener Antwort"

Attribut	Null ?	Typ
<u>ÜbungID</u>	N	int
Musterlösung	J	varchar

Abbildung 4-23: Tupel zur Generalisierung

Die Beziehungen zwischen den Klassen aus Abbildung 4-22 können gemäß Abbildung 4-23 auf Tupel in Entitätstypen abgebildet werden:

- Eine 1:1 – Beziehung wird verwendet, wenn eine konstante Anzahl Attribute vorhanden ist,
- Eine 1:n – Beziehung wird verwendet, wenn eine variable Anzahl Attribute (z.B. Antwortvarianten bei einer Multiple Choice Übung) abzubilden ist.

Alle zu einem Objekt gehörigen Tupel werden durch die eindeutige ObjektID (im Beispiel: „ÜbungID") referenziert.

Alternativ sind folgende Szenarien denkbar:

- Abbildung aller Attribute aller untergeordneten Klassen in die Oberklasse; nicht benutzte Attribute werden mit NULL aufgefüllt;[415]
- Abbildung aller Attribute der übergeordneten Klasse auf die untergeordneten Klassen;[416]
- Abbildung aller Klassen, Assoziationen und Generalisierungen auf eine Tabelle nach dem Schema:

Objekt „Jonas Schmidt"

<Person, 123, Personenname, „Jonas Schmidt">;

<Person, 123, Adresse, „Seestraße 45">;

<Person, 123, Gehalt, „€ 72.000">.[417]

Wenn kein Abstraktionslayer zum Handling objektorientierter Datenstrukturen zwischen Anwendungslogik und Datenhaltungsebene vorhanden ist (z.B. J2EE-Architektur), muss das Management dieser Datenstrukturen über Joins oder durch die Anwendungslogik selbst erfolgen.

Deshalb bietet es sich an, einen Abstraktionslayer zwischen Anwendungslogik und Datenhaltungsebene zu schalten, der das Handling dieser Datenstrukturen vornimmt. Dazu werden Metadaten, welche die Objektstrukturen und –hierarchien beschreiben, benötigt.

Ein weiteres Problem entsteht, wenn die Anzahl der Attribute nicht bekannt ist. Das ist der Fall, wenn Multiple-Choice-Aufgaben mit einer unterschiedlichen, frei wählbaren Anzahl von Antwortmöglichkeiten ausgestattet werden sollen. Üblicherweise würde diese Situation über eine m:n-Beziehung abgebildet werden. Diese m:n-Beziehung muss folglich auch für die Objekthierarchie eingeführt und mit Metadaten geeignet beschrieben werden.

4.10.5 Grundlegende Datenstrukturen in CDLS

4.10.5.1 Abbildung der zweistufigen logischen Struktur von CDLS in einem Repository

Die in Abschnitt 2.11 beschriebene zweistufige logische Struktur für CDLS muss dynamisch auf ein Repository abgebildet werden. Eine Realisierungsvariante in einem Klassendiagramm zeigt die folgende Abbildung:[418]

[415] Vgl. [RBP+93], S. 465.
[416] Vgl. [RBP+93], S. 464.
[417] Vgl. [RBP+93], S. 466.
[418] Vor- und Nachteile der datenorientierten Modellierung gegenüber der objektorientierten Modellierung werden in Abschnitt 4.10.1 diskutiert.

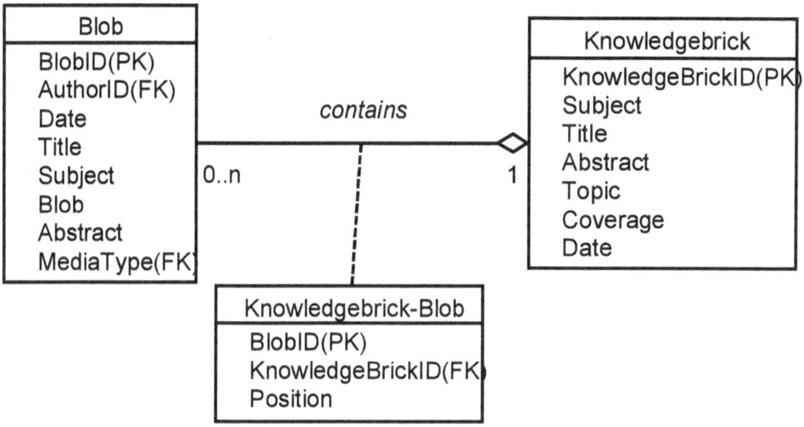

Abbildung 4-24: Strukturdaten für CDLS als UML-Klassendiagramm

4.10.5.2 Baumstruktur

Strukturelle Hyperlinks basieren im Wesentlichen auf einer Baumstruktur, welche den Inhalt gliedert.

Die Baumstruktur wird durch eine rückwärts verkettete Liste abgebildet, welche in den Attributen "KnowledgeBrickID" und "ParentID" im Entitätstyp "KnowledgeBrick" (Wissensbaustein) abgebildet ist. Zusätzlich wird das Attribut "Position" benötigt, welches über die Position des Wissensbausteins innerhalb einer Hierarchieebene Auskunft gibt.

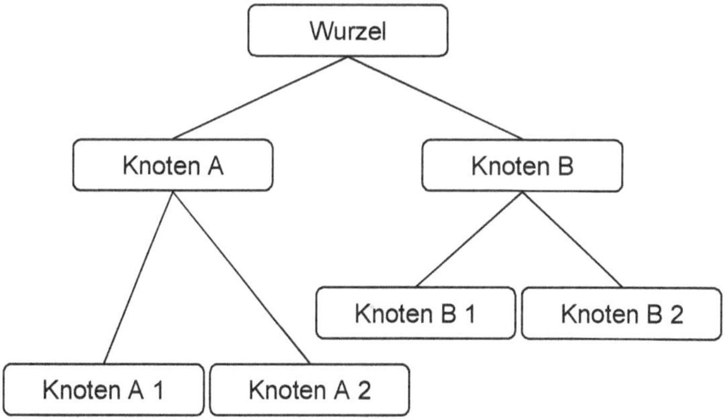

Abbildung 4-25: Baumstruktur

Eine Baumstruktur ist dadurch gekennzeichnet, dass jedem Knoten bis auf genau einen ein eindeutiger Vorgängerknoten (Parent) zugeordnet ist. Der Knoten ohne Vorgänger ist die Wurzel des Baumes (↗ Abbildung 4-25).

Jede Kante in einer Baumstruktur kann von einem Knoten ausgehend durch die Angabe des übergeordneten Knotens (Vorgänger) eindeutig referenziert werden.

Zur Abbildung einer Baumstruktur in einer relationalen Struktur eignet sich eine rekursive 1:n-Beziehung, welche als Klassendiagramm folgendermaßen dargestellt wird:

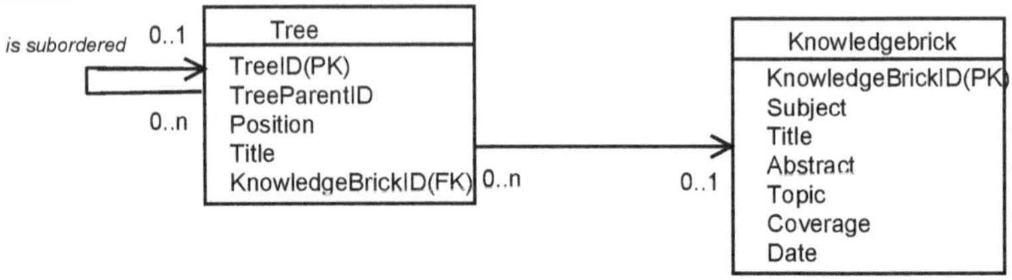

Abbildung 4-26: Abbildung einer Baumstruktur in einem UML-Klassendiagramm

Die eigentlichen Informationsobjekte, welche durch die Baumstruktur einer 1:n-Beziehung referenziert werden, können sich dann in beliebigen anderen Entitätstypen befinden. Die Informationsobjekte werden in Abbildung 4-26 durch den Entitätstyp „KnowledgeBrick" (Wissensbaustein) beispielhaft dargestellt. Die Zugehörigkeit der einzelnen Informationsobjekte zu einem Baum ist jeweils eineindeutig.

Die in Abbildung 4-25 beschriebene Baumstruktur stellt sich in der Abbildung auf eine Tabelle wie folgt dar:

TreeID	ParentID	Position	Titel
1	1	1	Wurzel
3	1	1	Knoten A
7	3	1	Knoten A 1
8	3	2	Knoten A 2
9	1	2	Knoten B
10	9	1	Knoten B 1
11	9	2	Knoten B 2

Tabelle 4-5: Abbildung einer Baumstruktur in einer Tabelle

Sinnvolle Anwendungen für eine Baumstruktur sind Gliederungen für Inhalte oder Diskussionsforen (↗ 4.5.2.2 und A.1.1.4).

4.10.5.3 Netzstruktur

Weiterhin sind in CDLS Verknüpfungen zu anderen Lerneinheiten (referentielle Hyperlinks) zu verwalten. Dies erfolgt über den Entitätstyp "Links". Dieser steht über zwei Fremdschlüssel (1:n-Beziehung) mit dem Entitätstyp „KnowledgeBrick" (Wissensbaustein) in Beziehung. Durch diese Vorgehensweise sind die gespeicherten referentiellen Hyperlinks bidirektional, d.h. die Verfolgung des Links ist sowohl von der Quelle ausgehend als auch vom Ziel ausgehend möglich. Im Gegensatz dazu sind Hyperlinks im World Wide Web unidirektional, d.h. eine Verfolgung vom Ziel zur Quelle ist nicht möglich.

Eine Netzstruktur ist ähnlich einer Baumstruktur aufgebaut, mit dem Unterschied, dass hier ein Knoten mehrere Vorgänger (Parents) haben kann (↗ Abbildung 4-27).

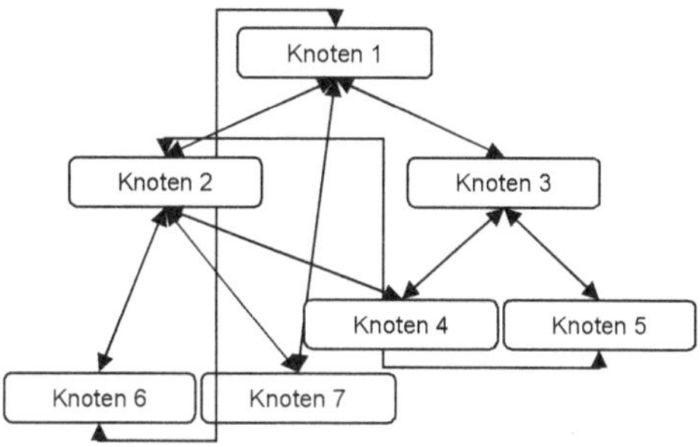

Abbildung 4-27: Netzstruktur

Jede Kante in einer Netzstruktur kann durch die Angabe des Start- und Zielknotens eindeutig referenziert werden. Es gibt keine übergeordneten Knoten und damit keine Hierarchie.

Eine Netzstruktur kann in einem Klassendiagramm durch eine rekursive m:n-Beziehung abgebildet werden.

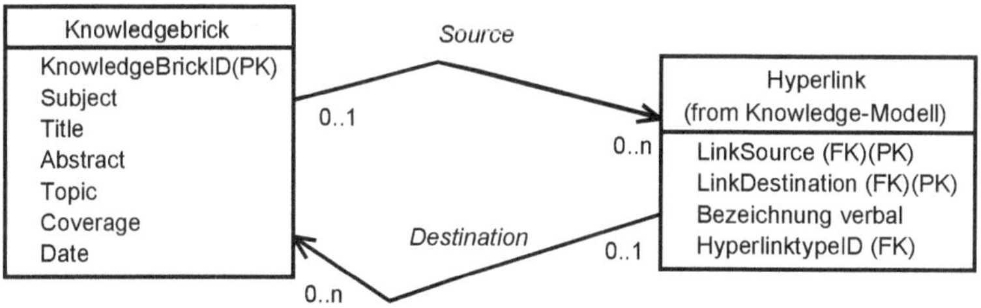

Abbildung 4-28: Abbildung einer Netzstruktur in einem UML-Klassendiagramm

Die in Abbildung 4-27 beschriebene Netzstruktur könnte mit real existierenden Objekten wie folgt abgebildet werden:

ID	Titel
1	Knoten 1
3	Knoten 2
7	Knoten 3
8	Knoten 4
9	Knoten 5
10	Knoten 6
11	Knoten 7

Tabelle 4-6: Knoten für die Netzstruktur

LinkSourceID	LinkDestinationID
1	3
1	7
1	11
3	10
3	11
3	8
7	8
7	9
10	1
9	3

Tabelle 4-7: Abbildung einer Netzstruktur

Sinnvolle Anwendungen für eine Netzstruktur sind Querverweise, welche sich durch Indexeinträge ergeben können.

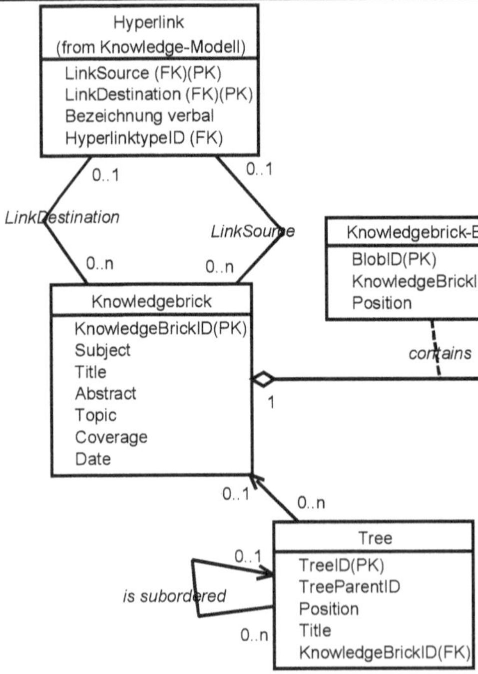

Abbildung 4-29: Klassendiagramm des Teils „Strukturdaten“ des Knowledge Repository

Wenn die beschriebenen Datenstrukturen (beschreibende Metadaten, Strukturdaten) aggregiert werden, ergibt sich das Klassendiagramm für die Strukturdaten als Teil des Knowledge Repository (↗ 5.3.1) gemäß Abbildung 4-29.

Dieses Modell ist ausschließlich auf den Lerninhalt und seine Struktur bezogen. Aspekte der Arbeit des Lernenden mit dem Lerninhalt werden nicht berücksichtigt. Da dies für eine weitreichende Individualisierung nicht ausreichend ist, wird in Abschnitt 6 eine Erweiterung dieses Ansatzes vorgestellt. Dabei werden die Strukturdaten in Abschnitt 6.1.1 in einen inhaltsbezogenen Teil (Content-Modell) und einen wissensbezogenen Teil (Knowledge Modell) aufgeteilt.

4.10.6 Informationstechnische Infrastruktur für CDLS

Im Folgenden wird ein Szenario für die Gestaltung der technischen Infrastruktur eines CDLS vorgestellt. Dabei wird der flexiblen Erweiterbarkeit sowohl hinsichtlich der Anpassung an neue Funktionalitäten, als auch an steigende Benutzerzahlen große Bedeutung beigemessen.

Das folgende Szenario bildet die Basis für das Referenzmodell „KoWiMo“ (↗ 6).

4.10.6.1 Architekturvarianten

Für die Realisierung des datenbankbasierten Webpublishing im Zusammenhang mit CDLS gibt es zwei Wege:

a) Integration der Anwendungslogik in die Datenbank sowie

b) Anwendung eines Präprozessors (Middleware).

Bei Variante a) übernehmen Skripte (welche üblicherweise in Form von Stored Procedures oder Triggern implementiert werden) die Aufgaben der Anwendungslogik. Diese Variante ist nur dann einsetzbar, wenn für das Datenbankmanagementsystem Clients verfügbar sind, welche die Anforderungen bezüglich Gestaltung (↗ 4.8) erfüllen können.

Bei Variante b) wird die Anwendungslogik durch eine zwischen Web-Server und Datenbank geschaltete Applikation (z.B. ein Skriptprozessor wie ASP, JSP, PHP oder ColdFusion, Realisierung in Servlets) realisiert. Aufgrund der Trennung zwischen Darstellungsebene (repräsentiert durch den Browser), Anwendungslogik (repräsentiert durch den Skriptprozessor) und Datenspeicherung (repräsentiert durch die Datenbank) wird diese Variante als Drei-Ebenen-Architektur bezeichnet.[419]

4.10.6.2 Funktionalität einer web-basierten Umgebung unter Sicherheitsaspekten

Wenn die Möglichkeit des Arbeitens mit Sessions (↗ 5.5) gegeben ist und die gewählte Systemumgebung das Speichern von sessionbezogenen Variablen auf Serverseite zulässt, empfiehlt es sich, das Handling der Funktionen über eine solche Variable abzuwickeln. Damit wird vermieden, dass auf Clientseite irgendwelche Rückschlüsse auf die interne Funktionsweise der Anwendungslogik möglich sind, wie dies bei der gebräuchlichen Variante der Parameterübergabe in der URL (z.B. <http://localhost/beispiel.html?Parameter1=123>) möglich ist. Unter Berücksichtigung möglicher Angriffe auf das System ist diese Vorgehensweise sinnvoll.

4.10.6.3 Skalierbarkeit

Auf Clientseite kann das System durch eine variable Anzahl von Rechnern skaliert werden. Diese Anzahl ist prinzipiell unlimitiert, wird jedoch in der Praxis durch die Intensität der Nutzung (Anzahl der Anfragen an den Application Server pro Zeiteinheit) und durch die Anzahl der Zugriffslizenzen begrenzt.

[419] Sehr verbreitet ist auch der englische Begriff „Three-Tier-Architecture“.

Auf Serverseite ist das System skalierbar hinsichtlich der Aufteilung der Anwendungslogik auf verschiedene Application Server. Dies kann je nach Anforderung/Systemlast variabel gehandhabt werden. Weiterhin ist es möglich, die Datenbank mit auf dem Application Server anzusiedeln oder auf eine separate Maschine auszulagern. Durch diese Flexibilität ist es möglich, das System in einem weiten Bereich an die gestellten Anforderungen anzupassen.

In dem oben beschriebenen Szenario (Abbildung 4-20) befinden sich Application Server und Datenbankserver beim Anbieter des Lernsystems, der Client befindet sich beim Systemnutzer. Dazwischen befindet sich ein Rechner-Netzwerk, im konkreten Fall das Internet. Natürlich ist auch diese Aufteilung flexibel, was bedeutet, dass Application Server und Datenbankserver an verschiedenen Orten lokalisiert sein können.

4.11 Fazit

In Kapitel 4 konnte gezeigt werden, in welchen Spannungsfeld sich CDLS bewegen, welche Varianten möglich sind und wie diese vorteilhaft eingesetzt werden können. Dazu werden in Abschnitt 4.1 Kategorien unterschiedlicher Autoren für CDLS dargestellt. Es zeigt sich die Heterogenität dieser Einteilungen. Nach Ansicht des Autors relevante methodische Grundtypen für CDLS werden ausführlich betrachtet. Mögliche Vorteile durch den Einsatz von CDLS werden in Abschnitt 4.2 vorgestellt. Darauf bauen die Darstellungen zu kritische Erfolgsfaktoren von CDLS (↗ 4.3) auf.

Inhaltstypen (↗ 4.4) sowie interaktive Komponenten (↗ 4.5) bilden die inhaltliche Basis für CDLS. Diese werden in den zugehörigen Abschnitten detailliert dargestellt. Das in Abschnitt 4.6 vorgestellte Rollenkonzept für CDLS ist ein Ausgangspunkt für die Individualisierung von CDLS (↗ 4.7).

Sämtliche Überlegungen der vorstehenden Abschnitte von Kapitel 4 werden in Abschnitt 4.8 im Rahmen einer Anforderungsanalyse zusammengefasst. Resultat ist ein Anforderungskatalog (↗ 4.8.7), der auf eine allgemeine Grundstruktur für CDLS, wie in Abschnitt 4.9 dargestellt, übertragen wird.

Weitergehende Überlegungen zur Architektur von CDLS sind Mittelpunkt von Abschnitt 4.10. Diese finden Berücksichtigung im CDLS WebLearn, welches im Anhang dargestellt wird (↗ Anhang A).

5 Individualisierung von CDLS

⇒ *<u>Individualisierung</u> bezeichnet die Fähigkeit eines Systems sich an die Bedürfnisse der Systembenutzer anzupassen.*

Bezogen auf CDLS werden dabei verschiedene Bereiche unterschieden. Beispielsweise können für den Prozess der Wissensvermittlung relevante Konzepte (z.B. Lernparadigmen) an den Nutzer angepasst werden. Ebenso kann das Erscheinungsbild (Look & Feel) des Benutzerinterface für den jeweiligen Benutzer variiert werden.

MOSER fordert in diesem Zusammenhang, dass Lernende die Lerninhalte durch Setzen von persönlichen Anmerkungen, eigene Hyperlinks und Markierungen individuell gestalten können sollen.[420]

In der Literatur finden sich verschiedene Ansätze, um in klassischen Lernszenarien eine Individualisierung zu realisieren.[421] Diese basieren auf den Ansätzen aus Abschnitt 2.1.3. Die Ausführungen in der didaktischen Literatur zur Individualisierung (dort Adaption genannt), beziehen sich nicht auf computergestützte Lernsysteme, sondern ausschließlich auf eine „face to face"-Kommunikation innerhalb des Prozesses der Wissensvermittlung. Die folgenden Ausführungen sollen diese Erkenntnisse auf das Gebiet der CDLS übertragen.[422]

Dazu werden zunächst mögliche Varianten der Individualisierung von CDLS betrachtet (↗ 5.1). Aus den Betrachtungen zur möglichen Einteilung von Lernenden (↗ 5.2) resultiert ein Lernermodell, mit dessen Hilfe für den Lernprozess relevante Eigenschaften der Lernenden in einem CDLS abgebildet werden können.

In Abschnitt 5.3 werden Ansätze zur Bildung von Metadaten (unterteilt in Metadaten über Benutzer und über Lerninhalt) dargestellt. Diese bilden die Basis für Prozesse zur Individualisierung, welche in Abschnitt 6.3 dargestellt werden. Die in Abschnitt 5.4 beschriebenen Konzepte der Wissensrepräsentation sind Grundlage der in den Abschnitten 6.3.5 und 6.3.6 dargestellten Ansätze zur individuellen Strukturierung des Lerninhaltes.

5.1 Varianten der Individualisierung von CDLS

Die Varianten der Individualisierung lassen sich aus den Definitionen für Lernen (↗ 2.1) ableiten. Nach dem reaktionsorientierten Ansatz von SKINNER (↗ 2.1.1) muss der Lerninhalt in viele, leicht erlernbare, aufeinander aufbauende Einheiten zerlegt werden (Modularisierung).[423]

Dadurch wird gewährleistet, dass der Lernende seine Reaktion nach dem Absolvieren einer Lerneinheit in Form einer Antwort auf eine Testfrage formulieren kann. Eine richtige Antwort wirkt als Verstärker auf den Lernprozess. LEUTNER formuliert dies so: „Entscheidend ist, daß möglichst viele Antworten richtig sind, da nur richtiges Antwortverhalten verstärkt werden kann. Jede falsche Antwort bedeutet verschwendete Zeit, da – weil keine Verstärkung erfolgt – die Wahrscheinlichkeit der richtigen Teil-Reaktion nicht erhöht wird."[424]

Ein Basiskonzept der Individualisierung von CDLS ist die Modularisierung. Sie bezeichnet die Unterteilung des Lerninhaltes in möglichst kleine Einheiten. Dabei wird davon ausgegangen,

[420] Vgl. [Mose98], S. 44.
[421] Die Individualisierung wird dort auch häufig als Adaptivität bezeichnet.
[422] Dies wird möglich, da in CDLS der Funktionsbereich „Kommunikation" per Definition unterstützt wird (↗ 2.6.5).
[423] Vgl. [Leut92], S. 26.
[424] Zitiert nach: [Leut92], S. 26.

dass die Erstellung individualisierter Varianten des Lerninhaltes aus vielen kleinen Einheiten einfacher zu handhaben ist als die Erstellung aus relativ abgeschlossenen (großen) Lerneinheiten.

Die Modularisierung ermöglicht einem CDLS-Anbieter die Rekonfiguration der Inhalte für individuelle Anforderungen der Lernenden. Verschiedenartige mediale Aufbereitung des Lerninhaltes ermöglicht es, unterschiedliche mediale Anforderungen der Lernenden zu bedienen.

Individualisierung kann durch die Selektion von medialen Varianten des Lerninhaltes, aber auch durch die Selektion von thematischen Varianten des Lerninhaltes realisiert werden. Dabei kommen die in Abbildung 5-1 dargestellten Methoden zum Einsatz.

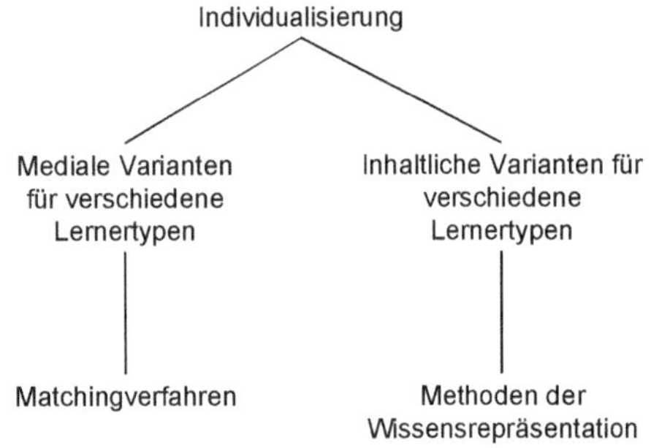

Abbildung 5-1: Methoden der Individualisierung

Aufbauend auf dem in Abschnitt 4.4 dargestellten Rollenkonzept für CDLS können die in Abbildung 5-2 dargestellten Varianten der Individualisierung, deren Zuordnung zu Rollen sowie zu konkreten Realisierungsformen abgeleitet werden.

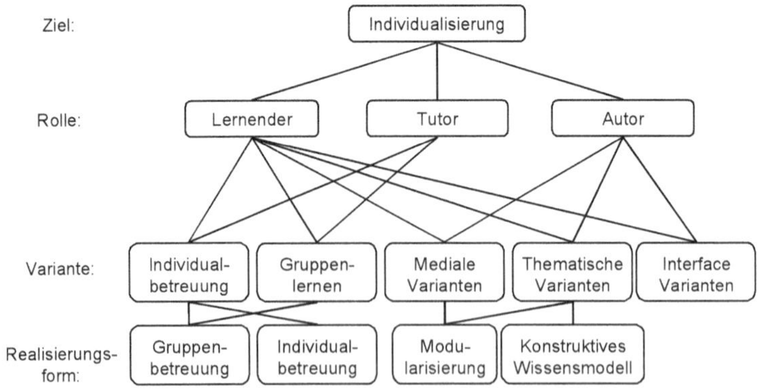

Abbildung 5-2: Varianten der Individualisierung von CDLS

Nachfolgend sollen die oben genannten Varianten und Realisierungsformen zur Individualisierung beschrieben werden.

5.1.1 Individualisierung durch Individualbetreuung

Die Individualisierung durch Individualbetreuung (↗ Abbildung 5-2) ist durch die Interaktion von Lernendem und Tutor gekennzeichnet. Dazu kommen synchrone und asynchrone Kommunikationsmechanismen (↗ 4.5.2) zum Einsatz. Diese werden von POHL ausführlich dargestellt.[425]

5.1.2 Individualisierung durch Gruppenlernen

Das Lernen in der Gruppe (↗ Abbildung 5-2) kann durch Methoden der Gruppenarbeit (↗ 2.16) in Groupwaresystemen (↗ 2.16) unterstützt werden. Diese Methoden und Systeme werden bei TEUFEL, SAUTER, MÜHLHERR und BAUKNECHT[426] sowie LEWE[427] ausführlich betrachtet. WEISER stellt dazu einen gruppenorientierten Ordnungsrahmen auf, der sich in die Komponenten Ausgestaltung der Lernumgebung, Verfügbarkeit, Lernort und Lerninfrastruktur unterteilt.[428] Ein neuer Ansatz zur Individualisierung durch Gruppenarbeit wird in Abschnitt 6.3.5 mit der Verwendung von individuellen Wissensmodellen aufgestellt.

5.1.3 Individualisierung durch mediale Varianten des Lerninhaltes

Die Variante „verschiedenartige mediale Aufbereitung des Lerninhaltes“ (↗ Abbildung 5-2) bezeichnet die Verwendung verschiedener Medientypen (textbasierte Darstellung, Audio, Video) für die Implementierung des Lerninhaltes. Sie ist die am häufigsten anzutreffende Variante der Individualisierung in CDLS.

Durch mediale Varianten des Lerninhaltes können bei gleichzeitiger Beachtung der Beziehungen zwischen den Wissensbausteinen verschiedene Lerntypen (↗ 5.2.2) unterstützt werden. Dies erlaubt die Anpassung an unterschiedliche Lernstile der Lernenden. Abbildung 5-3 zeigt diesen Sachverhalt schematisch.

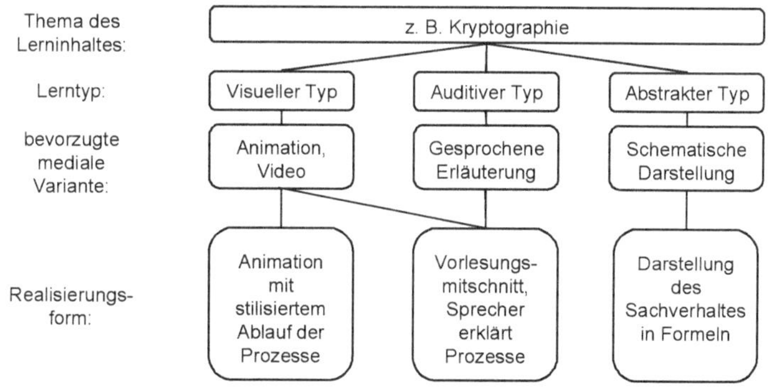

Abbildung 5-3: Mediale Varianten des Lerninhaltes am Beispiel „Kryptographie“

[425] Vgl. [Pohl99].
[426] Vgl. [TSMB95].
[427] Vgl. [Lewe95].
[428] Vgl. [Weis98].

5.1.4 Individualisierung durch thematische Varianten des Lerninhaltes

Thematische Varianten des Lerninhaltes (↗ Abbildung 5-2) erlauben es, verschiedene Lerntypen (↗ 5.2.2), welche in der didaktischen Literatur beschrieben werden, gezielt mit geeignetem Lerninhalt anzusprechen. Unterschiedliche Klassifikationen für Lerntypen werden in Abschnitt 5.2 beschrieben.

Der Autor dieser Arbeit schlägt vor, zur Erstellung der thematischen Varianten des Lerninhaltes auf Methoden der Wissensrepräsentation zurückzugreifen. Diese Vorgehensweise ermöglicht die größtmögliche Flexibilität durch permanente Anpassung der thematischen Varianten sowohl durch den Autor des Lerninhaltes als auch durch die Lernenden. Daneben wäre es denkbar, dass der Autor des Lerninhaltes mehrere getrennte Varianten des Lerninhaltes parallel entwickelt.

Zur Erstellung der thematischen Varianten des Lerninhaltes wird eine Wissensbasis für den vom Lerninhalt beschriebenen Diskursbereich aufgebaut. Innerhalb dieser Wissensbasis können verschiedene Wissensmodelle abgebildet werden. Dabei wird in ein grundlegendes Wissensmodell und persönliche Wissensmodelle (↗ 2.5) unterschieden. Die Entwicklung der Struktur dieser Wissensmodelle wird in Abschnitt 6.3.5 genauer betrachtet.

Durch Analyse dieser Wissensmodelle können Rückschlüsse auf das aktuell vorhandene Wissen des Lernenden über den betrachteten Diskursbereich gezogen werden. Mit dieser Information können gezielt weitere Wissensbausteine zur Erarbeitung von Wissenslücken beim Lernenden empfohlen werden. Die Abläufe zu dieser Variante der Individualisierung werden in Abschnitt 6.3.1 beschrieben.

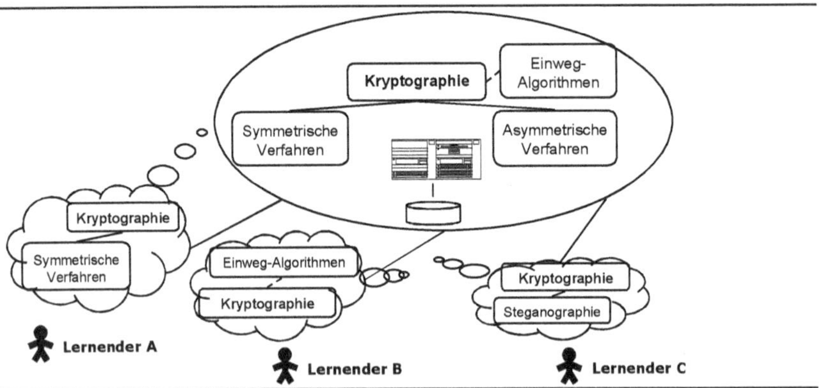

Abbildung 5-4: Thematische Varianten des Lerninhaltes

Abbildung 5-4 verdeutlicht das Konzept am Beispiel eines Lerninhaltes zum Thema „Kryptographie". Zu diesem Thema sind die weiteren Themen „symmetrische Verfahren" und „asymmetrische Verfahren" als spezielle Konzepte sowie das Thema „Einwegalgorithmen" als Basiswissen relevant. Die Beziehungstypen sind aus Gründen der Übersichtlichkeit nicht mit notiert, obgleich sie in der Wissensbasis hinterlegt werden. Die verschiedenen Lernenden „Lernender A" und „Lernender B" haben unterschiedliche Vorkenntnisse zu diesem Thema. „Lernender C" schließlich ist der Meinung, dass auch das Konzept „Steganographie" zum Thema „Kryptographie" in Beziehung steht. Alle drei Lernenden können ihre Sicht der Dinge in der Wissensbasis des CDLS ablegen. Das CDLS kann mit geeigneten Kombinationen des

Lerninhaltes auf die individuelle gedankliche Repräsentation des Wissens bei den Lernenden reagieren und allen drei Lernenden zum Verständnis des Gesamtkonzeptes „Kryptographie" verhelfen.

„Lernender A" und „Lernender B" bekommen jeweils die fehlenden Konzepte vermittelt. „Lernender C" bekommt ebenfalls die in seinem Wissensmodell (↗ 2.5) nicht vorhandenen Konzepte dargeboten. Zusätzlich erweitert er das grundlegende Wissensmodell um das Konzept der „Steganographie", das zweifelsfrei als verwandtes Konzept im Zusammenhang mit dem Konzept der „Kryptographie" steht.

5.1.5 Individualisierung durch Anpassung des Benutzerinterface des CDLS

Methoden, welche die Oberfläche des CDLS an die Bedürfnisse des Lernenden anpassen (↗ Abbildung 5-2), sind vergleichbar mit allgemeinen Methoden zur Anpassung von Benutzerinterfaces. Sie sind in der Literatur hinreichend beschrieben und werden in dieser Arbeit nicht näher betrachtet.[429]

5.2 Einteilung von Lernenden

In den folgenden Abschnitten werden zunächst für die Systematisierung relevante Aspkte der Lernmotivation betrachtet (↗ 5.2.1). Anschließend werden Lernende nach verschiedenen Merkmalen systematisiert (↗ 5.2.2). Es werden verschiedene in der Literatur beschriebene Lerntypen mit ihren Eigenschaften vorgestellt. Darauf aufbauend wird der Zusammenhang der Einteilung in Lerntypen mit der Individualisierung (↗ 5.2.5) dargestellt. Daraus wird ein Lernermodell abgeleitet, welches es erlaubt, die für den Ablauf des Lernprozesses relevanten Eigenschaften verschiedener Lerntypen in einem CDLS abzubilden (↗ 5.2.6). Varianten des Lernermodells werden in Abschnitt 5.2.7 vorgestellt.

5.2.1 Lernmotivation

„Psychologen und Pädagogen stimmen darin überein, daß aktives Lernen in hohem Maße effizienter ist, als passives Konsumieren eines Stoffes"[430]. Dieses aktive Lernen resultiert üblicherweise aus einer intrinsischen Lernmotivation. HECKHAUSEN unterscheidet zwischen intrinsischer und extrinsischer Motivation und definiert diese folgendermaßen:

⇒ *„Intrinsisch motivierte Personen lernen aus Interesse an dem Lerngegenstand selbst oder aus Spaß an der Beschäftigung mit dem Lerngegenstand (sog. Vollzugsanreize)."*[431]

⇒ *„Extrinsisch motivierte Personen lernen, um bestimmte Ziele zu erreichen, wie Zertifikatserwerb oder Diplomierung, Erhalten des Arbeitsplatzes, betrieblicher Aufstieg, erhöhter Status, Anerkennung von Freunden etc."*[432]

KERRES formuliert daraus folgende Eigenschaften von Lerninhalten, die der intrinsischen Motivation dienen sollen:

- ein Eintauchen in eine Lernwelt mit möglichst umfangreicher Information soll ermöglicht werden,
- es soll keine Unterteilung in Lerneinheiten vorgenommen werden,
- dem Lernenden soll die Kontrolle über die Lernwege überlassen bleiben,

[429] Vgl. [EbOO94]; [PrRS+94], S. 615 ff.; [Zil193].
[430] Zitiert nach: [Bode90], S. 39.
[431] Zitiert nach: [Heck88].
[432] Zitiert nach: [Heck88].

- der Lernende soll Möglichkeiten zur Beeinflussung der Darstellung erhalten,
- Tests und Rückmeldungen sollen nur auf Anforderung erfolgen und
- die Präsentation soll durch Abwechslung die Neugier aufrechterhalten.[433]

Eigenschaften von Lerninhalten, die der extrinsischen Motivation dienen sollen, müssen nach KERRES folgende Eigenschaften haben:

- motivierende Maßnahmen beim Einstieg,
- Lenken der Aufmerksamkeit auf die Ziele des Lernens,
- Unterteilung des Lerninhaltes in klar definierte, überschaubare Einheiten,
- Konsistenz der Präsentation,
- Verwendung von angekündigten Tests nach Präsentationen,
- Rückmeldung des Lernfortschrittes und
- Berücksichtigung von Pausen.[434]

Problematisch ist die Mischung beider Zielgruppen. Intrinsisch motivierte Lernende können durch Anwendung von Lerninhalten für extrinsisch motivierte Lernende sogar demotiviert werden. Beispielsweise können intrinsisch motiviert Lernende durch häufige Abfrage in Form von Tests oder Rückmeldung des Lernfortschrittes an ihrem Drang, mit der Lernumgebung zu experimentieren und diese zu erforschen, gehindert werden.

Dieses Beispiel zeigt das Erfordernis, individuelle Bedürfnisse der Lernenden zu erkennen und adäquat zu bedienen (↗ 6.2.2).

5.2.2 Lerntypen

Für die Individualisierung von CDLS ist es unabdingbar, die unterschiedlichen Lerntypen und deren Eigenschaften zu kennen. In der didaktischen Literatur finden sich verschiedene Ansätze, die versuchen, diese Eigenschaften zu finden und zu formulieren. Eine Definition hat JUNG aufgestellt:

⇒ *"Jeder Lernende lernt auf eine für ihn typische Art und Weise. Abhängig von seinen Erfahrungen bevorzugt jeder Mensch die Art der Wissensaufnahme, die für ihn persönlich am effektivsten ist."*[435]

Den umfangreichsten Katalog von Einflussfaktoren auf das Lernverhalten hat SCHRADER aufgestellt. SCHRADER visualisiert diese Einflussfaktoren des Lernverhaltens gemäß Abbildung 5-5. Sie bilden gleichzeitig die Haupteinflussfaktoren auf den Lerntyp (↗ 5.2.2.5).

---

[433] Vgl. [Kerr98], S. 146.
[434] Vgl. [Kerr98], S. 146.
[435] Zitiert nach: [Jung95].

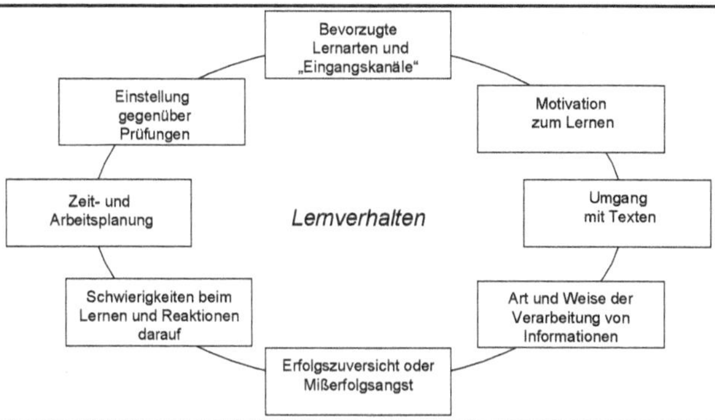

Abbildung 5-5: Einflussfaktoren des Lernverhaltens nach SCHRADER[436]

Sieben in der Literatur häufig referenzierte Beispiele für die Klassifizierung von Lerntypen sollen nachfolgend betrachtet und anschließend in ihren Kerneigenschaften näher gegenübergestellt werden.

5.2.2.1 Lerntypen nach VESTER

VESTERs Untersuchungen stammen aus dem Bereich der Lernbiologie. VESTER bezieht seine Lerntypen auf die Bevorzugung unterschiedlicher Sinne. Er unterscheidet:

„den visuellen Sehtyp, den auditiven Hörtyp, den haptischen Fühltyp, vielleicht noch den verbalen und den Gesprächstyp."[437]

DÖRING und RITTER-MAMCZEK geben eine detailliertere Beschreibung dieser Lerntypen gemäß folgender Tabelle 5-1:

Lerntyp	Beschreibung
Visueller Typ	Ist beim Lernen stark auf Veranschaulichungen und bildliche Darstellungen eingestellt
Auditiver Typ	Bevorzugt die akustische Informationsaufnahme
Haptischer Typ	Begreifen, Berühren und Fühlen wirken lernunterstützend
Verbal-abstrakter Typ	Empfindet den theoretischen, abstrakten Weg über Begriffe, Formeln und Theorien als angenehm beim Lernen
Gesprächsorientierter Typ	Er sucht das Begreifen und Verstehen über das Gespräch in der Lerngruppe

Tabelle 5-1: Lerntypen nach DÖRING und RITTER-MAMCZEK[438]

Diese Einteilung, welche sich ausschließlich auf sensomotorische Verarbeitungsformen bezieht, ist nach Ansicht des Autors zu eng gefasst. Zusätzlich beeinflussen nach Ansicht des Autors die angewandten Methoden der Erkenntnisgewinnung (↗ 5.2.2.4) sowie die Motivation des Lernenden (↗ 5.2.1) den Lerntyp.

Dieses Manko in der Einteilung nach DÖRING und RITTER-MAMCZEK erkennt auch VESTER, der zu der Überzeugung gelangt, dass außer den angeführten Faktoren noch viele weitere

[436] in Anlehnung an: [Schr94], S. 58.
[437] Zitiert nach: [Vest01], S. 97.
[438] Vgl. [DöRi98], S. 73-75.

Faktoren Einfluss auf das Lernen und damit den Lerntyp haben. Leider werden diese nicht näher beschrieben.[439]

5.2.2.2 *Lerntypen nach EULER*

EULER beschreibt die folgenden vier Lerntypen:[440]

- sachorientierter Autodidakt,
- lernungewandter Pflichtlerner,
- Neuling und
- mediendistanzierter Gruppenlerner.

Diese Lerntypen orientieren sich an Lernziel und Vorkenntnissen. Sie sind aber ebenso wie die VESTERschen Lerntypen nicht für eine detaillierte Beschreibung durch Attribute geeignet, da eine präzise Definition dieser Lerntypen fehlt. Erforderlich wäre eine Definition, die einzelne Eigenschaften der Lerntypen umfasst. Die vorhandene Definition beschreibt stattdessen Verhaltensweisen der Lerntypen.

Eine Beschreibung der Lerntypen durch Attribute wird als Grundlage der Betrachtungen in dieser Arbeit gewählt, weil diese eine flexible Gewichtung im Verlauf des Lernprozesses ermöglichen. Durch Algorithmen in einem CDLS werden die Attribute der Lerntypen mit den Eigenschaften des Lerninhaltes abgeglichen. Damit ist eine Anpassung an die Anforderungen der Lernenden möglich (↗ 6.2).

5.2.2.3 *Lerntypen nach GAGNÉ*

GAGNÉ unterteilt Lerntypen hierarchisch nach folgendem Schema:

Lerntyp	Beschreibung
I Signallernen	Klassische Konditionierung
II Reiz-Reaktions-Lernen	Instrumentelle Konditionierung
III Kettenbildung	Kette von zwei oder mehr Reiz-Reaktions-Verbindungen
IV Sprachliche Assoziation	Lernen sprachlicher Ketten
V Multiple Diskrimination	Lernen unterschiedlicher Reaktionen auf unterschiedliche Reize
VI Begriffslernen	Fähigkeit, auf eine Klasse von Reizen, die sich stark unterscheiden, mit einer Reaktion zu antworten
VII Regellernen	Lernen von Regeln und Regelsystemen
VIII Problemlösen	Ausdenken oder Entdecken neuer Regeln durch Kombination früher erlernter Regeln

Tabelle 5-2: Lerntypen nach GAGNÉ[441]

Die Lerntypen von GAGNÉ (↗ Tabelle 5-2) bauen in der Komplexität aufeinander auf. Insofern sind sie eine Variante der Wissensstufen (↗ 5.2.3). Sie beziehen sich im Gegensatz zu den Wissensstufen auf den Wissenserwerb. Es besteht eine Abhängigkeit zwischen Wissensstufe (Vorkenntnisniveau) im betrachteten Diskursbereich und dem hierarchischen Lerntyp nach GAGNÉ:

- Eine hohe Wissensstufe erlaubt dem Lernenden, in einer hohen Stufe des Wissenserwerbs weiterführende Konzepte des Diskursbereichs zu erlernen.

[439] Vgl. [Vest01], S. 97.
[440] Vgl. [Eule92], S. 66.
[441] In Anlehnung an [Joer76], S. 69.

- Im Gegensatz dazu bedeuten geringe Vorkenntnisse (niedrige Wissensstufe) beim Lernenden, dass der Lernprozess mit einer niedrigen Stufe des Wissenserwerbs begonnen wird.

5.2.2.4 Lerntypen nach Kolb

In der Lerntypenunterteilung nach Kolb werden die gegensätzlichen Methoden zur Erkenntnisgewinnung („konkrete Erfahrung“; „abstrakte Begriffsbildung“) und Verhaltensweisen („aktives Experimentieren“; „reflektierte Beobachtung“) als Ausgangspunkt zur Beschreibung der Lerntypen benutzt. Ein Lerntyp wird zwischen einer Methode zum Erkenntnisgewinn und einer Verhaltensweise eingeordnet.[442]

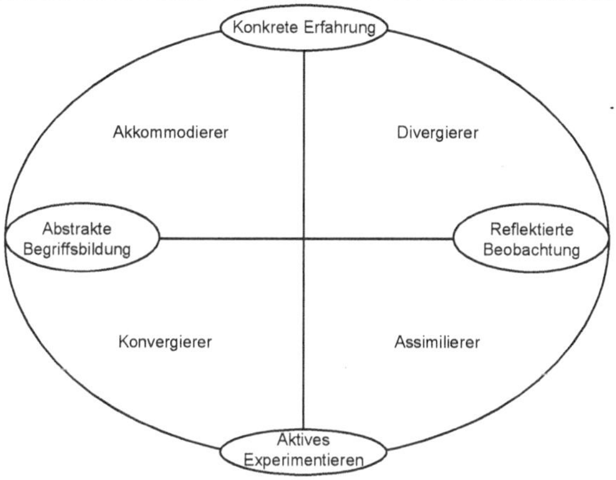

Abbildung 5-6: Lerntypen nach Kolb[443]

Die Lerntypen nach Kolb sind wie folgt charakterisiert:

- Der Konvergierer

  Der Lernprozess der Konvergierers beruht auf aktivem Experimentieren und abstrakter Begriffsbildung. Die praktische Umsetzung von Ideen liegt Konvergierern besonders.

  Beispiele für Konvergierer finden sich häufig unter Ingenieuren.

- Der Divergierer

  Konkrete Erfahrung und abstrakte Begriffsbildung bilden die Basis des Lernprozesses des Divergierers. Eine besondere Fähigkeit des Divergierers ist die Betrachtung von Sachverhalten aus verschiedenen Blickwinkeln. Emotionen spielen bei der Bearbeitung von Ideen eine wichtige Rolle. Psychologen sind häufig als Divergierer einzuordnen.

- Der Assimilierer

  Der Assimilierer nutzt die Erkenntnisgewinnmethode der abstrakten Begriffsbildung und die Verhaltensweise der reflektierenden Beobachtung für seinen Lernprozess. Dabei stellt er gegensätzliche Modelle einander gegenüber und versucht, seine Beobachtungen zu

---

[442] Vgl. [Kolb76].
[443] In Anlehnung an: [Schr94], S. 22.

integrieren. Er arbeitet häufiger mit abstrakten Konzepten als mit Menschen. Ebenso ist die praktische Anwendung dieser Konzepte von untergeordneter Bedeutung. Mathematiker sind ein Beispiel für Assimilierer.

- Der Akkommodierer

Der Akkommodierer lernt durch aktives Experimentieren und Sammeln von konkreten Erfahrungen. Er ist geneigt, verschiedene Dinge auszuprobieren. Dazu werden Pläne und Theorien erstellt, aber auch wieder verworfen, wenn die Beobachtung zeigt, dass diese nicht zu den gewonnenen Erkenntnissen passen. Der Akkommodierer arbeitet gern mit Menschen, hat aber manchmal Probleme durch seine teilweise ungeduldige Art. Akkommodierer finden sich häufig unter Wirtschaftswissenschaftlern.[444]

KOLBs Lerntypen können nur eine sehr grobe Orientierung über die Einordnung von Lernenden in grundsätzliche Erkenntnisgewinnmethoden und Verhaltensweisen bieten. Bei vielen Berufen, die sich an der Schnittstelle zwischen verschiedenen Disziplinen bewegen (z.B. befindet sich ein Lehrer in naturwissenschaftlichen Fächern an der Schnittstelle zwischen dem Divergierer und dem Assimilierer), greift diese Typisierung nicht, da sie zu widersprüchlichen Aussagen führt. Die Eigenschaften der Dimension Erkenntnisgewinn widersprechen sich bei den Typen Assimilierer und Divergierer.

Auf Basis dieser Kritik entwickelte SCHRADER ein erweitertes Modell, welches die genannten Schwierigkeiten überwindet.

5.2.2.5 *Lerntypen nach SCHRADER*

Den umfassendsten Ansatz zur Beschreibung verschiedener Lerntypen liefert SCHRADER. Er hat in einer empirischen Untersuchung bei Erwachsenen fünf signifikante Lerntypen gefunden. Seine Untersuchung basiert auf dem Analysemodell der latenten Klassenanalyse. Das bedeutet, dass die Klassenzugehörigkeit einer Person nur als Wahrscheinlichkeitsaussage formuliert wird.[445]

SCHRADER unterteilt folgende Lerntypen:

- Typ 1: Der Theoretiker

Der „Theoretiker" hat Freude am Lernen und ist auch an theoretischen Grundlagen interessiert. Er bemüht sich, Zusammenhänge zu verstehen. Schwierigkeiten betrachtet er als Herausforderung.[446]

---

[444] Vgl. [Kolb81].

[445] SCHRADER interpretiert diese Wahrscheinlichkeitsaussagen folgendermaßen:
„1. Die Personen zeigen in aller Regel ein Antwortverhalten, daß in mehrere Klassen ‚paßt'. Die Klassifizierung einer Person erfolgt nach dem Kriterium der höchsten Wahrscheinlichkeit (oder der geringsten Irrtumswahrscheinlichkeit) und ist daher in aller Regel mit einem Fehlerrisiko behaftet.
2. Um die Klassen beschreiben zu können, ist es nötig, für jede Klasse durchschnittliche Antwortwahrscheinlichkeiten anzunehmen. Innerhalb einer Klasse entspricht das Antwortverhalten der Personen mehr oder weniger gut und nur in Ausnahmefällen vollständig diesem durchschnittlichen Antwortverhalten aller Klassenmitglieder. Je sicherer die Personen den Klassen zugeordnet werden, um so eher entspricht ihr Antwortprofil dem des durchschnittlichen, gedachten Klassenmitglieds und umgekehrt.
3. Überträgt man diese Interpretationen auf den Alltag, so erwarten wir nicht, daß jede Person sich zu jeder Zeit so verhält, wie es aufgrund ihrer Klassenzugehörigkeit oder ihres Antwortverhaltens zu erwarten wäre. Zwar sind bestimmte Verhaltensdispositionen wahrscheinlicher, andere weniger wahrscheinlich. Gleichwohl verfügt jede Person über Verhaltensmuster, die auch in andere Klassen ‚passen' und die je nach Situationsinterpretation abgerufen werden." Zitiert nach [Schr94], S. 92.

[446] Vgl. [Schr94], S. 110.

- Typ 2: Der Anwendungsorientierte

Der „Anwendungsorientierte“ hinterfragt Lerninhalte nach praktischen Anwendungsgebieten. Theoretische Lerninhalte ohne praktische Beispiele bereiten ihm Schwierigkeiten.[447]

- Typ 3: Der Musterschüler

Der „Musterschüler“ prägt sich Faktenwissen genau ein, ohne an eigenen Experimenten interessiert zu sein. Wenn keine eindeutige Lösung eines Problems sichtbar ist, bekommt er Schwierigkeiten.[448]

- Typ 4: Der Gleichgültige

Der „Gleichgültige“ eignet sich nur das Wissen an, das ihm ausreichend erscheint, um nicht aufzufallen. Schwierigkeiten werden nicht als Herausforderung angesehen.[449]

- Typ 5: Der Unsichere

Der „Unsichere“ beschränkt sich auf die wichtigsten Lerninhalte und geht davon aus, dass er beim Lernen Schwierigkeiten haben wird. Er gibt sich mit unvollständigen Lösungen zufrieden und betrachtet Schwierigkeiten als Folge seiner mangelnden Fähigkeiten.[450]

5.2.2.6 Lerntypen nach RICH

RICH bezeichnet Lerntypen als „Stereotypes“:

„A stereotype represents a collection of attributes that often co-occur in people. ... they enable the system to make a large number of plausible inferences on the basis of a substantially smaller number of observations. These inferences must, however, be treated as defaults, which can be overridden by specific observations.“[451]

Der ursprüngliche Begriff „Stereotyp“ geht auf das System GRUNDY zurück.[452] In diesem System werden auf der Basis einer generellen Eigenschaft (z.B. „athletisch“[453]) des betrachteten Nutzers Rückschlüsse auf weitere Eigenschaften, die Stereotypen (z.B. „Motivation durch spannende Darstellung“, „Willensstärke“, „Durchhaltevermögen“[454]), gezogen.

Fraglich ist nun, welche generellen Eigenschaften geeignet sind, um auf eine ausreichende Menge von Stereotypen schließen zu können. Die im System GRUNDY verwendeten Stereotypen sind für die Ableitung der Eigenschaften (vgl. vorstehender Absatz) des zu verwendenden Lerninhaltes nicht geeignet, weil sie genau genommen den Lerninhalt nicht beschreiben.

Auch RICH schränkt die generelle Verwendbarkeit der Stereotypen auf Standardannahmen über den Nutzer ein. Auf der Basis von RICHs „Stereotypes“ entwickelte POHL Lerntypen, die sich an der medialen Darstellung des Lerninhaltes orientieren.

---

[447] Vgl. [Schr94], S. 111.
[448] Vgl. [Schr94], S. 113.
[449] Vgl. [Schr94], S. 115.
[450] Vgl. [Schr94], S. 117.
[451] Zitiert nach: [Rich89], S. 35.
[452] Vgl. [Rich79], S. 356.
[453] Vgl. [Kay00], S. 20.
[454] Vgl. [Kay00], S. 20.

5.2.2.7 *Lerntypen nach POHL*

POHL beschreibt zur Ermittlung der Nutzertypen sogenannte „Stereotypen“.[455] Diese basieren auf den Stereotypes von RICH und beziehen diese auf bestimmte mediale Präferenzen der Lernenden (↗ 5.2.2.6).[456]

Mögliche Präferenzen sind:[457]

- auditive Benutzertypen (präferieren akustische Darstellungen),
- visuelle Benutzertypen (präferieren bildliche Darstellungen),
- abstrakte Benutzertypen (präferieren textliche Darstellungen) und
- audiovisuelle Benutzertypen (präferieren videobasierte Darstellungen).

POHLs Lerntypen orientieren sich an der medialen Darstellung des Lerninhaltes. Die übrigen Aspekte der Individualisierung bleiben unberücksichtigt.[458]

5.2.2.8 *Systematisierung der Lerntypen*

In der folgenden Tabelle 5-3 werden die in den vorangegangenen Abschnitten dargestellten Lerntypeneinteilungen ihren Kerneigenschaften zur Systematisierung zugeordnet.

Lerntypeneinteilung nach	Kerneigenschaft
VESTER	sensomotorische Verarbeitungsform beim Lernenden
EULER	Lernziel und Vorkenntnisniveau
GAGNÉ	Komplexität des Lernprozesses
KOLB	Methode des Erkenntnisgewinns und Verhaltensweise
SCHRADER	Lernverhalten der Lernenden
RICH	allgemeine, nicht näher bezeichnete Eigenschaften der Lernenden
POHL	mediale Präferenzen der Lernenden

Tabelle 5-3: Zuordnung der Lerntypen zu ihren Kerneigenschaften

Es ist sinnvoll, zwischen Lernstilen, die das kurzfristige Verhalten in einer Lernsituation beschreiben, und Lerntypen, die das langfristige Verhalten beschreiben, zu unterscheiden. Aus den Lernstilen, die im Lernprozess beobachtet oder erfragt werden (↗ 6.3.7), kann durch Aggregation der Lerntyp ermittelt werden (↗ 6.3.7).

Für die Verwendung mit CDLS sind Lerntypeneinteilungen (↗ Tabelle 5-3), die auf klar definierten Attributen (GAGNÉ, KOLB, POHL, VESTER) basieren, besser geeignet, als solche, die eher vage beschreibenden Charakter tragen (EULER, RICH, SCHRADER).

Für die weiteren Ausführungen dieser Arbeit wird ähnlich wie bei den Standardisierungsentwürfen zu Metadaten (↗ 3.4) kein spezielles Schema der Lerntypeinteilungen zu Grunde gelegt. Welches Schema zum Einsatz kommt, ist abhängig vom Diskursbereich und kann im konkreten Anwendungsfall frei gewählt werden. Für die Ausführungen in Abschnitt 5.3.1 wird auf die Attribute des LTSC-PAPI (↗ 3.4 und 5.3.2) zurückgegriffen. Alle anderen Ausführungen basieren auf allgemeinen Attributen, die entsprechend der gewählten Lerntypeneinteilung mit einer Semantik versehen werden müssen.

---

[455] Vgl. [Pohl99], S. 211.
[456] Außerdem bildet Pohl Stereotypen für die Lerneinheiten.
[457] In Anlehnung an [Pohl99], S. 216.
[458] Vgl. Abbildung 5-2.

5.2.3 Wissensstufen

Neben den Lerntypen ist auch die Wissensstufe, auf der sich ein Lernender befindet, entscheidend für die zu wählende Strategie der Wissensvermittlung. Die Identifikation der richtigen Wissensstufe dient dazu, „... sich ein Bild darüber zu verschaffen, welcher Mitarbeiter über welches unternehmensrelevante Wissen verfügt“[459].

DREYFUS/DREYFUS haben für schlecht strukturierte Problembereiche ein Stufenmodell zur Beschreibung von Fertigkeiten entwickelt.[460] Dieses Modell unterscheidet fünf Stufen:

1. Der Novize

Der Novize hat noch keine Vorkenntnisse in dem betrachteten Diskursbereich. Er eignet sich Wissen in Form von eindeutigen Regeln an, die sich auf klar spezifizierte Fakten und Merkmale des betrachteten Realitätsausschnittes beziehen. Diese Regeln sind klar strukturiert und lassen sich leicht in Softwaresystemen umsetzen.[461]

2. Der fortgeschrittene Anfänger

Der fortgeschrittene Anfänger besitzt zusätzlich zum Basiswissen des Novizen praktische Erfahrungen, durch die er situationsspezifische Vergleiche anstellen und Ähnlichkeiten feststellen kann. Dies versetzt ihn in die Lage, situationsspezifische Besonderheiten zu erkennen.[462]

3. Der kompetent Handelnde

Der kompetent Handelnde kann auf Grund seiner Erfahrungen planvoll handeln und seine Vorgehensweise rechtfertigen.[463]

4. Der situationsgerecht Handelnde

Der Typ des situationsgerecht Handelnden ist dadurch gekennzeichnet, dass er eine Situation intuitiv verstehen und auf Basis dieses Verständnisses das weitere Vorgehen planen kann. Die eigentliche Planausführung erfolgt bewusst.[464]

5. Der Experte

Ein Experte ist in der Lage, auch die Planausführung auf Basis von Intuition durchzuführen.[465]

Im Laufe der Entwicklung einer Person von einem Novizen zum Experten weicht das explizite (sprachlich beschreibbare) Wissen zunehmend der Intuition.[466] Dieser Tatsache muss durch geeignete didaktische Strategien Rechnung getragen werden. Zu diesem Zweck werden nachfolgend (↗ Tabelle 5-4) den Wissensstufen geeignete didaktische Strategien zugeordnet.

Der Novize lernt am effektivsten durch einfache Präsentation bzw. Visualisierung des Lerninhaltes. Eine gute Strukturierung des Lerninhaltes ist wichtig, um Hemmungen zu vermeiden.[467] Eine Vertiefung des Wissens ist durch einfaches Abfragen des Lerninhaltes möglich (Drill & Practice).[468]

---

[459] Zitiert nach: [MüRS00], S. 275.
[460] Vgl. [DrDr87], S. 55.
[461] Vgl. [Petk98], S. 49.
[462] Vgl. [Petk98], S. 49.
[463] Vgl. [Petk98], S. 49.
[464] Vgl. [Petk98], S. 49.
[465] Vgl. [Petk98], S. 49.
[466] Vgl. [Petk98], S. 50.
[467] Vgl. [Joer76], S. 98.
[468] Vgl. [MaSt99], S. 64.

Der fortgeschrittene Anfänger benötigt für den Lernprozess zusätzlich die Unterstützung durch einen menschlichen Tutor. Dieser unterstützt ihn in Detailfragen zum Lerninhalt durch Feedback und hilft, sogenannte „einsame" Lernprozesse zu vermeiden.[469] CAREY und DICK verweisen darauf, dass für Anfänger eine stark strukturierte Variante des Lerninhaltes hilfreich ist.[470]

Auf der Stufe des kompetent Handelnden ist so viel Wissen beim Lernenden vorhanden, dass dieses in Gruppenarbeit mit anderen Lernenden vertieft werden kann. Dabei kann an einer gemeinsamen Lösung für eine Problemstellung gearbeitet oder auf eine „face to face"-Lernsituation bezogenes Handlungswissen vertieft werden.

Für Lernende auf der Stufe des kompetent Handelnden hat die Wissensvermittlung durch Simulation eine besondere Bedeutung. Es ist genügend Grundwissen (in Form von Faktenwissen) vorhanden, dessen Zusammenhänge durch Simulation weiter ausgebaut und vertieft werden. Die Anwendung der Simulationssoftware kann einzeln oder in Gruppen erfolgen. Der Tutor übernimmt die Rolle eines Moderators innerhalb der Lerngruppe.

Die Stufe des Experten ist das langfristige Ziel intensiver Lernprozesse. Auf dieser Stufe kann neues Wissen nur durch umfangreiche Forschungsarbeiten erworben werden. Der Lerninhalt wird zum Forschungsgegenstand. Eine Unterstützung durch vorgefasste didaktische Strategien ist nicht möglich, weil diese sich auf den noch nicht bekannten Forschungsgegenstand beziehen müssten. Auch die Unterstützung durch einen Tutor tritt an dieser Stelle zugunsten des Erfahrungsaustausches zwischen Experten in den Hintergrund (peer review).

5.2.4 Zuordnung von Wissensstufen zu didaktischen Strategien

Die Wissensstufen nach DREYFUS/DREYFUS können didaktischen Strategien, die auf Ebene der jeweiligen Wissensstufe den höchsten Lernerfolg versprechen, folgendermaßen zugeordnet werden.

Wissensstufe	Didaktische Strategie
Novize	Präsentation von Lerninhalten; Drill & Practice
Fortgeschrittener Anfänger	Unterstützung durch menschlichen Tutor
Kompetent Handelnder	Gruppenarbeit, Vermittlung von Handlungswissen
Situationsgerecht Handelnder	Simulation
Experte	Forschung

Tabelle 5-4: Zuordnung der Wissensstufen nach DREYFUS/DREYFUS zu didaktischen Strategien

Die Wissensstufen nach DREYFUS/DREYFUS sind nach MADER und STÖCKL folgenden Verteilungen von Wissensarten zugeordnet.

[469] Vgl. [MaSt99], S.65ff.
[470] Vgl. [DiCa90].

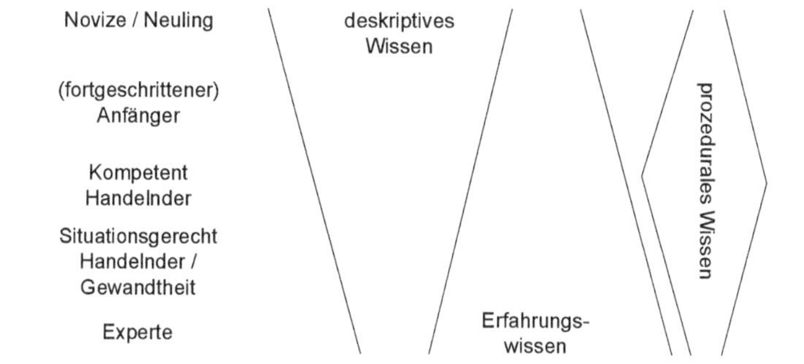

Abbildung 5-7: Lernphasen[471]

JOERGER visualisiert den mentalen Ablauf des Lernprozesses beim Lernenden folgendermaßen:

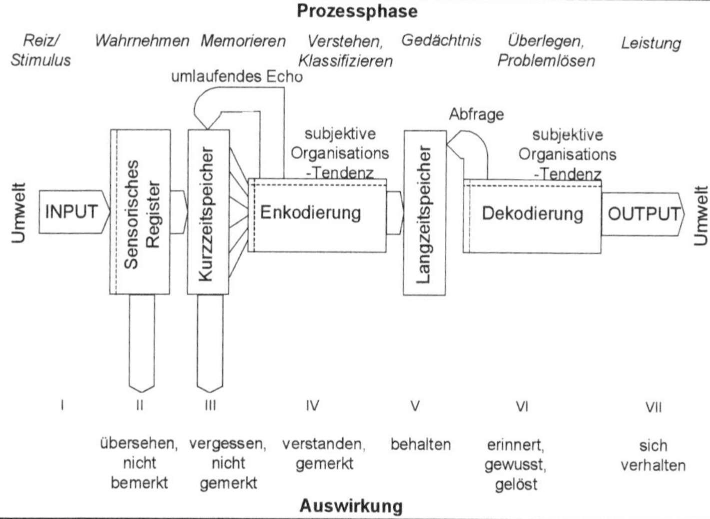

Abbildung 5-8: Lernprozess nach JOERGER[472]

Die Prozessphasen in Abbildung 5-8 bauen aufeinander auf. In der Zeile „Prozessphase“ ist jeweils der ablaufende Vorgang angegeben. Die Zeile „Auswirkung“ bezeichnet das Ergebnis, wenn der Lernprozess an dieser Stelle beendet wird.

Die Präsentation des Lerninhaltes (Reiz/Stimulus) bewirkt eine Wahrnehmung beim Lernenden. Durch Memorieren (Nachdenken) wird der Lerninhalt in das Kurzzeitgedächtnis (Kurzzeitspeicher) aufgenommen. Wenn der Lernprozess an dieser Stelle beendet wird, gerät der

[471] Vgl. [MaSt99].
[472] In Anlehnung an [Joer76], S. 72.

Lerninhalt in Vergessenheit. Durch weiteres Nachdenken über den Lerninhalt laufen weitere mentale Prozesse ab (Enkodierung), die dazu führen, dass der Lerninhalt verstanden wird. Ergebnis ist eine Übernahme in das Langzeitgedächtnis (Langzeitspeicher). Weiteres Verarbeiten des Lerninhaltes (Überlegen/Problemlösen) führt zum späteren Erinnern an die im Lernprozess dargestellten Sachverhalte. Im Ergebnis führt dies zu einer langfristigen Verhaltensänderung, die JOERGER als Prozessphase der Leistung bezeichnet.

Die Auswirkungen der Prozessphasen nach JOERGER (erste Zeile in Abbildung 5-8) (letzte Zeile in Abbildung 5-8) können nach Ansicht des Autors dieser Arbeit den Wissensstufen nach DREYFUS/DREYFUS zugeordnet werden (↗ Tabelle 5-5). Es ergibt sich folgende Zuordnung (Tabelle 5-5):

Wissensstufe	Prozessphase	Auswirkung
Novize	Wahrnehmen	II übersehen, nicht bemerkt
fortgeschrittener Anfänger	Memorieren; Verstehen, Klassifizieren	III verstanden, gemerkt; IV behalten
kompetent Handelnder	Gedächtnis	V behalten
situationsgerecht Handelnder	Überlegen, Problemlösen	VI erinnert, gewusst, gelöst
Experte	Leistung	VII sich verhalten

Tabelle 5-5: Zuordnung der Wissensstufen nach DREYFUS/DREYFUS zu Prozessphasen im Lernprozess nach JOERGER

Jede Prozessphase endet mit einem Wissensstand auf dem Niveau der zugeordneten Wissensstufe. Dies bedeutet, dass

- ein Novize den Lernprozess in der Prozessphase „Wahrnehmen" beendet, mit der Konsequenz, dass er den eigentlichen Lerninhalt möglicherweise nicht bemerkt;
- ein fortgeschrittener Anfänger den Lernprozess bis zu den Prozessphasen „Memorieren", „Verstehen" oder „Klassifizieren" durchläuft und den Lerninhalt versteht oder sich merkt;
- ein kompetent Handelnder den Lernprozess in der Prozessphase „Gedächtnis" verlässt und den Lerninhalt sicher behält;
- ein situationsgerecht Handelnder bis zur Prozessphase „Überlegen/Problemlösen" vordringt und den Lerninhalt zur Lösung von ähnlichen Problemen anwenden kann;
- ein Lernender auf der Stufe des Experten den Lernprozess bis zum Ende (Prozessphase „Leistung") absolviert und in der Lage ist, neue Hypothesen als Ergebnis eigener Forschungsarbeit zu entwickeln.

5.2.5 Lerntypen vs. Individualisierung

Auf den ersten Blick mag die Verwendung von Lerntypen in CDLS einen Widerspruch zur Individualisierung darstellen, da damit nur eine Annäherung an die wirklichen Anforderungen des Lernenden erreicht werden kann. Grund ist, dass ein Lerntyp die individuellen Ansprüche jedes einzelnen Lernenden nur approximieren kann. Bei genauerer Betrachtung wird klar, dass Lerntypen die individualisierte Gestaltung von CDLS sehr gut unterstützen können. Eine hohe Anzahl verfügbarer Lerntypen kann eine hinreichend genaue Abbildung der Anforderungen des einzelnen Lernenden ermöglichen. Außerdem können Lerntypen als Ausgangspunkt für eine weitere Verfeinerung der Abbildung der Anforderungen des Lernenden in CDLS (Lernermodell) genutzt werden.

5.2.6 Lernermodell

⇒ *Das <u>Lernermodell</u>*[473] *eines Lernenden ist definiert als die Gesamtheit seiner Eigenschaften, welche für den Ablauf des Lernprozesses relevant sind.*

Dazu zählen:

- die Wissensstufe (Vorkenntnisniveau) (Was weiß der Lernende?; Was kann der Lernende?) (↗ 5.2.3),
  - sowohl bezogen auf den Diskursbereich insgesamt
  - als auch bezogen auf den Lernfortschritt innerhalb des betrachteten Diskursbereichs,
- die Historie (Was hat der Lernende im Verlauf des Lernprozesses bereits getan?),
- der Lerntyp (↗ 5.2.2) und
- mediale Präferenzen.

Auf Basis des Lernermodells kann entschieden werden,

- welche Lernparadigmen (↗ 2.1.4)
- mit welchem Lerninhalt
- auf welchem Weg
- unter Verwendung welcher Medienarten (↗ 2.7)
- zu welchem Lernziel

führen sollen. Dabei kann sowohl korrigierend als auch erweiternd in den Lernprozess eingegriffen werden.

KAY unterscheidet zwischen „overlay models“ (Überlagerungs-Lernermodelle), „differential models“ (Differenz-Lernermodelle) und „buggy models“ (Fehler-Lernermodelle).[474]

Lernende, die das Überlagerungs-Lernermodell repräsentieren, sind dadurch gekennzeichnet, dass die Anforderungen dieses Lerntyps eine Untermenge aller verfügbaren Ausprägungen des Lerninhaltes darstellen. Beispielsweise hat der Lerntyp „Experte“ Anforderungen, die eine Untermenge aller verfügbaren Ausprägungen des Lerninhaltes nachfragen.[475]

Lernende nach dem Differenz-Lernermodell verhalten sich so, wie es der Autor des Lerninhaltes unterstellt hat. Diese werden auch als „Ideal-Lernende“ bezeichnet.[476]

Lernende, die zum Fehler-Lernermodell gezählt werden, haben eine grundsätzlich andere Vorstellung vom Aufbau des Lerninhaltes, als der Autor unterstellt hat. Sie verhalten sich gänzlich anders, als es geplant war (z.B. „Trial and Error“). Aufgabe des CDLS ist es, aus dem Verhalten des Lernenden während der Interaktion mit dem CDLS eine Diagnose über die Fähigkeiten des Lernenden zu erstellen.

Abschnitt 5.3.1 befasst sich mit der Verwendung von Lernermodellen zur Individualisierung in CDLS. Der Prozess der Erhebung des Lernermodells wird in Abschnitt 6.3.7 beschrieben.

---

[473] Dieses wird häufig auch als Profil bezeichnet.
[474] Vgl. [Kay00], S. 24.
[475] Vgl. [Kay00], S. 24.
[476] Vgl. [Kay00], S. 24.

Die Verwendung von Lernermodellen ist sehr umstritten, da bisher nicht erwiesen ist, dass die Verwendung derselben wirklich zu besseren Lernergebnissen führt. Die Ursachen hierfür sind vielfältig:

- die Kommunikation zwischen Lernendem und CDLS ist begrenzt, nicht alle möglichen Varianten des Wissens sind abbildbar,
- die erhobenen Daten im Lernermodell sind verrauscht,
- durch Folgefehler kann gegebenenfalls wieder ein richtiges Ergebnis/Verhalten entstehen (im Lernermodell nicht erkennbar),
- durch Datenschutzprobleme kann nur ein unvollständiges Lernermodell erhoben und hinterlegt werden.

5.2.7 Varianten des Lernermodells

Um die Individualisierung von CDLS zu realisieren, wird aus dem Verhalten des Lernenden ein Lernermodell ermittelt. Dieses Lernermodell enthält Information über den aktuellen Wissensstand des Lernenden (Kompetenz), Information über die Präferenzen des Lernenden (Lerntyp), sowie Information über seine Vorgehensweise zur Erarbeitung neuen Wissens (Lernstrategie) (↗ 5.2). Auf Basis dieses Lernermodells wird entschieden, welche Lerninhalte in welcher medialen Darstellung mit welchem didaktischen Ansatz dem Lernenden vom CDLS zur Bearbeitung vorgelegt/präsentiert werden.

Der prinzipielle Ablauf des Prozesses der Individualisierung eines CDLS an den Lernenden wird durch KERRES in Anlehnung an FISCHER[477] folgendermaßen beschrieben:

- „Das Verhalten des Lernenden wird registriert: Welche Lerneinheiten werden gewählt? Welche Vermittlungsform wird bevorzugt? Welche Fehler werden gemacht?
- Aus der Performanz des Lernenden wird ein Modell der Kompetenz abgeleitet: Welche Wissensbestände liegen vor, über welche Fähigkeiten verfügt er?
- Das Modell der aktuellen Kompetenz des Lernenden wird mit dem des Experten in einem bestimmten Sachgebiet (‚Domäne') verglichen. Hieraus ergibt sich ein Modell der Lerndefizite.
- Auf der Grundlage dieser Lerndiagnose entscheidet die tutorielle Komponente des Systems, welche Lerneinheiten dem Benutzer in welcher Form angeboten werden. Je nach Konzeption des tutoriellen Systems ist die Interaktion dabei mehr oder weniger system- oder lernergesteuert.
- Bei der Bearbeitung der präsentierten Aufgaben, Information etc. werden die Eingaben, Antworten usw. des Benutzers laufend analysiert. Dabei werden ständig Hypothesen über die Kompetenz des Lernenden gebildet und so verschiedene Aspekte des Modells der Lernerkompetenz entweder bestätigt oder verworfen.
- Liegt darüber hinaus eine Erklärungskomponente vor, kann das System seine didaktischen Entscheidungen dem Lernenden auf Anfrage erläutern."[478]

Auf diesem grundlegenden Ablauf basieren nach wie vor alle Ansätze zur Individualisierung innerhalb von CDLS.

---

[477] Vgl. [Fisc85], S. 74.
[478] Zitiert nach: [Kerr98], S. 63.

Zur Abbildung des Lernermodells existieren unterschiedliche Ansätze, welche im Folgenden diskutiert werden sollen.

Eine Möglichkeit ist die Beschreibung des Wissensstandes des Lernenden als Auflistung aller bekannten und unbekannten Fakten des Lernenden (Überlagerungs-Lernermodell).[479] Diese Variante hat den Vorteil, dass sie leicht nachvollziehbar und verständlich ist. Nachteilig ist, dass es keinen Bezug zu einer Referenz über das erwünschte Wissen im Diskursbereich als Ziel des Lernprozesses gibt. Weiterhin kann eine verbale Beschreibung sehr schlecht von einem CDLS ausgewertet werden. Diese Auswertung ist jedoch für die weiteren Lernschritte zwingend erforderlich.

Diese Probleme umgeht das Differenz-Lernermodell, das die aktuelle Kompetenz eines Lernenden als Untermenge des Wissens eines Experten, welches im CDLS hinterlegt ist, betrachtet.[480] Das Differenz-Lernermodell wurde von ANDERSON im System LISP-Tutor realisiert.[481] Zur Darstellungsweise des Wissens in CDLS nach dem Differenz-Lernermodell folgen in Abschnitt 5.4 weitere Ausführungen.

Eine weitere Variante der Abbildung des Lernermodells ist das enumerative Fehler-Lernermodell.[482] Dabei werden die Antworten des Lernenden mit einer gespeicherten Fehlerliste verglichen und daraus Empfehlungen für das weitere Vorgehen generiert. Das enumerative Fehlermodell wurde in den Lernprogrammen BUGGY und DEBUGGY von BROWN und BURTON realisiert.[483]

5.3 Metadaten in CDLS

Die Beschreibung der Eigenschaften der Lernenden und des Lerninhaltes im CDLS erfolgt mit Hilfe von Metadaten. Diese sind eng an die Verwendung von Standards gebunden. Für Distance Learning existieren zur Zeit (Anfang 2002) verschiedene, konkurrierende Standards, die insbesondere auch Metadatenstrukturen zum Zweck der Interoperabilität beinhalten (↗ 3.4).

Grundlegende Eigenschaften, Ausprägungen und Einsatzbereiche dieser Metadaten sollen im Folgenden abstrakt beschrieben werden.

5.3.1 Knowledge Repository

⇒ *Die Gesamtheit der Metadaten in einem CDLS, deren Beziehungen zum eigentlichen Lerninhalt sowie das hinterlegte prozedurale Wissen werden in CDLS im Knowledge Repository gespeichert. Das Knowledge Repository umfasst sowohl Strukturdaten als auch Metadaten über den im CDLS enthaltenen Lerninhalt.*

Innerhalb des Knowledge Repository kann zwischen deklarativem und prozeduralem Wissen unterschieden werden. Die Metadaten bilden dabei deklaratives Wissen ab, durch Annotationen, Erfahrungsberichte und Hinterlegung von „soft skills" durch Benutzer wird prozedurales Wissen abgebildet. Abbildung 5-9 verdeutlicht dies.

479 Vgl. [Kerr98], S. 63; [Kay00], S. 24.
480 Vgl. [Kay00], S. 24.
481 Vgl. [AnRe85], S. 159ff. und [AnBR85], S. 458.
482 Vgl. [Kay00], S. 24.
483 Vgl. [BrBu78], S. 155ff und [Burt82], S. 157ff.

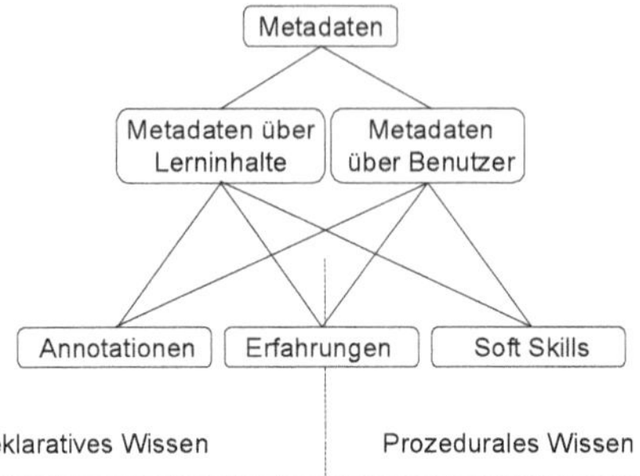

Abbildung 5-9: Logische Struktur der Metadaten

Zunächst sollen Metadaten über Benutzer, getrennt nach beschreibenden Merkmalen und nach verhaltensbezogenen Merkmalen dargestellt werden (↗ 5.3.2).

Anschließend werden Metadaten über Lerninhalte, unterteilt nach beschreibenden Daten (Medienbeschreibung) und Strukturdaten, vorgestellt (↗ 5.3.3).

5.3.2 Metadaten über Benutzer

Metadaten über Benutzer werden mit dem Ziel erhoben, daraus Rückschlüsse auf das tatsächliche Lernverhalten (verhaltensbezogene Merkmale) des Lernenden und seine Eigenschaften/Wünsche (beschreibende Merkmale) zu ziehen.

Ein Beispiel für einen Strukturentwurf von benutzerspezifischen Metadaten ist der Standard PAPI (Public and Private Information) des LTSC innerhalb des IEEE. PAPI enthält Information zu Lernverhalten, Leistungen, Abschlüssen und Präferenzen der Lernenden.

Typ	Beschreibung	Beispiele
Persönliche Information	Allgemeine Information ohne direkten Bezug zum Lernprozess	Name, Anschrift, Alter
Präferenz	Information über Präferenzen des Lernenden	Lernstil, Lernort
Leistung	Information über die Lernleistung des Lernenden	Zertifikate, Zeitstempel, Benotung
Abschluss	Information über bereits absolvierte Ausbildungsgänge	Zertifikate, Fähigkeiten

Tabelle 5-6: Kategorien innerhalb des PAPI[484]

Der Standardisierungsvorschlag PAPI ist insofern kritisch zu werten, als dass alle Attribute nur Beispiele darstellen und ein verbindlicher Charakter fehlt. Es bleibt dem Anwender dieses Standards überlassen, die konkreten Ausprägungen beispielsweise des Attributes „Lernstil" festzulegen. Ein Informationsaustausch zwischen Lernsystemanbietern, wie er bei der Komposition von Bildungsangeboten aus Modulen verschiedener Anbieter stattfindet, wird dadurch erschwert. Weiterhin sind die Speicherung und Verarbeitung von personenbezogenen Daten durch Gesetze stark reglementiert und eingeschränkt, so dass sich aus benutzerspezifischen Daten gewonnene Information nicht immer ohne Probleme verwenden lässt.

[484] Vgl. [IEEE00a].

Mit benutzerspezifischen Metadaten und den Metadaten über den Lerninhalt lassen sich durch Rekonfiguration der Wissensbausteine individuelle Lernsituationen erzeugen (↗ 6.4.2).

Die folgenden Ausführungen beziehen sich auf eine relationale Datenstruktur, die zur Speicherung der Lerninhalte und des Knowledge Repository dient.

Ähnlich, wie sich Metadaten über den Lerninhalt bilden lassen (↗ 5.3.3), können auch Metadaten über Nutzer (Lernende) in CDLS gebildet werden. Allerdings gibt es im Fall „Metadaten über Nutzer" nur beschreibende Information, keine Strukturinformation.

Metadaten über Benutzer werden unterschieden in beschreibende Merkmale und verhaltensbezogene Merkmale. Beschreibende Merkmale müssen üblicherweise explizit abgefragt werden, während verhaltensbezogene Merkmale sich implizit aus dem Verhalten des Benutzers (Bearbeitungsreihenfolge, Selbsttestergebnisse, Bearbeitungsdauer) herleiten lassen (↗ 6.3.7).

Diese Beschreibungen lassen sich prinzipiell auf alle Benutzerklassen eines CDLS anwenden. In dieser Arbeit soll die Darstellung auf die Benutzerklasse „Lernende" beschränkt werden. Die Anwendung für die Benutzerklassen „Autor", „Tutor" und „Administrator" kann analog dazu erfolgen.

Die folgende Abbildung gibt eine Übersicht über Merkmale für Lernende.

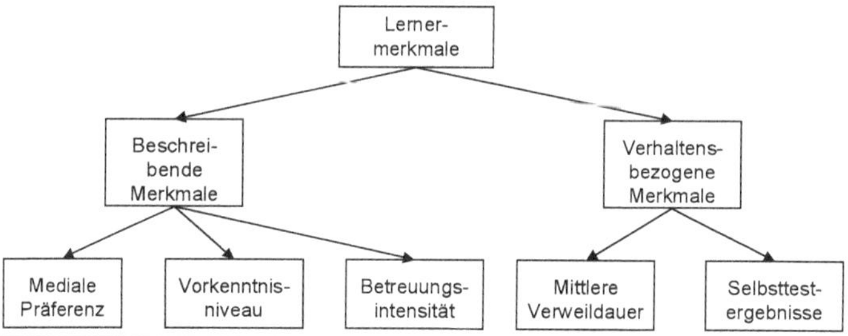

Abbildung 5-10: Benutzermerkmale von Lernenden

Die Gesamtheit aller Merkmale eines Lernenden werden in einem Merkmalsvektor zusammengefasst, der auch als Lernerprofil bezeichnet wird.

⇒ *Ein Lernerprofil beschreibt die Gesamtheit aller für die Individualisierung relevanten Eigenschaften für einen Benutzer (Lernenden) im CDLS.*

Die atomaren Eigenschaften (↗ 5.2.2) der Lernerprofile werden als Attribute des Benutzers in der Datenbank des CDLS abgelegt. Dabei kommt eine ähnliche Strategie wie bei den Attributen über den Lerninhalt zum Einsatz.

Um eine variable Anzahl Eigenschaften zur Beschreibung der Benutzerbedürfnisse zu ermöglichen, werden diese Eigenschaften durch einen eigenen Entitätstyp („PersonProperty") abgebildet.

Es stellt sich die Frage, wie sich diese komplexen Lerntypen auf die erforderlichen einfachen Eigenschaften abbilden lassen.

Eine Lösung kann darin bestehen, die erforderliche Einordnung den Lernenden selbst vornehmen zu lassen. Dabei besteht allerdings die Gefahr der Fehleinschätzung. Außerdem wird häufig der Fall eintreten, dass (wie SCHRADER bereits festgestellt hat) sich ein Lernender nicht eindeutig einem Lerntyp zuordnen lässt.

Zur Ermittlung des Lerntyps ist es möglich, von atomaren Eigenschaften (Attributen)[485] der Nutzer auszugehen und diese zu aggregieren. Umgekehrt kann von komplexen Lerntypen ausgegangen und daraus abstrahiert werden. Beide Wege sind schwierig, da die Abbildung von komplexen Lerntypen auf atomare Eigenschaften mediendidaktisch sehr umstritten ist.[486]

In Abschnitt 6.3.1 wird die Variante der Abbildung auf atomare Eigenschaften näher betrachtet.

5.3.3 Metadaten über Lerninhalt

Metadaten über den Lerninhalt[487] werden zusätzlich zu diesem erfasst und gespeichert. Sie dienen als Basis für die weitere Verknüpfung und Strukturierung (➚ 6.3.1 und 6.3.5). Neben den Metadaten enthält der Lerninhalt inhärente Information, die durch Methoden der Wissensrepräsentation für ein CDLS zugänglich gemacht werden kann (➚ 5.4).

5.3.3.1 Medienbeschreibung

⇒ *Die Medienbeschreibung umfasst solche Metadaten, die den Lerninhalt durch geeignete Attribute beschreiben oder klassifizieren. Es sind sowohl Daten über Art und Umsetzung der Lerninhalte (Laufzeit, Größe) als auch den Anteil am gesamten Wissensbaustein enthalten. Diese Information wird zur Laufzeit aus den Metadaten der zu Grunde liegenden Wissensbausteine gewonnen. Weiterhin enthält die Medienbeschreibung didaktische Metadaten (z.B. Klassifizierungen wie Grundlagenwissen/Expertenwissen/Hintergrundwissen/Zusammenfassung), die durch den Autor hinterlegt wurden.*[488]

Die Medienbeschreibung wird für jeden Wissensbaustein zur Laufzeit des CDLS aus den verfügbaren Metadaten gewonnen und in Merkmalsvektoren abgelegt.

In der Literatur finden sich verschiedene Vorschläge zur Beschreibung von Lerninhalt in CDLS unter Nutzung von Metadaten.

Das Learning Technology Standards Committee (LTSC) des IEEE fasst lerninhaltspezifische Metadaten im Entwurf Learning Object Metadata (LOM) zusammen (➚ Tabelle 5-7).[489]

Ähnlich wie beim LTSC-Entwurf PAPI (➚ 5.3.1) ist auch bei LOM nur ein grobes Schema für die Metadaten vorgegeben. Die genaue Ausgestaltung des Repository bleibt jedem Lernsystemanbieter vorbehalten, was die Interoperabilität verschiedener Systeme erschwert. Der LOM-Entwurf ist abwärtskompatibel zum „Dublin Core“ (➚ 3.4).

---

485 Diese Eigenschaften beschreiben eine einzige Eigenschaft möglichst detailliert. Zusammenfassungen mehrerer Eigenschaften in einem Attribut sollten vermieden werden.

486 Vgl. [Schr98] , S. 56.

487 Auch als „supplementary information“ bezeichnet (Vgl. [AHHJ+96], S. 3).

488 Didaktische Metadaten sind im Allgemeinen für atomare Informationsobjekte wie einzelne Bilder nicht sinnvoll darstellbar. Deshalb beschränkt sich deren Anwendung auf Wissensbausteine, welche bereits einen Kontext für die atomaren Informationsobjekte darstellen.
Problematisch ist in diesem Zusammenhang die mögliche unterschiedliche Einordnung welche in Abhängigkeit vom Kontext in dem der Lerninhalt verwendet wird und in Abhängigkeit vom klassifizierenden Autor erfolgen kann.

489 Dieser Entwurf ist unter der Bezeichnung P 1484 beim IEEE zu finden. Vgl. [IEEE00b].

Typ	Beschreibung	Beispiele
Allgemein	Wissensbaustein-Eigenschaften	Bezeichner, Titel, Kurzbeschreibung, Sprache
Historie	Versionskontrolle	Status, Autor
technische Anforderungen	technische Anforderungen	Medienformat, Größe, Plattform
pädagogische Anforderungen	pädagogische Merkmale	Interaktivität, gegebenenfalls Typ der Übung, Schwierigkeitsgrad, Vorkenntnisse
Rechte	Angaben zu Urheberrecht und Nutzungsbedingungen	Urheber, Konditionen
Beziehungen	Beziehungen zu anderen Wissensbausteinen	Art der Beziehung, Beschreibung
Klassifikation	Angaben zur Einordnung in eine Systematik	Zweck, Quelle, Schlüsselworte

Tabelle 5-7: Kategorien innerhalb des LOM[490]

DIEPOLD schlägt zur Beschreibung der Lerninhalte zusätzliche Metadaten vor, die nach seiner Meinung in einer Form ähnlich den HTML-Meta-Tags gespeichert werden sollen.[491] Das HOMER-Konzept von POHL enthält ähnliche Attribute wie der LTSC-Entwurf.[492]

Die von DIEPOLD gewählte Darstellungsform ist angelehnt an den vom Online Computer Library Center (OCLC) und dem National Center for Supercomputing Applications (NCSA) entwickelten „Dublin Core".[493] Problematisch an beiden Entwürfen („Diepold" und „Dublin Core") ist der rein akademische Hintergrund und das Fehlen einer Unterstützung durch Systemanbieter von CDLS. Weiterhin ist der Entwurf „Dublin Core" für einen breiten Einsatz semantisch nicht ausreichend klar spezifiziert.

Aus diesem Grund ist es sinnvoll, Metadaten-Beschreibungen mit klarer Spezifikation für die weitere Entwicklung zu bevorzugen. Aufbauend auf diesen Vorschlägen für Metadaten zum Lerninhalt wird ein Schema gemäß Tabelle 5-8 für Metadaten über Lerninhalt aufgestellt.

Allen Vorschlägen gemeinsam ist die Beschränkung auf die Metadaten selbst. Es fehlt eine Methode zur konsistenten Verknüpfung der Metadaten mit den Lerninhalten. Ein Beispiel für eine solche Methode ist in Abschnitt 6.3.1 angegeben.

Die Verwaltung der Metadaten in Form von „Tags" (siehe oben) ist sinnvoll, wenn von einer dateisystembasierten Speicherung der Lerninhalte ausgegangen wird. Im Falle der datenbankbasierten Hinterlegung der Lerninhalte bietet es sich an, die Metadaten durch zusätzliche Attribute bzw. Entitätstypen abzubilden. Dadurch wird eine klare Trennung der Lerninhalte von den Metadaten möglich.

490 Vgl. [IEEE00b].
491 Vgl. [Diep98], S. 175 f.
492 Vgl. [Pohl99], S. 224.
493 Vgl. [GoMi+96].

Attribut	Beschreibung	Verwendung auf der Ebene Blob (↗ 2.11)	Wissensbaustein (↗ 2.11)
Author	Name(n) des/der Autor(s)/(en)	X	X
Expiration	Verfallsdatum	X	X
Date	Veröffentlichungsdatum	X	X
Identifier	ISBN/ISSN, URL o.ä.	X	X
Language	Sprache	X	
Other Agent	Herausgeber, Übersetzer, Bearbeiter o.ä.	X	
Object Type	Lerninhalt, Übung o.ä.		X
Publisher	Verlag, Institution o.ä.	X	
Subject	Betreff	X	X
Title	Titel	X	X
Source	Quellenangabe	X	
Abstract	Zusammenfassung	X	X
Copyright	Evtl. Urheberrechte	X	
Grade-level	Wissensniveau		X
Keywords	Schlagworte	X	
Subject Area	Wissenschaftsbereich		X
Topic	Thema		X
Administrator	Verantwortliche Person (für Fehlermeldungen o.ä.)	X	X
Media Type	Medienvariante (Text, Bild, Video ...)	X	

Tabelle 5-8: Attribute für Metadaten über Lerninhalte[494]

In diesem Zusammenhang stellt sich die Frage nach der Einordnung der Attribute. Es erscheint sinnvoll, Teilmengen dieser Attribute auf die Entitätstypen „Blob“ und „Wissensbaustein“ anzuwenden. Diese Zuordnung ist in den Spalten „Blob“ und „Wissensbaustein“ oben stehender Tabelle 5-8 angegeben. Dabei werden Attribute, welche mehrfach mit gleichem Inhalt vorkommen, durch Fremdschlüssel-Beziehungen auf Entitätstypen für die Details abgebildet.[495]

[494] Die Attribute sind teilweise übernommen aus: [Diep98] (*kursiv*) und [GoMi+96] (**fett**).

[495] Wenn die Verwaltung der Meta-Informationen konsistent sein soll, ist diese Vorgehensweise zwingend erforderlich. Unter dem Aspekt einer gewünschten hohen Performance kann es u.U. günstiger sein, von dieser Darstellug in 3. Normalform abzugehen und künstliche Redundanzen in Kauf zu nehmen. Vgl. dazu auch [RBP+93] Kapitel 17.

Attribut	Entitätstyp für die Details
Admin	Person
Author	Person
Grade-Level	Level
Keyword	Keyword
Language	Language
Media Type	MIMEType[496]
Object Type	KnowledgeBrickType
Other Agent	Person
Publisher	Organisation
Source	Literature
Subject Area	Area

Tabelle 5-9: Abbildung von Attributen für Metadaten auf Entitätstypen

Alle verbleibenden Attribute werden direkt in den zu Grunde liegenden Entitätstypen „Blob" bzw. „Wissensbaustein" (KnowledgeBrick) abgebildet.

Somit ergibt sich für die Speicherung der beschreibenden Meta-Information folgendes Klassendiagramm:

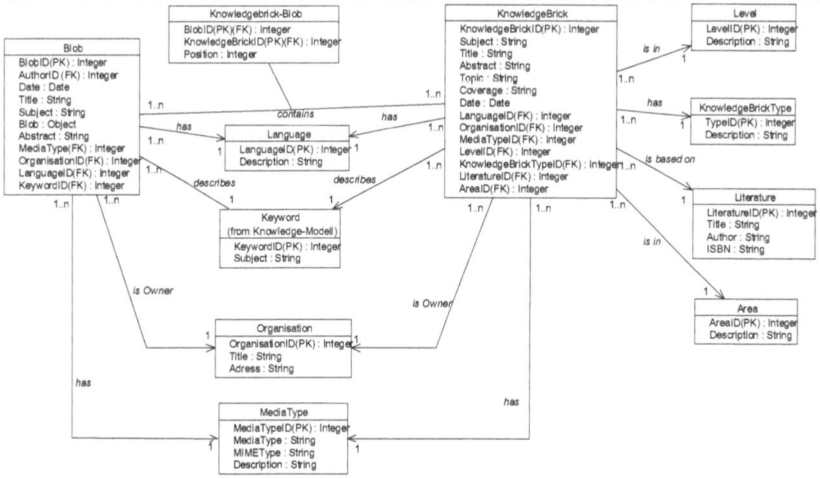

Abbildung 5-11: UML-Klassendiagramm für „beschreibende Daten über Lerninhalt"[497]

Beschreibende Metadaten können in Metadaten mit technischer Information (z.B. Laufzeit, MediaType), mit subjektiv beschreibender Information (z.B. Keyword, Abstract) und mit objektiv beschreibender Information (z.B. Organisation, Autor) unterteilt werden. Metadaten mit technischer Information und solche mit objektiv beschreibender Information haben die Eigenschaft, dass sie immer eindeutig definiert sind. Bei Metadaten mit subjektiv be-

[496] Die Bezeichnung MIME-Type resultiert aus der im Internet gebräuchlichen Beschreibung des Inhaltstyps mittels sogenannter MIME-Types.

[497] Die Attribute in den Detailtabellen sind jeweils nur eine Auswahl aller möglichen Attribute.

schreibender Information hängt der Inhalt entscheidend vom Autor der Metadaten ab. Unmittelbar damit verbunden ist das Problem, dass andere Systemnutzer (Autoren) beim Zugriff auf die Metadaten möglicherweise andere gedankliche Assoziationen haben, als dies vom ursprünglichen Autor beabsichtigt war.

Um diesem Problem abzuhelfen, ist es zwingend notwendig, bibliographische Methoden zur Beschreibung der Lerninhalte anzuwenden. Eine Variante ist, die im Bibliothekswesen gebräuchlichen Katalog-Schemata („Dewey Classification Scheme“[498] im englischsprachigen Raum oder „Schlagwort-Norm-Datei“ im deutschsprachigen Raum) auf die Metadaten (insbesondere Schlüsselwörter) anzuwenden.[499]

In einem solchen Szenario muss ein Autor vorgegebene Schlagwörter als Grundlage für die Beschreibung der Lerninhalte nutzen. Nur in Ausnahmefällen, wo keine eindeutige Beschreibung mit den vordefinierten Schlagworten möglich ist, kann das Katalog-Schema nach eingehender Prüfung um neue Schlagworte erweitert werden.

Auf diese Weise wird es möglich, die Wiederverwendbarkeit des vorhandenen Lerninhaltes durch eine eindeutige Beschreibung langfristig zu sichern.

Neben der vorstehend beschriebenen Codierung von Lerninhalt und Metadaten in getrennten Entitätstypen gibt es die Möglichkeit, Lerninhalt und Metadaten durch Verwendung der Beschreibungssprache XML innerhalb des Lerninhaltes (falls dieser in Textform vorliegt) zu codieren.[500] Zur Beschreibung der Struktur dieser Metadaten existiert der ISO-Standard Book DTD.[501]

5.3.3.2 Strukturdaten über Lerninhalt

⇒ *<u>Strukturdaten über Lerninhalt</u> geben in einem speziellen Kontext Auskunft über die Beziehung der einzelnen Teile des Lerninhaltes zueinander. Ein besonderes Merkmal von Strukturdaten ist, dass diese den Lerninhalt in unterschiedlichen Kontexten unterschiedlich strukturieren können. Dies steht im Gegensatz zu beschreibenden Metadaten, die den Lerninhalt in allen Kontexten einheitlich beschreiben.*

Um Wissensbausteine untereinander zu strukturieren, sind Strukturmerkmale in Form von zusätzlichen Entitätstypen und Attributen erforderlich.

Die Strukturierung wird in folgenden Varianten vorgenommen:

- Baumstruktur (Hierarchie) (↗ 4.10.5.2),
- Netzstruktur (Querverweise) (↗ 4.10.5.3).

Dabei ist ein Blatt (Element eines Baumes) die kleinste Struktureinheit.

Neben den eigentlichen Inhalten wird zusätzlich Meta-Information über den Inhalt abgelegt. Diese sind:

- strukturelle Hyperlinks,

---

[498] Die Klassifikation nach DEWEY (auch Dezimalklassifikation genannt) geht auf den US-Amerikaner M. DEWEY zurück, der 1876 ein Klassifikationsschema für das Bibliothekswesen entwickelte, welches 1892 vom Internationalen Bibliographischen Institut übernommen wurde. Sie gliedert das menschliche Wissen in zehn Hauptbereiche (0 Allgemeines; 1 Philosophie; 2 Religion/ Theologie; 3 Sozialwissenschaft/ Recht/ Verwaltung; 4 Sprachwissenschaft; 5 Mathematik; 6 Angewandte Wissenschaften/ Medizin/ Technik; 7 Kunst/ Spiel/ Sport; 8 Schöne Literatur; 9 Geographie/ Geschichte).

[499] Vgl. [Will00], S. 245.

[500] Vgl. [AHHJ+96], S. 4.

[501] Vgl. [ISO94].

- referentielle Hyperlinks,

⇒ *<u>Strukturelle Hyperlinks</u> ergeben sich aus der hierarchischen Struktur des Inhaltes. Sie sind, wenn die Gliederung des Lerninhaltes einmal erstellt wurde, immer automatisch generierbar.*

⇒ *<u>Referentielle Hyperlinks</u> verbinden die Lerneinheiten in Netzwerkform miteinander. Diese Beziehungen lassen sich nicht aus der hierarchischen Struktur des Inhaltes ableiten und müssen vom Autor extra erstellt und verwaltet werden.*

Die Navigation wird vom System durch strukturelle Hyperlinks, welche die hierarchische Gliederungsstruktur abbilden, ermöglicht. Referentielle Hyperlinks zwischen den Wissensbausteinen enthalten die Netzstruktur derselben. Die Unterteilung des Lerninhaltes in strukturelle Hyperlinks ergibt sich aus der „klassischen" hierarchischen Denkweise beim Erstellen des Lerninhaltes. Strukturelle Hyperlinks werden zur Darstellung einer Gesamtübersicht über den Diskursbereich verwendet (↗ 2.12). Demgegenüber ist die Ableitung von referentiellen Hyperlinks sehr von der Denkweise des Autors und vom Kontext des Lerninhaltes abhängig. Die folgende Abbildung zeigt einen referentiellen Hyperlink innerhalb eines CDLS.

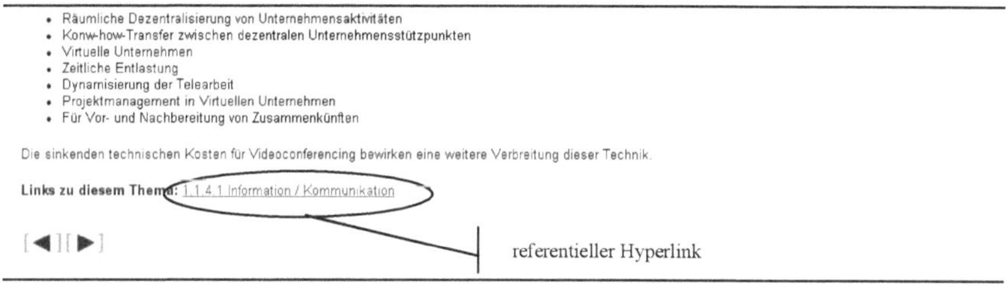

Abbildung 5-12: Navigation in der Netzstruktur der Lerninhalte

5.4 Wissensrepräsentation

In der Literatur zu Distance Learning wird der Prozess der Wissensvermittlung vornehmlich aus technischer Sicht betrachtet (↗ 3.1.2 und 3.2). Die Anforderungen der Didaktik (↗ 4.8) werden dabei zwar berücksichtigt, jedoch zeigt sich bei intensiver Betrachtung der zu Grunde liegenden Vorgänge eine Lücke zwischen den theoretischen/funktionalen Anforderungen der Didaktik und der praktischen Umsetzung in existierenden Anwendungssystemen. Ein Ausweg aus dieser unbefriedigenden Situation liegt in der Anwendung von Methoden der Wissensrepräsentation (↗ 2.4) auf CDLS. Dabei wird versucht, das im Lerninhalt immanent enthaltene Wissen zu strukturieren (↗ 6.1.4 und 6.3.5) und für das CDLS zugänglich zu machen.

Nach MANDL und FISCHER wird die Modellierung und Diagnose komplexer Wissensstrukturen in CDLS durch den Einsatz graphentheoretischer Modelle ermöglicht.[502]

Ziel des Einsatzes von Wissensrepräsentationsformalismen im Distance Learning ist es, das CDLS in die Lage zu versetzen, auf unterschiedliche Anforderungen der Lernenden (z.B. Niveau des Vorwissens, Lerntyp) mit geeigneten Varianten des Lerninhaltes in strukturierter Form zu reagieren. Das CDLS kann bei ausreichend großer Wissensbasis auch andere Zusammenhänge als die ursprünglich implementierten wiedergeben. Diese Zusammenhänge

[502] Vgl. [MaFi00], S. 3.

können für eine weitreichende Individualisierung eines CDLS oder für die Wiederverwendung der Lerninhalte sinnvoll eingesetzt werden. Eine ferne Vision ist, dass die Maschine (das Softwaresystem) selbst den enthaltenen Lerninhalt „versteht". BIBEL, HÖLLDOBLER und SCHAUB führen dies auf das Bemühen der Wissenschaft zurück, einen kanonischen Referenzformalismus zu erhalten, in dem die Strukturen aller anderen Formalismen einheitlich erklärbar und damit vergleichbar sind.[503]

Neuere Ansätze (z.B. *UTA* vgl. [Neum98]) basieren auf der Auswertung der natürlichen Sprache. Die verwendeten Algorithmen bilden auf Basis von natürlichsprachlichen Sätzen eine semantische Struktur, die es erlaubt die enthaltenen Zusammenhänge in relationalen Strukturen zu hinterlegen. Auf dieser Basis könnten z.B. automatisch semantische Beziehungen zwischen Lerninhalten abgeleitet werden. Allerdings sind dazu noch umfangreiche Forschungsarbeiten auf dem Gebiet der Künstlichen Intelligenz (KI) notwendig.

Lösungen, die natürlichsprachliche Benutzerinterfaces vorsehen (z.B. TRIPS vgl. [ABDF+01]), sind insbesondere zur Individualisierung von CDLS durch Anpassung des Benutzerinterface geeignet (↗ 5.1.5).

Über das Potenzial der maschinellen Verarbeitung der natürlichen Sprache besteht keine einheitliche Meinung. Insbesondere wird die Effizienz der Verfahren kritisch gesehen.[504] Relativ einfache Anwendungsfälle mit sehr eingeschränktem Diskursbereich (z.B. maschinelle telefonische Fahrplanauskunft[505]) sind Stand der Wissenschaft. Heute verfügbare Systeme mit einem universellen Diskursbereich wie „Cyc"[506] sind von praktischer Verwendbarkeit noch weit entfernt.

Eine weitere Zielsetzung besteht in der sprachenunabhängigen Modellierung des Wissens innerhalb des CDLS. Damit können dann Sachverhalte durch das CDLS in verschiedenen natürlichen Sprachen gelehrt werden, ohne dass diese Sachverhalte vorher explizit in jeder dieser Sprachen hinterlegt wurden. Es genügt die einmalige Hinterlegung in einer Sprache. Einschränkend ist zu vermerken, dass dies nur mit sprachlichen Konstrukten funktionieren kann. Multimediale Wissensbausteine entziehen sich dieser Vorgehensweise, da deren innere Struktur für die Wissensbasis nicht nachvollziehbar ist. Hier können entweder natürlichsprachliche Bestandteile extrahiert und gesondert hinterlegt oder mehrere Varianten des multimedialen Wissensbausteines (in mehreren natürlichen Sprachen) genutzt werden.

5.4.1 Anforderungen an Wissensbasen

Wissensbasen dienen der konsistenten Speicherung von Wissen in maschinenlesbarer Form. Um den Begriff einer Wissensbasis genau zu definieren, sollen zunächst wichtige Forderungen, die an Wissensbasen gestellt werden, wiedergegeben werden. KURFEẞ formuliert die folgenden Anforderungen an Wissensrepräsentation:

- Adäquatheit: Sind wesentliche Aspekte der Realität abgebildet?
- Verständlichkeit: Ist das abgebildete Wissen für Nutzer verständlich?
- Transferierbarkeit: Kann das abgebildete Wissen an andere Nutzer bzw. Maschinen kommuniziert werden?

---

[503] Vgl. [BiHS93], S. 13f.
[504] Vgl. [Schn00].
[505] Vgl. [StOB99].
[506] Vgl. [Cyc00].

- Uniformität: Ist die selbe Information nicht doppelt abgelegt? Existieren Mechanismen, die das Auffinden von identischer Information erlauben?
- Konsistenz: Ist die Aussage der Wissensbasis zu einem Sachverhalt konsistent oder enthält diese einen Widerspruch?
- Modularität: Können Teilaussagen zu widerspruchsfreien Gesamtaussagen zusammengefasst werden?
- Effizienz: Wie hoch sind der Speicherbedarf und die Rechenzeit für Operationen auf der Wissensbasis?[507]

Diese Anforderungen gelten auch für Wissensbasen innerhalb von CDLS. Das Wissensrepräsentationsmodell für CDLS, welches in Abschnitt 6 entwickelt wird, ist im Design auf die Erfüllung dieser Anforderungen ausgelegt.

5.4.2 Wissensarten der Kognitionswissenschaft

Für die Betrachtung einer Wissensbasis für CDLS ist die Unterscheidung zwischen verschiedenen Wissensarten notwendig, da diese mit unterschiedlichen Attributen modelliert werden.

Die Kognitionswissenschaft unterscheidet ein „knowing that" und ein „knowing how".[508] „Knowing that" bezeichnet Faktenwissen (deklaratives Wissen), „knowing how" bezeichnet Anwendungswissen (prozedurales Wissen).

Als dritte Wissensart definieren DREYFUS und DREYFUS[509] das Handlungswissen. Dieses ist dem RYLEschen „knowing how" recht nahe, bezeichnet aber zusätzlich noch Fähigkeiten und Fertigkeiten („Können").

Handlungswissen wird nach DIESSENBERG in folgende Kategorien eingeteilt:[510]

- naives Handlungswissen

Dieses besteht ausschließlich aus Wissen über Handlungsschemata, der Handelnde weiß was zu tun ist, um ein bestimmtes Ergebnis zu erreichen, aber er kann nicht angeben, warum die Wirkung eintritt.

Beispiel: Bedienung von komplexen Geräten.

- begriffliches Handlungswissen

Der Handelnde besitzt zusätzliches Wissen, um über die primären Handlungsabläufe hinaus Wirkungs- und Sinnzusammenhänge zu erkennen.

Beispiel: Vermittlung der Käseherstellung durch eine praktische Veranstaltung.

- naives operatives Handlungswissen

Dieses Wissen, das nicht unmittelbar der Erzielung von Wirkungen dient, sondern der Problemlösung insgesamt, umfasst nicht nur Handlungsschemata und Begriffe, sondern auch Operationen, die unbewusst vollzogen werden.

Beispiel: Kinder spielen mit einem Drehkreisel, ohne dass ihnen die physikalischen Gesetze dieser Bewegung bekannt sind.

507 Zitiert nach [Kurf97], S.8f.
508 Vgl. [Ryle69].
509 Vgl. [DrDr87].
510 Vgl. [Dies89], S: 78-79.

- theoriebegleitetes operatives Wissen

Theoriebegleitetes operatives Wissen wird nur durch denkendes, auf Problemlösung gerichtetes Tun erworben, wobei die Operationen bewusst vollzogen werden. Es setzt theoretisches Wissen voraus und generiert neues Wissen.

Beispiel: Wissen eines Ingenieurs oder Arztes.

Eine Redensart charakterisiert die Zusammenhänge zwischen den Wissensarten:

„Ich höre und vergesse,

ich sehe und erinnere mich,

ich tue selber und verstehe!"

(Konfuzius)

TENNYSON und CHRISTENSEN charakterisieren die Wissensarten folgendermaßen:

- Prozedurales Wissen

Prozedurales Wissen umfasst „the inference-making possibilities of the concept or rule in the service of problem solving".[511]

Gegenstand dieser Wissensart ist „Knowing how".

Beispiel: Wissen über die Fertigung eines Automobils.

- Konzeptuelles Wissen

TENNYSON und CHRISTENSEN charakterisieren die Kerneigenschaft von konzeptuellem Wissen als: „the semantic structure of a domain such that the conditions of decision selection are possible. That is the conditional knowledge of selections within a domain of information is based on appropriate rules and criteria".[512]

Gegenstand dieser Wissensart ist „Knowing when and why".

Beispiel: Wissen über die Geschichte und Zusammenhänge der historischen Automobilentwicklung.

- Deklaratives Wissen

Deklaratives Wissen wird von TENNYSON und CHRISTENSEN als „a given concept's internal semantic structure. For example, learning propositions, definitions, paired associations and meaning of symbols" verstanden.[513]

Gegenstand dieser Wissensart ist „Knowing that".

Beispiel: Wissen über die Existenz von Automobilen.

CDLS können heute im Allgemeinen nur deklaratives und prozedurales Wissen vermitteln. Die Vermittlung von Handlungswissen ist zwar durch Entwicklungen wie „Virtual Reality" in greifbare Nähe gelangt und wird teilweise bereits praktiziert[514], doch sind das Spezialanwendungsgebiete, welche nicht für einen breiten Anwenderkreis zugänglich sind (↗ 4.8.1). An dieser Stelle ist die Grenze zur Simulation fließend (↗ 4.1.1).

---

[511] Zitiert nach: [TeCh88], S. 254.
[512] Zitiert nach: [TeCh88], S. 254.
[513] Zitiert nach: [TeCh88], S. 254.
[514] z.B.: Pilotenausbildung im Flugsimulator.

Für die weiteren Betrachtungen wird die Vermittlung von deklarativem und prozeduralem Wissen in den Mittelpunkt gestellt.

5.4.3 Wissensarten in der Künstlichen Intelligenz

Im Unterschied zur lernorientierten Betrachtungsweise der Didaktik wird Wissen im Forschungsgebiet der Künstlichen Intelligenz (KI) nach strukturellen Merkmalen eingeteilt. Die beiden grundlegenden Wissensarten in der KI sollen nachfolgend näher betrachtet werden.[515]

- Terminologisches Wissen

Terminologisches Wissen wird auch oft als definitorisches Wissen bezeichnet. Es beschreibt die für einen gegebenen Anwendungsbereich interessierenden/relevanten Konzepte und deren Beziehungen zueinander. Es wird ausdrücklich keine Aussage über Existenz dieser Konzepte in der realen Welt getroffen.[516] Es umfasst generische Konzepte und Rollen.

Einen andere Bezeichnung für terminologisches Wissen ist T-Box.

- Assertionales Wissen

Assertionales Wissen beschreibt auf Basis des terminologischen Wissens, was über einen gegebenen Anwendungsbereich als wahr bekannt ist (d.h. welche Dinge und Beziehungen existieren tatsächlich im gegebenen Anwendungsbereich).[517]

Assertionales Wissen wird auch oft als A-Box bezeichnet.

Für CDLS ist vorrangig die Abbildung terminologischen Wissens von Bedeutung, da für die Wissensvermittlung häufig generische Strukturen (allgemeingültige Formalismen) verwendet werden. Bei der konkreten Anwendung des Gelernten (z.B. in Übungsaufgaben), aber auch für spezielle Themen, kann assertionales Wissen innerhalb von CDLS vermittelt werden.

5.4.4 Probleme der Einbringung von Wissen in Maschinen

Die maschinelle Wissensrepräsentation ist durch eine Reihe von Schwierigkeiten gekennzeichnet, die im Folgenden näher erläutert werden sollen. Diese Schwierigkeiten treten in unterschiedlichen Ausprägungen, je nach zu modellierendem Diskursbereich, auf. Im Falle des Versuchs einer generischen Wissensrepräsentation wie im Projekt „Cyc"[518] verschärfen sich diese Probleme nochmals.

Andererseits begründet diese Problematik die Notwendigkeit der Wissensvermittlung unter Zuhilfenahme von Anwendungsbeispielen (↗ 4.8.1) und die intensive zwischenmenschliche Kommunikation innerhalb von CDLS (↗ 4.5).

- Fehlender Zeitbezug

Sachverhalte (Problemstellungen) werden in der Wissensbasis häufig ohne Bezug auf früher aufgetretene ähnliche Fälle abgelegt. Dies verhindert, dass ein Bezug zu historischen Fällen hergestellt werden kann. Ursache ist in vielen Fällen auch die Intuition des Experten, der die Wissensbasis modelliert hat. Er kann dieses intuitive Wissen nicht artikulieren.

[515] Vgl. [BrMP+91], [MacG91] und [Nebe91].
[516] Vgl. [Stra92], S. 15f.
[517] Vgl. [Stra92], S. 15f.
[518] Vgl. [Cyc00].

Durch dieses Dilemma der Wissensakquisition wird die Abbildung von Expertenwissen in Maschinen sehr erschwert. Einen Lösungsansatz bieten Systeme zum fallbasierten Schließen (CBR), wie sie von AAMODT und NYGARD[519] sowie KOLODNER[520] beschrieben werden.

- Unsicherheit

Der Begriff „Unsicherheit“ wird oft für einen sehr breiten und teilweise nicht genauer spezifizierten Bereich benutzt, der alles umfasst, was sich auf den ersten Blick einer mathematischen Formalisierung zu entziehen scheint.

Der Begriff der Unsicherheit kann in drei Kategorien unterteilt werden:[521]

- Es besteht Unsicherheit bezüglich der Wahrheit von Aussagen oder deren Plausibilität;

  die Prämisse liegt in der Vergangenheit;

  es ist hinreichend genaues Datenmaterial zur Analyse erforderlich.

  → Die Abbildung kann mittels Wahrscheinlichkeiten erfolgen. Die Bayessche Regel oder die Dempster-Shafer-Regel finden Anwendung.[522]

- Unvollständigkeit von Wissen;

  Spezialfälle sind in der Aussage/Wissensbasis nicht berücksichtigt;

  → Zusätzliche Sicherheit kann durch nicht-monotones Schließen erlangt werden. Reiters Default-Reasoning[523] kann angewandt werden.

- Vagheit (Unschärfe) welche aus der natürlichen Sprache resultiert (linguistische Unschärfe und lexikalische Ambiguität).

  linguistische Unschärfe: Abweichung von einem (numerischen) Prototyp, der die exakte Ausprägung des Begriffes liefert (z.B. hohes Fieber=39°C → Prototyp=38,5°C → Unscharf).

  lexikalische Ambiguität: Verbindung von Begriffen mit einer Menge von Messwerten. (z.B. bezieht sich hohe Geschwindigkeit in der Raumfahrt auf einen anderen Wertebereich als im Straßenverkehr). Diese Ausprägung von Unschärfe kann, wenn sie einmal im Datenmaterial vorhanden ist, nicht eliminiert werden.

Wissensrepräsentation hat das Ziel, eine möglichst hohe Komplexität der Realität abzubilden. Darin sollen auch die vorhandenen Ungenauigkeiten enthalten sein. Diese Ungenauigkeiten erschweren vielfach den Umgang mit der Wissensbasis, sind jedoch für eine möglichst exakte Abbildung der Realität unerlässlich. Im Gegensatz dazu sind herkömmliche, prozedurale Beschreibungsformalismen (Programmiersprachen) darauf ausgelegt, die Komplexität in der Beschreibung zu reduzieren.

---

[519] Vgl. [AaNy94].
[520] Vgl. [Kolo93].
[521] Vgl. [Hein94].
[522] Die Dempster-Shafer-Regel geht zurück auf [Barn81]. Sie hat die Modellierung von Vertrauen und Unwissenheit ohne Axiome der Wahrscheinlichkeitstheorie (Additivität) zum Inhalt.
[523] Reiters Default-Reasoning beruht auf Regeln, welche sich aus einer Prämisse (α), Konsistenzannahmen ($\beta_1 \ldots \beta_n$) und einer Konklusion (γ) zusammensetzen. Um zur Konklusion zu gelangen, müssen die Prämissen und die Konsistenzannahmen wahr sein: $D = \alpha : \beta_1 \ldots \beta_n / \gamma$; Vgl. [Reit80].

- Kombinatorische Explosion

Regelbasierte Problemlösungsverfahren durchsuchen einen Regelbaum erschöpfend. Mit steigendem Umfang dieses Regelbaumes (Wissensbasis) wächst der Suchraum exponentiell an. Die Lösung kann unter Umständen nicht mehr mit vertretbarem Aufwand gefunden werden. RUMELHART und MCCLELLAND beschreiben dies folgendermaßen: „Die kombinatorische Explosion holt dich früher oder später ein, obwohl, bei der Parallel-Verarbeitung manchmal auf anderen Wegen als seriell.“[524]

- Flaschenhalsproblem

Zur Generierung einer Wissensbasis ist die Befragung von Fachexperten erforderlich. Diese Experten müssen oftmals intuitives Wissen in Regeln oder Netzen formulieren. Sie sind sich möglicherweise gar nicht bewusst, dass sie Regeln anwenden, da sie dies intuitiv tun. FEIGENBAUM schreibt dazu:

„In den meisten Berufen, wo erlerntes Wissen sich mit praktischer Erfahrung verbindet, gelten die Fachkenntnisse als Höhepunkte der Kunst. Und wir meinen mit Kunst jene Teile der Wissensbereiche, die der sachkundige Praktiker als ‚Regeln der Fachkenntnis‘ oder Regeln der ‚richtigen Beurteilung‘ zur Hand hat. Diese Regeln möchten wir auf unsere Programme übertragen ... Die Erfahrung hat uns auch gelehrt, daß ein Großteil dieses Wissens vom Experten fast als etwas Privates gehütet wird, nicht weil er sich weigern würde, öffentlich zu machen, wie er vorgeht, sondern weil er dazu gar nicht imstande ist. Er weiß mehr als ihm bewusst ist. (Warum sonst sind die Jahre der Doktorandenzeit oder der klinischen Praktika der Ärzte eine zunftähnliche Lehre für einen späteren ‚Meister des Handwerks‘? Was die Meister wirklich wissen, steht in den Lehrbüchern der Meister nicht drin).“[525]

DREYFUS beschreibt das Problem so:

„Der Computerprogrammierer kann eine Hierarchie von Kontexten sowie allgemeine Regeln aufstellen, nach denen diese für den Computer zu organisieren sind. Dies tut er, indem er seinem allgemeinen Gefühl dafür folgt, was für einen Menschen generell relevant und bedeutsam ist. In *manchen* [Hervorhebung im Original] Situationen jedoch kann jede Tatsache wichtig werden. Um dies zu formalisieren, so daß der Computer die für den Menschen kennzeichnende Flexibilität an den Tag legt, müßte der Programmierer in der Lage sein, all das explizit zu machen, was der Mensch normalerweise für selbstverständlich hält. Wenn er jedoch seine eigene Situation so zu behandeln versucht, als sei er ein Computer, der diese von außen betrachtet, dann steht der Programmierer selbst einer unendlichen Menge sinnloser Fakten gegenüber, deren Relevanz und Bedeutung nur in einem breiteren Kontext bestimmt werden können.“[526]

Weiterhin spielt manchmal eine fehlende Bereitschaft zur Preisgabe des Expertenwissens bei den Experten eine Rolle.

- Kliff-und-Plateau-Effekt

Am Rand des in einer Wissensbasis modellierten Diskursbereichs nimmt die Komplexität des Zusammenhangswissens (der Beziehungen zwischen den Wissensbausteinen) zwangsweise ab. Die Wissensbasis hat dort gewissermaßen „Lücken“, welche bei Lösung von Problemen unter Zuhilfenahme der Wissensbasis unter Umständen zu unsinnigen Ergebnissen führt.

---

524 Zitiert nach: [RuMc93], S. 158.
525 Zitiert nach: [Feig77], S. 1016f.
526 Zitiert nach: [Drey89], S. 243.

- Wartungsproblem

Das Ändern oder Hinzufügen von Wissensbausteinen zu einer Wissensbasis ist schwierig, weil Zusammenhänge mit anderen Wissensbausteinen erkannt und modelliert werden müssen.

Lerneinheiten müssen in kleinste semantische Teile zerlegt, und diese dann miteinander in Beziehung gesetzt werden. Dieses Problem ist nicht spezifisch für CDLS, sondern auch in der klassischen „face to face"-Ausbildung anzutreffen. Allerdings geschieht dies dort implizit in den Gedanken des Lehrenden.

Die Abbildung und das „In-Beziehung-Setzen" der Beschreibungsdaten wird in [Stra99] beschrieben. Als Ergebnis steht ein komplexes semantisches Netz für jedes Multimedia-Objekt. Dieses hat Beziehungen zu anderen semantischen Netzen anderer Multimedia-Objekte und zu einem semantischen Netz mit Real-World-Wissen.

5.4.5 Wissensrepräsentationsmodelle

Modelle zur Wissensrepräsentation (↗ 2.4) können nach MINSKY in „Symbolic Systems" (logische Systeme) und „Connectionist Systems" (analogieorientierte Systeme) unterteilt werden.[527] TERGAN unterscheidet den Ansatz „Symbolic Systems" weiter nach der Art des abgebildeten Realitätsbereichs sowie nach der Form der Repräsentation der Wissensinhalte in:

- Semantische Raum-Modelle,
- Produktionssysteme und
- analoge Repräsentationssysteme.[528]

OPWIS unterteilt in

- propositionale Repräsentationssysteme,
- regelbasierte Repräsentationssysteme und
- analoge Repräsentationssysteme.[529]

Beiden Klassifikationen fehlt eine Kategorie, in der an der biologischen Funktion des Gehirns anlehnende Wissensrepräsentationsmodelle, wie z.B. künstliche neuronale Netze eingeordnet werden können. Diese Kategorie soll in Anlehnung an LEVINE als Kategorie der kognitiven Systeme bezeichnet werden.[530]

Aus diesen beiden Unterteilungen lässt sich folgendes Schema ableiten:

---

[527] Vgl. [Mins90], S. 2f.
[528] Vgl. [Terg86], S. 9.
[529] Vgl. [Opwi92], S. 50.
[530] Vgl. [Levi00].

Kerneigenschaft	Bezeichnung bei TERGAN	Bezeichnung bei OPWIS	Bezeichnung bei LEVINE
semantische Beziehungen zwischen Wissensknoten	Semantische Raum-Modelle	propositionale Repräsentationssysteme	./.
Formulierung des Wissens in Form von Regeln	Produktionssysteme	regelbasierte Repräsentationssysteme	./.
bildhafte Darstellung, weitgehende Konvergenz zwischen Wirklichkeit und Wissensrepräsentation	analoge Repräsentationssysteme	analoge Repräsentationssysteme	./.
Orientierung an den Abläufen im menschlichen Gehirn	./.	./.	kognitive Systeme

Tabelle 5-10: verschiedene Klassifikationen von Ansätzen der Wissensrepräsentation

Im Folgenden soll die Klassifizierung nach OPWIS (ergänzt um die kognitiven Repräsentationssysteme) verwendet werden, da diese sich in der Bezeichnung näher an der Kerneigenschaft des jeweiligen Wissensrepräsentationsmodells orientiert.

5.4.5.1 Propositionale Repräsentationssysteme

Propositionale Repräsentationssysteme dienen der Darstellung sprachlich-begrifflichen Wissens in einer symbolischen Struktur. Die Proposition ist dabei der Bedeutungsgehalt einer sprachlichen Aussage, der „bei Abstraktion von ihrer syntaktischen Form und ihrer illokutionären Rolle als eigenständige Behauptung formulierbar ist, die sinnvoll als wahr oder falsch beurteilt werden kann."[531] Nach der Klassifikation von TERGAN entsprechen propositionale Repräsentationssysteme den semantischen Raum-Modellen. Für diese gilt die folgende Definition von REDTENBACHER:

⇒ *Semantische Raum-Modelle sind Modelle zur Wissensrepräsentation, die deklaratives Wissen durch semantische Bezüge der enthaltenen Wissensstrukturen abbilden.*[532]

Semantische Netzwerke, sowie der Frame[533]- und der Script-Ansatz[534] sind Vertreter der propositionalen Repräsentationssysteme.

5.4.5.1.1 Netzwerk-Ansatz

Untersuchungen von ANDERSON zeigten, dass Kommunikationsinhalte aus verbaler Kommunikation nicht in Form von Sätzen, sondern in ihrer Bedeutung im menschlichen Gedächtnis behalten werden. ANDERSON kommt zu dem Schluss, dass eine mit einem Konzept zusammenhängende Tatsache mit diesem Konzept assoziiert wird. Diese Assoziation wird umso stärker, je häufiger dieser Zusammenhang auftritt.[535]

531 Zitiert nach: [Opwi92], S. 51.
532 Vgl. [Redt96], S. 18.
533 Vgl. [Mins75].
534 Vgl. [ScAb77].
535 Vgl. [Ande96], S. 149.

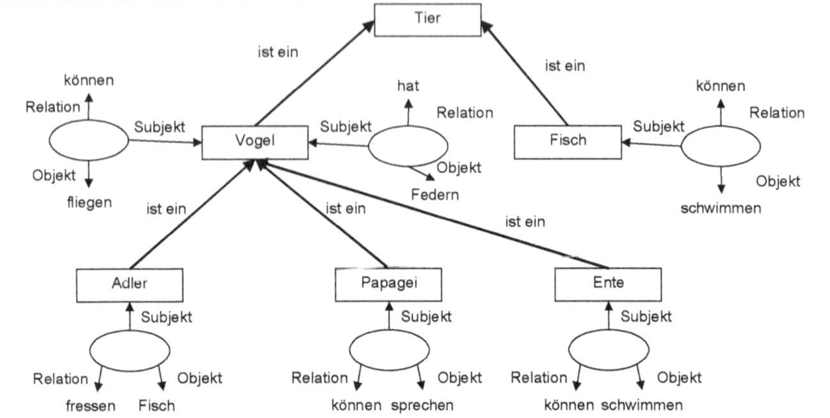

Abbildung 5-13: Netzwerkstruktur in der Wissensrepräsentation[536]

Subjekt, Relation und Objekt stehen immer miteinander in Beziehung. Es gibt: hierarchische Beziehungen (fett) und beschreibende Beziehungen. Ein Objekt kann sowohl ein Verb (etwas können/Fähigkeit, z.B. schwimmen) als auch ein Substantiv sein (etwas haben/Eigenschaft, z.B. Federn).

5.4.5.1.2 Schema-Ansatz

TERGAN charakterisiert diesen wie folgt:

- „Schemata sind komplexe Wisseneinheiten mit hoher interner Kohärenz.
- Schemata repräsentieren Wissen auf allen Abstraktionsebenen über Objekte, Fakten, Begriffe, Situationen, Ereignisse, Handlungen, Folgen von Ereignissen, Handlungsfolgen, Darstellungsformen von Information etc.
- Schemata sind ineinander eingebettete und untereinander vernetzte hierarchisch organisierte kognitive Strukturen; jedes Schema enthält Subschemata.
- Schemata enthalten Variable; die Schemastruktur wird durch die jeweils gegebene Variablenkonfiguration bestimmt.
- Die Variablen eines Schemas können sowohl obligatorisch als auch nicht obligatorisch sein.
- Die Variablen sind Platzhalter für bestimmte inhaltlich umgrenzte Informationsbestandteile.
- Schemata sind dynamisch organisierte Wissenseinheiten.
- Schemata unterliegen einem ständigen Wandel.
- Schemata entwickeln sich in Richtung auf eine größere Differenziertheit.“[537]

Der Schema-Ansatz kann somit als um Dynamik erweiterter Netzwerkansatz betrachtet werden.

[536] in Anlehnung an: [CoQu69], S. 243.
[537] Zitiert nach: [Terg86], S. 105.

5.4.5.1.3 Semantisches Netz

Der Begriff des semantischen Netzes geht auf QUILLIAN zurück.[538]

QUILLIAN geht zur Betrachtung semantischer Netze von folgender Fragestellung aus:

„Was ist eine einsichtige Betrachtungsweise der Organisation semantischen Wissens im Gedächtnis eines Menschen?"[539] KOPP formuliert daraus: „Welche Art von der Repräsentation erlaubt es, die Bedeutung von Wörtern zu speichern, so daß ein Mensch mit den Bedeutungen natürlich umgehen kann?"[540]

QUILLIAN nennt die semantischen Netze ursprünglich „memory models". Ein memory model besteht aus Knoten und verschiedenen Arten von Kanten, durch welche die Knoten (nodes) verbunden werden. Knoten repräsentieren Begriffe (Wörter), die Verbindungen (Kanten) stellen Beziehungen zwischen den Begriffen her. Zwischen den Wörtern können Vererbungsbeziehungen bestehen. Weiterhin existieren sogenannte „type nodes", die einen Begriff definieren und „token nodes", die auf definierte Begriffe verweisen. Die Bedeutung eines Begriffes ergibt sich durch alle über Kanten direkt oder indirekt erreichbaren Knoten. QUILLIAN bezeichnet diese Methode als „spreading activity search".

CARBONELL greift die Ideen QUILLIANS auf. Er hinterlegt das Wissen über die Geographie Südamerikas in einem semantischen Netz. Dabei unterscheidet er in „concept units" (Klassen) und „example units" (Objekte).[541] Dies ist ein wesentlicher Schritt zur Unterscheidung terminologischen Wissens und assertionalen Wissens (↗ 5.4.3).

Eine Repräsentationsform für diese Wissensarten wird in Abschnitt 5.4.6.2 diskutiert. Begriffsnetze sind das in Psychologie, künstlicher Intelligenz und Kognitionswissenschaft am häufigsten verwendete Wissensrepräsentationsformat.[542]

5.4.5.1.4 Frames

Eine Realisationsform des Schema-Ansatzes sind Frames. Diese umfassen Attribute, Methoden und Erwartungswerte und sind untereinander in einer Hierarchie verknüpft. In dieser Hinsicht ähneln sie semantischen Netzen.

Seerose	Gewässer	hat-teil	hat-mögliches-teil
	erlaubt: {k|is-a(k,Gewässer)v instanz-von (k,Gewässer)}	**erlaubt:** {k|is-a(k,Ding)v instanz-von (k,Ding)}	**erlaubt:** {k|is-a(k,Ding)v instanz-von (k,Ding)}
	aktuell: {ruhiges Gewässer}	**aktuell:** {Blatt, Stengel, Wurzel}	**aktuell:** {Blüte}

Abbildung 5-14: Ein Frame mit zwei unterschiedlichen Typen nicht-terminaler Slots[543]

Frames repräsentieren Wissen über Begriffe, Objekte, Sachverhalte und Situationen. Sie sind in ihrer Beziehung untereinander hierarchisch strukturiert. Innerhalb dieser Hierarchie sind die Knoten, welche keine Blätter des Baumes sind, unveränderbar. Blätter werden als „Terminals" oder „Slots" bezeichnet, und können mit Werten, die bestimmte, vorher definierte,

---

538 Vgl. [Quil68].
539 Zitiert nach: [Quil68], S. 238.
540 Zitiert nach: [Kopp95], S. 53.
541 Vgl. [Carb70], S. 195.
542 Vgl. [StSc96], S. 799ff.
543 Vgl. [Reim91], S. 173.

Bedingungen erfüllen, belegt werden. Kann ein Slot ausschließlich Zeichenketten aufnehmen, so wird er als terminaler Slot bezeichnet.[544]

Nach MINSKY wird Wissen in Chunks bzw. Clusters organisiert, die jedoch von ihm nur vage beschrieben werden. Diese Chunks bzw. Clusters nennt MINSKY Frames. Er unterstellt nicht, eine vollständige Theorie gefunden zu haben, vielmehr sollen Frames helfen, Phänomene der menschlichen Intelligenz zu beschreiben: „The paper raises more questions than it answers.“[545]

Ein Frame ist eine Datenstruktur, die eine stereotype Situation beschreibt, wie „in einem Raum sein“ oder „zu einer Geburtstagsparty gehen“.[546]

5.4.5.1.5 Psychometrischer Ansatz

In semantischen Raum-Modellen nach dem psychometrischen Ansatz werden Ähnlichkeitsbeziehungen zwischen Begriffen eines bestimmten Diskursbereichs analysiert. Dabei wird davon ausgegangen, dass diese Begriffe von verschiedenen Probanden als mehr oder weniger miteinander verbunden empfunden werden.

Diese Ähnlichkeitsbeziehungen erlauben lediglich eine Aussage über die Vergleichbarkeit der Wissensstruktur der Probanden. Übertragen auf Wissensrepräsentationssysteme lässt sich die Ähnlichkeit verschiedener Wissensrepräsentationsarten ermitteln. Da diese Ähnlichkeit auf einer subjektiven Einschätzung beruht und somit keine Allgemeingültigkeit unterstellt werden kann, sind die Einsatzmöglichkeiten eingeschränkt.

5.4.5.1.6 Logik- und symbolorientierte Ansätze

STICKEL, GROFFMANN und RAU unterteilen propositionale Repräsentationssysteme in logikorientierte und symbolorientierte Ansätze.[547] Der logikorientierte Ansatz der Wissensrepräsentation versucht, Wissen losgelöst von biologischen Denkprozessen zu modellieren (z.B. Prädikatenlogik). Beispiele für symbolorientierte Wissensrepräsentationsansätze sind Produktionssysteme, semantische Netze sowie Frames. Die folgende Übersicht stellt diese Ansätze nach Ausführungs- und Zugriffsaspekt einander gegenüber.

Ausführungsaspekt / Zugriffsaspekt	deklarativ	prozedural
formelzentriert	logikorientiert Prädikatenlogik	regelorientiert Produktionssysteme PROLOG, LISP
objektzentriert	objektorientiert semantische Netze Frames	SMALLTALK

Tabelle 5-11: Symbolorientierte Ansätze der Wissensrepräsentation[548]

Die Prädikatenlogik beschreibt in streng formalisierter Form Eigenschaften von und Beziehungen zwischen Objekten. Jede Eigenschaft und jede Beziehung muss in allen denkbaren Ausprägungen durch eine separate Aussage beschrieben werden. Sachverhalte, die nicht durch monotones Schließen dargestellt werden können, lassen sich nur schwer darstellen (z.B. feh-

544 Vgl. [Reim91], S. 159ff.
545 Zitiert nach: [Mins75], S. 220.
546 Vgl. [Kopp95], S. 75.
547 Vgl. [StGR97], S. 781.
548 Vgl. [StGR97], S. 781.

lende Ursache-Wirkungs-Beziehung). Veränderte Umweltbedingungen können nur mit großem Aufwand berücksichtigt werden, da sämtliche Aussagen überarbeitet werden müssen.

Regelbasierte Produktionssysteme basieren auf Regeln, die ihrerseits aus Vorbedingungen (if) und Aktionen (then) bestehen. Diese werden in Implikationen und Handlungen unterteilt. Die Auswertung der Regeln erfolgt über einen Regelinterpreter. Regelbasierte Wissensrepräsentationsmechanismen haben den Vorteil der Modularität und großer Anpassungsfähigkeit. Diese Aussage bezieht sich allerdings nur auf die Darstellung und Verständlichkeit der Regeln, nicht jedoch auf die zu Grunde liegende Datenbasis (↗ 6.3.3.5). Eine Erweiterung regelbasierter Produktionssysteme stellt die Constraint-Programmierung dar. Bei dieser werden Nebenbedingungen in Form von Relationen auf Variablen einbezogen. Diese Relationen werden nicht lösungsspezifisch dargestellt, sondern beschreiben nur die Beziehung an sich.

Semantische Netzwerke sind eine Methode, um deklaratives Wissen über einen Diskursbereich in seiner hierarchischen Struktur zu beschreiben. Objekte, Eigenschaften und Ereignisse werden als Knoten dargestellt und stehen über Kanten in kompositorischer oder aggregativer Beziehung. Es wird das Prinzip der Generalisierung zur Vererbung von sich hierarchisch ergänzenden Eigenschaften umgesetzt. Kanten (Relationen) können entweder vom Typ „is-a“ oder „Attribut“ sein.

Frames erweitern den Ansatz der semantische Netzwerke, indem sie diese um prozedurale Elemente und Attribute an den Knoten erweitern.

5.4.5.1.7 Produktionssysteme

Prozedurales Wissen wird durch Bedingungs-Aktions-Einheiten (Wenn-Dann-Regeln) abgebildet. Produktionssysteme wurden erstmals von NEWELL und SIMON vorgestellt.[549] Eine logische Verknüpfung vieler Regeln bildet die Wissensbasis von Produktionssystemen.

ANDERSON formulierte 1983 die ACT-Theorie als kognitive Lerntheorie auf der Basis von Produktionssystemen.[550] Dabei unterscheidet er zwischen deklarativem Wissen und prozeduralem Wissen. Deklaratives Wissen wird durch ein Netz von Relationen im Gedächtnis einer Person repräsentiert. Knoten in diesem Netz bezeichnet ANDERSON als „chunks“. Die Aneignung von deklarativem Wissen ist noch keine Garantie für die Wiederabrufbarkeit dieses Wissens. ANDERSON betont, dass sich Wissen schnell aneignen (auswendig lernen) lässt, dieses jedoch in einer konkreten Situation nicht abrufbar ist. GAGNÉ bezeichnet solches Wissen als „verbale Information“.[551]

Es gibt eine Reihe maschineller Wissensrepräsentationssysteme, die auf Regeln basieren. Prominentestes Beispiel ist „Cyc“.[552] „Cyc“ hat das Ziel, alles menschliche Wissen in Form von Regeln zu hinterlegen und durch eine Abfragesprache („CycL“) zugänglich zu machen.

Die Regeln werden in einem regelbasierten System durch einen Regelinterpreter ausgewertet. Vorteilhaft an solchen Systemen ist die unmittelbare Nachvollziehbarkeit beim Abrufen gespeicherten Wissens. Nachteilig ist, dass für komplexe Zusammenhänge eine Vielzahl von Regeln benötigt werden, welche den Gesamtzusammenhang sehr unübersichtlich machen. Weiterhin kann visuelle Information nicht oder nur umständlich hinterlegt werden.

---

549 Vgl. [NeSi72].
550 Vgl. [Ande83].
551 Vgl. [Gagn85].
552 Vgl. [Cyc00].

Für den Einsatz in individualisierten CDLS sind Produktionssysteme in dieser Form ungeeignet. Allerdings kann der Gedanke der bedingten Gültigkeit von Wissen in Netzwerkmodellen eingebaut werden.

5.4.5.2 Kognitive Repräsentationssysteme

Die Kognitionsforschung innerhalb des Forschungsgebietes der künstlichen Intelligenz befasst sich mit der Imitation biologischer Prozesse in Rechnersystemen. Kognitive Systeme sind solche Systeme, die das Denken des Menschen mit allen seinen Unzulänglichkeiten zu imitieren versuchen. Es wird in drei Modelltypen unterschieden: das Computermodell (Kognitivismus), konnektionistische Modelle und interaktionistische Modelle. Ausprägungen sind die von-Neumann-Architektur als Symbolverarbeitungssystem, künstliche neuronale Netze als Gehirnmetaphern und Zellularautomaten, die den Dualitätsansatz von Information und Prozessor verfolgen.[553]

5.4.5.3 Analogieorientierte Ansätze

Analogieorientierte Ansätze der Wissensrepräsentation versuchen, „... to build learning systems endowed with as little architectural structure as possible, hoping to create machines that could serve all masters equally well."[554]

TERGAN beschreibt den Gedanken der analogieorientierte Ansätze folgendermaßen: „Zentrales Merkmal dieser Ansätze ist die Annahme, dass die Repräsentation von Wissen über vorgestellte und reale Objekte analog den strukturellen Charakteristika dieser Objekte erfolgt."[555] Es wird versucht, die mentalen Vorstellungen in Modelle und Simulationen zu überführen. „Zentraler Gegenstand des Forschungsinteresses sind die kognitive Verarbeitung von Information über konkret wahrnehmbare Phänomene der realen Welt sowie Versuche zur Beschreibung und Abbildung dieser Prozesse auf einer Ebene ‚psychologischer Realität'...".[556]

Die Wissensspeicherung erfolgt bei analogen Repräsentationssystemen in Form von Bildern und schematischen Darstellungen. Es entsteht eine weitgehend direkte Korrespondenz zwischen der Repräsentation und dem repräsentierten Sachverhalt der Realität.[557]

Eine Variante analoger Repräsentationssysteme sind kognitive Landkarten. Diese beschreiben die Strukturierung und Repräsentation von räumlichem Wissen. Dazu wird eine strukturierte Abbildung eines Teiles der räumlichen Umwelt des betreffenden Menschen im Gedächtnis aufgebaut. Diese spiegelt die Umgebung so wider, wie der betreffende Mensch glaubt, dass sie ist.

Analoge Repräsentationssysteme sind zur Repräsentation von raumbezogenem Wissen (z.B. Geoinformationssysteme) einsetzbar. Für eine maschinelle Wissensrepräsentation von anderen Wissensbereichen sind diese ungeeignet.

5.4.5.4 Systematik der Wissensrepräsentationsformalismen

Basierend auf den Ausführungen der vorangegangenen Abschnitte lässt sich eine Systematik der Wissensrepräsentationsformalismen gemäß Abbildung 5-15 ableiten. Es gibt keinen Wissensrepräsentationsformalismus, der für alle Anforderungen gleich gut geeignet wäre. MINSKY schreibt dazu: „To solve really hard problems, we will have to use several different representations. ... we must develop systems that combine the expressiveness and procedural

[553] Vgl. [Levi00].
[554] Zitiert nach: [Mins90], S. 2.
[555] Zitiert nach: [Terg86], S. 157.
[556] Zitiert nach: [Terg86], S. 184.
[557] Vgl. [Seel91]

versatility of symbolic systems with the fuzziness and adaptiveness of connectionist representations."[558]

MINSKY formuliert die Relevanz des Kontextbezuges von Fakten und Aussagen folgendermaßen: „The secret of what something means lies in how it connects to other things we know. That's why it is almost always wrong to seek the ‚real meaning' of anything."[559]

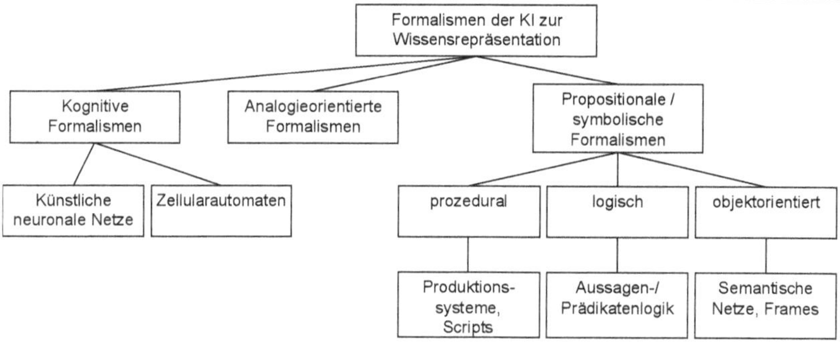

Abbildung 5-15: Systematik der Wissensrepräsentationsformalismen

Da viele Sachverhalte, welche in CDLS hinterlegt werden, deskriptiven Charakter tragen (↗ 5.3), ist es naheliegend, symbolische Repräsentationsansätze wie Frames oder semantische Netze für die Wissensrepräsentation in CDLS zu verwenden.

5.4.6 Ableitung für die maschinelle Wissensrepräsentation

5.4.6.1 Erweiterung des Netzwerk-Ansatzes nach ANDERSON

Die kritische Auseinandersetzung mit dem Netzwerk-Ansatz nach ANDERSON (↗ 5.4.5.1.1) zeigt: Dieser Ansatz unterscheidet nicht die Relationen für Eigenschaften (Substantive) und Fähigkeiten (Verben). Diese Einschränkung ist für den allgemein gehaltenen Netzwerk-Ansatz nicht bedeutend. Für die Zielstellung, Wissen in CDLS zu beschreiben, ist diese Einschränkung nicht akzeptabel. Zusätzlich bringt der Netzwerkansatz Redundanzen und Inkonsistenzen mit sich, die nachfolgend aufgelöst werden sollen.

Um etwas in einer speziellen Ausprägung tun zu können (z.B. Fisch fressen) (A-Box), muss ein Objekt die Eigenschaft haben, etwas tun zu können (z.B. Fressen im Allgemeinen) (T-Box).

Die Abbildung der Beziehungen in Abbildung 5-16 ist an zwei Stellen redundant: Die Beziehung (Fressen) vom Adler zum Fisch, welche zweifellos vorhanden ist, ist nicht dargestellt. Weiterhin ist die Fähigkeit „Schwimmen" redundant. (Sie ist bei der Ente und beim Fisch vorhanden (allerdings auf verschiedenen Abstraktionsebenen).

[558] Vgl. [Mins90], S. 5f.
[559] Vgl. [Mins90], S. 5.

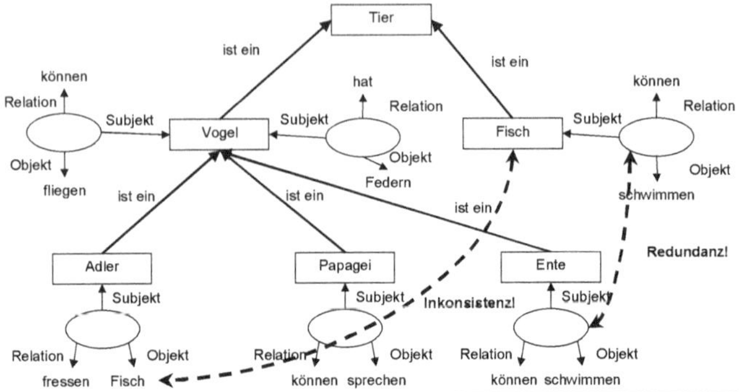

Abbildung 5-16: Redundanz und Inkonsistenz in der Netzwerkstruktur der Wissensrepräsentation[560]

Zum Zwecke der Redundanzfreiheit und damit der Eindeutigkeit der Abbildung ist es sinnvoll, Ente und Fisch auf ein abstraktes „Schwimmen" zu beziehen. Dazu werden Eigenschaften und Fähigkeiten (Methoden) von Objekten unterschieden.

Die Ähnlichkeiten zur objektorientierten Systemanalyse und Programmierung (Unterteilung in Eigenschaften [Attribute] und Methoden) sind nicht zu übersehen.

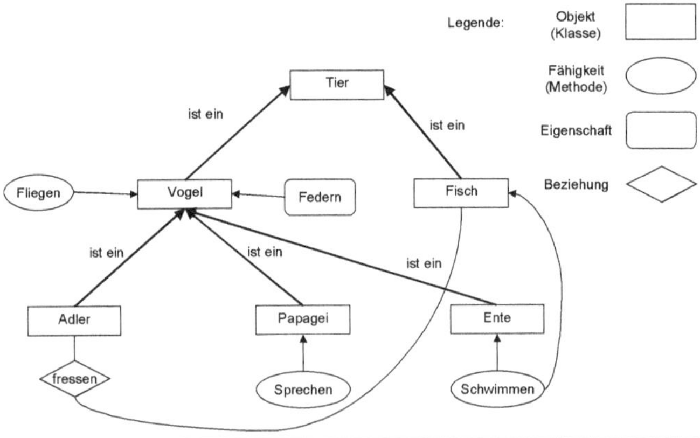

Abbildung 5-17: Redundanzfreie Netzwerkstruktur der Wissensrepräsentation

Die Abbildung 5-17 zeigt eine redundanzfreie Darstellung der Verhältnisse aus Abbildung 5-13 und repräsentiert ein semantisches Netz.

Die Darstellung in semantischen Netzen dieser Art ist gekennzeichnet durch die Unterscheidung zwischen Klassen aus Objekten, deren Eigenschaften und Methoden, sowie Beziehungen der Klassen untereinander.

[560] Diese Abbildung erweitert die Abbildung aus [CoQu69], S. 243.

Dabei sind Eigenschaften an Objekte gebunden und können mehrfach verwendet werden. Methoden sind ebenfalls an Objekte gebunden und können nach Instanzierung ebenfalls mehrfach benutzt werden.

5.4.6.2 Darstellung terminologischen und assertionalen Wissens in semantischen Netzen

In semantischen Netzen wird, wie in Abschnitt 5.4.5.1.3 gezeigt, Wissen strukturiert abgelegt. Eine Einschränkung ergibt sich in der fehlenden Unterscheidung zwischen assertionalem Wissen (↗ 5.4.3) und terminologischem Wissen(↗ 5.4.3). Diese Einschränkung kann umgangen werden, wenn das Wissen in einer Klassenhierarchie abgelegt wird. Dabei wird das terminologische Wissen durch die Klassenstruktur abgebildet. Das assertionale Wissen wird durch die daraus instanzierten Objekte repräsentiert (↗ 6.2.2).

5.4.6.3 Probleme der Wissensrepräsentation

Mit der maschinellen Wissensrepräsentation sind Probleme verbunden, die nachfolgend beschrieben werden:

Problematisch ist die Modellierung von unscharfem Wissen. Dieses lässt sich mit bekannten Wissensrepräsentationsmodellen nicht hinreichend abbilden. Es sind zwar Methoden bekannt, welche unter Hinzufügung von sog. Certainty-Factors (CF; Wahrscheinlichkeitsfaktoren) versuchen, die Wahrscheinlichkeit der Wahrheit eines Faktums abzubilden (Fuzzy Logic), jedoch sind Fakten mit einem CF<1 beim Retrieval aus der Wissensbasis kaum zu gebrauchen.

Ein weiteres Problem ist die Identifikation problemrelevanter Konzepte. Es ist häufig schwierig zu unterscheiden, welche Fakten als T-Box und welche als A-Box modelliert werden. In vielen Fällen ist diese Entscheidung abhängig von der Aufgabenstellung, was es schwierig macht, generalisiertes (domänenunabhängiges) Wissen zu modellieren.

Um bei unvollständiger Information keine falschen Fakten zu modellieren, wird häufig die sogenannte 'Open World Assumption' (OWA) unterstellt. D.h., wenn eine Objekteigenschaft nicht bekannt ist, kann nicht unterstellt werden, dass diese vorhanden bzw. nicht vorhanden ist. Es wird somit das Ableiten falscher Fakten vermieden. Für die Modellierung semantischer Beziehungen zwischen Wissensbausteinen in CDLS (↗ 6.1.4 und 6.3.5) ist es vorteilhaft, die OWA zu unterstellen, weil am Rand des betrachteten Diskursbereichs (ein Experte kann auch nicht alles wissen) immer Lücken im Wissensmodell bleiben werden.

Datenbankmanagementsysteme (↗ 2.20) basieren hingegen auf der 'Closed World Assumption' (CWA). Hier wird vollständige Information über das betrachtete Problem vorausgesetzt.

5.4.7 Wissensretrieval

Auf Basis der zu jeder Beziehung zwischen Wissensbausteinen vorhandenen generischen Beschreibung kann der Zusammenhang, der zwischen zwei Objekten besteht, sowohl generisch (mittels des generischen Beziehungstyps), als auch speziell (unter Zuhilfenahme der verbalen Beschreibung der Beziehung) erklärt werden. In großen Wissensmodellen (↗ 2.5) wird somit das Verständnis des Lernenden erleichtert.

Autoren dieser Beziehungen können sowohl die Autoren der Bildungsprodukte als auch die Lernenden selbst sein. Auf diese Weise wird es möglich, individuelles Wissen auf (und individuelle Sichtweisen über) den Lerninhalt in einem CDLS abzulegen (↗ 6.3.5 und 6.3.6).

5.4.8 Retrieval von Multimediadaten

Retrieval von Multimediadaten kann auf folgende Arten geschehen:[561]

---

[561] Vgl. [Stra99], S. 25.

- Keyword-basiertes Retrieval beruht auf einer semantischen Beschreibung der Multimediadaten durch Metadaten. Diese Metadaten werden durch einen menschlichen Bearbeiter hinterlegt.
- Feature-basiertes Retrieval extrahiert maschinenlesbare Merkmale direkt aus den Multimediadaten. Das können Farben, Größen von Objekten, geometrische Positionen, Texturen und Bewegungsabläufe sein. Feature-basiertes Retrieval kommt bei der Mustererkennung und der Steganographie zum Einsatz. Es kann unter der Aufsicht eines menschlichen Bearbeiters oder automatisch ablaufen.
- Konzept-basiertes Retrieval stützt sich auf domänenspezifisches Wissen, welches zur Interpretation der Semantik der Multimediadaten herangezogen wird. Diese Interpretation erfolgt üblicherweise durch einen menschlichen Bearbeiter.

Mit Ausnahme von keyword-basiertem Retrieval und einfachen Varianten des feature-basierten Retrieval (Mustererkennung) ist den beschriebenen Methoden der breite Einsatz in der Praxis versagt geblieben. Die Ursache liegt in dem Erfordernis, domänenspezifisches Wissen mit den Multimediadaten in einer Weise zu verknüpfen, die es erlaubt, Rückschlüsse auf den Inhalt der Multimediadaten zu ziehen. Die dazu erforderlichen Verfahren sind noch nicht leistungsfähig genug, um diese Verknüpfung unabhängig von der betrachteten Wissensdomäne durchzuführen.

5.4.9 Wissensmanagement

Nach PETKOFF besteht das Wissensmanagement aus acht Bausteinen:

- Wissensidentifikation,
- Wissenserwerb,
- Wissensentwicklung,
- Wissensverteilung,
- Wissensnutzung,
- Wissensbewahrung,
- Wissensziele sowie
- Wissensbewertung.[562]

Diese Bausteine beschreiben das Wissensmanagement aus der Sicht eines Individuums, welches mit dem Wissensmanagement befasst ist. Für die Betrachtung des Prozesses Wissensvermittlung ist diese Sichtweise nützlich, aber nicht ausreichend, da hier auch die Sichtweise von außen auf das Individuum von Bedeutung ist. Diese externe Sichtweise wird beispielsweise von Mitlernenden, dem Tutor eines Kurses oder dem CDLS vertreten. Die externe Sichtweise wird zur Identifikation des Wissensstandes eines Lernenden und als Diskussionsgrundlage für das Gruppenlernen verwendet.

Beim Wissensmanagement werden die folgenden Prozesse unterschieden:

- Identifikation (Wo befindet sich die Information?),
- Akquisition (Wie erhalte ich die Information?),
- Strukturierung (Welche Form soll die Information erhalten?),

[562] Vgl. [Petk98], S.81.

- Entwicklung (Wie stimuliere ich neue Ideen?),
- Speicherung (Wo lege ich Information ab?) und
- Verteilung (Wie bringe ich die Information zum Anwender?).[563]

KUPPINGER und WOYWODE verstehen unter Wissensmanagement „nicht nur die Speicherung und das Wiederfinden von Informationen, sondern auch die Kommunikation zwischen den Benutzern."[564]

Sie unterscheiden das in Organisationen vorhandene Wissen in drei Komplexe:

- people – Personen, die Wissen zu bestimmten Themen besitzen,
- places – Foren oder Communities, die sich mit bestimmten Themen beschäftigen,
- things – Dokumente oder andere Informationseinheiten zu diesen Themen.[565]

Da in einem CDLS zwangsläufig auch Wissen gespeichert wird, ist es unumgänglich, Mechanismen für das Wissensmanagement in CDLS bereitzustellen.

Wissensbereiche in CDLS sind:

- Wissen im Lerninhalt,
- Wissen in den Annotationen der Benutzer,
- Wissen in den Lösungen zu Übungsaufgaben und
- Wissen in FAQ-Listen.[566]

Aufgabe des Knowledge Repository ist, das in verschiedenen Bereichen eines CDLS „verstreute" Wissen insgesamt für Auswertungen (Retrieval) zugänglich zu machen. Dazu muss das Wissen durch geeignete Algorithmen auf Korrektheit geprüft und zueinander in Beziehung gesetzt werden (↗ 6.1.4 und 6.3.5).

Für diese Wissensbereiche soll nachfolgend die Architektur einer Wissensbasis dargestellt werden.

5.4.10 Aufbau der Wissensbasis innerhalb eines CDLS

Eine geeignete Architekturvariante für die Wissensrepräsentation innerhalb eines CDLS kann in Anlehnung an Expertensysteme entworfen werden (↗ Abbildung 5-18).

---

[563] Vgl. [MüRS00], S. 275.
[564] Zitiert nach: [KuWo00], S. 144.
[565] Vgl. [KuWo00], S. 144-145.
[566] FAQ (Frequently Asked Questions) –Listen beinhalten Antworten auf häufig gestellte Fragen.

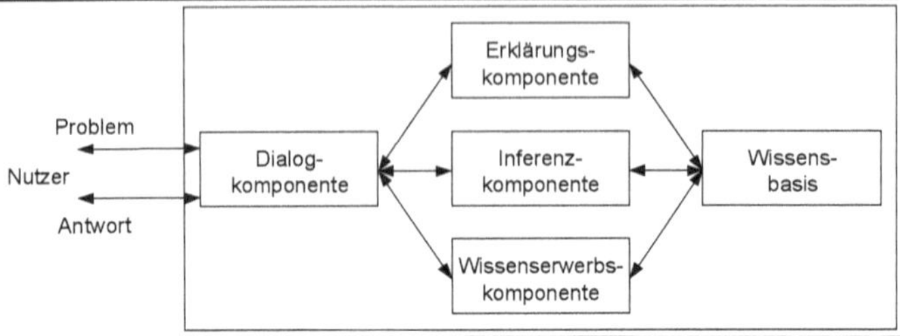

Abbildung 5-18: Architektur eines Expertensystems[567]

Dabei bildet die Dialogkomponente die Schnittstelle zum CDLS. Sie wird gegebenenfalls über ein API an das CDLS angebunden. Erklärungs-, Inferenz- sowie Wissenserwerbskomponenten werden über dieses API gesteuert und verbleiben unter Kontrolle des Expertensystems. Die Prozesse, welche in diesen Komponenten ablaufen, werden in Abschnitt 6.3.1 beschrieben. Die Struktur der Wissensbasis wird in Abschnitt 6.1 entwickelt.

Die Wissensbasis bildet alle dynamisch im Lernprozess generierte Information zum Lerninhalt im CDLS ab. Demgegenüber steht das Knowledge Repository, welches feststehende Metadaten über den Lerninhalt und über Lernende enthält. Es wird in Metadaten über Lerninhalte (↗ 5.3.3) und Metadaten über Benutzer (Lernende) (↗ 5.3.2) unterschieden. Zusätzlich sind Retrieval-Algorithmen zum Abrufen und Verarbeiten der Metadaten enthalten (↗ 5.3.1 und 6.3). Die folgende Abbildung zeigt die Struktur des Knowledge Repository. Diese wird in Bereiche für deklaratives und prozedurales Wissen unterteilt.

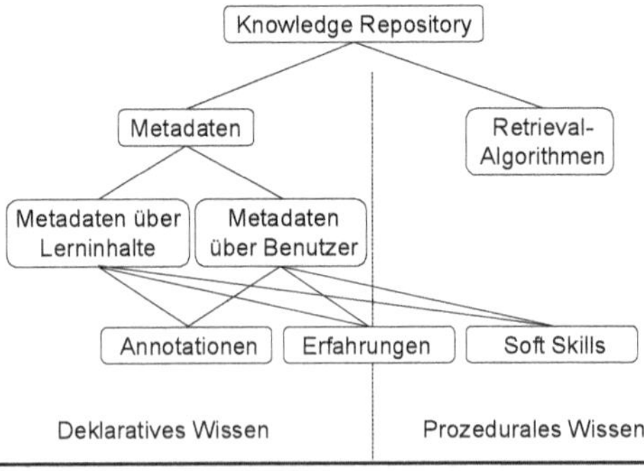

Abbildung 5-19: Logische Struktur des Knowledge Repository

5.4.11 Visualisierung der Wissensbasis

Zur Veranschaulichung der Struktur des Wissens in der Wissensbasis sind Visualisierungsmethoden erforderlich.

Basis der Visualisierung ist das semantische Netz der Wissensbasis, welches in verschiedenen Varianten (grundlegendes Wissensmodell (↗ 2.5 und 6.3.6.1), persönliche Wissensmodelle (↗ 2.5 und 6.3.6.2)) vorhanden ist.

[567] Vgl. [Pupp91].

Die Visualisierungstechniken dienen dazu, die persönliche sowie die grundlegende Variante der Wissensrepräsentation im Zusammenhang darzustellen. Außerdem ist es möglich, dass ein Lernender seine Wissensrepräsentationsvariante anderen zugänglich macht und umgekehrt die Wissensrepräsentationsvariante anderer Mitlernender zur Arbeit nutzen kann. Dazu werden Visualisierungstechniken genutzt, die es erlauben, dynamisch Teile des Gesamt-Wissensmodells ein- bzw. auszublenden. Kriterien dafür sind die Wissenstiefe, der Autor des Sachverhaltes oder die Häufigkeit der Benutzung.

Wenn die Information grafisch so dargestellt wird, dass die zentralen Konzepte eines Diskursbereichs die Knoten eines Netzes bilden und die Relationen zwischen diesen Konzepten als Linien dargestellt werden, ist eine einfache Visualisierung der Wissensbasis erreicht.[568]

Da dieses Netz sehr schnell so umfangreich wird, dass es nicht mehr übersichtlich darstellbar ist, werden spezielle Visualisierungstechniken angewandt. Ziel dieser Techniken ist es, Ausschnitte aus dem Gesamtnetz so darzustellen, dass sie gut lesbar sind, ohne den Gesamtzusammenhang zu sehr in den Hintergrund treten zu lassen.

5.4.11.1 Concept Mapping

Concept Maps dienen der Visualisierung von semantischen Beziehungen zwischen Konzepten eines Diskursbereichs. Die Knoten (Wissensbausteine) und Kanten (Beziehungen) werden als gerichteter Graph dargestellt. Dabei werden Knoten und Kanten mit der Kurzbeschreibung bzw. dem Beziehungstyp des zu Grunde liegenden Wissensbausteins bzw. der zu Grunde liegenden Beziehung beschriftet.

Die folgende Abbildung zeigt ein Beispiel für eine Concept Map.

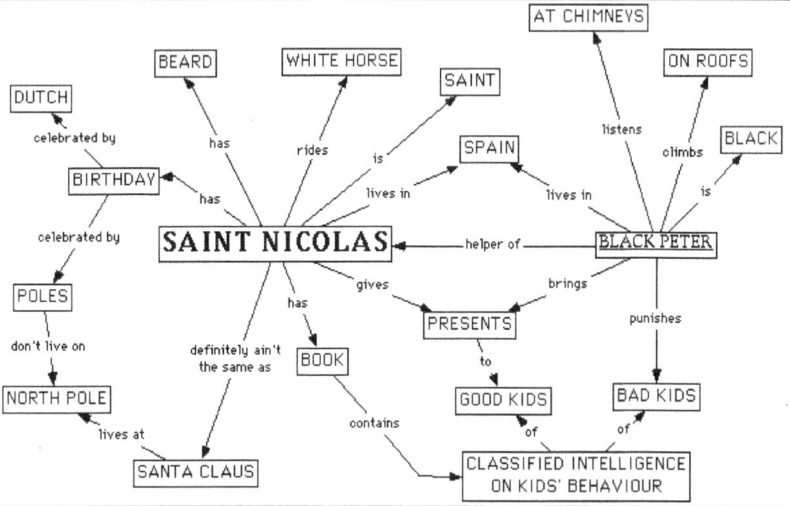

Abbildung 5-20: Concept Map[569]

LANZING nennt folgende Einsatzbereiche für Concept Maps:

[568] Vgl. [Fisc98], S. 39.
[569] Vgl. [Lanz00].

- Ideen-Generierung,
- Strukturierung umfangreicher Sachverhalte,
- Kommunikation komplexer Ideen,
- Unterstützung des Lernens durch explizite Integration neuen und alten Wissens und
- Diagnose von Unverständnis.[570]

Eine ausführliche Darstellung zu Concept Maps findet sich auf der Concept Mapping Homepage: [Lanz00].

GAINES und SHAW schlagen vor, Concept Maps als Basiskomponente eines jeden Hypermediasystems zu betrachten.[571] Concept Maps sind wegen ihrer übersichtlichen Darstellung zur Darstellung der Wissensbasis innerhalb von CDLS geeignet.

5.4.11.2 Fisheye Views

Eine Möglichkeit, komplexe semantische Netze zu visualisieren, bieten sogenannte Fisheye Views.[572] Diese stellen den Ausschnitt aus dem Netz, der momentan im Fokus liegt, stark vergrößert dar. Das gesamte Netz ist im Hintergrund sichtbar. Damit bleibt der Gesamtzusammenhang erhalten. Der Name Fisheye View leitet sich vom fotografischen "Fischauge" ab, welches ein Objektiv mit extrem kurzer Brennweite ist, und Details zum Rand des Blickwinkels hin kreisförmig verschmelzen lässt.

Abbildung 5-21: Fisheye View (Photographie)[573]

[570] Vgl. [Lanz00].
[571] Vgl. [GaSh95], S. 327.
[572] Eine detaillierte Beschreibung dieses Konzeptes findet sich in [Furn81].
[573] Vgl. [Slat01].

Die Basis dieser Fisheye Views können Orientierungspunkte bilden. Diese sind Wissensbausteine mit einem besonderen Stellenwert. Wissensbausteine mit einer hohen Verknüpfungsdichte (Kernkonzepte des betrachteten Diskursbereichs) sind besonders gut als Orientierungspunkte geeignet.[574]

5.5 Sitzungsunterstützung als Basiskonzept für die Individualisierung von CDLS

Ein weiteres informationstechnisches Basiskonzept (neben der Modularisierung (↗ 5.1)) für die Individualisierung von CDLS ist die Verwaltung von sogenannten Sitzungen zur Laufzeit des Systems für jeden Benutzer. Das Sitzungsmanagement ist für die Zuordnung der Serverressourcen des CDLS zu den verteilten Clients zuständig. WELZEL gibt die folgende Definition des Begriffes „Sitzung":

⇒ *"Unter einer Sitzung versteht man in der Datenverarbeitung die Nutzung des Systems oder von Teilen des Systems für einen bestimmten Anwender oder eine bestimmte Aufgabe. Eine Sitzung zeichnet sich durch folgende Eigenschaften aus:*

Der Begriff wird nur in Systemen benutzt, die von mehreren Benutzern verwendet werden (multiuser system).

Während der Sitzung stehen dem Benutzer bestimmte Betriebsmittel zur Verfügung, z.B. bestimmte Speicherbereiche, periphere Geräte, Pufferspeicher. Eine Sitzung hat einen definierten Beginn und ein definiertes Ende, welche vom Betriebssystem registriert werden; die Benutzung des Systems durch den einzelnen Benutzer wird erfasst (job accounting)."[575]

Diese Forderungen erlangen besondere Bedeutung im Zusammenhang mit web-basierten CDLS. Da diese auf dem Protokoll „HTTP" basieren, und dieses per Definition ein verbindungsloses Protokoll ist[576], muss die Sitzungsunterstützung über separate Mechanismen (Einsatz von URL-Rewriting oder Cookies) sichergestellt werden.

Innerhalb einer Sitzung wird bei jeder Transaktion der Client einem konkreten Benutzeraccount zugeordnet. Mit diesem Benutzeraccount sind Rechte verknüpft, die über die Verfügbarkeit von bestimmten Systemressourcen für den jeweiligen Benutzer Auskunft geben. Außerdem wird persönliche Information des Benutzers zur Verfügung gestellt. Jeder Benutzer erhält durch das Sitzungsmanagement die Möglichkeit, Inhalte in einer individualisierten Form (Customizing) dargestellt zu bekommen. Für das CDLS ist das Sitzungsmanagement die Basis für eine differenzierte und dynamische Ressourcenzuordnung in Abhängigkeit von den Rechten der Systembenutzer. Es bildet die Basis zur Realisierung der Individualisierung in CDLS.

Sitzungsunterstützung ermöglicht beispielsweise, dass das Benutzerinterface eines CDLS durch Adaption für jeden Benutzer mit seiner spezifischen Information dargestellt wird. Auch können alle durch den Benutzer bearbeiteten Übungsaufgaben oder spezielle Lerninhalte vom CDLS zusammengefasst werden. Ebenso können Nachrichten zwischen den Systembenutzern des CDLS ausgetauscht werden.

5.6 Fazit

In Kapitel 5 wurden Konzepte für die Individualisierung von CDLS vorgestellt. Dazu wurden zunächst mögliche Varianten der Individualisierung (↗ 5.1) untersucht. Individualisierung von CDLS basiert auf Anforderungen von Lernenden einerseits und möglichen Anpassungen des CDLS andererseits. Zur Ermittlung der Anforderungen von Lernenden wurden in Abschnitt

[574] Vgl. [PaCK+89].
[575] Vgl. [Welz98], S. 124.
[576] Vgl. [GMFM+99].

5.2 Systematiken zur Einteilung von Lernenden untersucht. Im Ergebnis dieser Untersuchungen konnte gezeigt werden, dass die Zuordnung von Wissensstufen zu didaktischen Strategien möglich und für die Auswahl von didaktischen Strategien sinnvoll ist (↗ 5.2.4).

Aus den Anforderungen verschiedener Lerntypen (↗ 5.2) können Metadatenstrukturen abgeleitet (↗ 5.3) werden, die im folgenden Kapitel 6 gemeinsam mit Mechanismen zur Wissensrepräsentation (↗ 5.4) in eine Gesamtarchitektur für CDLS (↗ 6.1) integriert und um Konzepte zur individuellen Strukturierung von Lerninhalten (↗ 6.3.5) erweitert werden.

6 Eine Architektur für individualisierte CDLS

Basierend auf den in den Abschnitten 4 und 4.8 dargelegten Konzepten und Anforderungen für CDLS, unter Verwendung der in Abschnitt 5.3 entwickelten Metadatenstrukturen sowie der in Abschnitt 5.4 dargestellten Mechanismen zur Wissensrepräsentation wird im Folgenden ein objektorientiertes Wissensmodell für CDLS entwickelt (Konstruktives Wissens-Modell KoWiMo). Zur besseren Strukturierung wird das Wissensmodell in vier Teilbereiche unterteilt:

- Content-Modell,
- Knowledge-Modell,
- Teaching-Modell und
- Management-Modell.

Das Content-Modell umfasst eine Beschreibung der im CDLS enthaltenen Lerninhalte. Das Knowledge-Modell enthält semantische Verknüpfungen der Lerninhalte aus dem Content-Modell. Das Lerner-Modell beschreibt die Charakteristika jedes Lernenden (Lernerprofil). Das Teaching-Modell enthält Eigenschaften und Lernstrategien für vordefinierte Lerntypen (↗ 6.1.1).

Im Knowledge-Modell wird zwischen assertionalem und terminologischem Wissen unterschieden. Dazu existieren Datenstrukturen, welche es erlauben, sowohl das terminologische Wissen als auch das assertionale Wissen dynamisch zu erweitern (↗ 6.1.3)

Um dies zu erreichen, muss das terminologische Wissen nicht wie allgemein üblich auf Klassen bzw. Entitätstypen abgebildet, sondern als Objekt bzw. Tupel verfügbar gemacht werden (↗ 6.2.2).

Strukturen, die für die Interaktion zwischen Lernenden und Tutor erforderlich sind, sind im Teaching-Modell hinterlegt (↗ 6.1.5).

Die Verwaltung von Kursen auf Basis der in KoWiMo hinterlegten Lerninhalte ist Aufgabe des Management-Modells (↗ 6.1.6).

Weiterhin werden die im Zusammenhang mit der Individualisierung in KoWiMo ablaufenden Prozesse beschrieben (↗ 6.2 und 6.3). Ein neuartiges Anwendungsfeld für dieses Modell besteht in der in den Abschnitten 6.3.5 und 6.3.6 aufgezeigten Methode der individuellen Strukturierung des Lerninhaltes. Weitere Anwendungsfelder für KoWiMo werden in Abschnitt 6.4 dargestellt.

6.1 Komponenten einer Architektur für individualisierte CDLS

Nachfolgend wird, aufbauend auf den Darstellungen zur Wissensrepräsentation in CDLS aus Abschnitt 5.4, ein Modell zur Abbildung des Wissens in CDLS dargestellt (KoWiMo). Dieses Modell wird in Abschnitt 6.3.5 genutzt, um Methoden für die individuelle Arbeit der Lernenden mit diesem Wissen zu generieren.

Das Wissen innerhalb eines CDLS lässt sich auf ein Wissensmodell abbilden, welches sich in die Teile Content-Modell, Knowledge-Modell und Teaching-Modell unterteilt. Zusätzlich wird noch die Teilkomponente Management-Modell eingeführt, welche nicht der Wissensrepräsentation im engeren Sinn dient, zur Funktionsfähigkeit eines CDLS aber trotzdem erforderlich ist. Beispielsweise werden hier die Benutzerkonten der Lernenden abgelegt.

Die Teilmodelle von KoWiMo sind unabhängig voneinander einsetzbar. Zur konsistenten, redundanzfreien Modellierung greifen die Teilmodelle gegenseitig auf Elemente anderer Teilmodelle zu.

Im Gesamtmodell KoWiMo sind alle für ein CDLS mit Individualisierungsmöglichkeit erforderlichen grundlegenden Komponenten enthalten. Diese Teilmodelle sollen nachfolgend dargestellt werden. Die Beschreibung erfolgt innerhalb der Phasen der Softwareentwicklung auf Entwurfsebene. Zur Modellierung der statischen Zusammenhänge werden UML-Klassendiagramme verwendet. Die dynamischen Abläufe werden mittels UML-Aktivitätsdiagrammen, einer Form des erweiterten Zustandsautomaten[577], visualisiert.

6.1.1 Content-Modell

Das Content-Modell von KoWiMo enthält den Lerninhalt des CDLS selbst und beschreibt alle Details (5.3.3) zum Lerninhalt. Folgende Abbildung zeigt das Content-Modell als UML-Klassendiagramm:

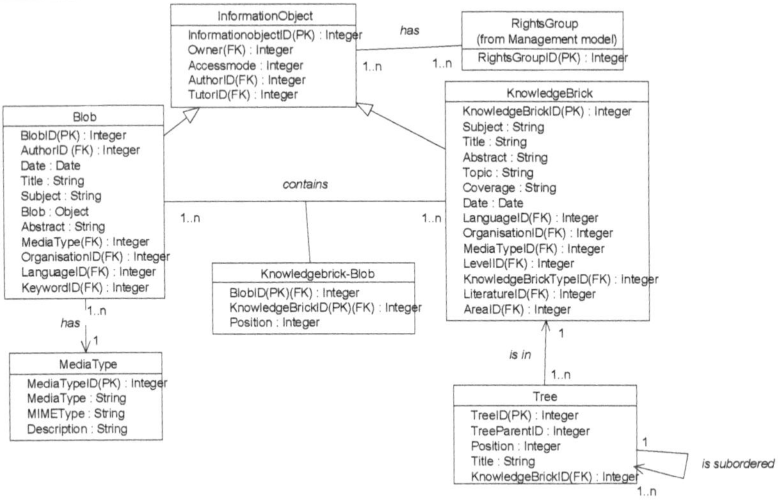

Abbildung 6-1: UML-Klassendiagramm der Struktur des Content-Modells innerhalb der Wissensbasis des CDLS

Dieses Content-Modell ermöglicht es, den Lerninhalt flexibel zu strukturieren. Diese Strukturierung wird im Content-Modell statisch durch den Autor für alle Lernenden hinterlegt. Eine Beschreibung der Abläufe während der Strukturierung findet sich in Abschnitt 6.2.

In der Klasse „Blob" werden die multimedialen Lerninhalte in modularisierter Form hinterlegt (↗ Abbildung A-1, Abbildung A-2 und Abbildung A-22). Ein „Blob" bildet die kleinste selbständig adressierbare Informationseinheit innerhalb des CDLS. Relevant ist hier auch die Frage nach der optimalen Größe einer Informationseinheit. Diesem Zusammenhang wird in Abschnitt 2.11 nachgegangen.

[577] Vgl. [Hare88], S. 518.

Die Klasse „Wissensbaustein" (KnowledgeBrick) enthält ein oder mehrere Elemente vom Typ „Blob", welche gemeinsam einen zusammenhängenden Sachverhalt beschreiben (z.B. ein Bild mit erklärendem Text). Die Zuordnung von Objekten beider Klassen zueinander erfolgt über die Klasse „KnowledgeBrick-Blob". Wissensbausteine bilden im Knowledge-Modell die Basis für eine weitergehende Strukturierung (↗ 4.10.4).

In der Klasse „MediaType" ist die Medienbeschreibung als Teil der Metadaten zum Lerninhalt abgelegt. Diese Daten werden zur Selektion thematischer Varianten des Lerninhaltes eingesetzt (↗ 6.3.1).

Die Klasse „Tree" repräsentiert die hierarchische Struktur der Wissensbausteine (↗ 4.10.4).

Objekte der Klasse „Blob" und Objekte der Klasse „KnowledgeBrick" besitzen gemeinsame Attribute und Methoden. Dies betrifft insbesondere die Verwaltung der Eigentums- und Zugriffsrechte. Zu diesem Zweck erben beide Klassen „Blob" und „KnowledgeBrick" diese Attribute und Methoden von der Klasse „InformationObject".

6.1.2 Hierarchisches Schema der Inhaltstypen für Wissensbausteine

In CDLS werden eine Vielzahl von Inhaltstypen zur Erstellung von Wissensbausteinen eingesetzt (↗ 4.4). Um die Verwaltung dieser Wissensbausteine zu vereinheitlichen, wird ausgenutzt, dass sich unterschiedliche Funktionalitäten der verschiedenen Inhaltstypen auf ähnliche Datenstrukturen und Methoden zurückführen lassen. Unterschiede in der Anwendung gibt es bei den Berechtigungen für verschiedene Benutzergruppen/-klassen. Der Unterschied zwischen den Begriffen Klasse und Gruppe soll an den Beispielen „Benutzergruppe" und „Benutzerklasse" verdeutlicht werden:

⇒ *Benutzergruppe: Eine Menge von Benutzern mit gleichen Rechten*[578] *an verschiedenen Objekten im System (z.B. Autorengruppe A, Tutorengruppe B).*

⇒ *Benutzerklasse: Eine Menge von Benutzern mit ähnlichen grundlegenden Eigenschaften gegenüber dem System*[579] *(z.B. Autor, Administrator).*

Ähnlich den Benutzerklassen kann für die Inhaltstypen (Strukturelemente der Lerninhalte) die folgende Hierarchie abgeleitet werden:

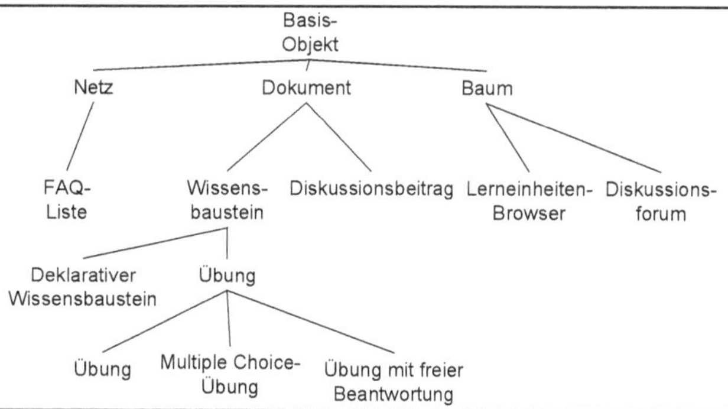

Abbildung 6-2: Klassenhierarchie für Inhaltstypen

[578] Z.B. Schreibrecht für einen Wissensbaustein.

[579] Z.B. Hinzufügen von Lernenden zu einem Kurs oder Beurteilen der Lösungen zu Übungsaufgaben in einem Kurs.

6.1.3 Knowledge-Modell

Das Knowledge-Modell in KoWiMo setzt die Teile des Lerninhaltes (Wissensbausteine und Gruppen von Wissensbausteinen) untereinander in Beziehung und ermöglicht die Ableitung von domänenspezifischem Wissen. Die Beschreibung der Beziehungen zwischen den Wissensbausteinen erfolgt zum einen verbal, zum anderen strukturiert durch vorgegebene Beziehungstypen.

Vordefinierte Beziehungstypen werden in Anlehnung an das Konzept der objektorientierten Modellierung als „Generalisierung", „Aggregation" und „Assoziation" bezeichnet. Diese strukturierten Beziehungstypen sind für das Retrieval in der Wissensbasis (↗ 5.4.7) von großer Bedeutung und werden in Tabelle 6-1 näher erläutert.

Beziehungen zwischen Wissensbausteinen vom Typ „Generalisierung" erlauben es, durch Verfolgen des hinter dieser Beziehung liegenden Hyperlinks, Wissen über die Herkunft eines Konzeptes zu erweitern. Beziehungen vom Typ „Aggregation" geben bei Verfolgung des zu Grunde liegenden Hyperlinks zusätzliches Wissen über den strukturellen Aufbau eines Konzeptes preis. Beziehungen vom Typ „Assoziation" ermöglichen es schließlich, durch Verfolgen des hinterlegten Hyperlinks, Wissen über die Anwendung eines Konzeptes zu erlangen.

FUHRMANN verwendet die Beziehungstypen „erfordert Verständnis von", „erklärt" und „ist Beispiel für".[580] Eingesetzt werden diese, um deklaratives Wissen abzubilden. Diese Beziehungstypen erfordern unter Umständen eine Vereinfachung der Darstellung des Diskursbereichs und sind sehr an der Wissensvermittlung, weniger an der Beschreibung der Realität orientiert. Deshalb ist es sinnvoll, den Beziehungstyp „erklärt" durch die oben beschriebenen Beziehungstypen „Generalisierung", „Aggregation" und „Assoziation" zu untersetzen (↗ Tabelle 6-1). Dies erlaubt eine spezifische Erklärung des Zusammenhanges.

In Abhängigkeit von der Zielgruppe und des Diskursbereichs ist es sinnvoll, weitere Beziehungstypen zu definieren und zu verwenden. Wichtig ist dabei eine überschneidungsfreie Definition und präzise Erklärung dieser Beziehungstypen, um ein eindeutiges Verständnis beim Lernenden zu erreichen. Tabelle 6-1 zeigt einen Vorschlag für grundlegende Beziehungstypen, welche die Basis für weitere Verfeinerungen bilden kann.

In Tabelle 6-1 ist jeweils die Bezeichnung des Beziehungstyps (Spalte „Beziehungstyp"), die Bedeutung bei Top-Down-Betrachtung innerhalb einer hierarchischen Struktur (Spalte „Top-Down-Betrachtung"), die Bedeutung bei Bottom-Up-Betrachtung in einer Hierarchie (Spalte „Bottom-Up-Betrachtung"), mögliche Anwendungsbereiche des Beziehungstyps (Spalte „ermöglicht") sowie die abgebildete Wissensart (↗ 5.4.2) (Spalte „bildet ab") angegeben. Ein Beispiel zur Verwendung dieser Beziehungstypen findet sich in Abschnitt 6.3.6.2.

[580] Vgl. [Fuhr99], S. 1088.

Beziehungstyp	Top-Down-Betrachtung	Bottom-Up-Betrachtung	ermöglicht Abbildung von	bildet ab
erklärt	./.	./.	./.	deklaratives Wissen
Vererbung/Generalisierung	„wird speziell repräsentiert durch“	„basiert auf“	Wissen über die Herkunft	strukturelles Wissen
Aggregation	„enthält“	„ist ein Teil von“	Wissen über den Aufbau	strukturelles Wissen
Assoziation	„benutzt“; „verwendet“	„setzt voraus“	Wissen über die Anwendung	strukturelles Wissen
erfordert Verständnis von	./.	./.	Definition von Vor-kenntnissen	deklaratives Wissen
ist Beispiel für	./.	./.	Erklärung von speziellen Konzepten	deklaratives Wissen

Tabelle 6-1: Generische Beziehungstypen zwischen Wissensbausteinen

Das Knowledge-Modell basiert auf dem Content-Modell mit den Klassen „InformationObjekt“, „Blob“ und „KnowledgeBrick“. Zusätzlich werden die zentralen Klassen „Hyperlink“, „Keyword“, „Comment“, „Bookmark“, „Rating“, „Question“ und „Answer“ eingeführt. Die Klasse „Hyperlink“ erbt die grundlegenden Attribute und Methoden (erzeugen, Zugriffsrechte vergeben und prüfen, editieren und löschen) von der abstrakten Klasse „InformationObject“.

Abbildung 6-3 zeigt die Struktur der Wissensbasis mit den wichtigsten Attributen und Beziehungen als UML-Klassendiagramm.

Die Klasse „Hyperlink“ setzt die Objekte aus der Klasse „KnowledgeBrick“ miteinander in logische Beziehung. Dazu werden verbale Beschreibungen und generische Beziehungstypen („Generalisierung“, „Aggregation“ und „Assoziation“) genutzt. Ein Hyperlink kann im Unterschied zum Konzept von SGML/HTML grundsätzlich bidirektional verfolgt werden.

Die Art der Beziehung, die ein Hyperlink repräsentiert, ist in der Klasse „HyperlinkType“ hinterlegt. Dort können dynamisch neue Objekte angelegt werden, die neue Beziehungen zwischen Wissensbausteinen definieren (↗ Tabelle 6-1).

Es werden strukturelle und referentielle Hyperlinks unterschieden. Strukturelle Hyperlinks sind solche Hyperlinks, die sich aus der hierarchischen Gliederung des Inhaltes ergeben und somit automatisch erstellbar sind. Im Gegensatz dazu werden referentielle Hyperlinks vom Autor im CDLS erstellt und verwaltet. Sie verbinden die Lerneinheiten in Netzwerkform miteinander.

Die strukturellen Hyperlinks werden über eine rückwärts verkettete Liste abgebildet, welche in den Attributen “TreeID” und “TreeParentID” in der Klasse “Tree” abgebildet sind. Zusätzlich wird das Attribut “Position” benötigt, welches über die Position des Wissensbausteins innerhalb einer Hierarchieebene Auskunft gibt.

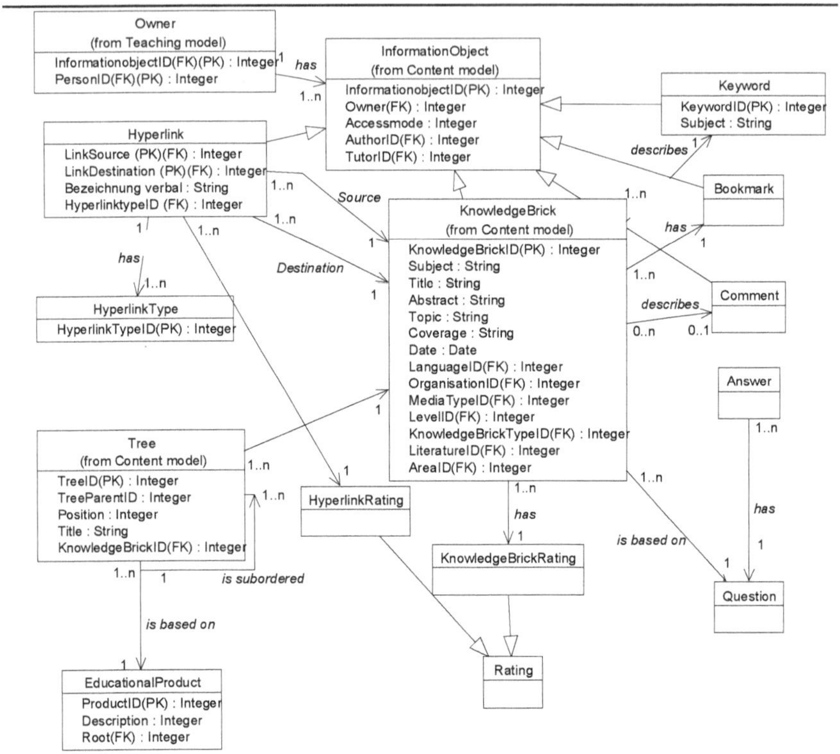

Abbildung 6-3: UML-Klassendiagramm der Struktur des Knowledge-Modells innerhalb des CDLS

Referentielle Hyperlinks werden durch die Klasse „Hyperlink" abgebildet. Das Attribut „HyperlinkFrom" bzw. „HyperlinkTo" stellt die Referenz zu den beteiligten Wissensbausteinen her.

Weiterhin sind Verknüpfungen zu anderen Lerneinheiten (referentielle Hyperlinks) zu verwalten. Dies erfolgt über die Entität "Links". Diese steht über zwei Fremdschlüssel (1:n-Beziehung) mit der Entität „Wissensbaustein" in Beziehung. Durch diese Vorgehensweise sind die gespeicherten referentiellen Hyperlinks bidirektional, d.h. die Verfolgung des Links ist sowohl von der Quelle als auch vom Ziel ausgehend möglich.

Zu jedem Informationsobjekt wird ein Attribut „Eigentümer" abgelegt, welches Auskunft über den Eigentümer dieses Informationsobjektes gibt. Zusammen mit dem Attribut „Zugriffsmode" ergibt sich die Berechtigung des jeweiligen Benutzers am betrachteten Informationsobjekt.

Semantische Beziehungen zwischen Wissensbausteinen werden über Hyperlinks abgebildet. Da sich die Klasse „Hyperlink" von der Klasse „Informationsobjekt" ableitet, erbt sie auch die Beziehung zu „Eigentümer". Daraus ergibt sich ein aus drei Attributen zusammengesetzter Primärschlüssel („LinkSource", „LinkDestination", „Owner"). Über diesen Primärschlüssel lässt sich für jedes mögliche Paar von Wissensbausteinen für jeden Benutzer eine eigene semantische Beziehung ablegen. Umgekehrt ist beim Retrieval der Eigentümer einer semantischen Beziehung über diesen Primärschlüssel identifizierbar. Diese semantischen Beziehungen werden zur Abbildung des persönlichen Wissensmodells (↗ 2.5 und 6.3.6.2) der Lernenden genutzt. Es wird somit für jeden einzelnen Lernenden möglich, eine eigene Variante der Wissensrepräsentation innerhalb des CDLS zu erzeugen. Diese Möglichkeit der Strukturierung bezieht sich dabei sowohl auf strukturelle als auch auf referentielle Hyperlinks (↗ 5.3.3.2). Die Abläufe im Zusammenhang mit dem persönlichen Wissensmodell werden in Abschnitt 6.3.6.2 detailliert dargestellt.

Visualisierungstechniken zur Darstellung der Wissensmodelle werden in Abschnitt 5.4.11 beschrieben.

Das Knowledge-Modell ermöglicht es, den Lerninhalt flexibel zu strukturieren. Diese Strukturierung wird im Knowledge-Modell sowohl statisch durch den Autor für alle Lernenden (grundlegendes Wissensmodell (↗ 2.5 und 6.3.6.1)), als auch durch die Lernenden selbst (persönliche Wissensmodelle (↗ 2.5 und 6.3.6.2)) hinterlegt. Jedes Strukturelement innerhalb des CDLS (Baumelement, Querverweis) befindet sich im Besitz einer Person. Diese Person kann Autor innerhalb des CDLS sein, aber auch Lernender. Somit wird jeder Lernende in die Lage versetzt, eine Strukturierung des Lerninhaltes nach eigenen Bedürfnissen und gemäß der eigenen mentalen Repräsentation vorzunehmen.

6.1.4 Repräsentation von Wissen in CDLS

Die Schwierigkeit bei der Repräsentation des Wissens in CDLS ist nicht der Formalismus zur Darstellung, sondern besteht vielmehr in der Akquisition der Wissenselemente und der für den Formalismus geeigneten Aufbereitung. Hier ist ein breiter subjektiver Spielraum gegeben, der sich möglicherweise negativ auf das maschinell repräsentierte Wissen auswirken könnte. Die Kernfrage ist, ob „Wissensbausteine" (↗ 2.11) als Strukturelemente des Netzwerkes sinnvoll sind. Diese Frage lässt sich reduzieren auf: „Welche kleinsten Wissenselemente (Wissensbaustein oder Blob (↗ 2.11)) können sinnvoll miteinander in Beziehung gesetzt werden?"

Die zunächst naheliegende Idee, semantische Netze oder Frame-Netze für die Repräsentation des Zusammenhangswissens zwischen den Wissensbausteinen einzusetzen, muss aus mehreren Gründen verworfen werden:

- Semantische Netze und Frame-Netze lassen sich nur sinnvoll einsetzen, wenn die abgebildeten Begriffe atomar sind. Dies ist bei Wissensbausteinen nicht gegeben.
- Ein allgemeiner Retrieval-Ansatz über semantische Netze oder Frame-Netze ist nur sinnvoll, wenn keine Instanzen (assertionales Wissen) abgebildet werden. Genau diese Instanzen bilden aber die konkreten Ausprägungen der Wissensbausteine.

Trotz dieser Einschränkungen gibt es einige Nutzeffekte, die sich aus einer Netzwerkbeziehung der Wissensbausteine untereinander ableiten lassen:

- Im Retrieval-Prozess ist eine Veränderung der Gewichte möglich, um Anpassungen als Reaktion auf die Benutzerrückmeldung vorzunehmen.
- Die Ausweitung auf den Schema-Ansatz durch dynamisches Hinzufügen von Knoten als Wissenserwerbsprozess stellt die Anpassung an die sich verändernde Umwelt sicher.
- Aus der Entfernung der Wissensbausteine im semantischen Netz lassen sich Rückschlüsse über die Nähe der Beziehung der Wissensbausteine zueinander ziehen.

- Ebenso wie die Wissensbausteine können Schlagworte zu diesen sinnvoll über eine semantische Netzwerkstruktur miteinander verknüpft werden.

Aus diesem Grund wird zur Darstellung der Wissensstrukturen im Knowledge-Modell ein aus Ontologie (↗ 5.4) und semantischem Netz (↗ 5.4.5.1.3) kombinierter Ansatz gewählt. Dabei wird zwischen terminologischem und assertionalem Wissen (↗ 5.4.6.2) unterschieden. Im Unterschied zu bekannten Ansätzen wie „Ontology-based intelligent Authoring Tool“[581], „Karina“[582], „Collaborative Courseware Generating System“[583] oder „eLearning based on the Semantic Web“[584] wird hier innerhalb der Wissensstrukturen zwischen „is a“-Beziehungen (Vererbung) und „is part“-Beziehungen (Assoziation) unterschieden.

Die Ontologie dient dabei zur Darstellung der Vererbungsbeziehungen zwischen verschiedenen Konzepten und deren Attributen (Hierarchie) (↗ Abbildung 6-17). Mit der Struktur des semantischen Netzes werden Beziehungen zwischen den Konzepten abgebildet. Mit dieser Vorgehensweise wird die Forderung nach Darstellungsmöglichkeit von sowohl terminologischem als auch assertionalem Wissen erfüllt(↗ 5.4.6.2).

6.1.5 Teaching-Modell

Das Teaching-Modell aus KoWiMo enthält die zur Interaktion zwischen Lernenden und Tutor erforderlichen Strukturen. Dazu gehören das Diskussionsforum (Klasse „Discussion“) und der Nachrichtenaustausch (Klasse „Message“). Weiterhin ist die Klasse „LearningAccount“ zur Verwaltung der Lernkonten der Lernenden enthalten.

Die statische Struktur des Teaching-Modells wird in Abbildung 6-4 als UML-Klassendiagramm dargestellt.

Der Nachrichtenaustausch unterstützt die bilaterale Interaktion der Personen innerhalb des CDLS. Das können zwei Lernende, aber auch der Tutor und ein Lernender sein (↗ Abbildung A-17 und Abbildung A-18).

Durch das Diskussionsforum wird die asynchrone Interaktion innerhalb einer Lerngruppe (eines Kurses) unterstützt. Alle Lernenden des Kurses haben auf die gleiche Menge von Informationsobjekten innerhalb des Diskussionsforums Zugriff (↗ Abbildung A-19).

Die Informationsobjekte, welche innerhalb des Diskussionsforums eines CDLS erzeugt werden, stellen eine dynamische Erweiterung des Lehrangebotes dar. Sie gewähren Einblick in den Lernfortschritt der Lerngruppe. Es obliegt dem Tutor, diese Informationsobjekte zu filtern und geeignet zu kommentieren, um das Verständnis der Lernenden zu vertiefen.

⇒ *Im <u>Lernkonto</u> („LearningAccount“) wird das Ergebnis eines Lernenden zu einem Wissenstest hinterlegt.*

Der Tutor kann daraus Rückschlüsse auf den Wissensstand des Lernenden ziehen. Für den Lernenden selbst dient es der Selbstkontrolle (↗ Abbildung A-14).

---

[581] Vgl. [CHJM+98], S. 42ff.

[582] Vgl. [CrRa00], S. 192ff.

[583] Vgl. [QuGN01].

[584] Vgl. [StSS01].

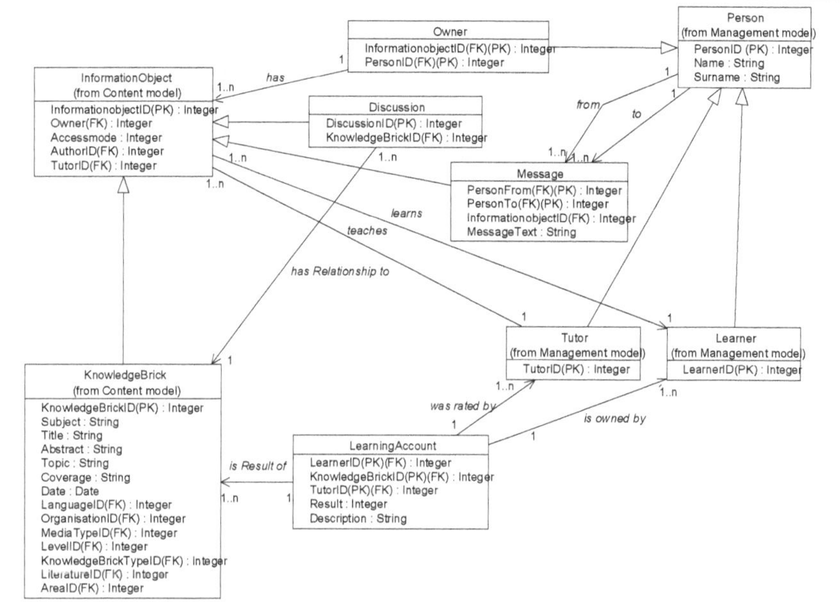

Abbildung 6-4: UML-Klassendiagramm der Struktur des Teaching-Modells innerhalb des CDLS

Es ist denkbar, das Lernkonto über die Selbstkontrolle der Lernenden hinaus zur „offiziellen" Bewertung der Lernenden zu nutzen. Da momentan aus rechtlichen Gründen sämtliche Prüfungen in klassischer Form[585] absolviert werden müssen, wird dies hier nicht weiter berücksichtigt.

Ausführliche Betrachtungen zur rechtlichen Situation im Bezug auf die Verwendung personengebundener Daten findet sich in [Kobs02].

6.1.6 Management-Modell

Das Management-Modell von KoWiMo umfasst alle Klassen und Beziehungen zur Organisation von Kursen auf Basis der hinterlegten Lerninhalte, sowie die Definition von Zugriffsrechten auf Informationsobjekte (↗ Abbildung 6-5).

Die Kursdefinition erfolgt über die Klasse „Course". Jedem Kurs sind eine Lerngruppe, eine Tutorengruppe, sowie ein Bildungsprodukt zugeordnet. Die Lerngruppe („LearnGroup") enthält Zeiger auf die am Kurs teilnehmenden Lernenden. In der Tutorengruppe („TutorGroup") sind die für die Betreuung des Kurses verantwortlichen Tutoren zusammengefasst. Das Bildungsprodukt bildet die inhaltliche Basis für die Durchführung des Kurses. In der Klasse „Course" wird dazu ein Zeiger auf die Beschreibung des Bildungsproduktes („EducationalProductID") gespeichert. Die Klasse Bildungsprodukt

[585] Das bedeutet, dass die Lernenden eine schriftliche Prüfung unter Aufsicht auf dem Medium „Papier" ablegen.

(„EducationalProduct") enthält einen Zeiger auf den Wissensbaustein, der die Wurzel des Bildungsproduktes in einer hierarchischen Gliederung darstellt („Root").

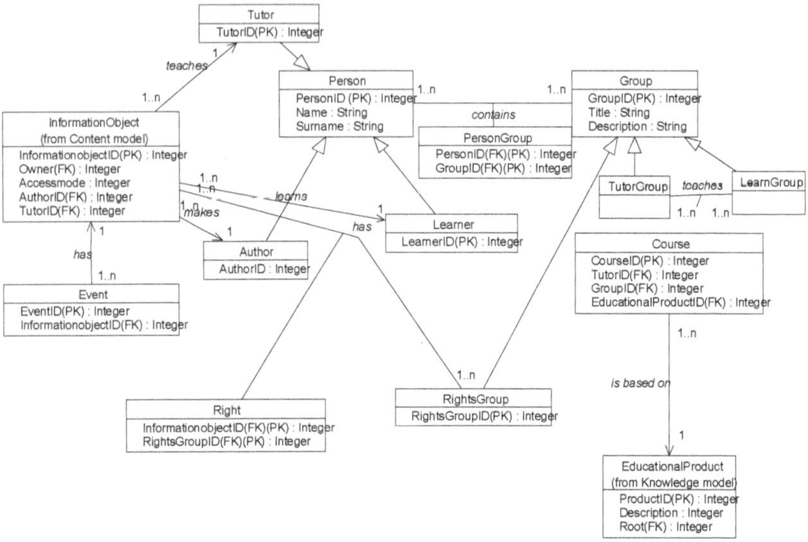

Abbildung 6-5: UML-Klassendiagramm der Struktur des Management-Modells innerhalb des CDLS

Die Zusammenfassung der Benutzer zu Gruppen wird vorgenommen, um die Verwaltung zu vereinfachen. Rechte können damit gruppenweise auf einem abstrakten Niveau vergeben werden. Anschließend werden die Benutzer diesen Gruppen nur noch zugeordnet (abgeleitete Klassen von „Group"). Es entfällt die aufwändige Neuvergabe aller Rechte für jeden einzelnen Benutzer, da diese bereits über die Gruppe definiert sind.

Im Management-Modell sind weiterhin Ereignisse, die sich auf Informationsobjekte beziehen, definiert (Klasse „Event"). Diese Ereignisse werden genutzt, um Start- und Endtermine für bestimmte Informationsobjekte (z.B. Übungsaufgaben) festzulegen. Ein Tutor kann damit verhindern, dass Lösungen zu Übungsaufgaben nach einem bestimmten Stichtag eingesandt werden. Damit ist der Lernfortschritt der Lernenden zumindest grob planbar.

6.1.7 Gesamtstruktur von KoWiMo

Für die Anwendungssystementwicklung eines CDLS ist es sinnvoll, die Teilmodelle von KoWiMo zu einem Gesamtmodell zu integrieren (↗ Abbildung 6-6). Dies bietet den Vorteil, auch über die Teilsystemgrenzen hinweg auf Attribute und Methoden zugreifen zu können. Dadurch wird eine redundanzfreie Datenhaltung ermöglicht und somit eine flexible Anwendung gewährleistet.

Die Teilmodelle von KoWiMo sind eigenständig funktionsfähig. Am Markt existieren jeweils Anwendungssystemklassen, welche die Funktionen dieser Teilmodelle repräsentieren:

- Content Management-Systeme – Content-Modell,

- Wissensrepräsentationssysteme – Knowledge-Modell sowie
- Kurs-Management-Systeme – Teaching-Modell und Management-Modell (je nach Komplexität).

Unterschiedliche Entwurfsparadigmen (relational, hierarchisch, objektorientiert), differierende Komplexitäten und verschiedene Begriffsapparate dieser Anwendungssysteme führen zu einer Inkompatibilität bei gemeinsamer Anwendung und erschweren eine Integration. Um diese Integration zu ermöglichen, umfasst KoWiMo alle Funktionsbereiche eines CDLS.

Um die Übersichtlichkeit des Modells zu erhalten, werden Attribute und Methoden in Abbildung 6-6 nicht mit dargestellt. Diese sind in den Darstellungen der Teilmodelle (Abschnitte 6.1.1, 6.1.3, 6.1.4 und 6.1.6) enthalten.

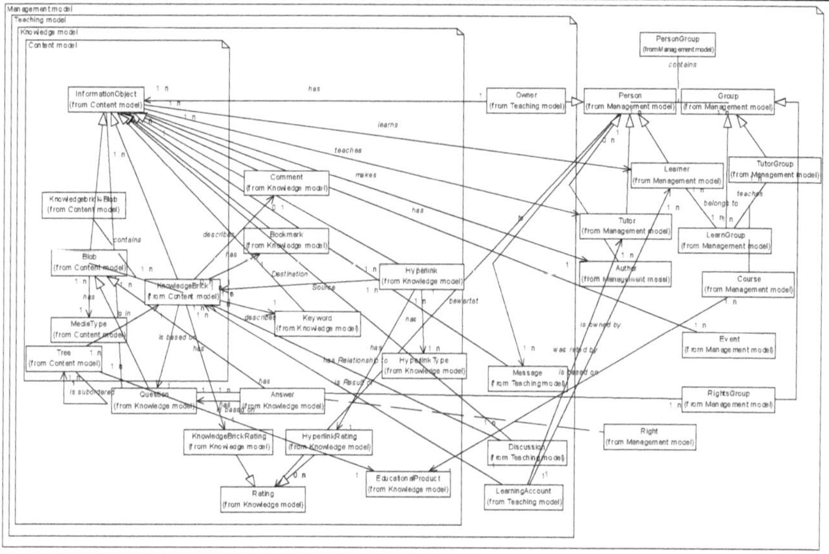

Abbildung 6-6: UML-Klassendiagramm der Gesamtstruktur von KoWiMo[586]

6.2 Prozesse in CDLS

6.2.1 Prozess der Erstellung der Lerninhalte

Ziel der Wissensrepräsentation in CDLS ist es, eine umfassende Individualisierung für die Benutzer zu erreichen. Nachdem in Abschnitt 6.1 die Struktur der Wissensbasis im CDLS (KoWiMo; insbesondere Knowledge-Modell ↗ 6.1.3) entwickelt wurde, folgt in den Abschnitten 6.2 und 6.3 die Beschreibung der Anwendung dieses Modells.

Basis eines CDLS ist der Lerninhalt. Dieser wird in KoWiMo wie in 2.11 gezeigt in Wissensbausteine und Blobs gegliedert. Zwischen diesen bestehen Beziehungen, welche die Verwendung eines Blobs in einem Wissensbaustein darstellen.

[586] Eine vergrößerte Kopie dieser Abbildung findet sich in Anhang B.

Daneben werden in KoWiMo Rechte an Wissensbausteinen vergeben, die den Zugriff durch die Rollen Autoren, Tutoren und Lernende (↗ 4.4) auf diese regeln. Die folgende Abbildung zeigt den Prozess der Erstellung von Wissensbausteinen und in Beziehung stehender Blobs (↗ 2.11) als UML-Activity-Diagramm.

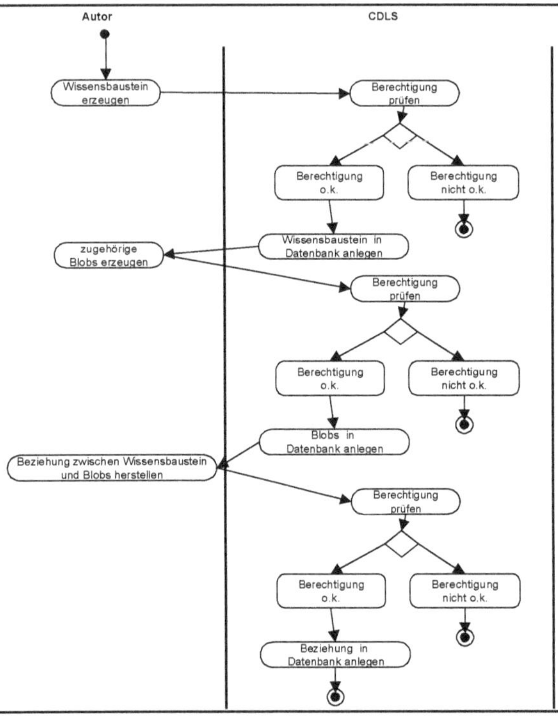

Abbildung 6-7: Erstellung von Wissensbausteinen innerhalb eines CDLS

HAYASHI, IDEKA, SETA, KAKUSHO und MIZOGUCHI unterteilen den Prozess der Erstellung der Lerninhalte in eine „composing phase" (Erstellungsphase) und eine „verification phase" (Verifikationsphase).[587] Die Anforderungen der Erstellungsphase werden durch in CDLS verfügbare Content Management-Systeme (CMS) gut abgedeckt. Zur Unterstützung der Verifikationsphase werden interaktive Wissensbausteintypen verwendet (↗ 4.4.2), mit denen Teilziele des Lernprozesses definiert werden.

HAYASHI et al. unterscheiden bei den Zielen sog. T/L-goals (teaching/learning) und D-goals (diagnosis). T/L-Ziele dienen primär der Wissensvermittlung. Durch D-Ziele wird eine Diagnose des aktuellen Status des Lernenden ermöglicht. Durch geschickte Wahl der D-Ziele können aus diesen die Eigenschaften des betrachteten Lernenden ermittelt werden.[588]

Zur Repräsentation der D-Goals im Knowledge Repository (↗ 5.3.1) eines CDLS eignen sich Lückentexte, Multiple-Choice-Fragen oder Zuordnungsfragen (↗ 4.4.2).

[587] Vgl. [HISK+00], S. 192.
[588] Vgl. [HISK+00], S. 195.

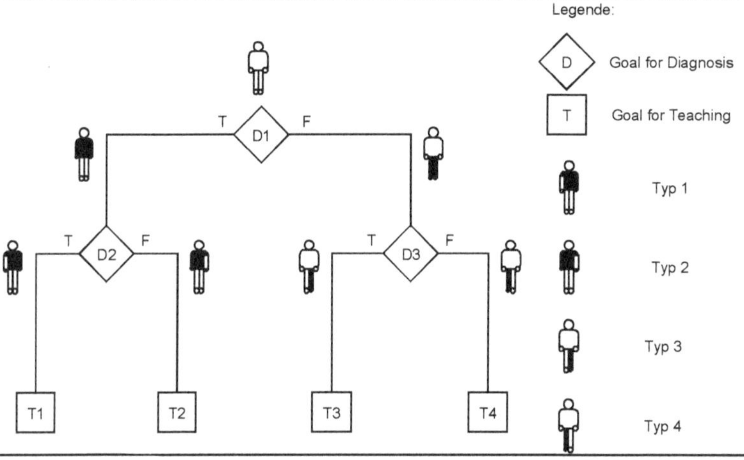

Abbildung 6-8: Struktur des Lerninhaltes mit T/L-Goals und D-Goals nach HAYASHI et al.[589]

Das Beispiel zeigt einen kleinen Ausschnitt aus einem Baum, durch den Lernende in einem Frage-Antwort-Zyklus navigieren können. Je nach Antwort wird der Lernende verschiedenen Lerntypen zugeordnet.

Zu diesem Zweck setzen HAYASHI et al. einen sog. Debugger ein. Dieser hilft, ähnlich wie ein Debugger in einer Programmier-Umgebung, das komplexe Erscheinungsbild des Lerninhaltes zu untersuchen. Zu diesem Zweck wird ein Stereotyp (↗ 5.2.2.6) als Pseudo-Lernender herangezogen. Es ist zweckmäßig, hierfür einen Stereotyp zu wählen, der durch eine ausreichende Zahl realer Lernender repräsentiert wird.

6.2.1.1 Bestimmung der Wurzel eines Hypertextdokumentes

Zur Bestimmung der Wurzel eines Hypertextdokumentes werden auf Basis der konvertierten Abstandsmatrix die Zeilensummen der Knoten gebildet (↗ 2.8.1). Ein guter Kandidat für den Wurzelknoten hat eine möglichst niedrige Zeilensumme. Vom Wurzelknoten aus sollte jeder andere Knoten im Hypertext erreichbar sein. Wichtig ist, dass der Abstand der Kindknoten nicht größer als der Mittelwert aller Abstände ist. Die Anzahl der unmittelbaren Kindknoten mit Abstand=1 sollte überschaubar sein.

Knoten mit minimalem A_i (Status des Knotens ↗ 2.8.2) sind als Wurzel eines Hypertextes gut geeignet. Es muss beachtet werden, dass eine gleichzeitig sehr hohe Anzahl ausgehender Querverweise die Orientierung erschwert. Solche Knoten werden Indexknoten genannt. Indexknoten sind folglich kein guter Ausgangspunkt für die Erarbeitung eines Hypertextes.

Im Beispiel aus Abbildung 2-14 sind die Knoten „b“ und „e“ als Wurzelknoten geeignet. Dabei ist Knoten „b“ durch seine niedrigere Zeilensumme geringfügig besser als Wurzelknoten geeignet.

[589] In Anlehnung an: [HISK+00], S. 197.

	a	b	c	d	e	f	g	Σ
a	0	7	7	7	7	7	7	42
b	3	0	1	7	7	1	2	21
c	7	7	0	7	7	7	7	42
d	1	7	7	0	7	7	7	36
e	1	7	1	1	0	7	7	24
f	2	7	7	7	7	0	1	31
g	1	7	7	7	7	7	0	36

Abbildung 6-9: Konvertierte Abstandsmatrix mit Zeilensummen

Es ergibt sich eine Hypertextstruktur nach folgender Abbildung.

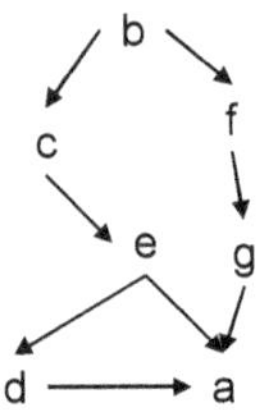

Abbildung 6-10: Hypertextdokument mit Wurzelknoten

6.2.1.2 Identifikation von Hierarchien

Die Identifikation von Hierarchien dient dazu, ein Hypertextdokument mit einer hierarchischen Gliederung zu versehen. Dazu muss zunächst die Wurzel des Hypertextes identifiziert werden (↗ 2.8.2, 6.2.1.1). Darauf aufbauend sind auf der Basis vorhandener Querverweise die weiteren Hierarchieebenen zu ermitteln. Bei sequentieller Anordnung der Kindknoten ist der Inhalt des Textes zu beachten, um eine sinnvolle Reihenfolge zu erreichen.

Die Struktur des Hypertextes (rechts in Abbildung 6-11) kann beispielsweise in die Hierarchie, welche links in Abbildung 6-11 dargestellt ist, überführt werden. Dabei stellen durchgezogene Linien Querverweise dar, die zu strukturellen Hyperlinks wurden. Unterbrochene Linien bilden Querverweise ab, die als referentielle Hyperlinks erhalten wurden.

Folgende mögliche Fehler bei der Erstellung von Hierarchien für Lerninhalte sollten vermieden werden:

- zu tiefe Auslegung der Hierarchie: Lernende empfinden das Informationsangebot in diesem Fall als linear, da ein Ast der Hierarchie als Sequenz aufgefasst wird,
- zu flache Auslegung der Hierarchie: Lernende nehmen auch hier die Hierarchie nicht als strukturbildendes Merkmal des Lerninhaltes wahr,

- unausgewogene Äste des Hierarchiebaumes: Es ist für den Aufbau eines mentalen Modells beim Lernenden nicht förderlich, wenn einige Äste der Hierarchie sehr viele Elemente enthalten, andere hingegen sehr wenige.

„Manche derartige Fehler sind bereits auf Schwächen der Konzeption im interaktiven Drehbuch zurückzuführen. Insofern wäre es wünschenswert, wenn diese bereits dort identifiziert werden könnten. Das ist jedoch solange nicht möglich, wie die Erstellung dieser Konzeption mit Papier und Bleistift erfolgt."[590] Die Verwendung von Metriken zur Identifikation des Wurzelknotens kann hier abhelfen.

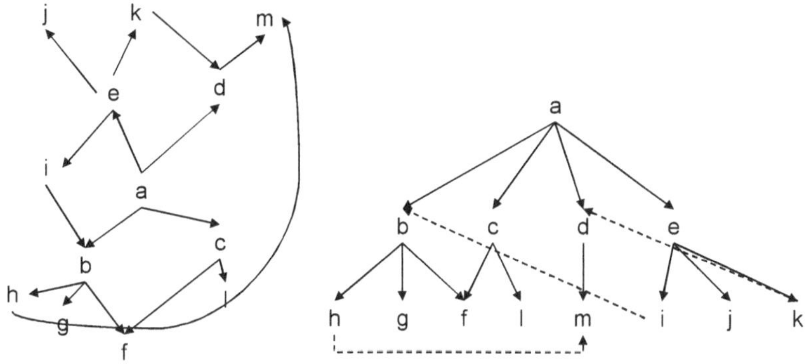

Abbildung 6-11: Bestimmung eines Wurzelknotens

6.2.1.3 Konversion von linearem Text in Hypertext

Für die Umsetzung (Konversion) von linearem Text zu Hypertext gibt es verschiedene Möglichkeiten:

Die einfachste Variante besteht darin, einen (linearen) Text linear strukturiert zu lassen und in ein Hypertextsystem einzustellen. Eine nichtlineare Strukturierung ist damit aber noch nicht erfolgt.

Um diese zu erreichen können Metastrukturen des Textes wie Absätze oder Aufzählungen verwendet werden, um die Struktur dieses Textes zu erkennen. Üblicherweise wird dabei auf den Absatz als kleinste zusammengehörige Einheit, die einen Kontext innerhalb des Textes beschreibt, zurückgegriffen.

In jedem Fall ist eine inhaltliche Analyse erforderlich. Zusammenhängende Absätze, die möglicherweise im Text verstreut sind, werden dabei identifiziert und mit Querverweisen versehen. Diese inhaltliche Analyse kann nicht automatisiert werden, da dafür ein umfassendes Verständnis des Inhaltes notwendig ist, welches derzeit Maschinen nicht leisten können.

Zusätzlich muss auf Ähnlichkeiten oder Duplikate eines Kontextes geachtet werden. Dies ist bei umfangreichen Texten oder der Zusammenfassung mehrerer Dokumente zu einem Hypertextdokument nur schwierig zu bewältigen, da auch Nuancen einer Formulierung beachtet werden müssen.

[590] Zitiert nach: [Kerr98], S. 246.

6.2.1.4 Pfade als Strukturierungsvariante in Hypertextdokumenten

Pfade sind eine weitere Strukturierungsmöglichkeit für Hypertexte. „Pfade sind vordefinierte Wege durch das Hypermediasystem bzw. Teilausschnitte desselben.“[591] Sie werden häufig auch als Guided Tours bezeichnet.

„Das Vorhandensein von Pfaden ist somit eine Kompromisslösung zwischen der völlig freien, assoziativen Navigation und dem vordefinierten Geführtwerden durch das System.“[592]

Zur Charakterisierung von Pfaden hat ZELLWEGER eine Einteilung in folgende drei Haupttypen vorgenommen:

- Sequentielle Pfade bestehen aus einer linearen, im System gespeicherten Folge von Knoten. Dabei sind die Einträge nach bestimmten Kriterien sortiert oder unsortiert thematisch zusammenhängend (Sequenz).
- Verzweigte Pfade erhalten an bestimmten Stellen Auswahlmöglichkeiten, an denen der Benutzer aktiv entscheiden muss, welchen Teilpfad er weiterverfolgen möchte (Baum).
- Bedingte Pfade bestehen aus einer Menge von Teilpfaden mit entsprechenden Auswahlpunkten. Im Gegensatz zu den verzweigten Pfaden entscheidet hier allerdings das System aufgrund von Regeln bzw. Tests, die der Autor vorgegeben hat, welcher Teilpfad jeweils verfolgt wird. Die Vorgaben von ZELLWEGER, auch „Scripts“ genannt, werden wie interpretierbare Programme ausgeführt und können bei der Zielbestimmung unterschiedliche Zusatzinformation (z.B. Lernergebnisse, Navigationshistorie, etc.) mit berücksichtigen. Bedingte Pfade bilden somit die flexibelste Form der Führung durch ein Hypermediasystem. Sie lassen sich zusätzlich unterteilen in:
    - Prozedurale Pfade, die als Einträge wiederum Pfade enthalten können und somit sehr modular aufgebaut sind,
    - Programmierbare Pfade, in denen bestimmte Navigationsangaben in Variablenwerte gespeichert werden können, z.B. zur Steuerung von gezielten Wiederholungen,
    - Variable Pfade, die den jeweils als nächstes anzuzeigenden Eintrag dynamisch bestimmen,
    - Parallele Pfade, die gleichzeitig synchronisiert mit anderen Pfaden abgearbeitet werden können.[593]

In hypermedialen Systemen haben Pfade, insbesondere für noch unerfahrene Lernende, die noch keinen Überblick über die Inhaltsstruktur und –dimension haben, eine besonders wichtige Bedeutung. Sie sollten jedoch eine freiwillige und zusätzliche Navigationsart im System bieten.[594]

6.2.2 Dynamische Abbildung von Wissen auf Datenstrukturen

Terminologisches Wissen in CDLS muss, damit es permanent in der Wissensbasis abgelegt werden kann, auf Objekte bzw. Tupel abgebildet werden (↗ 5.4.6.2). Das folgende Beispiel

[591] Zitiert nach: [Mars89], S. 16.
[592] Zitiert nach: [Kuhl91], S. 147.
[593] Vgl. [Zell89], S. 2-3.
[594] Vgl. [Witt95], S. 161. und [Pohl99], S. 88.

soll dies verdeutlichen: Ein Automobil besteht aus den grundsätzlichen Baugruppen Karosserie, Fahrwerk und Motor.[595]

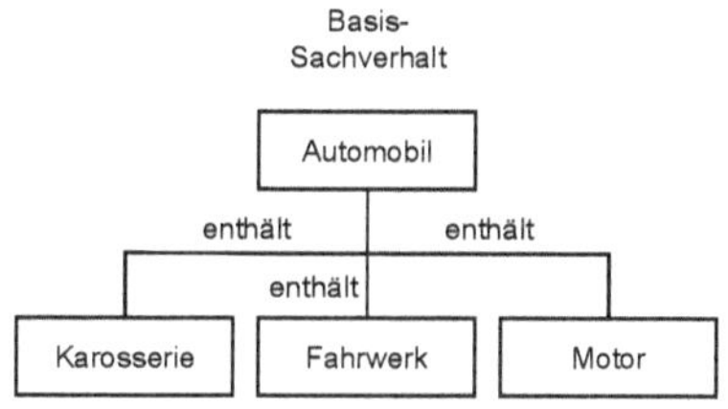

Abbildung 6-12: Abzubildendes terminologisches Wissen (Basissachverhalt)

Auf Basis dieses Wissens soll ein konkretes Automobil (VW Golf) erstellt werden. Dieses ist durch folgende Ausprägungen der Konzepte gekennzeichnet:

- Karosserie → selbsttragende Karosserie in Ganzstahlbauweise;
- Fahrwerk → Vorderachse: McPherson-Federbeine, geführt durch Querlenker; Hinterachse: Verbundlenkerachse mit Schraubenfederung;
- Motor → Vierzylinder-Viertakt-Ottomotor mit Druckumlaufschmierung.

Natürlich ändert sich durch dieses assertionale Wissen nichts am terminologischen Wissen. Auf dessen Basis können beliebige Automobile gemäß folgendem Schema konstruiert werden:

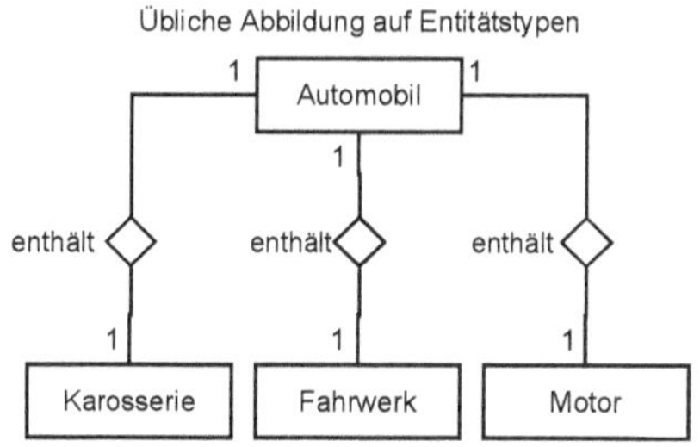

Abbildung 6-13: Abbildung des terminologischen Sachverhaltes auf Entitätstypen und Relationen

Das VW Golf-Beispiel würde in dieser Repräsentationsform folgende Tupel in den Entitätstypen enthalten:

[595] Selbstverständlich sind zur Konstruktion von Automobilen noch viele weitere Baugruppen notwendig. Für dieses Beispiel sollen die genannten Basis-Baugruppen genügen.

Entitätstyp Automobil

Bezeichnung	KarosserieID	FahrwerkID	MotorID
VW Golf	4	7	5
	...	...	...

Entitätstyp Karosserie

Bezeichnung	KarosserieID
selbsttragende Karosserie in Ganzstahlbauweise	4
	...

Entitätstyp Fahrwerk

Bezeichnung	FahrwerkID
Vorderachse: McPherson-Federbeine, geführt durch Querlenker; Hinterachse: Verbundlenkerachse mit Schraubenfederung	4
	...

Entitätstyp Motor

Bezeichnung	MotorID
Vierzylinder-Viertakt-Ottomotor mit Druckumlaufschmierung	4

Abbildung 6-14: Abbildung des assertionalen Sachverhaltes auf Tupel

Es wird deutlich, dass zur Abbildung anderer Konzepte als der Konstruktion von Automobilen eine Änderung an der Struktur des ERM aus Abbildung 6-12 notwendig ist. Da diese Änderung zur Laufzeit eines Softwaresystems[596] nur schwer durchzuführen ist, muss eine andere Repräsentationsform gefunden werden. Diese soll alle variablen Konzepte in Tupeln enthalten. Eine Variante, dieser Forderung für terminologisches Wissen gerecht zu werden, ist folgende Repräsentation:

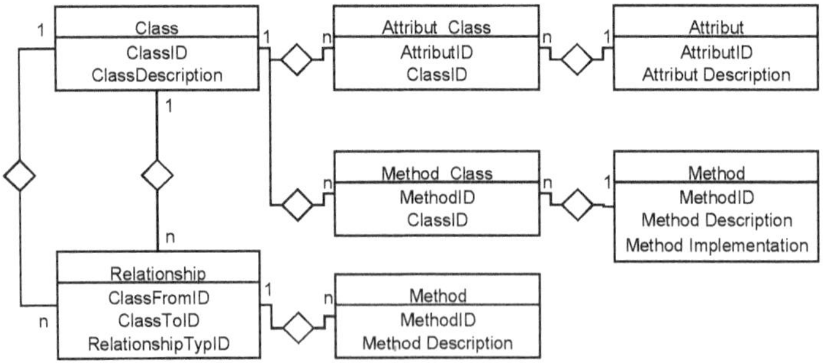

Abbildung 6-15: ER-Modell zur Abbildung von terminologischem Wissen auf Tupel

Der Basissachverhalt aus Abbildung 6-12 wird nun wie folgt durch Tupel im ER-Modell aus Abbildung 6-15 repräsentiert:

[596] In diesem konkreten Fall: der Software für die Wissensbasis.

Entitätstyp Class

Description	ClassID
Automobil	4
Karosserie	2
Fahrwerk	3
Motor	4
...	...

Entitätstyp Relationship

Description	RelationshipID
enthält	4
	...

Entitätstyp Class ⇔ Relationship

ClassFromID	ClassToID	RelationshipID
1	2	4
1	3	4
1	4	4
...	...	...

Abbildung 6-16: Abbildung von terminologischem Wissen auf Tupel

Diese Vorgehensweise ermöglicht es, den Teil der Wissensbasis, der terminologisches Wissen beschreibt, dynamisch zur Laufzeit zu verändern.

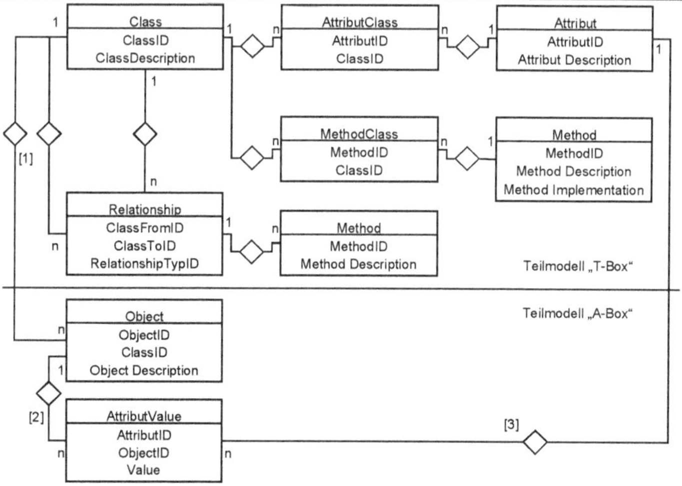

Abbildung 6-17: ER-Modell zur Abbildung von assertionalem und terminologischem Wissen auf Tupel

Fraglich ist, wie assertionales Wissen abgebildet und mit dem zu Grunde liegenden terminologischen Wissen verknüpft werden kann. Um assertionales Wissen ebenso dynamisch zu verwalten wie terminologisches Wissen, muss es mit den Datenstrukturen für terminologisches Wissen verknüpft werden. Aus dieser Verknüpfung muss sich das zu Grunde liegende terminologische Konzept jederzeit ermitteln lassen. Abbildung 6-17 zeigt ein Klassendiagramm, welches diese Abbildung ermöglicht.

Das ER-Modell unterteilt sich in das Teilmodell „T-Box" (oberer Teil in Abbildung 6-17) zur Abbildung des terminologischen Wissens und das Teilmodell „A-Box" (unterer Teil in Abbildung 6-17) zur Abbildung des assertionalen Wissens.

Die Klassenzugehörigkeit eines konkreten Objektes (A-Box) kann durch die Beziehung [1] ermittelt werden. Über diese Beziehung ist indirekt auch der Zugriff auf die Methoden dieser Klasse, der Attributdefinitionen sowie der Beziehungen zu anderen Klassen gewährleistet.

Durch Verfolgen der Beziehung [2] können die Ausprägungen der Attribute eines Objektes ermittelt werden. Die Beziehung [3] dient dazu, die allgemeine Attributdefinition eines konkreten Attributwertes zu ermitteln.

6.3 Prozesse zur Individualisierung

Neben den grundlegenden Prozessen (↗ 6.2), die benötigt werden um die Funktionalität eines CDLS ohne Individualisierung sicherzustellen (↗ 4.9), werden in den folgenden Abschnitten (6.3.1 - 6.3.8) Prozesse beschrieben, die erforderlich sind um individualisiertes Lernen mit CDLS zu ermöglichen. Dabei wird auf die Strukturen von KoWiMo (↗ 6.1) zurückgegriffen.

Bei den Prozessen der Individualisierung kann unterschieden werden zwischen

- Prozessen, die das Erscheinungsbild des CDLS (Oberfläche) an die Präferenzen der Lernenden anpassen (↗ 5.1.5),
- Prozessen, die der Selektion von medialen Varianten des Lerninhaltes für den Lernenden dienen (↗ 5.1.3 und 6.3.1), und
- Prozessen, die der Abbildung eines persönlichen Wissensmodells der Lernenden (thematische Varianten) und der Gruppenarbeit mit diesen Modellen dienen (↗ 2.5, 5.1.4 und 6.3.6).

Prozesse, welche die Oberfläche des CDLS an die Bedürfnisse des Lernenden anpassen, werden nicht beschrieben, da diese in der Literatur ausreichend reflektiert sind.[597]

Zunächst soll auf Prozesse zur Selektion von medialen Varianten des Lerninhaltes eingegangen werden (Abschnitt 6.3.1). In Abschnitt 6.3.6 werden Prozesse beschrieben, die das Wissen der Lernenden abbilden und die Verwendung der daraus gebildeten Wissensmodelle ermöglichen.

6.3.1 Prozesse zur Selektion von medialen Varianten des Lerninhaltes

Prozesse zur Selektion von medialen Varianten des Lerninhaltes in einem CDLS basieren auf Metadaten über Lerninhalte und Lernende (↗ 5.3). Zum Einsatz kommen Matching-Verfahren (↗ 6.3.2), welche auf der Basis der in den Metadaten der Lernenden beschriebenen Anforderungen geeignete Lerninhalte selektieren und zusammenstellen.

Die Selektion von medialen Varianten des Lerninhaltes verläuft häufig auf zwei Ebenen. Zum einen muss Meta-Information über die Lerninhalte, zum anderen muss Meta-Information über die Bedürfnisse/Anforderungen/Wünsche der Lernenden vorhanden sein und ausgewertet werden.

Die Zuordnung der relevanten Lerninhalte zu den Lernenden geschieht über Verknüpfung dieser Information miteinander (im Folgenden auch als Matching bezeichnet). Basis dieser Verknüpfung sind die Medienbeschreibung und Metadaten über Lernende. Solche Verknüpfungen

[597] Vgl. [EbOO94]; [PrRS+94] 615 ff.; [Zil93].

werden bei Individualisierungsvarianten, die auf Metadaten basieren (Anpassung des Benutzerinterface (↗ 5.1.5) und zur Selektion von medialen Varianten (↗ 5.1.3)), angewandt.

Die folgende Abbildung zeigt den Gesamtvorgang des Matching im Überblick:

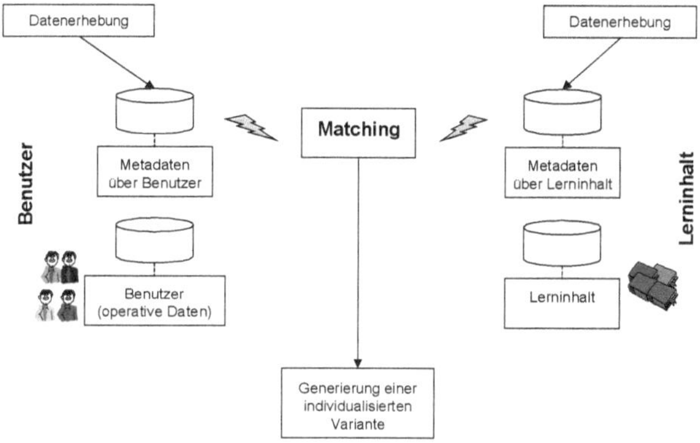

Abbildung 6-18: Schematischer Ablauf der Individualisierung durch Matching

Zunächst müssen die Metadaten über die Benutzer und über den Lerninhalt erhoben und in geeigneten Datenstrukturen (Merkmalsvektoren) (↗ 5.3.1, 5.3.2 und 5.3.3) abgelegt werden. Diese bilden zusammen mit den Methoden zum Matching der Metadaten das Knowledge Repository. An die Erhebung schließt sich das Matching der Merkmalsvektoren an. Auf Basis der gefundenen Beschreibung wird eine individuelle Variante des Lerninhaltes generiert und präsentiert.

Ein ähnlicher Ansatz zur Verknüpfung des Wissens in Dokumentenbasen wird durch RADA und MILI beschrieben: „The knowledge bases which are used in document storage and retrieval systems are often referred to as thesauri."[598]

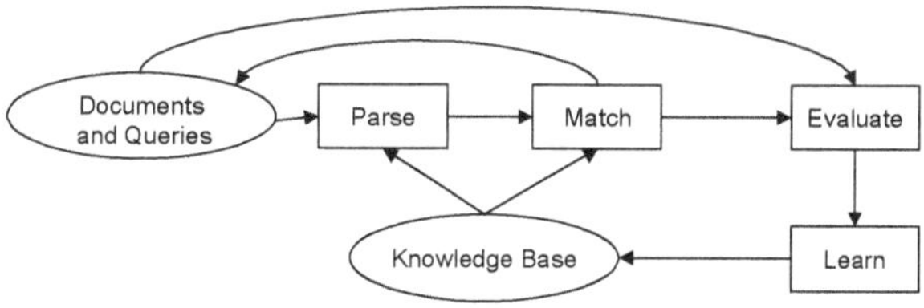

Abbildung 6-19: Erweiterung der Knowledge Base[599]

Abbildung 6-19 zeigt den Ablauf des Hinzufügens von Information zur Knowledge Base. Dazu wird zunächst eine Abfrage über die Dokumentenbasis gestartet, die passende Ergebnisse zurückliefert. Nach einer Evaluation der Ergebnisse durch den Nutzer werden seine Bewertungen der Knowledge Base als Gewichtungen hinzugefügt.

598 Zitiert nach [RaMi87], S. 66.
599 In Anlehnung an: [RaMi87], S. 66.

Die Bedürfnisse der Benutzer können im Allgemeinen nur vage beschrieben werden. Um diese Beschreibung dennoch in einem Softwaresystem abbilden zu können, werden diese in einzelne Merkmale (Attribute) zerlegt. Dabei werden beschreibende Merkmale und verhaltensbezogene Merkmale unterschieden.

6.3.2 Verknüpfung der Metadaten

Zur Selektion medialer Varianten des Lerninhaltes (↗ 6.3.1) müssen Metadaten über Benutzer (↗ 5.3.1, 5.3.2) und über Lerninhalte (↗ 5.3.3) konsistent verknüpft werden. Dazu sind Mechanismen erforderlich, welche die Überführung der Metadaten (Merkmalsvektoren) ineinander erlauben. Diese Mechanismen werden in den folgenden Abschnitten näher betrachtet. Die folgende Abbildung 6-20 zeigt den Ablauf der Individualisierung im Überblick:

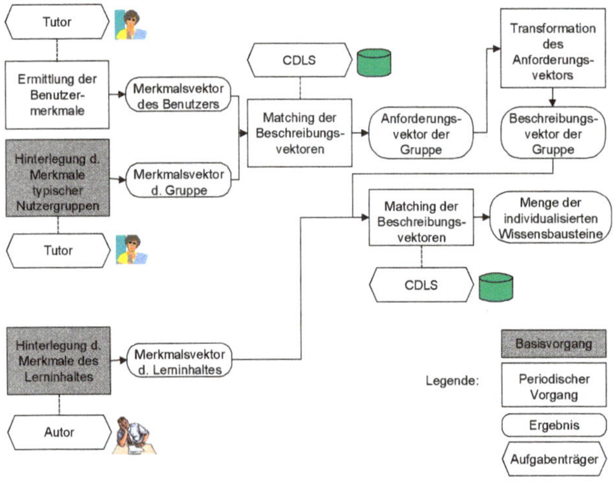

Abbildung 6-20: Ablauf der Individualisierung

Im Ablauf der Individualisierung sind Beschreibungs-/Merkmalsvektoren einander zuzuordnen bzw. ineinander umzuwandeln. Dies ist relevant für folgende Zuordnungen:

- Merkmalsvektor des Benutzers zum Merkmalsvektor der Gruppe,
- Merkmalsvektor des Lerninhaltes zum Merkmalsvektor der Gruppe.

Weiterhin ist der Anforderungsvektor der Gruppe in den Merkmalsvektor der Gruppe zu transformieren.

6.3.2.1 Vektormatching

⇒ *Als Vektormatching wird der Vorgang bezeichnet, bei dem zu einem Merkmalsvektor einer Menge X der ähnlichste Merkmalsvektor aus der Menge Y gesucht wird. Dabei ist davon auszugehen, dass beide Vektoren strukturgleich (↗ 2.18) sind.*

Das Vektormatching wird z.B. beim Zuordnen eines Benutzers zu einem Benutzertyp angewandt.

Für das Vektormatching können verschiedene Verfahren angewandt werden:

- Matching durch Anwendung von Proximitätsmaßen (SMC (Simple Matching Coefficient); Distanzmessung im euklidischen Raum (nur möglich, wenn mit ordinalskalierten Attributen gearbeitet wird)) oder
- Matching nach Regeln.

6.3.2.2 Vektortransformation

Wenn die Voraussetzung der Strukturgleichheit (↗ 2.18) der Vektoren nicht gegeben ist, müssen die Vektoren zuvor über eine Zuordnungsmatrix verknüpft werden. Dieser Vorgang wird als Vektortransformation bezeichnet.

⇒ *Bei der Vektortransformation wird ein Ausgangsvektor durch Anwendung einer Zuordnungsmatrix in einen Zielvektor überführt.*

Die Vektortransformation kann auch bei strukturgleichen Vektoren angewandt werden.

Vektortransformation wird z.B. bei der Überführung des Anforderungsvektors des Lerntyps in den Merkmalsvektor der Lerninhalte angewandt.

Die Vektortransformation kann mittels

- regelbasierten Verfahren oder
- durch Anwendung einer Transformationsmatrix

durchgeführt werden.

Wenn eine geschlossene Menge von Zielvektoren vorhanden ist, muss nach der Transformation noch das Verfahren „Vektormatching“ angewandt werden, um den ähnlichsten Vektor aus der gegebenen Menge von Zielvektoren zu finden.

6.3.2.3 Strukturierte Ähnlichkeitsbestimmung

Das Konzept der strukturierten Ähnlichkeitsbestimmung geht auf JANTKE zurück.[600] In diesem Konzept werden die Vektoren nicht über ihre Attribute verglichen (wie bei der attributbasierten Proximitätsbestimmung), sondern innerhalb eines Baumes. Der Graph dieses Baumes kann als seine semantische Struktur aufgefasst werden.

JANTKE benutzt Terme zur Repräsentation von strukturierten Objekten:

Aus $\sin(2x+3)$ ergibt sich in umgekehrt polnischer Notation (UPN): $\sin(+(*2x)3)$. Daraus wird die folgende Baumstruktur generiert:

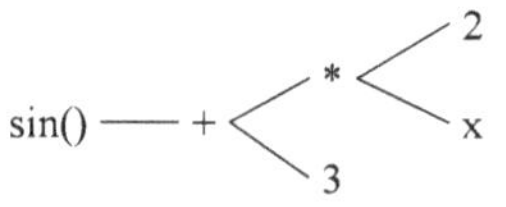

Abbildung 6-21: Baumstruktur eines Terms

Für verschiedene Terme existieren verschieden strukturierte Bäume. Aus der grafischen Ähnlichkeit dieser Bäume lässt sich auf strukturelle Ähnlichkeit der Terme schließen, was zur Ähnlichkeitsermittlung zwischen Termen oder unterschiedlich strukturierten Vektoren genutzt wird.

[600] Vgl. [Jant94].

Wenn als Blätter des Baumes Vektoren zugelassen werden, kann die semantische Ähnlichkeit zweier Vektoren durch Ermittlung des kürzesten Weges zwischen diesen Vektoren innerhalb des Baumes ermittelt werden. Angewandt werden kann dieses Verfahren zur Ermittlung der semantischen Ähnlichkeit von Merkmalsvektoren des Lerninhaltes (↗ 5.3.3).

6.3.3 Attributbasierte Proximitätsbestimmung

Die attributbasierte Bestimmung der Proximität von Vektoren beruht auf der Heranziehung der Attribute zweier Vektoren zur Berechnung der Proximität. Üblicherweise werden nicht alle Attribute benötigt, sondern nur diejenigen, die für die aktuelle Problemstellung relevant sind. SCHULZ und WIESNER bezeichnen diese als Deskriptoren.[601] Das damit ermittelte Proximitätsmaß wird auch als partielle Proximität bezeichnet. Es können zwei Fälle unterschieden werden:

- die Deskriptoren von Vektor 1 und 2 sind identisch (homogene Deskriptorstruktur) oder
- die Deskriptoren von Vektor 1 und 2 sind uneinheitlich (heterogene Deskriptorstruktur).

Die folgende Abbildung veranschaulicht beide Fälle:

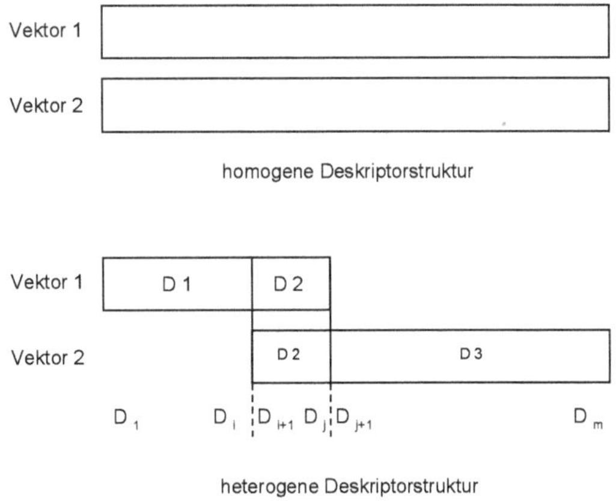

Abbildung 6-22: homogene und inhomogene Deskriptorstruktur[602]

Dabei bezeichnet

D1=i

die Anzahl der Deskriptoren, die nur in Vektor 1 vorhanden sind,

D2=j-i=a

die Anzahl der Deskriptoren, die in beiden Vektoren vorhanden sind und

D3 =m-j=b

die Anzahl der Vektoren, die nur in Vektor 2 vorhanden sind. Nach TVERSKY können daraus zwei Ähnlichkeitsmaße abgeleitet werden:[603]

[601] Vgl. [ScWi94], S. 9.
[602] in Anlehnung an [Schu98], S.140.

$$f(i,a,b) = \theta \cdot i - \alpha \cdot a - \beta \cdot b, \theta, \alpha, \beta \geq 0$$ das Kontrastmodell, (Gl. 6.11)

$$f(i,a,b) = \frac{i}{i + \alpha \cdot a + \beta \cdot b}, \theta, \alpha, \beta \geq 0$$ das Verhältnismodell. (Gl. 6.12)

Die Parameter θ, α, β ermöglichen eine Gewichtung der Deskriptorenmengen *D1*, *D2* und *D3*.

6.3.3.1 Matching durch Proximität

⇒ *Proximitätsmaße beschreiben die Ähnlichkeit/Distanz von Vektoren zueinander.*[604]

Zur Messung der Proximität wird zwischen Distanzmaßen, welche die Entfernung zweier Vektoren im n-dimensionalen Raum darstellen, und Ähnlichkeitsmaßen, welche die Stärke des Zusammenhanges zweier Vektoren im n-dimensionalen Raum beschreiben, unterschieden. Ähnliche Vektoren führen bei der Anwendung eines Distanzmaßes zu einem niedrigen, bei der Anwendung eines Ähnlichkeitsmaßes zu einem hohen numerischen Wert.

„Zur Messung der Ähnlichkeit zwischen Objekten sind

- Distanzmaße immer dann geeignet, wenn der absolute Abstand zwischen Objekten von Interesse ist und die Unähnlichkeit dann als um so größer anzusehen ist, wenn zwei Objekte weit entfernt voneinander liegen;
- Ähnlichkeitsmaße immer dann geeignet, wenn der primäre Ähnlichkeitsaspekt im Gleichverlauf zweier Profile zu sehen ist, unabhängig davon, auf welchem Niveau die Objekte liegen."[605]

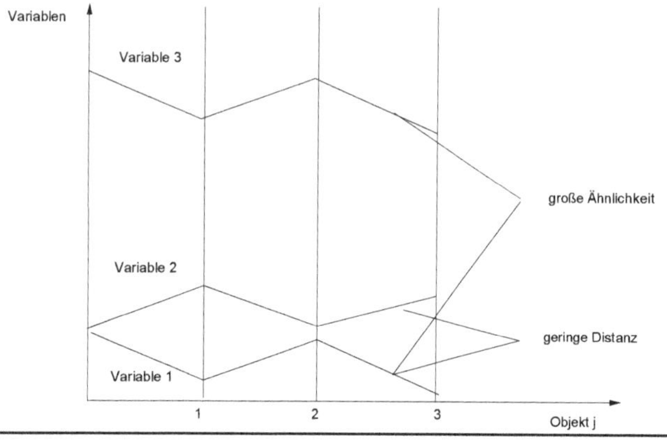

Abbildung 6-23: Gegenüberstellung Ähnlichkeit und Distanz[606]

Abbildung 6-23 soll die Unterschiede zwischen den Begriffen „Ähnlichkeit" und „Distanz" grafisch verdeutlichen.

[603] Vgl. [Tver77], S. 332 f.
[604] Vgl. [BaE+94], S. 263 f.; [Pete97], S. 30.
[605] Zitiert nach: [BaE+94] S. 277 f.
[606] Vgl. [Pete97], S.48.

Zwischen Ähnlichkeit und Distanz besteht eine Dualitätsbeziehung, die durch folgende Axiome ausgedrückt wird:[607]

Eine Abbildung $d: M \times M \rightarrow R_0^+$ über einer Menge M heißt Distanzmaß, falls $\forall x,y,z \in M$ gilt:

$d(x,y) = 0$	Reflexivität,	(Gl. 6.13)
$d(x,y) = d(y,x)$	Symmetrie,	(Gl. 6.14)
$d(x,y) = 0 \Leftrightarrow x = y$	Identität.	(Gl. 6.15)

Eine Abbildung $sim: M \times M \rightarrow [0,1]$ über einer Menge M heißt Ähnlichkeitsmaß, falls $\forall x,y,z \in M$ gilt:

$sim(x,y) = 1$	Reflexivität,	(Gl. 6.16)
$sim(x,y) = sim(y,x)$	Symmetrie,	(Gl. 6.17)
$sim(x,y) = 1 \Leftrightarrow x = y$	Identität.	(Gl. 6.18)

Ähnlichkeits- und Distanzmaße sind durch Anwendung von Transformationsfunktionen ineinander überführbar:

f sei eine bijektive, ordnungsinvertierende Abbildung. Diese wird Transformationsfunktion genannt, mit $f(0) = 1, sim(x,y) := f(d(x,y))$. d und sim heißen bei Einhaltung dieser Abbildung zueinander kompatibel.

Beispiele für Transformationsfunktionen f sind:

$$f_1(z_1) = 1 - \frac{z_1}{z_1^{\max}}, 0 \leq z_1 \leq z_1^{\max}, \qquad \text{(Gl. 6.19)}$$

$$f_2(z_2) = 1 - \frac{z_2}{z_2 + 1}, z_2 \geq 0, \qquad \text{(Gl. 6.20)}$$

$$f_3(z_3) = e^{-z_3} z_3 \geq 0, \qquad \text{(Gl. 6.21)}$$

$$f_4(z_4) = 1 - z_4^2, 0 \leq z_4 \leq 1, \qquad \text{(Gl. 6.22)}$$

$$f_5(z_5) = 1 - z_5, z_5 \geq 0. \qquad \text{(Gl. 6.23)}$$

Zur Ermittlung der Proximität gibt es verschiedene Methoden, deren Anwendbarkeit vom Skalenniveau der zu Grunde liegenden Daten abhängt. Im Folgenden soll zunächst ein kurzer Überblick über Skalenniveaus und deren Eigenschaften gegeben werden. Anschließend werden geeignete Proximitätsmaße beschrieben.

⇒ *Das* _*Skalenniveau*_ *bezeichnet die Strukturierung der Ausprägungen einer Variablen hinsichtlich ihres Informationsgehaltes.*

⇒ *Skalenwerte der* _*Nominalskala*_ *sind als Namen abgetragen, die keiner Wertigkeit zugeordnet werden können. Objekte können demnach nur auf Unterschiedlichkeit bzw.*

[607] Vgl. [BaHW92], S. 138-141.

Gleichheit untersucht werden. Die Analyse derartiger Daten ist auf das Auszählen der Häufigkeit beschränkt (z.B. Modus).

⇒ *Die Skalenwerte der Ordinalskala stehen nicht gleichberechtigt nebeneinander, sondern tragen eine Wertigkeit, die es ermöglicht, sie im Falle der Unterschiedlichkeit in eine Rangreihenfolge zu bringen. Zulässig sind die Berechnung des Modus und des Medians.*

⇒ *Die Werte einer Intervallskala stellen reelle Zahlen dar. Beim Vergleich zweier Fälle kann deshalb sowohl eine qualitative Aussage (Rangordnung) als auch eine quantitative Aussage (Abstand auf der Skala) getroffen werden. Die Transformation in unterschiedliche Maßeinheiten (z.B. Kilometer nach Meilen) ist zulässig, das arithmetische Mittel kann berechnet werden.*

⇒ *Die Verhältnisskala ist eine Intervallskala mit definiertem Nullpunkt.*

Auf Basis dieser Skalenniveaus sind verschiedene Proximitätsmaße anwendbar.[608]

- Simple Matching Coefficient

Der Simple Matching Coefficient (SMC) ist das einfachste Proximitätsmaß und für alle Skalenniveaus anwendbar. Er basiert auf einer Kontingenztafel, in der die Häufigkeiten der Merkmale eingetragen werden.

X2 \ X1	1	0	
1	a	c	a+c
0	b	e	b+e
	a+b	c+e	n=a+b+c+e

Tabelle 6-2: Kontingenztafel für den Simple Matching Coefficient (SMC)

Dabei bedeuten:

- X_1, X_2: Objekte (Merkmalsvektoren),
- a: Anzahl der Merkmale, die bei X_1 und X_2 vorhanden sind,
- b: Anzahl der Merkmale, die nur bei X_1 vorhanden sind,
- c: Anzahl der Merkmale, die nur bei X_2 vorhanden sind,
- e: Anzahl der Merkmale, die weder bei X_1 noch bei X_2 vorhanden sind.

Das Distanzmaß $d(X_1,X_2)=b+c$ heißt Hamming-Distanz. Als Transformationsfunktion wird Gl. 6.20 gewählt.

Der SMC berechnet sich dann zu:

$$\text{SMC} = \frac{a+e}{a+b+c+e}. \qquad \text{(Gl. 6.24)}$$

- Euklidische Distanz

Die euklidische Distanz gehört zur Gruppe der Distanzmaße. Sie ist definiert durch:

[608] Diese Auflistung ist nicht erschöpfend. Weitere Distanzmaße finden sich in [StLa77], S. 55.

$$d(X_1, X_2) = \|X_1 - X_2\| = \sqrt{\sum_i (x_{1i} - x_{2i})^2}. \qquad \text{(Gl. 6.25)}$$

Dabei bezeichnen X_1, X_2 die betrachteten Vektoren und x_{1i}, x_{2i} die Attribute dieser Vektoren mit i = Anzahl der Attribute.

Die Anwendung der euklidischen Distanz bedingt, dass die zu Grunde liegenden Daten intervallskaliert sind.

- Korrelationskoeffizient nach Bravais/Pearson

Der Korrelationskoeffizient nach Bravais/Pearson gehört zur Gruppe der Ähnlichkeitsmaße. Er ist durch

$$r(X_1, X_2) = \frac{\sum_i (x_{i1} - \bar{x}_2) * (x_{i2} - \bar{x}_2)}{\sqrt{\sum_i (x_{i1} - \bar{x}_1)^2 * \sum_i (x_{i2} - \bar{x}_2)^2}} \qquad \text{(Gl. 6.26)}$$

definiert.

Ein grundlegendes Problem bei der Anwendung von Proximitätsmaßen besteht darin, dass die verschiedenen Maße zu verschiedenen Ergebnissen bezüglich der Proximität der Vektoren einer Ausgangsdatenmatrix führen. Es ist daher wichtig, zwischen den Anwendungsfällen für die beiden Arten von Proximitätsmaßen zu unterscheiden.

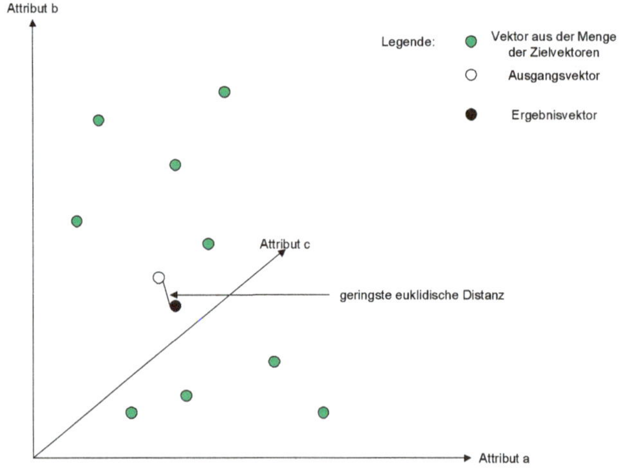

Abbildung 6-24: Matching der Vektoren auf Basis der Distanzmessung für dreidimensionale Merkmalsvektoren

Für das Vektormatching zur Individualisierung in CDLS kommen verschiedene Proximitätsmaße in Frage. Die Auswahl wird mit Hilfe der für die einzelnen Maße erforderlichen Skalenniveaus vorgenommen. Bei den erfassten Merkmalsvektoren der Lernenden (↗ 5.3.1, 5.3.2) kann davon ausgegangen werden, dass diese nominalskaliert sind. Aus diesem Grund wird als Proximitätsmaß der Simple Matching Coefficient eingesetzt.

Zunächst werden für den Merkmalsvektor des betrachteten Lernenden alle SMC zu allen vorhandenen Lerntypen (Gruppen) gebildet. Der betrachtete Lernende wird dann der Gruppe zugeordnet, bei dem die Proximität (ausgedrückt durch SMC) am höchsten ist.

6.3.3.2 Vektorzuordnung durch Anwendung einer Transformationsmatrix

Die Zuordnung zweier Merkmalsvektoren (Ausgangs- und Zielvektor) kann durch eine Transformationsmatrix erfolgen. Die Elemente (w_{ij}) der Matrix werden als Gewichte bezeichnet und geben an, mit welcher Intensität ein Merkmal des Ausgangsvektors V_j in ein Merkmal des Zielvektors Z_i eingeht. Für jeden definierten Lerntyp ergibt sich also ein Gewichtsvektor innerhalb der Transformationsmatrix (↗ Tabelle 6-3).

Für die Gewichte können beliebige reelle Zahlen eingesetzt werden. Die Intensität eines Merkmals im Zielvektor berechnet sich wie folgt:

$$Z_i = V_j * w_{ij} \text{ für alle } i,j \quad \text{(Gl. 6.27)}$$
$$\text{mit}: Z_i \mathrel{\hat{=}} \text{Zielvektor}; V_j \mathrel{\hat{=}} \text{Ausgangsvektor}; w_{ij} \mathrel{\hat{=}} \text{Gewicht}$$

Im folgenden Beispiel sind die Gewichte dreiwertig:

+ → positive Korrelation ($w_{ij} = 1$);

0 → Indifferenz ($w_{ij} = 0$);

- → negative Korrelation ($w_{ij} = -1$).

Tabelle 6-3 zeigt die Überführung der Merkmale von Lernenden in die Lerntypen nach SCHRADER (↗ 5.2.2.5).

	Ausgangsvektor	Gründe für Lernerfolg			Wünsche/ Erwartungen		Lernmotive			Grund des Wissensbedürfnisses				Schwierigkeiten			Reaktion		
Zielvektor		Vorträge, Filme und Kassetten	Ausprobieren und mit anderen reden	Lesen und bei Erklärungen	Erfolgszversicht und konkrete Erwartungen	Wunsch nach einer geschlossenen Lernsituation	Einsicht und Anwendbarkeit	Äußere Anreize und Druck	Interesse an Weiterbildung an sich	Wunsch nach vollständigem Wissen	Wunsch nach Wissens-Vermittlung	Anwendung neuer Informationen	Einprägen neuer Informationen	Konzentration	fehlende Anschaulichkeit	fehlende Sicherheit	sich herausgefordert fühlen	Selbstzweifel	gelassenes Weiterverfolgen
Typ1	Der Theoretiker	+	-	+	+	-	+	-	0	+	0	-	-	-	0	-	+	-	0
Typ2	Der Anwendungsorientierte	-	+	+	+	0	+	-	-	+	0	+	-	-	0	0	+	-	0
Typ3	Der Musterschüler	+	-	+	0	0	-	0	+	-	+	0	+	0	-	-	0	-	+
Typ4	Der Gleichgültige	+	-	-	-	+	-	+	0	-	+	-	-	0	+	0	-	-	+
Typ5	Der Unsichere	+	-	-	-	+	-	+	0	-	-	-	-	+	+	+	-	+	-

Tabelle 6-3: Transformationsmatrix mit Beispielwerten

Falls der nach dieser Vorschrift ermittelte Zielvektor kein Vektor aus der zulässigen Menge der Zielvektoren (kein definierter Lerntyp (↗ 5.2.2)) ist, wird im Anschluss an die Transformation die Anwendung eines Proximitätsmaßes (↗ 6.3.3.1) vorgeschlagen.

6.3.3.3 Abbildung der Transformationsmatrix auf das Knowledge Repository

Um die Transformationsmatrix zur Laufzeit des CDLS beliebig anpassen zu können, ist es sinnvoll, diese mit im Knowledge Repository abzulegen. Eine solche Anpassung wird beispielsweise notwendig, wenn neue Erkenntnisse über die Bedürfnisse der Systembenutzer in das Knowledge Repository einfließen sollen.

Die folgende Abbildung zeigt den Entitätstyp für die Transformationsmatrix (Klasse „Weights") und die Beziehungen zu den Entitätstypen mit den Merkmalsvektoren der

Systembenutzer (Klasse „GroupProperty“) und Lerninhalte (Klasse „KnowledgeBrickProperty“).

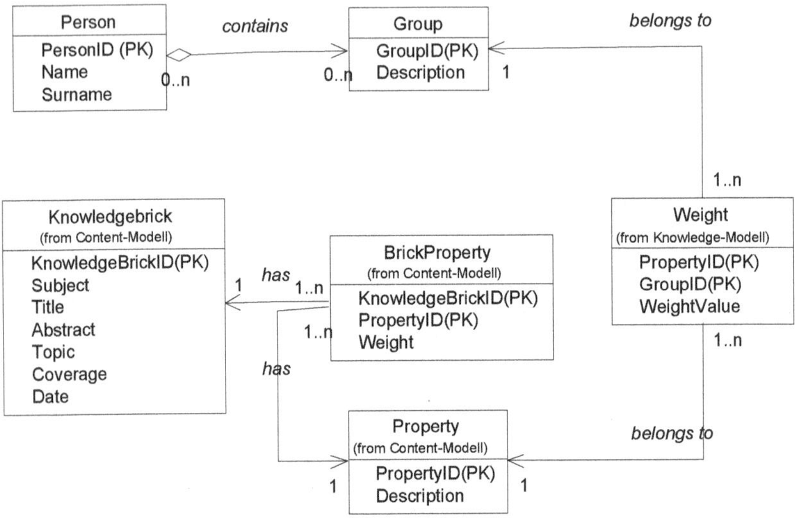

Abbildung 6-25: Klassendiagramm zur Abbildung der Transformationsmatrix auf Entitätstypen und Relationen

Die Klassen „GroupWeights“, „Group“, „Person“ und „KnowledgeBrick“ stehen mit der Transformationsmatrix nur mittelbar in Beziehung. Sie sollen hier die Einbettung der Transformationsmatrix in das gesamte Knowledge Repository verdeutlichen.

Wesentlich ist die Klasse „BrickProperty“. Diese enthält die Zuordnung der Eigenschaften zu den jeweiligen Wissensbausteinen. Diese ist notwendig, weil ein Wissensbaustein üblicherweise durch mehrere Eigenschaften beschrieben wird.

Die Objekte in den Klassen „KnowledgeBrickProperty“, „Weights“ und „GroupProperty“ haben für das Beispiel aus Tabelle 6-3 (für die Typen „der Theoretiker“, „der Anwendungsorientierte“ und „der Unsichere“) folgende Gestalt:[609]

PropertyID	Title
1	Gründe für Lernerfolg: Vorträge, Filme und Kassetten
2	Gründe für Lernerfolg: Ausprobieren und mit anderen reden
3	Gründe für Lernerfolg: Lesen und Erklärung
...	...

Tabelle 6-4: Klasse „KnowledgeBrickProperty“

[609] Es sind jeweils nur Ausschnitte aus den Tabellen dargestellt.

BrickPropertyID	GroupPropertyID	WeightValue
1	1	1
1	2	0
1	3	1
2	1	-1
2	2	1
2	3	-1
3	1	1
3	2	1
3	3	-1
...	...	...

Tabelle 6-5: Klasse „Weights“

GroupPropertyID	Title	Description
1	Theo	"Der Theoretiker"
2	Anwe	"Der Anwendungs-orientierte"
3	Unsi	"Der Unsichere"
...	...	...

Tabelle 6-6: Klasse „GroupProperty“

6.3.3.4 Regelbasierte Transformation

In regelbasierten Systemen wird Wissen in Form von Fakten und Regeln, welche auf der Prädikatenlogik aufbauen, betrachtet. Eine Regel stellt einen kausalen Zusammenhang zwischen zwei Aussagen (Prämisse und Konklusion) dar.[610]

Diese Regeln können zu Regelbäumen verkettet werden, indem die Konklusion einer Regel die Prämisse für eine andere Regel bildet. Eine Regel in einem solchen Baum wird auch als Produktionsregel bezeichnet. Das ist dann der Fall, wenn der Teil „Konklusion“ aus einer Operation besteht.

Regeln haben gegenüber den vorher beschriebenen Transformationsmatrizen den Vorteil, dass ihr Inhalt sich leichter verstehen lässt. Nachteilig ist, dass der Aufwand zur Verarbeitung bei komplexen Regeln höher ist.

ARDISSONO, CONSOLE und TORRE beschreiben ein regelbasiertes System (SeAN) zur Abbildung von Nutzerprofilen.[611] Basierend auf den Stereotypen von RICH[612] werden Regeln für die Zuordnung von Nutzern zu diesen abgebildet. Durch Beantwortung kurzer Fragebögen wird der Regelinterpreter ausgeführt und der Nutzer einem vordefinierten Stereotyp zugeordnet.[613]

Regeln werden üblicherweise in speziellen Programmiersprachen formuliert und durch Regelinterpreter abgearbeitet. Diese lassen sich nur schwer an das beschriebene Knowledge Repository anbinden. Grund dafür ist, dass das Kowledge Repository keinen Regelinterpreter umfasst, sondern auf relationalen Strukturen basiert.

Deshalb wird im Folgenden eine Möglichkeit gezeigt, wie Regeln auf relationale Strukturen abgebildet werden können. Damit wird die Flexibilität hinsichtlich der Anpassbarkeit der

610 Vgl. [Holé96], S. 40.
611 Vgl. [ArCT01], S. 6f.
612 Vgl. [Rich89].
613 Vgl. [ArCT01], S. 11.

Metadaten gewonnen, ohne den Vorteil der einfachen Formulierbarkeit der Regeln aufgeben zu müssen.

6.3.3.5 Abbildung der Regeln auf ein ER-Modell

Basis der Abbildung der Regeln auf relationale Strukturen ist die Umformung von Disjunktionen zu Konjunktionen innerhalb der Regeln. Diese basiert auf der DeMORGANschen Regel der booleschen Algebra nach folgender Gleichung:

$$\overline{(e1 \wedge e2)} = \overline{e1} \vee \overline{e2} \qquad \text{(Gl. 6.28)}$$

mit $e1$, $e2$: Prämissen.

Nach Umformung ergibt sich:

$$e1 \vee e2 = \overline{(\overline{e1} \wedge \overline{e2})}. \qquad \text{(Gl. 6.29)}$$

Um diese Regel verarbeiten zu können, ist es erforderlich, Rangfolgen bei der Bearbeitung der einzelnen Prämissen zu berücksichtigen. Dazu wird in den Entitätstyp „Weight" zusätzlich ein Attribut „Vorgänger" („RulePredecessor") aufgenommen. Mit diesem zusätzlichen Attribut lässt sich zwischen den Tupeln eine Rangfolge abbilden. Diese Rangfolge stellt die Regelhierarchie dar. Die zur Anwendung der DeMORGANschen Regel außerdem notwendige Negation lässt sich durch Multiplikation der betroffenen Gewichte mit dem Faktor „-1" erreichen.

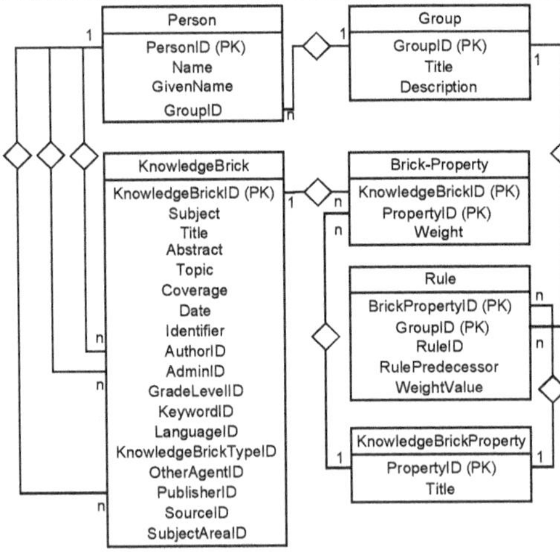

Abbildung 6-26: Relationenmodell zur Abbildung der Transformationsmatrix mit Regelhierarchie auf Entitätstypen und Relationen[614]

Dieses Modell basiert auf dem Modell zur Abbildung der Transformationsmatrix aus Abbildung 6-25. Weil nun nicht mehr nur Gewichte abgebildet werden, sondern diese zu Regeln erweitert wurden, wurde die Bezeichnung des Entitätstyps „Weight" in „Rule" geändert. Die Attribute „RuleID" und „RulePredecessor" wurden zusätzlich eingeführt. Mit

[614] Um die Übersicht zu gewährleisten, sind die Datentypen nicht mit angegeben.

diesen Attributen lässt sich die Regelhierarchie nach dem gleichen Schema abbilden, wie es in Abschnitt 4.10.5.2 für die Hierarchie der Wissensbausteine beschrieben wurde.

Die Tupel in den Entitätstypen „KnowledgeBrickProperty", „Rule" und „GroupProperty" haben für das Beispiel aus Tabelle 6-3 (für die Typen „der Theoretiker", „der Anwendungsorientierte" und „der Unsichere") folgende Gestalt:

PropertyID	Title
1	Gründe für Lernerfolg: Vorträge, Filme und Kassetten
2	Gründe für Lernerfolg: Ausprobieren und mit anderen reden
3	Gründe für Lernerfolg: Lesen und Erklärung
...	...

Tabelle 6-7: Tabelle „KnowledgeBrickProperty"

BrickPropertyID	GroupPropertyID	RuleID	RulePredecessorID	WeightValue
1	1	1	1	1
1	2	2	1	0
1	3	3	1	1
2	1	4	4	-1
2	2	5	4	1
2	3	6	4	-1
3	1	7	7	1
3	2	8	7	1
3	3	9	7	-1
...	...			...

Tabelle 6-8: Tabelle „Rule" (Transformationsmatrix mit Regelhierarchie)[615]

GroupPropertyID	Title	Description
1	Theo	"Der Theoretiker"
2	Anwe	"Der Anwendungs-orienentierte"
3	Unsi	"Der Unsichere"
...	...	...

Tabelle 6-9: Tabelle „GroupProperty"

Mit diesem Verfahren können

- einfache Ja/Nein-Regeln über Gewichte (1;-1) abgebildet werden (Indifferenz wird durch Gewicht=0 oder Nichtvorhandensein des Tupels ausgedrückt),
- Regelbaumhierarchien über Vorgänger-Nachfolger-Beziehung abgebildet werden,
- Boolesche Operationen zwischen den Regeln (Konjunktion; Disjunktion [durch Umformung nach der DeMORGANSCHEN Regel]; Negation) abgebildet werden sowie
- die Gewichte zur Laufzeit geändert werden.

6.3.4 Transformation abstrakter Lernerprofile in Attribute des CDLS

Um Lernerprofile (Metadaten der Lernenden), welche auf einer abstrakten Beschreibung der Vorlieben des Lernenden beruhen, in einem CDLS verwenden zu können, ist es erforderlich,

615 Zeilen mit gleicher RuleID und RulePredecessorID kenzeichnen den Start einer Regel.

eine Transformation auf Attribute vorzunehmen, die durch das CDLS verarbeitet werden können.

Eine Möglichkeit, die stereotypen Verhaltensweisen in Attribute des Lerninhaltes umzuwandeln ist, eine Menge logischer Regeln zu definieren, deren Resultat (wahr oder falsch) ein Attribut des Lerninhaltes charakterisiert.

Beispielsweise könnte eine solche Regel wie folgt lauten:

Wenn „Lernen durch Ausführen" AND „Lernen durch Anschauen" AND NOT „auswendig lernen" dann „interaktiver Lerninhalt".

Nachteilig an dieser Methode ist es, dass die logischen Regeln von Beginn des Lernprozesses an feststehen müssen und keine Möglichkeit besteht, diese dynamisch in kleinen Schritten anzupassen und zu verfeinern. Weiterhin lassen sich diese Regeln nur schlecht in einem CDLS abbilden, da sie im Quelltext des CDLS codiert werden müssen.

Aus diesem Grund wird im Folgenden eine andere Vorgehensweise vorgeschlagen.

Die Zuordnung der stereotypen Verhaltensweisen (↗ 5.2.2, 5.2.2.6) zu Eigenschaften des Lerninhaltes erfolgt durch die folgenden Prozessschritte:

- Ermitteln der relevanten Eigenschaften durch Beobachtung oder Befragung (Gewichtung auf einer Skala mit Neutralposition, z.B. 5-Punkt-Skala).
- Eintragen dieser Eigenschaften in eine Gewichtsmatrix. Bereits aus früheren Erhebungen vorhandene Gewichtungen werden mit abnehmender Wertigkeit in die Gewichtung mit einbezogen. Die Verwendung einer Gewichtsmatrix für jeden einzelnen Lernenden ermöglicht eine hohe Genauigkeit der Abbildung der Eigenschaften.

Merkmal / Lernender	Merkmal A	Merkmal B	Merkmal C
Lernender 1	1	4	5
Lernender 2	1	2	1
Lernender 3	4	1	5
Lernender 4	5	2	1
Lernender 5	3	3	3

Tabelle 6-10: Beispiel für eine Gewichtsmatrix

- Durch Ermittlung der Proximität (↗ 6.3.3.1) des Merkmalsvektors eines Lernenden gegenüber den Merkmalsvektoren der vordefinierten Lerntypen wird der betrachtete Lernende dem Lerntyp mit der höchsten Ähnlichkeit zugeordnet. Durch Matchingverfahren (↗ 6.3.2) wird der für diesen Lernenden geeignete Lerninhalt ermittelt.

Auf Basis der Gewichtsmatrizen vieler Lernenden können durch Clusteranalyse[616] Gruppen gebildet werden. Diese Gruppen bilden die Lerntypen innerhalb des CDLS.

Auf diese Weise wird aus den Meinungen der Lernenden ein Modell von den Eigenschaften der einzelnen Lerntypen erzeugt. Wenn hinreichend viele Gewichtsvektoren vorhanden sind, können neu hinzukommende Lernende auf Basis der vorhandenen Gewichtungen arbeiten. Das Kriterium „hinreichende Anzahl Gewichtungen" kann durch die Zufriedenheit der Lernenden mit den vom System dargebotenen Lerninhalten ermittelt werden. Es ergibt sich somit ein Zyklus, der eine fortwährende Anpassung der Metadaten erlaubt.

[616] Die möglichen Verfahren werden u.a. in [BaE+94] beschrieben.

6.3.5 Individuelle Strukturierung des Lerninhaltes

Grundidee des hier beschriebenen Ansatzes ist es, in der Wissensbasis verschiedene Strukturen des Lerninhaltes (semantische Verknüpfungen einzelner Wissensbausteine) zu hinterlegen. Dabei können hierarchische Strukturen als auch Netzwerkstrukturen angewandt werden. Weiterhin sind Kommentare zu den Lerninhalten möglich. Ausgangspunkt bildet die Struktur des Lerninhaltes, welche vom Autor erstellt wurde. Von dieser wird angenommen, dass sie die Sachverhalte des Diskursbereichs möglichst exakt wiedergibt. Jeder Lernende hat die Möglichkeit, auf diese Strukturen zuzugreifen. Außerdem kann jeder Lernende eigene Strukturen anlegen. Auf diese Weise entstehen viele parallele Strukturen des Lerninhaltes. Ein Beispiel hierzu ist in Abschnitt 6.3.6.2 angegeben.

Durch individuelle Strukturierung der Lerninhalte wird aus der abstrakten Information der Wissensbausteine das Wissen jedes einzelnen Lernenden abgebildet und im CDLS hinterlegt.

Eine einfache Möglichkeit der Strukturierung besteht darin, dem Lernenden die Gelegenheit zu geben, Anmerkungen zu Wissensbausteinen zu hinterlegen. Diese können entweder nur für den Lernenden selbst verfügbar sein oder veröffentlicht werden, so dass sich dieses Strukturierungsmerkmal für eine Gruppe von Lernenden verwenden lässt. Gegebenenfalls kann über diese Anmerkungen auch eine Kommunikation zwischen den Lernenden abgewickelt werden.

Deutlich erweiterte Möglichkeiten bieten sich, wenn Lernende selbst Beziehungen zwischen den Wissensbausteinen einfügen können (persönliche Wissensmodelle (↗ 2.5)). Diese werden mit einer Semantik versehen und repräsentieren Teile des gedanklichen Konzeptes des Lernenden zum Diskursbereich. In ihrer grafischen Repräsentation entsprechen diese Beziehungen den bekannten Hyperlinks. In der internen Repräsentation des CDLS wird die Semantik einer Beziehung hinterlegt (↗ 6.3.6.2) und bei Bedarf anderen Lernenden zur Verfügung gestellt.

Um die Korrektheit der vom Lernenden generierten Semantik zu überprüfen, gibt es verschiedene Möglichkeiten. Entweder muss der Tutor moderierend eingreifen und jede vom Lernenden hinzugefügte Beziehung (ausgedrückt durch einen referentiellen Hyperlink) überprüfen, oder die Überprüfung erfolgt durch die Anwendung anderer Lernenden in deren Lernprozess.

Nach dem Erarbeiten eines neuen Zusammenhanges (Verfolgen eines Hyperlinks) wird der Lernende nach seiner Einschätzung der Relevanz dieser Beziehung gefragt. Durch Ermittlung des arithmetischen Mittelwertes über viele Lernprozesse ergibt sich für jede Beziehung ein Wert, der oberhalb oder unterhalb eines Schwellenwertes liegt. Dieser Schwellenwert wird vom Tutor eingestellt und beeinflusst, ob Beziehungen weiterhin präsentiert werden (arithmetisches Mittel der Bewertungen größer als der Schwellenwert), oder ob diese unberücksichtigt bleiben (arithmetisches Mittel der Bewertungen kleiner als der Schwellenwert).

Falls der Lernende kein Wissen über den relevanten Diskursbereich hat, gibt er keine Einschätzung zur Relevanz der Beziehung ab, folglich bleibt der numerische Wert der Relevanz dieser Beziehung unverändert.

Eine weitere Möglichkeit, die Relevanz R einer Beziehung zwischen zwei Wissensbausteinen zu ermitteln, ist die Zählung der Häufigkeit dieser Beziehung. Dabei gilt:

$$\mathrm{R} = \sum \gamma_{Q,Z} ; \forall Q, Z \qquad \text{(Gl. 6.30)}$$

mit $\gamma_{Q,Z} = 1$: bei Vorhandensein einer Beziehung von Wissensbaustein Q (Quelle) nach Wissensbaustein Z (Ziel).

Wenn eine Beziehung von sehr vielen Lernenden erkannt und gesetzt wurde, ist die Wahrscheinlichkeit sehr hoch, dass der durch diese Beziehung beschriebene semantische Zusammenhang korrekt und bedeutsam ist.

Zum Hinzufügen von Beziehungen zur Wissensbasis kann ein grafischer Editor dienen, der einen Wissensbaustein mit den in Beziehung stehenden Wissensbausteinen verknüpft. Softwaretechnisch kann an dieser Stelle das gleiche Modul zum Einsatz gelangen, das auch zur Hinterlegung der strukturellen Hyperlinks durch den Autor verwendet wird.

Einen ähnlichen Ansatz beschreiben KASHIHARA, HASEGAWA und TOYODA in [KaHT00] (↗ 3.3). Sie beschränken sich dabei allerdings auf die Aufzeichnung des Lernverlaufs (Reihenfolge der abgerufenen Wissensbausteine) sowie auf Annotationen zum Lerninhalt. Eine weitergehende Strukturierungsmöglichkeit durch Lernende bzw. Autoren besteht nicht.

6.3.6 Prozesse zur Selektion von thematischen Varianten des Lerninhaltes

Die Grundlage für persönliche Wissensmodelle (↗ 2.5) von Lernenden bildet ein grundlegendes Wissensmodell (↗ 2.5), welches vom Autor des Lerninhaltes in einem CDLS formuliert wurde.

Wie in den Abschnitten 6.3.6.1 und 6.3.6.2 noch genauer ausgeführt wird, kann zwischen einem grundlegenden Wissensmodell und mehreren persönlichen Wissensmodellen zu ein und demselben Lerninhalt unterschieden werden. Das grundlegende Wissensmodell wird dabei vom Autor des Lerninhaltes erstellt. Dieser ist typischerweise Experte auf dem Wissensgebiet des abzubildenden Lerninhaltes. Persönliche Wissensmodelle können von jedem Lernenden erstellt werden.

Im Knowledge-Modell (↗ 6.1.3) erfolgt die Hinterlegung von semantischen Beziehungen zwischen den Wissensbausteinen sowohl durch den Autor des Lerninhaltes, als auch durch jeden einzelnen Lernenden. Weiterhin ist es möglich, einen Lernenden seinen Wissensstand in Form von Ontologien (↗ 2.4 und 6.1.4) darstellen zu lassen. Aufbauend auf diesem Netz werden Wissenslücken vom CDLS erkannt und dem Lernenden geeignete Lerninhalte vermittelt.

6.3.6.1 Erstellung des grundlegenden Wissensmodells

Zur Erstellung des grundlegenden Wissensmodells (↗ 2.5) werden durch den Autor zunächst die Wissensbausteine innerhalb einer hierarchischen Gliederungsstruktur erzeugt. Darauf basierend werden Netzwerkbeziehungen zwischen den Wissensbausteinen erstellt. Diese Beziehungen stellen semantische Verknüpfungen zwischen den in den Wissensbausteinen beschriebenen Konzepten dar. Diese Beziehungen werden beim Retrieval (↗ 6.3.6.6) zum Erklären der Semantik benutzt. Sie enthalten dazu einen vordefinierten Beziehungstyp. Mögliche Beziehungstypen sind in Abschnitt 6.1.2 (Tabelle 6-1) beschrieben.

Der Vorgang des Verknüpfens von Wissensbausteinen durch semantische Beziehungen läuft folgendermaßen ab:

Zunächst werden zwei Wissensbausteine (A und B), zwischen denen eine Beziehung hergestellt werden soll, vom Autor ausgewählt. Das CDLS prüft die Berechtigung des Autors für die selektierten Wissensbausteine. Wenn die Berechtigung gegeben ist, wird eine semantische Beziehung zwischen Wissensbaustein A und B erstellt. Unmittelbar danach wird ein Beziehungstyp für die soeben erzeugte Beziehung vergeben. Dieser kann entweder auf vordefinierten Beziehungstypen basieren (↗ 6.1.3) oder mit einer durch den Autor definierten Beschreibung versehen werden. Abbildung 6-27 zeigt den Ablauf der Erstellung des Wissensmodells als UML-Activity-Diagramm.

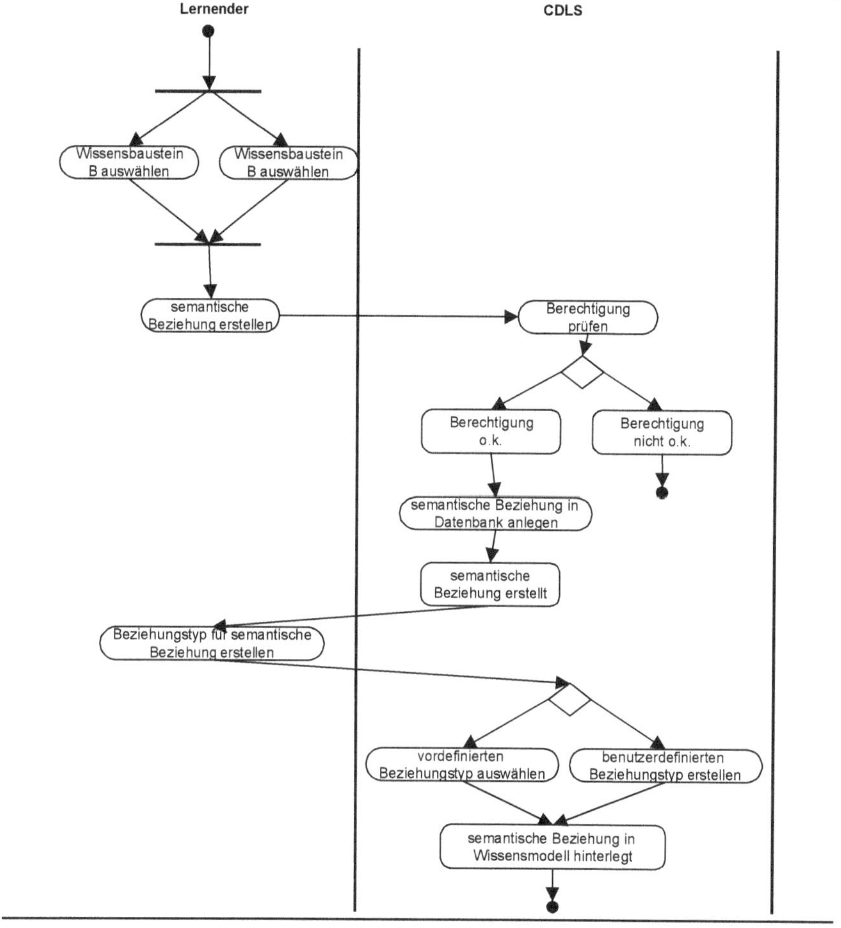

Abbildung 6-27: Erstellung des grundlegenden Wissensmodells innerhalb eines CDLS

6.3.6.2 Erstellen eines persönlichen Wissensmodells

Die Erstellung eines persönlichen Wissensmodells (↗ 2.5) orientiert sich an der Erstellung des grundlegenden Wissensmodells (↗ 6.3.6.1) innerhalb eines CDLS. Der Unterschied besteht darin, dass das persönliche Wissensmodell von einem Lernenden erzeugt wird. Jeder Lernende kann sein eigenes persönliches Wissensmodell aufbauen. Somit können in einem CDLS zu einem Bildungsprodukt (↗ 2.13) mehrere persönliche Wissensmodelle existieren, jedoch nur ein grundlegendes Wissensmodell.

Ein Lernender verknüpft zwei Wissensbausteine nach folgendem Schema (↗ Abbildung 6-28) durch eine semantische Beziehung:

- Auswahl von zwei Wissensbausteinen A und B durch den Lernenden,
- Beziehungstyp auswählen bzw. erstellen.

Eine Prüfung der Berechtigung entfällt in diesem Fall, da die Beziehung nicht zum grundlegenden Wissensmodell, das für alle Lernenden gültig ist, hinzugefügt wird.

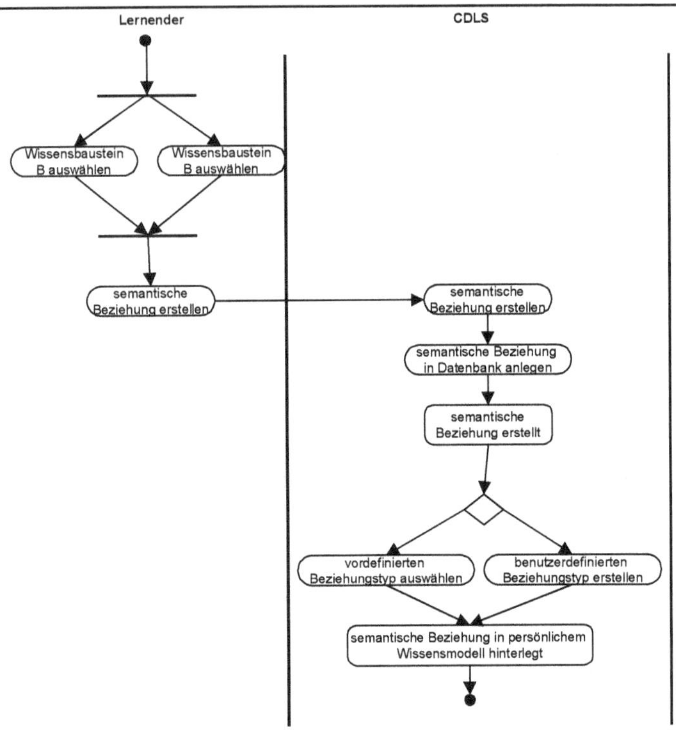

Abbildung 6-28: Erstellung eines persönlichen Wissensmodells innerhalb eines CDLS

Das folgende Beispiel basiert auf dem Beispiel zur Bildung von thematischen Varianten des Lerninhaltes aus Abschnitt 5.1.4. Als Beziehungstypen werden die generischen Beziehungstypen aus Tabelle 6-1 verwendet.

Das grundlegende Wissensmodell umfasst die Wissensbausteine „Kryptographie“, „Einweg-Algorithmen“, „symmetrische Verfahren“ und „asymmetrische Verfahren“. Die zwischen diesen Wissensbausteinen bestehenden Beziehungen sind in Abbildung 6-29 angegeben. Die Lernenden „Lernender A“, „Lernender B“ und „Lernender C“ haben jeweils verschiedene Vorstellungen vom Diskursbereich.

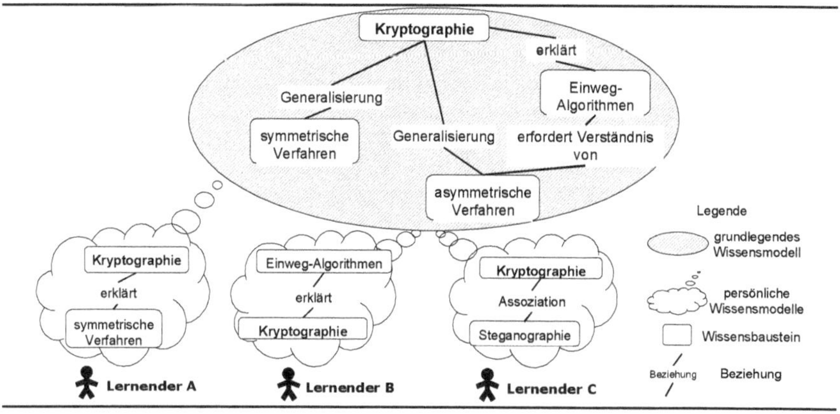

Abbildung 6-29: Grundlegendes und persönliche Wissensmodelle am Beispiel „Kryptographie"

„Lernender A" erklärt Kryptographie durch symmetrische Verfahren. Dieses Konzept ist im grundlegenden Wissensmodell mit einem anderen Beziehungstyp (Generalisierung) hinterlegt. Alle restlichen Konzepte des grundlegenden Wissensmodells sind im persönlichen Wissensmodell des „Lernenden A" nicht enthalten.

„Lernender B" erklärt Kryptographie mir Einweg-Algorithmen. Dieses Konzept ist im grundlegenden Wissensmodell enthalten. Die weiteren Konzepte fehlen im persönlichen Wissensmodell von „Lernender B".

„Lernender C" assoziiert Steganographie mit Kryptographie. Dieses Konzept ist im grundlegenden Wissensmodell nicht enthalten und könnte gegebenenfalls vom Autor dieses Wissensmodells ergänzt werden. Weitere Konzepte sind im persönlichen Wissensmodell von „Lernender C" nicht enthalten.

Das beschriebene Konzept der persönlichen Wissensmodelle erlaubt den Einsatz der in den Abschnitten 6.3.6.3, 6.3.6.4, 6.3.6.5 und 6.3.6.7 dargestellten Konzepte.

6.3.6.3 Wissensvermittlung auf der Basis von Ontologien

Zur Arbeit mit dem persönlichen Wissensmodell (↗ 2.5) (Wissenserwerb auf Basis des persönlichen Wissensmodells) können die semantischen Beziehungen zwischen den Wissensbausteinen als Grundlage für die Navigation zwischen diesen dienen. Benutzt wird entweder das grundlegende Wissensmodell (↗ 2.5), welches von einem Experten definiert wurde, oder persönliche Wissensmodelle der Lernenden.

In diesem Zusammenhang muss in Navigationsunterstützung und Erklärung von Zusammenhängen durch semantische Beziehungen unterschieden werden: Die Navigationsunterstützung erfolgt durch referentielle Hyperlinks, welche auf Basis der semantischen Beziehungen gebildet und visualisiert werden (↗ 5.4.11).

Die Erklärung von Zusammenhängen erfolgt durch die zu den semantischen Beziehungen hinterlegten Beziehungstypen. Dazu können sämtliche semantischen Beziehungen zwischen den Wissensbausteinen und die Wissensbausteine selbst grafisch dargestellt werden. Die Wissensbausteine bilden dabei die Knoten eines Netzes, die semantischen Beziehungen die Kanten. Eine andere Möglichkeit ist die Visualisierung der referentiellen Hyperlinks während der Navigation. Jede Kante (referentieller Hyperlink) wird mit einer Erläuterung auf Basis des hinterlegten Beziehungstyps bzw. der hinterlegten verbalen Beschreibung versehen.

Die folgende Abbildung 6-30 zeigt ein Beispiel für die Visualisierung einer semantischen Beziehung auf Basis eines hinterlegten Beziehungstyps.

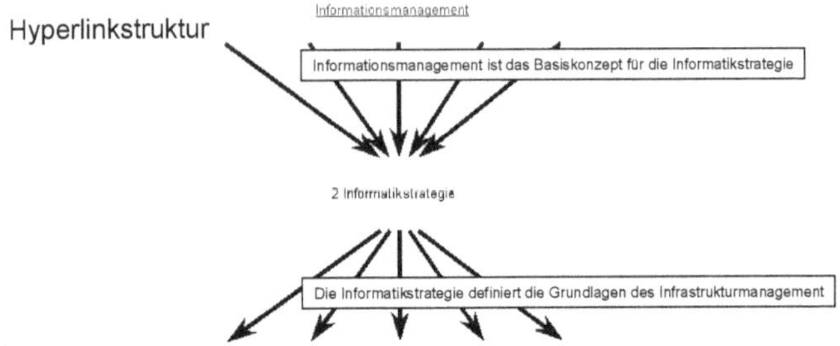

Abbildung 6-30: Darstellung der Erläuterung von semantischen Beziehungen in CDLS an einem Beispiel

6.3.6.4 Wissensvermittlung auf Basis einer gemeinsam genutzten Wissensbasis

Zur Unterstützung der Interaktion zwischen den Lernenden kann das persönliche Wissensmodell (↗ 2.5) anderen Lernenden zugänglich gemacht werden. Dazu ist es möglich, Teile des eigenen Wissensmodells oder das gesamte persönliche Wissensmodell für andere Lernende freizugeben. Diese Lernenden können dann auf die hinterlegten Beziehungstypen analog zu Abbildung 6-30 zugreifen. Es wird jeweils der Urheber des Beziehungstyps mit dargestellt, so dass die Grundlage für eine mögliche Diskussion der Konzepte gelegt ist. Diese Diskussion wird dann über andere Kommunikationsmöglichkeiten des CDLS (z.B. Diskussionsforum) durchgeführt.

6.3.6.5 Wissenserhebung beim Lernenden

Um den Wissensstand eines Lernenden über einen bestimmten Diskursbereich zu Beginn des Lernprozesses zu erfassen (Abfrage der momentanen Kompetenz), gibt es verschiedene Möglichkeiten. Beispielsweise können Testfragen gestellt und nach einem festen Schema ausgewertet werden (↗ 2.1.4.1, 4.4.2). Eine andere Möglichkeit besteht darin, den Lernenden Grundbegriffe des Diskursbereichs in einen nach seiner Ansicht gültigen Zusammenhang bringen zu lassen. Hierbei gibt es folgende Variationsmöglichkeiten:

- alle Grundbegriffe des Diskursbereichs werden vom CDLS vorgegeben,
- einige Grundbegriffe des Diskursbereichs und einige Beziehungen zwischen diesen werden vom CDLS vorgegeben oder
- einige Grundbegriffe des Diskursbereichs und keine Beziehungen werden vom CDLS vorgegeben.

Welche Variante gewählt wird, ist abhängig vom zu vermittelnden Lerninhalt.

Vom CDLS ist dazu ein geeigneter Editor zur Verfügung zu stellen. Dieser kann grafisch orientiert sein, so dass der Lernende die zu erstellende Struktur direkt sehen kann. Ebenso ist eine Textvariante möglich, bei der die Zusammenhänge durch das CDLS erfragt werden.

Nachdem der Lernende seine Vorstellung vom Diskursbereich modelliert hat, liegt eine ähnliche Struktur über den Lerninhalt vor, wie sie der Autor zuvor modelliert und im CDLS hinterlegt hat. Aus dem Grad der Ähnlichkeit lassen sich allgemein Rückschlüsse auf das Kompetenzniveau des Lernenden ziehen. Konkrete Rückschlüsse auf vorhandenen Bildungsbedarf können aus den Darstellungen des Lernenden zu einzelnen Grundbegriffen des Diskursbereichs abgeleitet werden.

Darauf aufbauend werden, ausgehend von den Kernbegriffen des Diskursbereichs, in Beziehung stehende Wissensbausteine zur Bearbeitung durch den Lernenden empfohlen. Im Ergebnis wird eine feingliedrige Steuerung des Prozesses der Wissensvermittlung auf der Basis der Bedürfnisse des Lernenden ermöglicht. Ein Beispiel findet sich in Abschnitt 6.3.6.6.

Wenn die Maße Stratum und Kompaktheit auf die im CDLS hinterlegte, individuelle Wissensrepräsentation der Lernenden angewandt werden, kann eine Aussage über die Qualität der individuellen Wissensrepräsentation der Lernenden erfolgen (↗ 2.8.2).

6.3.6.6 Retrieval auf Basis eines persönlichen Wissensmodells

Neben der Gruppenarbeit auf Basis der persönlichen Wissensmodelle (↗ 6.3.6.4) können die im grundlegenden und in den persönlichen Wissensmodellen hinterlegten Konzepte zur Steuerung des weiteren Lernfortschritts der Lernenden genutzt werden. Dazu ist die Auswahl geeigneter, im Lernprozess nachfolgender, Wissensbausteine durch das CDLS erforderlich. Dieser Vorgang wird als Retrieval bezeichnet. Das Ziel des Retrieval besteht in der Empfehlung weiterer Lernschritte durch das CDLS auf Basis des hinterlegten Lernermodells (↗ 5.2.6).

Das Retrieval erfolgt auf Basis der folgenden Schritte:

- Bestimmung des zentralen Wissensbausteines für das betrachtete Konzept (↗ 2.8.2 (Metriken für Hypertextdokumente)); dieser wird zum aktuellen Wissensbaustein;
- Bestimmung der mit dem aktuellen Wissensbaustein in Beziehung stehenden Wissensbausteine (entweder nur in der ersten Ebene oder bis zu einer bestimmten Suchtiefe) auf Basis des grundlegenden Wissensmodells; alternativ können hier auch die persönlichen Wissensmodelle anderer Lernender verwendet werden;
- Bestimmung der Wissenslücken des Lernenden auf Basis seines Lernermodells (Wissenstest);
- gezielte Führung des Lernenden zu den Wissensbausteinen, welche die erkannten Lücken im persönlichen Wissensmodell des Lernenden repräsentieren.

Abbildung 6-31 zeigt den Vorgang des Retrieval als UML-Activity-Diagramm.

Zur Bestimmung der Wissenslücken des Lernenden wird ein Wissenstest durchgeführt. Das Grundkonzept des Wissenstests ist: ein Lernender bekommt Wissensbausteine zu einem Konzept vorgegeben und soll semantische Beziehungen zwischen diesen herstellen. Dazu kann er vorgegebene Beziehungstypen (↗ Tabelle 6-1) verwenden. In einem zweiten Schritt analysiert das CDLS das Beziehungsgeflecht des Lernenden hinsichtlich Gemeinsamkeiten und Unterschieden zum grundlegenden Wissensmodell (↗ 2.5 und 6.3.6). Auf dieser Basis kann die Ähnlichkeit zwischen dem persönlichen Wissensmodell des Lernenden und dem grundlegenden Wissensmodell ermittelt werden. Diese ist als Kennzahl geeignet, um eine Aussage über die Kompetenz des Lernenden im betreffenden Diskursbereich zu treffen. Die einzelnen Gemeinsamkeiten und Unterschiede im Beziehungsgeflecht werden aufgezeichnet und dienen in der Phase des Wissenserwerbs als Grundlage für Empfehlungen des CDLS.

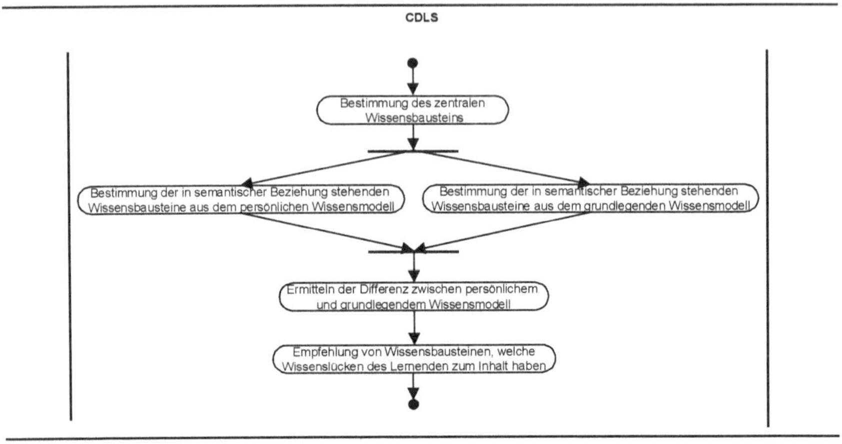

Abbildung 6-31: Retrieval auf Basis eines persönlichen Wissensmodells

Zur Berechnung der Ähnlichkeit werden aus beiden betrachteten Wissensmodellen die Häufigkeiten der Übereinstimmung und der Nichtübereinstimmung von semantischen Beziehungen gezählt (↗ Tabelle 6-2) mit X1=grundlegendes Wissensmodell und X2=persönliches Wissensmodell des betrachteten Lernenden.

Aus diesen Häufigkeiten kann der Simple Matching Coefficient (SMC) (↗ Gl. 6.24, 6.3.3.1) bestimmt werden. Ein hoher SMC zeigt, dass das Wissensmodell des Lernenden eine starke Korrelation zum grundlegenden Wissensmodell aufweist. Der Lernende hat also bereits eine sehr gute Vorstellung von den Konzepten des betrachteten Lerninhaltes. Ein niedriger SMC hat zur Folge, dass der Lernende einen Wissensbedarf in den Bereichen hat, die im persönlichen und im grundlegenden Wissensmodell nicht übereinstimmen. Diese Bereiche des grundlegenden Wissensmodells können dann gezielt vermittelt werden.

Das folgende Beispiel setzt die Beispiele aus den Abschnitten 5.1.4 und 6.3.6.2 fort. Als Beziehungstypen werden wieder die generischen Beziehungstypen aus Tabelle 6-1 verwendet.

Das persönliche Wissensmodell der Lernenden „A“, „B“ und „C“ ist gemäß Abbildung 6-32 strukturiert. Die Ähnlichkeit mit dem grundlegenden Wissensmodell ist für die einzelnen Lernenden folgendermaßen gegeben:

„Lernender A“ setzt Kryptographie in Beziehung zu symmetrischen Verfahren, allerdings stimmt der Beziehungstyp nicht mit dem grundlegenden Wissensmodell überein. Sämtliche anderen Beziehungen des grundlegenden Wissensmodells sind dem „Lernendem A“ nicht bekannt. Das CDLS wird auf den differierenden Beziehungstyp hinweisen und die Wissensbausteine „asymmetrische Verfahren“ und „Einweg-Algorithmen“ sowie deren Beziehung zum Diskursbereich „Kryptographie“ zur weiteren Bearbeitung durch den „Lernenden A“ empfehlen.

„Lernender B“ kennt den Zusammenhang zwischen „Kryptographie“ und „Einweg-Algorithmen“. Die Beziehungen zu den Wissensbausteinen „symmetrische Verfahren“ und „asymmetrische Verfahren“ sind ihm nicht bekannt. Folglich werden die Wissensbausteine „symmetrische Verfahren“ und „asymmetrische Verfahren“ inklusive Beziehungen zur „Kryptographie“ durch das CDLS zur Bearbeitung durch den „Lernenden B“ angeboten.

„Lernender C“ assoziiert „Kryptographie“ mit „Steganographie“, die im grundlegenden Wissensmodell abgebildeten Zusammenhänge sind ihm nicht bekannt. Das CDLS wird also sämtliche Wissensbausteine aus dem grundlegenden Wissensmodell zur Bearbeitung durch den „Lernenden C“ anbieten. Weiterhin sollte vom Autor des Lerninhaltes geprüft werden, ob die Beziehung zwischen „Kryptographie“ und „Steganographie“ möglicherweise im grundlegenden Wissensmodell zu ergänzen ist.

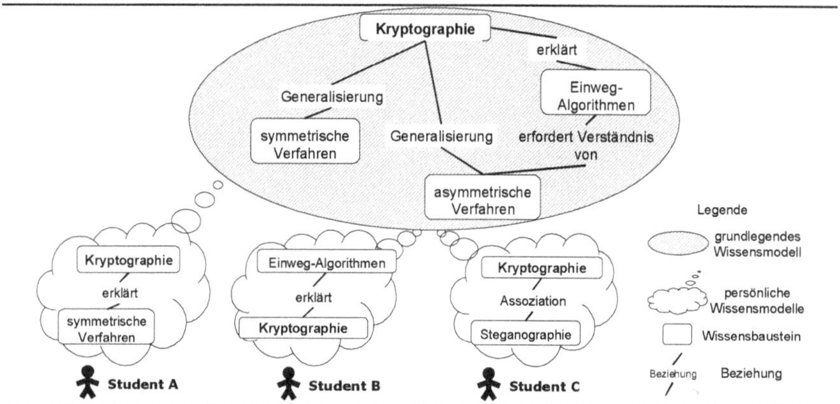

Abbildung 6-32: Retrieval auf grundlegendem und persönlichem Wissensmodell am Beispiel „Kryptographie“

6.3.6.7 *Ermittlung der Relevanz einer semantischen Beziehung*

Eine weitere Anwendung des Konzeptes der Wissensmodelle (↗ 2.5) in CDLS ist die Ermittlung der Relevanz von semantischen Beziehungen. Diese wurden ursprünglich von Autoren, welche typischerweise Experten auf dem zu Grunde liegenden Diskursbereich sind, erstellt. Durch Fortschritte der grundlegenden Wissenschaftsdisziplin oder durch Fehler des Autors kann es vorkommen, dass eine semantische Beziehung nicht (mehr) relevant ist. Die Relevanz einer semantischen Beziehung wird geprüft, indem die Häufigkeit ihres Auftretens in allen persönlichen Wissensmodellen ermittelt wird. Daraus kann der Tutor Rückschlüsse auf das generelle Verständnis dieses Konzeptes bei seinen Kursteilnehmern ziehen. Der Autor des Lerninhaltes ist in der Lage, Rückschlüsse auf die Gültigkeit dieses Konzeptes zu ziehen und dieses zu überarbeiten. Bei häufigem Auftreten von Differenzen in einem Bereich des grundlegenden Wissensmodells kann der Autor Rückschlüsse auf eventuell vorhandene Lücken im grundlegenden Wissensmodell ziehen.

6.3.7 Erhebung des Lernermodells

Innerhalb des Lernermodells wird in statische Information[617], die den Lerntyp beschreibt (↗ 5.2.2), und dynamische Information, die den Wissensstand des Lernenden abbildet, unterschieden[618].

[617] Diese Information kann sich über einen längeren Betrachtungszeitraum durchaus ändern; für die Betrachtung des Prozesses der Wissensvermittlung zu einem Konzept wird diese als statisch angesehen.
[618] Diese Information ändert sich mit dem Wissenszuwachs des Lernenden und wird im Verlauf des Prozesses der Wissensvermittlung als dynamisch betrachtet.

Das Lernermodell eines konkreten Lernenden kann entweder durch Befragung (explizite Datenerhebung) (↗ 6.3.7.1) oder durch Beobachtung (implizite Datenerhebung) (↗ 6.3.7.2) erhoben werden. Ziel dieser Datenerhebung ist es, ausgehend von einem Standard-Lernermodell, ein angepasstes Lernermodell zu erhalten.

Während der Erhebung des Lernermodells wird zunächst der Lernstil (kurzfristiges Verhalten) des Lernenden ermittelt. Durch Aggregation über einen längeren Zeitraum kann aus dem Lernstil und gegebenenfalls dessen Veränderung der Lerntyp (langfristiges Verhalten und Präferenzen) abgeleitet werden.

Zur Aggregation werden die relevanten Attribute (↗ 5.3.1, 5.3.2) als Merkmalsvektor zu mehreren Zeitpunkten erhoben. Eine mögliche zeitliche Staffelung wäre z.B. einen Vektor pro Lernsitzung (↗ 5.5) zu erheben. Aus diesen Vektoren wird das arithmetische Mittel gebildet. Dieses beschreibt den Lerntyp des betrachteten Lernenden im untersuchten Zeitraum. Der arithmetische Mittelwert der Merkmalsvektoren eines Lernenden ergibt sich aus

$$\overline{X} = \frac{\sum_{i}^{n} X_i}{n}. \qquad \text{(Gl. 6.31)}$$

Dabei bezeichnen X_i die betrachteten Merkmalsvektoren und n die Anzahl derselben. Mögliche Verhaltensänderungen des Lernenden werden berücksichtigt und wirken sich durch die gleichmäßige Gewichtung aller Merkmalsvektoren im Zeitverlauf verhältnismäßig langsam aus.

Zur Berücksichtigung von Verhaltensänderungen des Lernenden existieren verschiedene Ansätze, die auf Beobachtung der Sequenz der abgerufenen Lerninhalte beruhen.[619] Diese Ansätze sind für die Anwendung auf Merkmalsvektoren nicht geeignet, da nur skalare Werte für das Verhalten des Lernenden berücksichtigt werden. Für die Anwendung auf Merkmalsvektoren wird folgendes Vorgehen entwickelt.

Aus dem gewichteten Mittelwert aller vorhandenen Merkmalsvektoren wird durch Aggregation ein Gesamtvektor gebildet:

$$\overline{X} = \frac{\sum_{i}^{n} w_i X_i}{n}. \qquad \text{(Gl. 6.32)}$$

X_i bezeichnen die betrachteten Merkmalsvektoren, n deren Anzahl und w_i die Gewichte der einzelnen Merkmalsvektoren.

Durch die Größe der Gewichtung der einzelnen Merkmalsvektoren kann der Einfluss verschiedener zeitlicher Ereignisse berücksichtigt werden.

Beispielsweise können die zuletzt erhobenen Merkmalsvektoren im Lernermodell hinsichtlich der Individualisierung des CDLS das höchste Gewicht haben. Zu den älteren Merkmalsvektoren hin soll eine abfallende Gewichtung verwendet werden:

$$w_i = \frac{i}{n}. \qquad \text{(Gl. 6.33)}$$

[619] Vgl. [KoSc00], [GrSo98] und [ScGr86].

Somit wird der „prägende“ Einfluss früherer Ereignisse auf das Profil vermieden. Der Lernende hat damit die Möglichkeit, sein Lernermodell immer wieder neu an seine Bedürfnisse anzupassen.

Falls es z.B. für Forschungszwecke erwünscht ist, die Lernenden auf einen Lerntyp festzulegen, kann eine abnehmende Gewichtung der Daten im zeitlichen Verlauf eingesetzt werden:

$$w_i = \frac{1}{i}. \qquad \text{(Gl. 6.34)}$$

Damit wird erreicht, dass mit fortschreitendem Verlauf des Lernprozesses immer geringere Korrekturen am Lernermodell erfolgen. Es wird damit ausgeschlossen, dass der Lernende im Verlauf des Lernprozesses mehrfach zwischen verschiedenen Lerntypen wechselt.

6.3.7.1 Erhebung des Lernermodells durch Befragung

Die explizite Datenerhebung basiert auf der Befragung der CDLS-Nutzer. Dazu müssen geeignete Fragen formuliert werden, aus denen sich im Anschluss die Beschreibungsmerkmale (Merkmalsvektoren) der Nutzer ermitteln lassen.

Es bietet sich an, geschlossene Fragen zu stellen, da diese einfacher den vordefinierten Varianten für die Eigenschaften zugeordnet werden können.

Bei der Befragung kann zwischen einem lerninhaltsnahem und einem abstraktem Niveau unterschieden werden.

Die Befragung auf lerninhaltsnahem Niveau dient der Ermittlung der Vorkenntnisse des Lernenden und damit der Zuordnung zu einer Wissensstufe (↗ 5.2.3). Auf lerninhaltsbezogenem Niveau kann nach Kenntnissen in verwandten Diskursbereichen gefragt werden, woraus sich Hinweise für die Wissensstufe inm relevanten Diskursbereich ergeben.

Wenn beispielsweise der relevante Diskursbereich die Programmiersprache C++ ist, kann eine Abfrage der Kenntnisse in der Programmiersprache PASCAL erfolgen. Aus dem Kenntnisniveau zu PASCAL können Rückschlüsse auf das Wissen des Lernenden zu objektorientierten Programmiersprachen gezogen werden. Daraus wiederum kann auf das Vorkenntnisniveau (allgemeine Konzepte des objektorientierten Designs) zur Programmiersprache C++ geschlossen werden.

Auf abstraktem Niveau kann nach medialen Vorlieben oder Wünschen des Lernenden hinsichtlich der Lernstrategie gefragt werden (z.B. werden Testfragen zum Verständnis der Lerninhalte gewünscht?). Die Ergebnisse dieser abstrakten Befragung dienen der Individualisierung hinsichtlich der medialen Gestaltung des Lerninhaltes (↗ 5.1.3) und der Wahl einer Lernstrategie.

6.3.7.2 Erhebung des Lernermodells durch Beobachtung

Die implizite Datenerhebung basiert auf der Auswertung von Verhaltensdaten der Benutzer mit dem Ziel, Beschreibungsmerkmale zu extrahieren. Als Verhaltensdaten kommen in Frage:

- Daten über die Navigationsabfolge innerhalb der Lerneinheiten,
- Daten über die Verweildauer in einzelnen Lerneinheiten und
- Antworten auf Testfragen im Verlauf des Lernprozesses.

Diese Verhaltensdaten werden vom CDLS automatisch während des Lernprozesses benutzerindividuell aufgezeichnet und stehen für die spätere Auswertung zur Verfügung. Ein CDLS, welches das Lernmodell durch Beobachtung erhebt, ist „Learn Sesame“.[620]

Zunächst werden diese Daten mit Hilfe der erhobenen natürlichen Merkmale ausgewertet. Daneben ist es denkbar, dass es andere Eigenschaften gibt, deren Existenz vor Auswertung des gesammelten Datenmaterials nicht bekannt war. Solche Eigenschaften werden durch Auswertung des Datenmaterials mittels statistischer Methoden zur Clusteranalyse gefunden. Diese Eigenschaften werden dann in Abhängigkeit des Analyseergebnisses durch ein oder mehrere natürliche Merkmale beschrieben (z.B. Alter oder Geschlecht).

6.3.8 Gruppenbildung

Es wird davon ausgegangen, dass zwischen den Bedürfnissen und Merkmalen der einzelnen Lernenden Korrelationen bestehen. Um den Aufwand für die Erstellung der verschiedenen Inhaltsvarianten für den Autor des Lerninhaltes überschaubar zu halten, wird eine Gruppenbildung unter den Lernenden vorgenommen.

Diese Gruppen können den Lerntypen (↗ 5.2.2) entsprechen, die im jeweiligen CDLS verwendet werden.[621]

In diesem Zusammenhang kommt den folgenden Aufgaben eine besondere Bedeutung zu:

- Erkennen von Bedürfnissen der Lernenden (↗ 6.3.7),
- Zusammenfassung dieser Bedürfnisse zu Gruppen und
- Anpassen des Lerninhaltes an die Bedürfnisse der Gruppen.

Somit ergibt sich eine flexible Möglichkeit, Benutzer, Benutzergruppen und deren Eigenschaften im CDLS abzubilden.

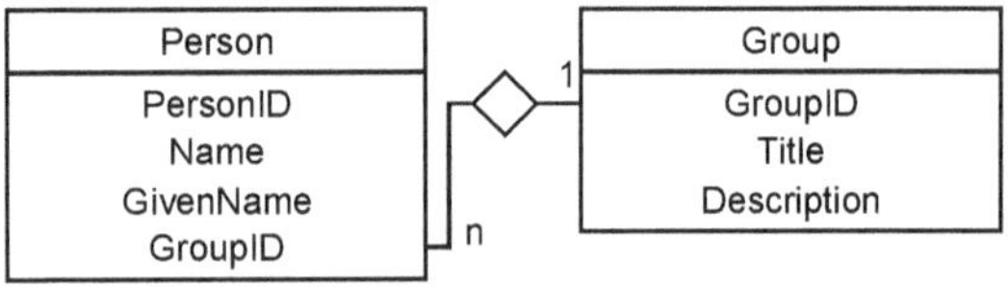

Abbildung 6-33: ER-Modell zur Abbildung der Gruppenbildung auf Entitätstypen

Zur Gruppenbildung werden zunächst für jede Gruppe vorab festgelegte Merkmale erfasst und im Knowledge Repository hinterlegt. Im Anschluss daran muss ermittelt werden, in welche Gruppe der betrachtete Lerner fällt. Zu diesem Zweck werden die Merkmalsvektoren der Gruppe mit dem des betrachteten Lerners verglichen (Matching (↗ 6.3.2.1)). Dieser Vergleich wird auf Basis von Proximitätsmaßen (↗ 6.3.3) vorgenommen.

Bei der Gruppenbildung ist darauf zu achten, dass die Zielgruppen intrinsisch und extrinsisch motivierter Lernender nicht vermischt werden, da sonst die Motivation und damit einhergehend der Lernfortschritt reduziert werden (↗ 5.2.1).

[620] Vgl. [CSJM97], S. 393ff.

[621] Die hier beschriebene Gruppenbildung ist nicht auf einen bestimmten Lerntyp festgelegt. Wenn ein Lerntyp durch definierte Attribute beschrieben werden kann, kann die Gruppenbildung nach diesem Schema erfolgen.

6.4 Weitere Anwendungen von KoWiMo

6.4.1 Wiederverwendbarkeit des Lerninhaltes

Die Wiederverwendung von Lerninhalten basiert auf der Rekonfiguration (↗ 6.4.2) bestehender Lerninhalte zu neuen Strukturen (Bildungsprodukten). Sie kann sowohl manuell als auch automatisch erfolgen.

Für eine zukünftige Ausweitung des Angebotes an Lerninhalten in CDLS ist die Wiederverwendbarkeit der bereits erstellten Lerninhalte in einem CDLS von erheblicher Bedeutung. Dies wird besonders deutlich, wenn in Austauschbeziehung mit anderen Anbietern von Lerninhalten getreten werden soll.

Wiederverwendung ist sowohl auf der Ebene kompletter Bildungsprodukte, als auch auf der Ebene einzelner (atomarer) Lerneinheiten möglich. Beide Varianten sollen nachfolgend beschrieben werden.

- Wiederverwendung auf Bildungsproduktebene

Die Wiederverwendung auf Bildungsproduktebene bezeichnet den Austausch kompletter Bildungsprodukte. Dabei werden, basierend auf einem Bildungsprodukt, mehrere Kurse mit verschiedenen Teilnehmern gegebenenfalls von verschiedenen Anbietern (Austauschbeziehung) durchgeführt.

- Wiederverwendung auf Ebene der Lerneinheiten

Die Wiederverwendung auf Ebene der Lerneinheiten bezieht sich auf einzelne Strukturelemente (Wissensbausteine, Blob) eines Bildungsproduktes. Diese erleichtert die Entwicklung neuer Bildungsprodukte und wird vermutlich öfter praktiziert werden als die Wiederverwendung kompletter Bildungsprodukte. Es ist einfacher, eine Zeichnung von Leonardo da Vinci mit der Konstruktionsskizze eines Hubschraubers wiederzuverwenden, als eine komplette Lerneinheit über mittelalterliche Entwürfe von Fluggeräten. Diese Wiederverwendung kann sowohl innerhalb eines Bildungsproduktes eines einzigen Anbieters als auch zwischen verschiedenen Anbietern (Austauschbeziehung) erfolgen.

6.4.2 Vorgehensweisen zur Rekonfiguration

6.4.2.1 Manuelle Rekonfiguration

Die manuelle Rekonfiguration wird immer dann eingesetzt, wenn die Anforderungen an die neu zu konfigurierende Variante nicht exakt (in Form eines Merkmalsvektors) formuliert werden können oder eine solche Beschreibung nicht vorliegt.

Hierbei entscheidet die konfigurierende Person an Hand der vorliegenden Medienbeschreibungen der im CDLS vorhandenen Lerneinheiten über die Art und Reihenfolge der Einbindung in das neu zu schaffende Bildungsprodukt. Weiterhin können externe Inhalte (die vorher nicht im CDLS vorhanden waren) eingebunden werden. Das Ergebnis ist ein auf die vorab formulierten Anforderungen passendes Bildungsprodukt.

6.4.2.2 Automatisierte Rekonfiguration

Ein typisches Szenario für die automatisierte Rekonfiguration gestaltet sich wie folgt:

Zunächst erfolgt eine Befragung des Benutzers durch das CDLS nach seinen Wünschen/Anforderungen an das zu generierende Bildungsprodukt.

Für die Erfassung der Anforderungen des Nutzers gibt es die Möglichkeiten:

a) Extraktion von Schlagworten aus einer Freitextantwort oder

b) Auswahl aus Multiple-Choice-Antwortvarianten, welche auf Basis der vorhandenen Metadaten angeboten werden.

Problematisch ist bei a), dass es möglicherweise nur wenige oder unzureichende Treffer bei der Schlagwortsuche gibt und dass evtl. sehr viele bzw. unstrukturierte Antwortvarianten vom Nutzer bearbeitet werden müssen. Aus diesem Grund wird die Erfassung der Anforderungen durch geschlossene Fragetypen (Multiple Choice) präferiert.

Aus der Antwort des Nutzers wird ein Anforderungsprofil generiert, welches Angaben über inhaltliche, didaktische und medienspezifische Anforderungen des Nutzers enthält. Darauf aufbauend konfiguriert das CDLS automatisch ein Bildungsprodukt aus den bestehenden Wissensbausteinen (↗ 6.3.1 und 6.3.6).

Das Ergebnis ist auch hier ein den Anforderungen entsprechendes Bildungsprodukt. Durch Einschränkungen bezüglich nicht vorhandener Varianten können Lücken entstehen. Diese Lücken können durch Varianten in anderer Aufbereitungsform ersetzt werden, wobei die ermittelten Anforderungen nicht mehr exakt erfüllt werden. Ein Ausweg bietet sich, wenn derartige (momentan nicht zu erfüllende) Anforderungen an den Autor des Bildungsproduktes gemeldet werden und dieser für eine Ergänzung (durch Neuerstellung oder Einkauf) sorgt.

Diese Variante der Rekonfiguration ist sinnvoll einsetzbar bei sehr individuellen Anforderungen der Nutzer. Sie wird vorwiegend dort eingesetzt, wo mit wenig Aufwand seitens der Autoren individuelle Angebote unterbreitet werden sollen.

Von Vorteil ist die kurzfristige Realisierbarkeit von nutzerspezifischen Kursen. Nachteilig an dieser Vorgehensweise ist, dass das automatisch konfigurierte Bildungsprodukt möglicherweise nicht exakt den Anforderungen des Benutzers entspricht.

6.4.3 Lokalisierung

⇒ *<u>Lokalisierung</u> bezeichnet die Anpassung eines Systems (im konkreten Fall eines CDLS) an die Sprache, Maß- und Währungseinheiten eines Landes oder einer geografischen Region.*

Sprachen, Einheiten und Konventionen sind dabei in den Standards ISO 639 (Language Code) und ISO 3166 (Country Code) festgelegt.

Zur Anpassung an unterschiedliche Sprachvarianten muss

- das CDLS in seinen Dialogen mit verschiedenen Sprachen umgehen können und
- der Inhalt des CDLS in den gewünschten Sprachen verfügbar sein.

Um die Lokalisierung für die Dialoge in einem CDLS (↗ Abbildung 6-34) sinnvoll durchführen zu können,

- wird jedes Dialogelement (DialogItem) im System mit einer eindeutigen ID (DialogID) gekennzeichnet,
- wird für jede dieser ID in der Datenbank eine kurze Beschreibung gespeichert,
- werden die Sprachkonstrukte (LanguageUnit) für die Dialogelemente in einem anderen Entitätstyp hinterlegt,
- existiert ein Entitätstyp zur Zuordnung „Dialogelement" <-> „sprachliches Konstrukt" (Language Unit), in dem für jede gewünschte Sprache eine solche Zuordnung besteht.

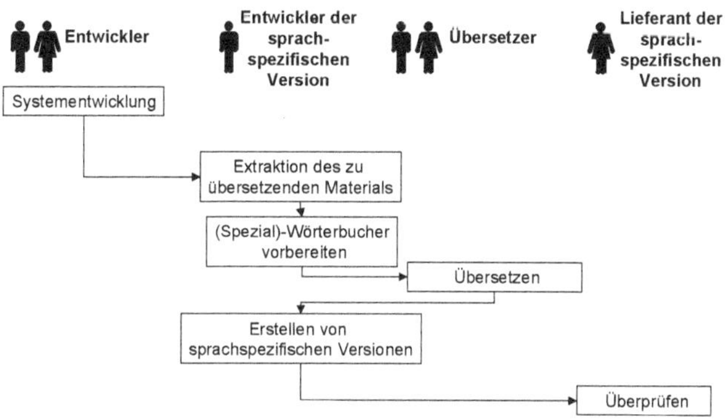

Abbildung 6-34: Ablauf der Lokalisierung[622]

Die folgende Abbildung zeigt ein Relationenmodell zur Realisierung der Lokalisierung für Dialogelemente:

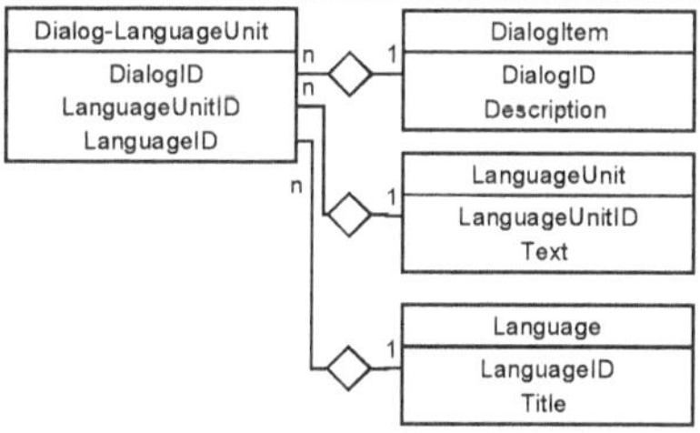

Abbildung 6-35: Relationenmodell für die Lokalisierung[623]

Wesentlich ist der Entitätstyp „Dialog-LanguageUnit" mit einem dreifach zusammengesetzten Primärschlüssel, womit für jede Kombination aus „DialogItem" und „LanguageUnit" eine Sprache definiert wird.

Solange keine Mechanismen existieren, die eine automatische Übersetzung erlauben, ist die Lokalisierung der Lerninhalte nur durch mehrfaches Erstellen der Lerninhalte für verschiedene Sprachvarianten möglich. Das Problem wird bei multimedialen Lerninhalten zusätzlich durch die Tatsache verstärkt, dass sprachenabhängige Information, sowohl in Textform als auch in audiovisueller Form enthalten sein kann. Diese kann nur manuell identifiziert und an eine andere Zielsprache angepasst werden.

6.5 Fazit

In Kapitel 6 wurde gezeigt, welche Dimensionen die Individualisierung von CDLS hat.

Das in Abschnitt 6.1 dargestellte Modell KoWiMo (Komponente Knowledge-Modell (↗ 6.1.3)) ist zusammen mit Prozessen zur Individualisierung (↗ 6.3) in der Lage, Lerninhalt

[622] In Anlehnung an: [CoMN+99], S. 560.

[623] Um die Übersicht zu gewährleisten, sind die Datentypen nicht mit angegeben.

auf der Basis von Vorkenntnissen zu selektieren und zur Bearbeitung anzubieten. Basis dafür sind strukturierte Lerninhalte, welche im Content-Modell (↗ 6.1.1) hinterlegt und beschrieben werden, sowie im Teaching-Modell (↗ 6.1.5) enthaltene Eigenschaften der Lernenden.

Weiterhin ermöglichen die im Management-Modell (↗ 6.1.6) definierten Strukturen die Verwaltung des Lerninhalts und seiner Strukturen, von Akteuren (Lernende, Autoren und Tutoren) und deren Berechtigungen im CDLS sowie die Ablaufplanung von Kursen. Daneben wurden in Abschnitt 6.4 weitere Anwendungsfelder für KoWiMo dargestellt.

Die dargestellten Aspekte der Individualisierung wurden soweit aufbereitet, dass eine Umsetzung in ein Anwendungssystem möglich ist. Besonderes Augenmerk wurde dabei auf eine flexible Ausgestaltung des Knowledge Repository gelegt, so dass Anpassungen der Metadaten jederzeit problemlos möglich sind. Am Institut für Wirtschaftsinformatik der Universität Leipzig sind die dargestellten Ansätze im System „WebLearn“ realisiert worden (↗ Anhang A und [EhRö00]).

7 Fazit

7.1 Fazit

In der vorliegenden Arbeit wurden Fragen der individuellen Gestaltung von web-basierten CDLS erörtert. Gleichzeitig ist die Architektur KoWiMo (Konstruktives Wissensmodell) entwickelt worden, welche die dargestellten Konzepte umsetzt.

Basierend auf den aktuellen Grenzen (↗ 3.1) des computergestützten Lernens und bestehenden Ansätzen zur Individualisierung von CDLS (↗ 3.2 und 3.3) wurde die Forschungsfragestellung (↗ 3.5) nach der optimalen Gestaltung von CDLS zur Steigerung der Effizienz des Prozesses der Wissensvermittlung abgeleitet. Bestehende Standards wurden dabei berücksichtigt (↗ 3.4). Eine Systematik (↗ 3.6) ordnete die Forschungsfelder in den Gesamtkontext des Distance Learning ein.

In Kapitel 4 wurden bestehende Konzepte für CDLS mit ihren kritischen Erfolgsfaktoren dargestellt. Mögliche Inhaltstypen (↗ 4.4) und ein Rollenkonzept (↗ 4.6) sind die Basis für die in Abschnitt 4.7 beschriebenen Ansätze zur Individualisierung. Aus der Anforderungsanalyse (↗ 4.8) wurde eine allgemeine Grundstruktur für CDLS (↗ 4.9) abgeleitet. Diese ist verbunden mit Überlegungen zur Anwendungssystemarchitektur von CDLS (↗ 4.10).

Darstellungen zur Individualisierung von CDLS bilden den Kern von Kapitel 5. Bestehende Konzepte zur Individualisierung von CDLS und Systematiken zur Einteilung von Lernenden (Lerntypen) wurden in den Abschnitten 5.1 und 5.2 untersucht. In Abschnitt 5.2.4 wurde eine Zuordnung von Wissensstufen zu didaktischen Strategien abgeleitet. Aus den Anforderungen verschiedener Lerntypen (↗ 5.2.2) wurden in Abschnitt 5.3 Metadatenstrukturen gebildet, die gemeinsam mit Mechanismen zur Wissensrepräsentation (↗ 5.4) die Basis für die Gesamtarchitektur KoWiMo (↗ 6.1) bilden.

KoWiMo erlaubt es, Wissensstrukturen von Lernenden und Autoren des Lerninhaltes in einem CDLS zu hinterlegen (↗ 6.1.3 und 6.3.5). Lernende können auf dieser Basis mit auf deren Anforderungen und Vorkenntnisse zugeschnittenen Lerninhalten bedient werden (↗ 6.3.6).

Ergebnisse eigener theoretischer Arbeit sind insbesondere die auf Basis der Anforderungsanalyse abgeleitete allgemeine Grundstruktur für CDLS (↗ 4.9) sowie die zugehörige Anwendungssystemarchitektur (↗ 4.10), die in Abschnitt 5.2.4 entwickelte Zuordnung von Wissensstufen zu didaktischen Strategien sowie die Abschnitte 5.3.1 (Knowledge Repository), 5.4.6.1 (Erweiterung des Netzwerk-Ansatzes nach ANDERSON) 5.4.10 (Aufbau der Wissensbasis innerhalb eines CDLS), 6.1.7 (Gesamtstruktur von KoWiMo), 6.2 (Prozesse in CDLS), 6.3.3 (Attributbasierte Proximitätsbestimmung) und A.1 (Realisierung von WebLearn).

Das entwickelte Modell KoWiMo ermöglicht die individuelle Anpassung von CDLS unter Berücksichtigung der Kriterien „Skalierbarkeit", „Wiederverwendbarkeit" und „freie Konfigurierbarkeit". Außerdem erlaubt die Architektur von KoWiMo verschiedene Lehrmedien die bisher durch mehrere separate Systeme (Content Management-Systeme, Kommunikationssysteme, Kurs-Managementsysteme) unterstützt wurden, in einem einzigen Anwendungssystem (CDLS) zusammenzufassen.

Vorteile ergeben sich insbesondere durch die Möglichkeit, Daten zwischen verschiedenen Anwendungsbereichen auszutauschen, sowie die übergreifende Verwaltung der Metadaten, Benutzerkonten und Berechtigungen.

Die individuelle Gestaltung des CDLS ermöglicht eine weitreichende Anpassung an die persönlichen Bedürfnisse der Lernenden. Insbesondere wird es möglich, basierend auf dem Vorkenntnisniveau des Lernenden geeignete Wissensbausteine für die weitere Bearbeitung auszuwählen und darzubieten (↗ 6.3.6). Es kann somit ein höherer Lernerfolg als in der klassischen 1:m-Situation (eine Variante des Lerninhalts für alle Lernenden) erzielt werden. Außerdem trägt die Hinterlegung der individuellen Sichtweisen der Lernenden auf den Lerninhalt im CDLS dazu bei (↗ 6.3.5), die Zusammenarbeit in einer Lerngruppe zu verstärken und für den Tutor zusätzliche Information über den Lernfortschritt bereitzustellen.

Der gewählte Ansatz „Forschung mit paralleler Entwicklung eines Prototypen" wendet sich neben Wissenschaftlern auch an Praktiker und stellt Gestaltungsempfehlungen für den praktischen Einsatz von Lernumgebungen zur Verfügung.

Das entwickelte System WebLearn hat sich über mehrere Jahre hinweg im praktischen Einsatz bewährt und zu vielen neuen Einsichten und Ideen beim Autor geführt. Es hat sich gezeigt, dass der gewählte integrative Ansatz weitreichendere Möglichkeiten als die Verteilung der Funktionalität auf verschiedene Systeme bietet. Insbesondere wurde es möglich, schnell neue Ideen zu erproben und auf deren praktische Einsatzfähigkeit zu überprüfen.

7.2 Ausblick/Bestehender Forschungsbedarf

Verbunden mit dem Trend zu lebenslangem Lernen ist der Wandel zum „Just-in-time-Learning" (↗ 1.1). Das hat zur Konsequenz, dass Ansätze und Vorgehensweisen zur Rekonfiguration von Lerninhalten (↗ 6.4.2), wie sie in dieser Arbeit beschrieben wurden, zukünftig eine erhebliche Bedeutung gewinnen werden. Erst durch diese wird es möglich, kurzfristig und präzise auf die individuellen Anforderungen der Lernenden zu reagieren.

Individuell anpassbare CDLS stehen erst am Beginn der Entwicklung. Damit verbunden existieren noch folgende offene Fragestellungen:

- Eine empirische Untersuchung über Wirkungen des in dieser Arbeit beschriebenen Konzeptes fehlt bisher.
- Weiterhin steht eine umfassende Standardisierung von CDLS aus (↗ 3.4). Aspekte der Individualisierung finden sich in Ansätzen einiger Standards wieder (z.B. LTSC-LOM für lerninhaltsbezogene Metadaten oder LTSC-PAPI), befinden sich jedoch insgesamt noch in einem sehr frühen Stadium.

Literaturverzeichnis

[AaNy94] Aamodt, A; Nygård, M.: Case-Based Reasoning: Foundational Issues, Methodological Variations, and System Approaches. In: AI Communications 7 (1994) 1, S. 39-59.

[ABDF+01] Allen, J. F.; Byron, D. K.; Dzikovska, M.; Ferguson, G.; Galescu, L.; Stent, A.: Towards Conversational Human-Computer Interaction. In: AI Magazine 22 (4).

[AHHJ+96] Ahonen, H.; Heikkinen, B.; Heinonen, O.; Jaakkola, J.; Kilpeläinen, P.; Lindén, G.; Mannila, H.: Intelligent Assembly of Structured Documents, Series of Publications C, No. C-1996-40. University of Helsinki, Department of Computer Science, Helsinki: 1996.

[AICC01] o. A.: AICC-Homepage. 2001. <www.aicc.org>, Abruf am 2001-2-15.

[Alic00] o. A.: Alice School of the Air - German History Translation. Alice Springs: 2000. <http://www.assoa.nt.edu.au/german.html>, Abruf am 2002-2-10.

[AlTK99] Albrecht, F.; Tiller, T.; Koch, N.: Making Web-Based Training More Efficient. In: LWA'99: Lernen, Wissensentdeckung und Adaptivität - ABIS'99: siebter Workshop Adaptivität und Benutzermodellierung in interaktiven Softwaresystemen. Magdeburg, September 1999.

[AnBR85] Anderson, J. R.; Boyle, C. F.; Reiser, B. J.: Intelligent tutoring systems. In: Science 228, S. 456-462.

[Ande83] Anderson, J. R.: The architecture of cognition. Harvard University Press, Cambridge, Mass.: 1983.

[Ande96] Anderson, J. R.: Kognitive Psychologie. Spektrum, Akademischer Verlag, Heidelberg: 1996.

[AnRe85] Anderson, J. R.; Reiser, B.: The LISP tutor. In: Byte, 10 (4), S. 159-175.

[ArCT01] Ardissono, L.; Console, L.; Torre, I.: An adaptive system for the personalized access to news. In: AI Communications 14 (3). IOS Press, Amsterdam: 2001, S. 129-147.

[ARIA00] o. A.: ARIADNE-Dokumente zu Metadaten. 2000. <http://ariadne.unil.ch/Metadata/>, Abruf am 2001-2-5.

[BaBA76] Barr, A., Beard, M.; Atkinson, R.C.: The computer as a tutorial laboratory: the Stanford BIP project. In: International Journal of Man-Machine Studies, 8 (1976), S. 567-596.

[BaE+94] Backhaus, K., Erichson, B., Plinke, W., Weiber, R.: Multivariate Analysemethoden. Springer, Heidelberg: 1994.

[BaFe79] Barr, A.; Feigenbaum, E. A. (Eds.): The handbook of Artificial Intelligence Volume 1. Pitman, London, UK: 1979.

[BaHW92] Bayer, M.; Herbig, B.; Wess, S.: Ähnlichkeit und Ähnlichkeitsmaße. In:

Wess, S.; Althoff, K.-D.; Maurer, F.; Paulokat, J.; Praeger, R.; Wendel, O. (Hrsg.): Fallbasiertes Schließen - eine Übersicht (Band I - III) SEKI Working Paper SWP-92-08 (SFB), S. 135-153.

[BaPa94] Baumgartner, P.; Payr, S.: Lernen mit Software. Reihe Digitales Lernen. Österreichischer Studienverlag, Innsbruck: 1994.

[Barn81] Barnett, J.: Computational Methods for a Mathematical Theory of Evidence. In: Proceedings of the 7th International Joint Conference on Artificial Intelligence, Vancouver: 1981, S. 868-875.

[Baum00] Baumgartner, P.: Studieren und Forschen mit dem Internet - Wissensmanagement in der Informationsgesellschaft. In: Hug, T. (Hrsg.): Wie kommt Wissenschaft zu ihrem Wissen. Schneider, Baltmannsweiler: 2000.

[Baum01] Baumgartner, P.: Webbasierte Lernumgebungen - neue Ansätze zum Politiklernen. In: Weißeno, G. (Hrsg.): Politikunterricht im Informationszeitalter - Medien und neue Lernumgebungen. Bd. 374. Wochenschau-Verlag, Schwalbach: 2001.

[BCDP92] Bednar, A.K.; Cunningham, D.; Duffy, T.M.; Perry, J.D.: Theory into Practice: How Do We Link. In: Duffy, T.M.; Jonassen, D.H. (Eds.): Constructivism and the Technology of Instruction: A Conversation. Lawrence Erlbaum Associates, Hillsdale NJ: 1992, S. 17-34.

[BeSS93] Bergmann, F.; Sauer, P.; Schröter, U.: Multimediale Systeme für elektronische Märkte. In: net - Zeitschrift für angewandte Telekommunikation 5/1993. R. v. Decker's Verlag: 1993.

[BiHS93] Bibel, W.; Hölldobler, S.; Schaub, T.: Wissensrepräsentation und Inferenz: Eine grundlegende Einführung. Vieweg, Darmstadt: 1993.

[Bixl00] Bixler, B.: DEFINITION OF WEB-BASED TRAINING (WBT). 2000. <http://www.clat.psu.edu/homes/bxb11/CBTGuide/WBT/WBTDef.htm>, Abruf am 2000-11-22.

[Blax02a] Blaxxun Interactive: E-Learning White Paper. o. O.: 2002. <http://www.blaxxun.com/pdfs/blaxxun_elearning_wp_e.pdf>, Abruf am 2002-2-12.

[Blax02b] Blaxxun Interactive: Virtual Worlds 5 - Platform Product Specification. o. O.: 2002. <http://www.blaxxun.com/pdfs/blaxxunplatform_architecture_e.pdf>, Abruf am 2002-2-12.

[BlGr94] Blattner, M. M.; Greenberg, R. M.: Communication and Learning Through Non-speech Audio. Springer, Berlin: 1994.

[Bloo84] Bloom, B.S.: The 2 sigma problem: The search for methods of group instruction as effective as one-to-one tutoring. In: Educational Researcher, 13 (6), S. 4-16.

[Blum98] Blumstengel, A.: Entwicklung hypermedialer Lernsysteme. Wissenschaftlicher Verlag Berlin, Berlin: 1998.

[BoCo00] De Boer, W.; Collis, B.: The adaptation and use of a WWW-based course-management system within two different types of faculties at the University of Twente. In: Bourdeau, J.; Heller, R. (Eds.): ED-MEDIA 2000: World Conference on Educational Multimedia, Hypermedia & Telecommunications. AACE (Association for the Advancement of Computing in Education), Charlottesville, VA: 2000, S. 237-242.

[Bode00] Bodendorf, F.: Multimediales Telelehren und Telelernen an Virtuellen Universitäten. In: ZfB-Ergänzungsheft 3/2000, S. 73-91.

[Bode90] Bodendorf, F.: Computer in der fachlichen und universitären Ausbildung. Rowohlt, Reinbek bei Hamburg: 1990.

[BoHi84] Bower, G.H.; Hilgard, E.R.: Theorien des Lernens. Klett Cotta, Stuttgart: 1984.

[BoSc95] Borghoff, U. M.; Schlichter, J. H.: Rechnergestützte Gruppenarbeit - Eine Einführung in verteilte Anwendungen. Springer, Berlin, Heidelberg: 1995.

[Boyl97] Boyle, T.: Design for multimedia learning. Prentice Hall, 1997.

[BrBu78] Brown, J. S.; Burton, R. R.: Diagnostic models for procedural bugs in basic mathematical skills. In: Cognitive Science 2/1978, S. 155-192.

[BrDe98] Brusilovsky, P.; De Bra, P.: Proceedings of the Second Workshop on Adaptive Hypertext and Hypermedia at 9th ACM International Hypertext Conference Hypertext '98. In: Computer Science Report 98/12. Eindhoven University of Technology, Eindhoven: 1998.

[Bren90] Brendel, H.: CBT - Der PC in Ausbildung und Schulung. IWT Verlag GmbH, Vaterstetten bei München: 1990.

[Brez90] Brezinka, W.: Grundbegriffe der Erziehungswissenschaft. Analyse, Kritik, Vorschläge. München, Basel: 1990.

[BrGa00] Bruns, B.; Gajewski, P.: Multimediales Lernen im Netz: Leitfaden für Entscheider und Planer. Springer, Berlin, Heidelberg, New York: 2000.

[BrMP+91] Brachman, R. J.; McGuinness, D. L.; Patel-Schneider, P.; Resnick, L. A.; Borgida, A.: Living with CLASSIC: When and how to use a KL-ONE-like language. In: Sowa, J. F. (Ed.): Principles in Semantic Networks: Explorations in the Representation of Knowledge. Morgan Kaufmann Publishers, San Mateo: 1991, S. 401-456.

[Broo93] Brooke, J.: User Interfaces for CSCW Systems. In: Diaper, D.; Sanger, C.: CSCW in Practice: An Introduction and Case Studies.

[BrPZ93] Brusilovsky, P.; Pesin, L.; Zyryanov, M.: Towards an adaptive hypermedia component for an intelligent learning environment. In: Bass, L. J.; Gornostaev, J.; Unger, C. (Eds.): Human-Computer Interaction, Lecture Notes in Computer Science, Vol. 753.. Springer, Berlin: 1993, S. 348-358.

[BRS92] Botafogo, R. A.; Rivlin, E.; Shneiderman, B.: Structural Analysis of Hypertexts: Identifying Hierarchies and Useful Metrics. In: ACM Transactions on Information Systems 10 (2), S. 142-180.

[BrSW96] Brusilovsky, P.; Schwarz, E.; Weber, G.: A Tool for Developing Adaptive Electronic Textbooks on WWW. In: Proceedings of WebNet96.

[BrSW96a] Brusilovsky, P.; Schwarz, E.; Weber, G.: ELM-ART: An intelligent tutoring system on World Wide Web. In: Frasson, C.; Gauthier, G.; Lesgold, A. (Eds.): Proceedings of 3rd International Conference on Intelligent Tutoring Systems, ITS-96. Lecture Notes in Computer Science, Vol. 1086. Springer, Berlin: 1996, S. 261-269.

[Brus00a] Brusilovsky, P.: Adaptive Hypermedia: From Intelligent Tutoring Systems to Web-Based Education. In: Gauthier, G.; Frasson, F.; VanLehn, K. (Ed.): Intelligent tutoring systems: 5th international conference; proceedings / ITS 2000. Springer, Montreal: 2000, S. 1-7.

[Brus00b] Brusilovsky, P.: Course Sequencing for Static Courses? Applying ITS Techniques in Large-Scale Web-Based Education. In: Gauthier, G.; Frasson, F.; VanLehn, K. (Ed.): Intelligent tutoring systems: 5th international conference; proceedings / ITS 2000. Springer, Montreal:

[Brus01] Brusilovsky, P.: Adaptive Hypermedia. In: User Modeling and User-Adapted Interaction 11: 2001. Kluwer Academic Publishers, Dordrecht: 2001, S. 87-110.

[Brus96] Brusilovsky, P.: Methods and Techniques of Adaptive Hypermedia. In: Journal of User Modelling and User-Adapted Interaction 6 (1996) 2-3, S. 87-129.

[Brus99] Brusilovsky, P.: Adaptive and Intelligent Technologies for Web-based Education. In: KI 4/99. arenDTaP Verlag, Bremen: 1999.

[Burt82] Burton, R. R.: Diagnosing bugs in simple procedural skill. In: Sleeman, D.; Brown, J. S. (Eds.): Intelligent tutoring systems. academic press, London: 1982, S. 157-184.

[Bush45] Bush, V.: As we may think. In: The Atlantic Monthly 176, July 1945, S. S.101-108. <http://www.isg.sfu.ca/~duchier/misc/vbush/>, Abruf am 1999-10-14.

[Carb70] Carbonell, J. R.: AI in CAI: An Artificial Intelligence Approach to Computer-Assisted Instruction. In: IEEE Transactions on Man-Machine 11 (4), S. 190-202

[ChGV90] Christaller, T.; Gräther, W.; Voß, H.: BABYLON - Werkbank für die künstliche Intelligenz. In: Der GMD-Spiegel 1/1990, S. 36ff.

[CHJM+98] Chen, W.; Hayashi Y.; Jin L.; Mitsuru I.; Mizoguchi R.: An Ontology-based Intelligent Authoring Tool. In: Proceedings of the 6th International Conference on Computers in Education, S. 41-49.

[Clix00] imc information multimedia communication GmbH: CLIX - Corporate Learning & Information eXchange. Saarbrücken: 2000. <http://www.im-c.de/imc_prospekte_pdf/imcCLIXProspekt.pdf>, Abruf am 2002-2-12.

[CoAn93] Corbett, A.T.; Anderson, J.R.: Student modeling in an intelligent programming tutor.. In: Lemut, E.; Boulay, B. du; Dettori, G. (Eds.): Cognitive Models and Intelligent Environments for Learning programming Lemut, B. du Boulay, G. Dettori (Eds.),. Springer, Berlin: 1993, S. 135-144.

[Coen01] Coenen, O.: E-Learning-Architektur für universitäre Lehr- und Lernprozesse. Josef Eul Verlag, Lohmar - Köln: 2001.

[CoMN+99] Collins, F.; Morrison, D.; Nielsen, S. P.; Serpola, S.; Strobl, R.: Lotus Domino Release 5.0: A Developer's Handbook SG24-5331-01. IBM Corporation, International Technical Support Organization, Austin TX: 1999. <www.redbooks.ibm.com>, Abruf am 2000-7-10.

[Conk87] Conklin, J.: Hypertext: An introduction and survey. In: IEEE Computer Magazin 20 (9), S. 17-41.

[CoQu69] Collins, A. M.; Quillian, M. R.: Retrieval time from semantic memory. In: Journal of Verbal Learning and Verbal Behavior 8, S. 240-247.

[CoYo91] Coad, P.; Yourdon, E.: Object-oriented Analysis. Yourdon Press, Englewood Cliffs, NJ: 1991.

[Cris89] Criswell, E.L.: The Design of Computer-Based Instruction. MacMillan, New York: 1989

[Crow59] Crowder, N. A.: Automatic tutoring by means of intrinsic programming. In: Galanter, E. (Ed.): Automatic teaching: The state of the art. John Wiley and Sons, Inc., New York: 1959, S. 109-116.

[CrRa00] Crampes, M.; Ranwez, S.: Ontology-Supported and Ontology-Driven Conceptual Navigation on the World Wide Web. In: Proceedings of 11th AC Hypertext Conference. ACM, San Antonio, TX: 2000, S. 191-199.

[CSJM97] Caglayan, A.; Snorrason, M.; Jacoby, J.; Mazzu, J.; Jones, R.; Kumar, K.: Learn Sesame - a Learning Agent Engine. In: Applied Artifcial Intelligence 11, S. 393-412.

[Cyc00] Cycorp. Inc.: The Cycorp Homepage. Austin TX: 2000. <http://www.cyc.com>, Abruf am 2000-12-15.

[DaPa98] Dao, K.; Parent, L.: Adaptive Learning Model for Workplace Environmental Training. In: Ottman, T.; Tomek, I. (Eds.): Proceedings of ED-Media/ED-Telecom 98. 10th World conference on educational multimedia and hypermedia & World Conference on educational telecommunications. Association for the Advancement of Computing in Education, Charlottesville VA: 1998, S. 1664-1665.

[Debr96] De Bra, P. M. E.: Teaching Hypertext and Hypermedia through the Web. In: Journal of Universal Computer Science 2(12), S. 797-804.

[DeCa98] De Bra, P. M. E.; Calvi, L.: AHA! An open Adaptive Hypermedia Architecture. In: o. A.: The New Review of Hypermedia and Multimedia 4, S. 115-139.

[DEFS99] Decker, S.; Erdmann, M.; Fensel, D.; Studer, R.: Ontobroker: Ontology

Based Access to Distributed and Semi-Structured Information. In: Meersman, R. et al. (Eds.): Database Semantics: Semantic Issues in Multimedia Systems. Kluwer Academic Publishers, Dordrecht: 1999, S. 351-369.

[DeHW99] De Bra, P.; Houben, G. J.; Wu, H.: AHAM: A Dexter-based Reference Model for Adaptive Hypermedia.. In: HYPERTEXT '99, Proceedings of the 10th ACM Conference on Hypertext and Hypermedia: Returning to Our Diverse Roots, S. 147-156.

[DeMc98] Deek, F. P.; McHugh, J. A.: A Review and Analysis of Tools for Learning Programming. In: Ottman, T.; Tomek, I. (Eds.): Proceedings of ED-Media/ED-Telecom 98. 10th World conference on educational multimedia and hypermedia & World Conference on educational telecommunications. Association for the Advancement of Computing in Education, Charlottesville VA: 1998, S. 320-325.

[DeMy86] Delgrande, J.P.; Mylopoulos, J.: Knowledge Representation: Features of Knowledge. In: Bibel, W.; Jorrand, P.: Fundamentals of Artifical Intelligence - An Advanced Course. Lecture Notes in Computer Science Nr. 232. Springer, Berlin: 1986, S. 3-38.

[Derr90] Derry, S. J.: Flexible cognitive tools for problem solving instruction. Annual meeting of the American Educational Research Association, April 16-20 1990.. Boston, MA: 1990.

[DiCa90] Dick, W.; Carey, L. M.: The systematic design of instruction. Harper Collins, New York: 1990.

[Diep98] Diepold, P.: Der Deutsche Bildungs-Server. In: Schwarzer, R. (Hrsg.): Multimedia und TeleLearning: Lernen im Cyberspace. Campus Verlag, Frankfurt/ M.: 1998.

[Dies89] Diessenberg, N.: Zur Problematik, Abgrenzung und Explikation didaktisch relevanter Wissensformen. In: Jung, M. (Hrsg.): Handlungswissen - Orientierungswissen - Existenzwissen. Ernst Klett Verlag für Wissen und Bildung, Stuttgart: 1989.

[DiKo75] Dichanz, H.; Kolb, G. (Hrsg.): Quellentexte zur Unterrichtstechnologie Bd. 1 & 2. Ernst Klett Verlag für Wissen und Bildung, Stuttgart: 1975.

[Dodd02] Dodds, P.: Advanced Distributed Learning Network (ADLNet). 2002. <http://www.adlnet.org/>, Abruf am 2002-2-24.

[DoJS+00] O' Donoghue, J.; Jentz, A.; Shigh, G.; Molyneux, S.: IT Developments and Changes in Customer Demand in Higher Education. In: ALN Magazine - Asynchronous Learning Networks Magazine Vol 4, Issue 1 - Oktober 2000. Vanderbilt University: 2000, S. 1.

[DöRi98] Döring, K.W.; Ritter-Mamczek, B.: Die Praxis der Weiterbildung. Deutscher Studien-Verlag, Weinheim: 1998.

[DrDr87] Dreyfus, H. L.; Dreyfus, S. E.: Künstliche Intelligenz. Von den Grenzen der Denkmaschine und dem Wert der Intuition. Rowohlt, Reinbek bei

Hamburg: 1987.

[Drey89] Dreyfus, H. L.: Was Computer nicht können - Die Grenzen künstlicher Intelligenz. Athenäum Verlag, Frankfurt/M.: 1989.

[Druc00] Drucker, P.: Need to Know: Integrating e-Learning with High Velocity Value Chains, A Delphi Group White Paper. 2000. <http://www.delphigroup.com/research/whitepaper_download.htm>, Abruf am 2001-2-4.

[Dubl02] o. A.: Dublin Core Metadata Initiative (DCMI). 2002. <http://www.dublincore.org/>, Abruf am 2002-2-24.

[DuIn93] o. A.: DUDEN Informatik - Ein Sachlexikon für Studium und Praxis. Dudenverlag, Mannheim, Leipzig, Wien, Zürich: 1993.

[DuJo92] Duffy, T.M.; Jonassen, D.H.: Constructivism: New Implications for Instructional Technology. In: Duffy, T.M.; Jonassen, D.H. (Eds.): Constructivism and the Technology of Instruction: A Conversation. Lawrence Erlbaum Associates, Hillsdale NJ: 1992, S. 1-16.

[Eber95] Eberle, F.: Auswirkungen der neuen Informations- und Kommunikationstechnologie auf Ausbildungsinhalte und -methoden in der wirtschaftlichen Bildung. In: Metzger, C.; Seitz, H. (Hrsg.): Wirtschaftliche Bildung: Träger, Inhalte, Prozesse: Rolf Dubbs zum 60. Geburtstag; Schriftenreihe für Wirtschaftspädagogik (SWP) 22, S. 451-479.

[EbOO94] Eberleh, E.; Oberquelle, H.; Oppermann, R. (Hrsg.): Einführung in die Software-Ergonomie. de Gruyter, 1994.

[Edel96] Edelmann, W.: Lernpsychologie. Psychologie-Verlags-Union, Weinheim, Basel: 1996.

[EdHa89] Edwards, D. M.; Hardman, L.: Lost in hyperspace: cognitive mapping and navigation in a hypertext environment. In: McAleese, R. (Ed.): Hypertext: Theory into practice. Intellect Limited, Oxford: 1989, S. 105-125.

[Edwa95] Edwards, L.D.: Microworlds as Representations. In: diSessa, A. A.; Hoyles, C.; Noss, R. (Eds.): Computers and Exploratory Learning. NATO ASI Series, Series F, Computer and System Sciences vol. 146. Springer, Heidelberg: 1995, S. 127-154.

[EhRö00] Ehrenberg, D.; Röder, S.: Telelearning mit WINFOLine an der Universität Leipzig. In: KPMG Deutsche Treuhand-Gesellschaft; PWC Deutsche Revision (Hrsg.): Rechnungslegungskonzeptionen im Widerstreit: Beiträge zu den Wirtschaftswissenschaften. Leipziger Universitätsverlag, Leipzig: 2000, S. 117-127.

[EkBS98] Eklund, J.; Brusilovsky, P.; Schwarz, E.: A Study of Adaptive Link Annotation in Educational Hypermedia. In: Ottman, T.; Tomek, I. (Eds.): Proceedings of ED-Media/ED-Telecom 98. 10th World conference on educational multimedia and hypermedia & World Conference on educational telecommunications. Association for the Advancement of Computing in Education, Charlottesville VA: 1998, S. 388-392.

[EKWo92] Embley, D. W.; Kurtz, B. D.; Woodfield, S. N.: Object Oriented System Analysis, A Model-Driven Approach. Yourdon Press, Englewood Cliffs, NJ: 1992.

[Enge62] Engelbart, D. C.: Augmenting Human Intellect: A Conceptual Frame-work. Summary Report, Stanford Research Institute, on Contract AF 49 (638)-1024. Stanford: 1962.

[ESSW01] Ehrenberg, D.; Scheer, A.-W.; Schumann, M.; Winand, U.: Implementierung von interuniversitären Lehr- und Lernkooperationen: Das Beispiel WINFOLine. In: Wirtschaftsinformatik 43 (2001) 1. Vieweg, Wiesbaden: 2001, S. 5-12.

[Eule92] Euler, D.: Didaktik des Computerunterstützten Lernens: praktische Gestaltung und theoretische Grundlagen. BW, Bildung und Wissen, Verlag und Software, Nürnberg: 1992.

[FaCh99] Fan, X.; Chen, J.: Component Based Web Application Design - A Web Forum System Design Case Study. Asian Pacific Web Conference. Hong Kong: 1999.

[Feig77] Feigenbaum, E. A.: The Art of Artifical Intelligence (IJCAJ-77 Proceedings). 1977.

[Fink00] Fink, K.: Know-how-Management. Oldenbourg, München, Wien: 2000.

[Fisc85] Fischer, P. M.: Wissenserwerb mit interaktiven Feedbacksystemen. In: Mandl, H.; Fischer, P. M. (Hrsg.): Lernen im Dialog mit dem Computer. Urban und Schwarzenberg, München: 1985, S. 68-82.

[Fisc98] Fischer, F.: Mappingverfahren als kognitive Werkzeuge für problemorientiertes Lernen. Lang, 1998.

[FlHa75] Flechsig, K.; Haller, H.-D.: Einführung in didaktisches Handeln - Ein Lernbuch für Einzel- und Gruppenarbeit. Klett Cotta, Stuttgart: 1975.

[FoBa01] Foegen, M.; Battenfeld, J.: Die Rolle der Architektur in der Anwendungsentwicklung. In: Informatik Spektrum 24 (5). Springer: 2001, S. 290-301.

[Frie88] Friederici, A. D.: Neurobiologische Grundlagen kognitiver Funktionen. In: Mandl, Heinz.; Spada, Hans: Wissenspsychologie. Psychologie-Verlags-Union, München, Weinheim: 1988.

[FrMa97] Friedrich, H. F.; Mandl, H.: Analyse und Förderung selbstgesteuerten Lernens. In: Mandl, Heinz; Weinert, Franz E. (Hrsg.): Psychologie der Erwachsenenbildung (Enzyklopädie der Psychologie, D, Serie I, Pädagogische Psychologie, Bd. 4: Erwachsenenbildung. Hogrefe Verlag, Göttingen: 1997.

[Fuhr99] Fuhrmann, T.T.: Concept Tagging and Dynamic HTML Generation for Adaptive Teachware. In: Price Jr., Jerry D.: ED-MEDIA 1999 Proceedings Book, S. 1087-1092.

[Furn81] Furnas, G. W.: The FISHEYE view: a new look at structured files. Bell

Laboratories, Murray Hill, NJ: 1981.

[Gagn85] Gagné, R. M.: The conditions of learning and theory of instruction. CBS College Publishing, New York: 1985.

[GaSh95] Gaines, B.R.; Shaw, M.L.G.: Concept Maps as Hypermedia Components. In: International Journal of Human Computer Studies 43(3), 1995, S. 323-361.

[GeMa+98] Geyken, A.; Mandl, H.; Reiter, W.: Selbstgesteuertes Lernen mit Tele-Tutoring. Institut für Pädagogische Psychologie und Empirische Pädagogik, Lehrstuhl Prof. Dr. Heinz Mandl, München: 1998.

[Gest99] o. A.: Getting Educational Systems Talking Across Leading Edge Technologies. 1999. <http://www.fdgroup.co.uk/gestalt/about.html>, Abruf am 2001-5-13.

[Glöc96] Glöckel, H.: Vom Unterricht. Klinkhardt, Bad Heilbrunn: 1996.

[GlSc92] Glowalla, U.; Schoop, E.: Hypertext und Multimedia: Neue Wege in der computergestützten Aus- und Weiterbildung. Springer, Berlin: 1992.

[GMFM+99] Gettys, J.; Mogul, J.; Frystyk, H.; Masinter, L.; Leach, P.; Berners-Lee, T.: RFC 2616: Hypertext Transfer Protocol -- HTTP/1.1. o. O.: 1999. <http://www.w3c.org/Protocols/HTTP/1.1/rfc2616.pdf>, Abruf am 2002-02-24.

[GöHä92] Götz, K.; Häfner, P.: Computergestütztes Lernen in der Aus- und Weiterbildung. Deutscher Studien-Verlag, Weinheim: 1992.

[GoLi99] Godehardt, B.; List, H.-U. (Hrsg.): Vernetztes Arbeiten und Lernen. Hüthig, Heidelberg: 1999.

[GoMi+96] Godby, Jean; Miller, Eric; Weibel, Stuart: OCLC/NCSA Metadata Workshop Report. 1996. <www.oclc.org>, Abruf am 2000-2-5.

[Grav99] Graves, W. H.: The Instructional Management Systems Cooperative: Converting Random Acts of Progress into Global Progress. Educause Inc., Boulder, CO: 1999.

[GrBa93] Greller, L.M.; Barnes, S.: Groupware and Interpersonal Text: The Computer as a Medium of Communication. Interpersonal Computing and Technology. 1993.

[GrSc97] Grob, H.L.; Schnoor, D.: Bessere Leistungen beim Lernen mit Multimedia - Ergebnisse eines Forschungsprojektes an der Universität Münster. In: Beck, U.; Sommer, W. (Hrsg.): Learntec97: Europäischer Kongreß für Bildungstechnologie und betriebliche Bildung. Schriftenreihe der KKA, Karlsruhe: 1997, S. 25-34.

[GrSo98] Grabtree, I.; Soltysiak, S.: Identifying and Tracking Changing Interests. In: Adam, N. R.; Yesha, Y. (Ed.): International Journal of Digital Libraries. Vol. 2. Springer, Heidelberg: 1998, S. 38-53.

[Grub93] Gruber, T. R.: A translation approach to portable ontology specifications.

In: Knowledge Acquisition, 5, 1993, S. 199-220.

[Haac97] Haack, J.: Interaktivität als Kennzeichen von Multimedia und Hypermedia. In: Issing, Ludwig J.; Klimsa, Paul (Hrsg.): Information und Lernen mit Multimedia. Psychologie-Verlags-Union, Weinheim: 1997, S. 151-165.

[HaE+87] Haefner, K., Eichmann, E., Hinze, C.: Denkzeuge. Basel, Boston, Stuttgart: 1987.

[Hamm93] Hammond, N.: Learning with Hypertext: Problems, Principles and Prospects. In: McKnight, C.; Dillon, A.; Richardson, J.: Hypertext - A Psychological Perspective; Ellis Horwood Series in Interactive Information Systems. Ellis Horwood, New York: 1993, S. 51-70.

[Hank79] Hanks, P. (Ed.): Collins Dictionary of the English Language. William Collins Sons & Co. Ltd., London: 1979.

[Hara90] Harasim, L.: On-Line Education: A New Domain. In: Mason, R.; Kaye, A.: Mindweave: Communication, computers and distance education. Pergamon Press, Oxford: 1990, S. 50-62.

[Hare88] Harel, J.: On Visual Formalisms. In: Communications of the ACM, 31 (5), S. 514-530.

[HaRö01] Hagenhoff, S.; Röder, S.: Virtuelle Aus- und Weiterbildung. In: Wirtschaftsinformatik 43 (2001) 1. Vieweg, Wiesbaden: 2001, S. 87-97.

[Hase95] Hasebrook, J. P.: Multimedia-Psychologie: Eine neue Perspektive menschlicher Kommunikation. Spektrum, Akademischer Verlag, Heidelberg: 1995.

[Heck88] Heckhausen, H.: Motivation und Handeln. Springer, Berlin: 1988.

[Heid91] Heidack, C.: Lernort Computer - Qualifikation mit Computer Based Training. Neres Verlag, Hochheim: 1991.

[Hein94] Heinsohn, J.: ACLP: Ein hybrider Ansatz zur Modellierung von Unsicherheit in terminologischen Logiken. Infix, Dissertationen zur künstlichen Intelligenz, 1994.

[HeKu94] Held, P.; Kugemann, W. F. (Hrsg.): Proceedings of the Telematics for Education and Training Conference 1994. Amsterdam: 1994.

[HeKy94] Henderson, A. Kyng, M.: There's No Place Like Home: Continuing Design in Use. In: Greenbaum, J.; Kyng, M. (Eds.): Design at Work. Cooperative Design of Computer Systems, 1994, S. 219-240.

[HeMü93] Herold, W.; Müller, M.: Ein Stufenindex als Navigationshilfe für Hypertextdokumente. In: Frei, H.P.; Schäuble, P. (Hrsg.): Informatik aktuell. Springer, Berlin: 1993, S. 150-159.

[Heud00] Heudin, J.-C. (Ed.): Virtual Worlds - Proceedings of the 2nd International Conference VW 2000; Lecture Notes in Artificial Intelligence 1834. Springer, Heidelberg, Paris: 2000.

[Heue98] Heuer: Objektorientierte Datenbanken. Addison Wesley, 1998.

[HISK+00] Hayashi, Y.; Ikeda, M.; Seta, K.; Kakusho, O.; Mizoguchi, R.: Is What You Write What You Get?: An Operational Model of Training Scenario. In: Gauthier, G.; Frasson, F.; VanLehn, K. (Ed.): Intelligent tutoring systems: 5th international conference; proceedings / ITS 2000. Springer, Montreal: 2000, S. 192-201.

[Holé96] Holéwik, P.: Ein objektorientiertes Wissensrepräsentationsmodell zur Entwicklung computerunterstützter Nachweissysteme im Bauwesen. Ruhr-Universität Bochum; Institut für konstruktiven Ingenieurbau, Bochum: 1996

[HSKV01] Hilt, V.; Schremmer, C.; Kuhmünch, Ch.; Vogel, J.: Erzeugung und Verwendung multimedialer Teachware im synchronen und asynchronen Teleteaching. In: Wirtschaftsinformatik 43 (2001) 1. Vieweg, Wiesbaden: 2001, S. 23-33.

[IEEE00a] o. A.: Draft Standard for Learning Object Metadata, Version 4.1. 2000. <http://ltsc.ieee.org/doc/wg12/LOMv4.1.html>, Abruf am 2000-6-26.

[IEEE00b] o. A.: Draft Standard for Learning Technology - Public and Private Information (PAPI) for Learners. 2000. <http://edutool.com/papi/papi_learner_06.doc>, Abruf am 2000-6-26.

[IMS00] o. A.: IMS-Dokumente. 2000. <http://www.imsproject.org/metadata/>, Abruf am 2001-2-5.

[ISO02] o. A.: ISO/IEC JTC1 SC36 Home Page. 2002. <http://jtc1sc36.org/>, Abruf am 2002-2-25.

[ISO94] International Standards Organisation: Information and Documentation - Electronic manuscript preparation and markup. ISO 12083. 1994.

[Issi97] Issing, L.: Instruktionsdesign für Multimedia. In: Issing, Ludwig J.; Klimsa, Paul (Hrsg.): Information und Lernen mit Multimedia. Psychologie-Verlags-Union, Weinheim: 1997, S. 195-220.

[JaEJ95] Jacobson, I.; Ericson, M.; Jacobson, A.: The Object-Advantage. Addison Wesley, Wokingham: 1995.

[Jant94] Jantke, K.P.: Nonstandard Concepts of Similarity in Case-Based Reasoning. In: Bock, H.H. et al. (Hrsg.): Information Systems and Data Analysis. Proceedings of the 17th Annual Conference of the GfKI 1993. Springer, Berlin, Heidelberg, New York: 1993.

[Joer76] Joerger, K.: Einführung in die Lernpsychologie. Herder Verlag, Freiburg i. B.: 1976.

[JoSo85] Johnson, W.L.; Soloway, E.: PROUST. In: Byte, 10 (4), S. 179-190.

[Jung95] Jung, H.: Personalwirtschaft. Oldenbourg, München: 1995.

[KaHT00] Kashihara, A.; Hasegawa, S.; Toyoda, J.: An Interactive History as Reflection Support in Hyperspace. In: Bourdeau, J.; Heller, R. (Eds.):

ED-MEDIA 2000: World Conference on Educational Multimedia, Hypermedia & Telecommunications. AACE (Association for the Advancement of Computing in Education), Charlottesville, VA: 2000, S. 467-472.

[Kalk96] Kalkbrenner, G.: Computergestütztes Lernen und Teledienste. Gabler, Wiesbaden: 1996.

[Kart98] Kartchner, C.: Content-Management-Systems: Getting from Concept to Reality. In: The Journal of Electronic Publishing 3 (1998) 4. <http://www.press.umich.edu/jep/03-04/kartchner.html>, Abruf am Abruf am 2000-7-24.

[Kay00] Kay, J.: Stereotypes, Student Models and Scrutability. In: Gauthier, G.; Frasson, F.; VanLehn, K. (Ed.): Intelligent tutoring systems: 5th international conference; proceedings / ITS 2000. Springer, Montreal:

[Kaye90] Kaye, A.: Computer-Mediated Communication and Distance Education. In: Kaye, A.: Computer-Mediated Communication and Distance Education. Pergamon Press, Oxford: 1990, S. 3-21.

[Kerr98] Kerres, M.: Multimediale und telemediale Lernumgebungen. Oldenbourg, München: 1998.

[Kilb97] Kilby, T.: What is Web-based Training?. 1997. <http://www.filename.com/wbt/pages/whatiswbt.htm>, Abruf am 2002-2-25.

[Klei96] Kleinschroth, R.: Neues Lernen mit dem Computer. Rowohlt Taschenbuch Verlag GmbH, Reinbek bei Hamburg: 1996.

[Klim93] Klimsa, P.: Neue Medien und Weiterbildung: Anwendung und Nutzung in Lernprozessen der Weiterbildung. Deutscher Studien-Verlag, Weinheim: 1993.

[Kobs02] Kobsa, A.: Personalized Hypermedia and International Privacy. In: o.A.: Communications of the ACM. Special Issue on Adaptive Web-based Systems and Adaptive Hyper-media. April 2002.

[Kolb76] Kolb, D. A.: The Learning Style Inventory. Technical Manual. Boston, Mass.: 1976.

[Kolb81] Kolb, D. A.: Learning Styles and Disciplinary Differences. In: Chickering, A. W. (Hrsg.): The Modern American College, S. 232-255.

[Kolo93] Kolodner, J.L.: Case-Based Reasoning. Morgan Kaufmann Publishers, San Mateo CA: 1993.

[KoMü99] Kopetzky, Th.; Mühlhäuser, M.: Visual Preview for Traversal on the WWW. In: Proceedings of the 8th International World Wide Web Conference, Toronto: 1999, S. 447-454.

[Kopp95] Kopp, J.: Konstruktion von Wissensrepräsentationssprachen durch Nutzen und Erweitern objektorientierter Sprachmittel. Infix, Dissertationen zur künstlichen Intelligenz, Sankt Augustin: 1995.

[KöRi79] König, E.; Riedel, H.: Unterrichtsplanung 1. Konstruktionsgrundlagen und -kriterien. Psychologie-Verlags-Union, Weinheim: 1979.

[KoSc00] Koychev, I.; Schwab, I.: Adaptation to Drifting User's Interests. In: Potamias, G.; Moustakis, V.; Someren, M. v. (Ed.): Proceedings of ECML2000 Workshop: Machine Learning in New Information Age.

[Kuhl91] Kuhlen, R.: Hypertext, Ein nicht lineares Medium zwischen Text und Wissensbank. Springer, Heidelberg: 1991.

[Kurf97] Kurfeß, F. J.: Neural Networks and Structured Knowledge. In: Herrmann, Ch.; Reine, F.; Strohmaier, A. (Eds.): Knowledge representation in neural networks. Logos Verlag, Berlin: 1997, S. 5-22.

[KuWo00] Kuppinger, M.; Woywode, M.: Vom Intranet zum Knowledge Management - Die Veränderung der Informationskultur in Organisationen. Carl Hanser Verlag, München u.a.: 2000.

[Lajo93] Lajoie, S. P.: Computer environments as cognitive tools for enhancing learning. In: Lajoie, S. P.; Derry, S. J.: Computers as Cognitive Tools. Lawrence Erlbaum Associates, Hillsdale, NJ: 1993, S. 261-288.

[Lanz00] Lanzing, J.W.A.: The concept mapping homepage. University of Twente, Department of Educational Instrumentation, Twente: 2000. <http://users.edte.utwente.nl/lanzing/cm_home.htm>, Abruf am 2000-12-2.

[Lefr86] Lefrançois, G. R.: Psychologie des Lernens. Springer, Berlin: 1986.

[LeJa95] Leidner, D.E.; Jarvenpaa, S.L.: The Use of Information Technology to Enhance Management School Education: A Theoretical View. In: MIS Quarterly Nr. 3 1995, S. 265-291.

[LeMa94] Lehner, F.; Maier, R.: Information in Betriebswirtschaftslehre, Informatik und Wirtschaftsinformatik. Schriftenreihe des Lehrstuhls für Wirtschaftsinformatik und Informationsmanagement, Forschungsbericht Nr. 11. Wissenschaftliche Hochschule für Unternehmensführung Koblenz, Koblenz: 1994.

[Leut92] Leutner, D.: Adaptive Lehrsysteme. Instruktionspsychologische Grundlagen und experimentelle Analysen. Psychologie-Verlags-Union, Weinheim: 1992.

[Leut97] Leutner, D.: Adaptivität und Adaptierbarkeit multimedialer Lehr- und Informationssysteme. In: Issing, Ludwig J.; Klimsa, Paul (Hrsg.): Information und Lernen mit Multimedia. Psychologie-Verlags-Union, Weinheim: 1997, S. 142f.

[Levi00] Levine, D. S.: Introduction to neural and cognitive modeling. Lawrence Erlbaum Associates, Hillsdale, N.J.: 2000.

[Lewe95] Lewe, H.: Computer Aided Team und Produktivität. DUV - Deutscher Universitätsverlag, Wiesbaden: 1995.

[LiHS89] Lillie, D. L.; Hannum, W. H.; Stuck, G. B.: Computers and Effective Instruction - Using Computers and Software in the Classroom. Longman, New York: 1989.

[LTSC00] o. A.: IEEE-LTSC-Dokumente. 2000. <http://ltsc.ieee.org/doc/>, Abruf am 2001-2-5.

[Luft88] Luft, A.L.: Informatik als Technik-Wissenschaft: Eine Orientierungshilfe für das Informatik-Studium. BI-Wiss. Verlag, Mannheim: 1988.

[Lust92] Lusti, M.: Intelligente tutorielle Systeme: Einführung in wissensbasierte Lernsysteme. Reihe Handbuch der Informatik, Band 15.4. Oldenbourg, München: 1992.

[MacG91] MacGregor, R.: The Evolving Technology of Classification-based Knowledge Representation Systems. Principles of Semantic Networks. In: Sowa, J. F. (Ed.): Principles in Semantic Networks: Explorations in the Representation of Knowledge. Morgan Kaufmann Publishers, San Mateo: 1991, S. 385-400.

[MaCh96] Mathé, N.; Chen, J.R.: User-Centered Indexing for Adaptive Information Access.. In: International Journal of User Modeling and User Adapted Interaction, Special Issue on Adaptive Hypertext and Hypermedia, 6 (2-3), S. 225-261.

[MaCW98] Mathé, N.; Chen, J.R.; Wolfe, S. R.: Organizing and Sharing Information on the World-Wide Web using a Multiagent System. In: Ottman, T.; Tomek, I. (Eds.): Proceedings of ED-Media/ED-Telecom 98. 10th World conference on educational multimedia and hypermedia & World Conference on educational telecommunications. Association for the Advancement of Computing in Education, Charlottesville VA: 1998, S. 76-78.

[MaFi00] Mandl, H.; Fischer, F.: Wissen sichtbar machen. Hogrefe Verlag, Göttingen: 2000.

[MaGr95] Mark, M. A.; Greer, J. E.: The VCR tutor: Effective instruction for device operation. In: Journal of the Learning Sciences 4 (2), S. 209-246.

[Mand93] Mandl, H.: Gestaltung multimedialer Lernumgebungen. In: Beck, U.; Sommer, W.: Learntec93: Europäischer Kongress für Bildungstechnologie und betriebliche Bildung, S. 31-37.

[MaRe97] Mandl, H.; Reinmann-Rothmeier, G.: Lernen mit Multimedia. Institut für Pädagogische Psychologie und Empirische Pädagogik, Lehrstuhl Prof. Dr. Heinz Mandl, München: 1997.

[Mars89] Marshall, C.C.; Irish, P.M.: Guided Tours and Online Presentations: How Authors Make Existing Hypertext Intelligible for Readers. In: Akscyn, Rob et al. (Eds.): Hypertext '89: Proceedings of the 2nd ACM Conference on Hypertext.. ACM, New York: 1989, S. 232-250.

[Maso98] Mason, R.: Models of Online Courses. In: ALN Magazine - Asynchronous Learning Networks Magazine Vol 2, Issue 2. <http://www.aln.org/alnweb/magazine/vol2_issue2/Masonfinal.htm>, Abruf am 2001-1-13.

[MaSt99] Mader, G.; Stöckl, W.: Virtuelles Lernen - Begriffsbestimmung und aktuelle empirische Befunde. Studien Verlag, Innsbruck: 1999.

[Maye92] Mayes, J. T.: The 'M'-Word: Multimedia Interfaces and Their Role in Interactive Learning Systems. In: Edwards, A.D.N.; Holland, S. (Eds.): Multimedia Interface Design in Education. Springer, Berlin: 1994.

[Mbon01] Heiligers, P.: Mbone-DE. 2001. <http://www.mbone.de/>, Abruf am 2002-3-3.

[Mili02] Milius, F.: CLIX - Learning-Management-System für Unternehmen, Bildungsdienstleister und Hochschulen. In: Wirtschaftsinformatik 44 (2002) 2, S. 163-170.

[Min95] Min, R.: Simulation Technology and Parallelism in Learning Environments - Methods, Concepts, Models and Systems. Academic Book Center, De Lier: 1995.

[Mino96] Minoli, D.: Distance Learning Technology and Applications. Norwood, MA: 1996.

[Mins75] Minsky, M.: A framework for representing knowledge. In: Winston, P. (Ed.): The Psychology of Computer Vision. McGraw Hill, New York: 1975, S. 211-277.

[Mins90] Minsky, M.: Logical vs. Analogical or Symbolic vs. Connectionist or Neat vs. Scruffy. In: Winston, P. H. (Ed.): Artificial Intelligence at MIT, Expanding Frontiers, Vol 1. MIT Press: 1990, S. 218-243.

[Möhr95] Möhrle, M. G.: Wachstum durch neue Techologien: Das computerunterstützte Lernen an der Schwelle zur Breitentechnologie. In: Glowalla, U.; Schoop, E.; Witt, R.: Hypermedia in der Aus- und Weiterbildung: Dresdner Symposium zum computerunterstützten Lernen. Schriften zur Informationswissenschaft Bd. 17. Universitätsverlag Konstanz, Konstanz: 1995, S. 15-26.

[Moli95] Molitor-Lübbert, S.: Überlegungen zum Schreiben in der Wissenschaft. In: Jakobs, E.-M.; Knorr, D.; Molitor-Lübbert,S. (Hrsg.): Wissenschaftliche Textproduktion. Mit und ohne Computer. Lang, Frankfurt/M.: 1995.

[Mose98] Moser, M.: Web Based Training Systems and Document Annotation - Implementations for Hyperwave. Master's Thesis in Telematics.. Institute for Information Processing and Computer Supported New Media, Graz University of Technology, Graz: 1998.

[Müll97] Müller, S.: Der Techniker. Werneburg, Frankenhausen (Kyffh.): 1897.

[MüRS00] Müller, K.; Reimann, P.; Starkloff, P.: Kognitiv kompatibel? Wissensmanagement: Brückenschlag zwischen Technik und Psyche. In: c't - Magazin für Computertechnik 4/2000. Verlag Heinz Heise: 2000, S. 274-281.

[MVGB00] McCalla, G.; Vassileva, Julita; Greer, J.; Bull, S.: Active Learner Modelling. In: Gauthier, G.; Frasson, F.; VanLehn, K. (Ed.): Intelligent tutoring systems: 5th international conference; proceedings / ITS 2000. Springer, Montreal: 2000, S. 53-62.

[Nage91] Nagel, K.: Weiterbildung als strategischer Erfolgsfaktor. Verlag moderne Industrie, Landsberg u.a.: 1991.

[Nast96] Nastansky, L.: Approaching the Groupware Challenge in Higher Education: The UniTeach 2000 Framework: Visions about the Redesign of Teaching and Learning Processes. In: Schiestl, J.; Schelle, H. (Hrsg.): Groupware-Software für die Teamarbeit der Zukunft; Reihe Softwaretechnik 5. Tectum Verlag, Marburg: 1996, S. 113-137.

[Nebe91] Nebel, B.: Terminological cycles: Semantics and computational properties. In: Sowa, J. F. (Ed.): Principles in Semantic Networks: Explorations in the Representation of Knowledge. Morgan Kaufmann Publishers, San Mateo: 1991, S. 331-362.

[NeSi72] Newell, A.; Simon, H. A.: Human problem solving. Prentice Hall, Englewood Cliffs NJ: 1972.

[Neum98] Neumann, G.: Interleaving Natural Language Parsing and Generation Through Uniform Processing. In: Artificial Intelligence 99, S. 121-163.

[Newe82] Newell, A.: The knowledge level. In: Artificial intelligence 18 (1) 1982, S. 87-127.

[Niel95] Nielsen, J.: Multimedia und Hypertext: The Interent and Beyond. academic press, Cambridge, MA: 1995.

[NiSp90] Nix, D.; Spiro, R.J.: Cognition, Education and Multimedia. Exploring Ideas in High Technology. Lawrence Erlbaum Associates, Hillsdale, NJ: 1990.

[Nwan90] Nwana, H.S.: Intelligent tutoring systems: an overview. In: Artificial Intelligence Review 4, S. 251-277.

[Ober94] Oberquelle, H.: Situationsbedingte und benutzerorientierte Anpaßbarkeit von Groupware. In: Hartmann, A.; Herrman, Th.; Rohde, M.; Wulf, V. (Hrsg.): Menschengerechte Groupware. B. G. Teubner, Stuttgart: 1994, S. 31-50.

[Opwi92] Opwis, K.: Kognitive Modellierung. Huber, Bern: 1992.

[Oxfo93] Dictionary of computing. Oxford University Press, Oxford: 1993.

[PaAd01] Pawlowski, J.M.; Adelsberger, H.H.: Standardisierung von Lerntechnologien. In: Wirtschaftsinformatik 43 (2001) 1. Vieweg, Wiesbaden: 2001, S. 57-68.

[PaCK+89] Parsaye, K.; Chignell, M.; Khoshafian, S.; Wong, H.: Intelligent databases. Object-oriented, deductive hypermedia technologies. Wiley & Sons, New York: 1989.

[PaMa99] Paternó, F.; Mancini; C.: Developing adaptable hypermedia. In: Proceedings of the 1999 international conference on Intelligent user interfaces, Los Angeles: 1999, S. 163-170.

[Paqu95] Paquette, G.: Modelling the virtual campus. In: Collis, B.; Davies, G. (Eds.): Innovative adult learning with innovative technologies – IFIP Transactions A-61. Elsevier Science B.V., Amsterdam, Lausanne, New

York, Oxford, Shannon, Tokyo: 1995.

[PeBe99] Pérez, A. G.; Benjamins, V. R.: Overview of Knowledge Sharing and Reuse components: Ontologies and Problem-Solving Methods. In: Proceedings of the IJAI-99 workshop on Ontologies and Problem-Solving Methods.

[PeLa96] Penfield, P.J.; Larson, R.C.: Education via Advanced Technologies. In: The Application of Information Technologies to Engineering and Science Education. IEEE Transactions on Education. IEEE Computer Society Press, Los Alamitos CA: 1996, S. 436-443.

[Pete93] Peters, O.: Understanding Distance Education. In: Harry, K.; John, M.; Keegan, D. (Eds.): Distance Education: New Perspectives, London, New York: 1993.

[Pete97] Petersohn, H.: Vergleich von multivariaten statistischen Analyseverfahren und Künstlichen Neuronalen Netzen zur Klassifikation bei Entscheidungsproblemen in der Wirtschaft. Lang, Frankfurt/M.: 1997.

[Petk98] Petkoff, Boris: Wissensmanagement: Von der computerzentrierten zur anwendungsorientierten Kommunikationstechnologie. Addison Wesley, Bonn: 1998.

[Pohl99] Pohl, C.: Methodik und Realisation von Systemen zur effizienten Wissensvermittlung durch Hypermedia. Lang, Frankfurt/M.: 1999.

[Prom01] o. A.: Promoting Multimedia access to Education and Training in European Society. 2001. <http://www.prometeus.org/3indexa.html>, Abruf am 2001-2-13.

[PrRS+94] Preece, J.; Rogers, Y.; Sharp, H.; Benyon, D.; Holland, S.; Carey, T.: Human-Computer Interaction. Addison Wesley, Reading, Mass.: 1994.

[Pupp91] Puppe, F.: Einführung in Expertensysteme. Springer, Berlin, Heidelberg, New York: 1991.

[QuGN01] Qu, C.; Gamper, J.;Neidl, W.: A Collaborative Courseware Generating System based on WebDAV. In: Proceedings of IEEE International Conference on Advanced Learning Technologies - ICALT 2001.

[Quil68] Quilian, M.: Semantic memory.. In: Minsky, M. (Ed.): Semantic Information Processing. MIT Press, Camridge, Mass.: 1968, S. 216-270.

[RaMi87] Rada, R.; Mili, H.: A Knowledge-Intensive Learning System for Document Retrieval. In: Morik, K. (Ed.): Knowlege Representation and Machine Learning. Springer, Berlin: 1987, S. 65-87.

[RBP+93] Rumbaugh, J.; Blaha, M.; Premerlani, W.; Eddy, E.; Lorensen, W.: Objektorientiertes Modellieren und Entwerfen. Prentice Hall, 1993.

[Redt96] Redtenbacher, C.: Kognitive Karten im Spielfilm. In: Vitouch, P.; Tinchon, H.J. (Hrsg.): Cognitive Maps und Medien. Lang, Frankfurt a. M.: 1996.

[Reim91] Reimer, U.: Einführung in die Wissensrepräsentation. B. G. Teubner, Stuttgart: 1991.

[Reit80] Reiter, R.: A logic for default reasoning. 132,. In: Artifcial Intelligence, 13 (1), S. 81-132.

[ReMa00] Reinmann-Rothmeier, G.; Mandl, H.: Lernen mit neuen Medien. In: Harteis, C.; Heid, H.; Kraft, S.: Kompendium Weiterbildung - Aspekte und Perspektiven betrieblicher Personal- und Organisationsentwicklung. Leske + Budrich, Opladen: 2000, S. 175-187.

[RePK+01] Reinhardt, B.; Puppe, F.; Kochsiek, K.; Schewe, S.: Multimediale wissens- und fallbasierte Trainings- und Informationssysteme in der Medizin. Würzburg, Univ., Würzburg: 2001.

[Rich79] Rich, E.: User modelling via stereotypes. In: Cognitive Science 3/1979, S. 355-366.

[Rich89] Rich, E.: Stereotypes and user modelling. In: Kobsa, A.; Wahlster, W.: User models in dialog systems. Springer, Berlin: 1989, S. 35-51.

[Röde00] Röder, S.: Ein datenbankbasierter Ansatz für Telelearning-Systeme. In: GI Gesellschaft für Informatik e.V. (Hrsg.): Informatiktage 2000 - Fachwissenschaftlicher Informatik-Kongress. Konradin Verlag, Leinfelden-Echterdingen: 2000, S. 217-220.

[RuMc93] Rumelhart, D.E.; McClelland, J.L.: Parallel Distributed Processing. MIT Press, Cambridge, MA: 1993.

[Ruml00] Ruml, D.: Multiple Approaches, New Options: Asynchronous Learning and other Methods of Education in Reinsurance. In: ALN Magazine - Asynchronous Learning Networks Magazine Vol 4, Issue 1 - Oktober 2000. Vanderbilt University: 2000, S. 5-6.

[Ryle69] Ryle, Gilbert: Der Begriff des Geistes. Reclam Verlag, Stuttgart: 1969.

[Saba01] Saba Software Inc.: Saba Learning, Enterprise Edition. Redwood Shores CA: 2001. <http://www.saba.com/english/products/pdf/Saba_Learning_Ent.pdf>, Abruf am 2002-2-12.

[ScAb77] Schank, R. C.; Abelson, R. P.: Scripts, plans, goals and understanding. Lawrence Erlbaum Associates, Hillsdale NJ: 1977.

[ScBu02] Schwan, S.; Buder, J.: Lernen und Wissenserwerb in Virtuellen Realitäten. In: Bente, G. (Hrsg.): Digitale Welten. Virtuelle Realität als Gegenstand und Methode der Psychologie. Hogrefe Verlag, Göttingen: 2002.

[ScGr86] Schlimmer, J.; Granger, R.: Incremental Learning from Noisy Data. In: Holte, R. C. (Ed.): Machine Learning 1 (3). Kluwer Academic Publishers, Dordrecht: 1986, S. 317-357.

[Schä00] Schäfer, R.: Computergestützte Lernumgebungen in der Betriebswirtschaftslehre - Analyse und Konstruktion aus Sicht des selbstgesteuerten Lernens. DUV - Deutscher Universitätsverlag, 2000.

[Sche00] Schellhase, J.: Entwicklungsmethoden und Architekturkonzepte für Web-Applikationen unter besonderer Berücksichtigung von Systemen zur

Erstellung und Administration Web-basierter Lernumgebungen. Universität Gh Kassel, Diss., Kassel: 2000.

[Schn00] Schneiderman, B.: The Limits of Speech Recognition. In: Communications of the ACM 43 (9).

[Schr94] Schrader, J.: Lerntypen bei Erwachsenen: empirische Analysen zum Lernen und Lehren in der beruflichen Weiterbildung. Deutscher Studien-Verlag, Weinheim: 1994.

[Schr97] Schröter, Uwe: Aspekte der Automatisierung informationeller Transaktionen zwischen Anbietern und Nachfragern von Wirtschaftsgütern und der Herausbildung elektronischer Märkte unter besonderer Beachtung des Einsatzes multimediabasierter Telematiksysteme. Leipzig, Univ., Diss., Leipzig: 1997.

[Schr98] Schreiber, A.: CBT-Anwendungen professionell entwickeln. Springer, Berlin: 1998.

[Schu97] Schulmeister, R.: Grundlagen hypermedialer Lernsysteme. Theorie, Didaktik, Design. Oldenbourg, München: 1997.

[Schu98] Schulz, R.: Fallbasierte Entscheidungsunterstützende Systeme - ein Ansatz zur Lösung betrieblicher Entscheidungsprobleme. Leipzig: 1998.

[Schuc98] Schuchow, K.: Lernen auf neuen Wegen. In: Schuchow, K.; Gutmann, J. (Hrsg.): Jahrbuch Personalentwicklung. Hermann Luchterhand Verlag, Frankfurt/M.: 1998, S. 49-55.

[Schw96] Schwappacher, F.: Unterstützung der aktiven Mitgestaltung des Lernprozesses durch den Lernenden im World Wide Web. Darmstadt: 1996. <http://www.pi.informatik.tu-darmstadt.de/studarb/Schwapp/diplom/ausarbeitung/html/main.html>, Abruf am 2000-12-1.

[ScMi96] Scheer, A.-W.; Milius, F.: Lehre 2000 - Wirtschaftsinformatik Online: Interaktives Lernen im World Wide Web. In: Information Management 2 1996, S. 26-33.

[ScSW98] Schöch, V.; Specht, M.; Weber, G.: "ADI" - An Empirical Evaluation of a Tutorial Agent. In: Ottman, T.; Tomek, I. (Eds.): Proceedings of ED-Media/ED-Telecom 98. 10th World conference on educational multimedia and hypermedia & World Conference on educational telecommunications. Association for the Advancement of Computing in Education, Charlottesville VA: 1998, S. 1271-1282.

[ScWi94] Schulz, R.; Wiesner, H.: Fallbasierte Entscheidungsunterstützung: Ein Prozeßmodell zur Lösung schwach strukturierter Entscheidungsprobleme. Arbeitsbericht Nr. 4. Universität Leipzig, Institut für Wirtschaftsinformatik, Leipzig: 1994.

[Seeg01] Seegmüller, K.: Lehrangebote im Web sind noch viel zu statisch. In: Computerzeitung 40 (32) 2001. Konradin Verlag, S. 6.

[Seel91] Seel, N. M.: Lernumgebungen und institutionell-organisatorische Bedingungen des Instruktionsdesigns. In: Unterrichtswissenschaft (19) 4, S. 350-364.

[Serv92] Serve, H. J.: Das Unterrichtsprinzip der Motivierung. In: Seibert, N.; Serve, H. J. (Hrsg.): Prinzipien guten Unterrichts. PIMS Verlag, München: 1992.

[SeSR+99] Seeberg, C.; Steinacker, A.; Reichenberger, K.; Fischer, S.; Steinmetz, R.: Individual tables of contents in Web-based learning systems. In: Proceedings of the 10th ACM Conference on Hypertext and hypermedia: returning to our diverse roots, S. 167-168.

[ShKe89] Shneiderman, B.; Kearsley G.: Hypertext Hands-On!: An Introduction to a New Way of Organizing and Accessing Information. Addison Wesley, Reading, MA: 1989.

[Sieg00] Siegel, G.: Hypermedia. Lübeck: 2000. <http://srvfh10.fh-luebeck.de/>, Abruf am 2000-5-30.

[Siet00] Sietmann, R.: Probleme beim Teleteaching. In: c't - Magazin für Computer und Technik 21/2000, S. 61.

[Sinc87] Sinclair, J. (Ed.): Collins Cobuild English Language Dictionary. William Collins Sons & Co. Ltd., London: 1987.

[SKES+00] Scheer, A.-W.; Kraemer, W.; Ehrenberg, D.; Schumann, M.; Winand, U.: Jahresbericht WINFOLine 1998/1999. Verlag Bertelsmann Stiftung, Gütersloh: 2000.

[Skin54] Skinner, B. F.: The science of learning and the art of teaching. In: Glaser, R.; Lumsdaine, A. A.: Teaching machines and programmed learning. National Education Assiciation of the United States, Washington D.C.:

[Slat01] Slater, D.: Fisheye View. 2001. <http://www.nearfield.com/~dan/Photo/sphere/h2fish.htm>, Abruf am 2001-3-24.

[Spec98] Specht, M.: Empirical Evaluation of Adaptive Annotation in Hypermedia. In: Ottman, T.; Tomek, I. (Eds.): Proceedings of ED-Media/ED-Telecom 98. 10th World conference on educational multimedia and hypermedia & World Conference on educational telecommunications. Association for the Advancement of Computing in Education, Charlottesville VA: 1998, S. 1372-1378.

[Spec98a] Specht, M.: Adaptive Methoden in computerbasierten Lehr/Lernsystemen. Trier, Univ., Diss., Trier: 1998.

[SPWS99] Synnes, K.; Parnes, P.; Widén, J.; Schefström, D.: Netbased Learning for the Next Millenium; Research Report 1999:05. Luleå: 1999. <http://www.cdt.luth.se/~unicorn/papers/19990322/nbl2k.pdf>, Abruf am 2000-3-10.

[Stei93] Steinmetz, R.: Multimedia - Technologie: Grundlagen, Komponenten und

Systeme. Springer, Berlin, Heidelberg: 1993.

[Step90] Steppi, H.: CBT Computer Based Training. Planung, Design und Entwicklung interaktiver Lernprogramme. Ernst Klett Verlag für Wissen und Bildung, Stuttgart: 1990.

[StGR97] Stickel, E.; Groffmann, H.-D.; Rau, K.-H.: Gabler Wirtschaftsinformatik-Lexikon. Gabler, Wiesbaden: 1997.

[StOB99] Sturm, J.; den Os, E.; Boves, L.: Dialogue Management in the Dutch ARISE Train Timetable Information System. In: Proceedings of of EUROSPEECH 1999.

[Stol01] Stoll, C.: LOGOUT - Warum Computer nichts im Klassenzimmer zu suchen haben und andere High-Tech-Ketzereien. S. Fischer, Frankfurt am Main:

[Stol61] Stolurow, L. M.: Teaching by machine. United States Printing Office, Washington D.C.: 1961.

[Stol95] Stoll, C.: Die Wueste Internet: Geisterfahrten auf der Datenautobahn. S. Fischer, Frankfurt am Main: 1995.

[Stra92] Strasser, A.: Generierung domänenspezifischer Wissensrepräsentationssysteme und Transformation von Wissensbasen mit einer Anwendung in Rechtsinformatik. Infix, Dissertationen zur künstlichen Intelligenz, St. Augustin: 1992.

[Stra99] Straccia, U.: Foundations of a Logic based approach to Multimedia Document Retrieval. Dortmund, Univ., Diss., Dortmund: 1999.

[StSc96] Strube, G.; Schlieder, C.: Wissen und Wissensrepräsentation. In: Strube, G. et al.: Wörterbuch der Kognitionswissenschaft. Klett Cotta, Stuttgart: 1996, S. 799.

[StSS01] Stojanovic, L.; Staab, S.; Studer, R.: eLearning based on the Semantic Web. Karslruhe: 2001.

[SuCh96] Sun, C.; Chou, C.: Experiencing CORAL: Design and Implementation of Distance Cooperative Learning. In: The Application of Information Technologies to Engineering and Science Education. IEEE Transactions on Education. IEEE Computer Society Press, Los Alamitos CA: 1996, S.

[Tayl92] Taylor, D. A.: Objektorientierte Technologien, Ein Leitfaden für den Manager. Addison Wesley, Reading, MA: 1992.

[TeCh88] Tennyson, R. D.; Christensen, D. L.: MAIS: An intelligent learning system. In: Jonassen, D.H. (Ed.): Instructional designs for microcomputer courseware. Lawrence Erlbaum Associates, Hillsdale, N.J.: 1988, S. 247-274.

[Terg86] Tergan, S. O.: Modelle der Wissensrepräsentation als Grundlage qualitativer Wissensdiagnostik. Westdeutscher Verlag, Opladen: 1986.

[Terg95] Tergan, S.O.: Hypertext, Hypermedia. Deutsches Institut für Fernstudienforschung an der Universität Tübingen, DIFF, Tübingen: 1995.

[Trei67] Treichler, D. G.: Are you missing the boat in training aids.. In: Film and AV Communication 1. British Audio-Visual Society, S. 14-16.

[Trit97] Tritsch, B.: Verteiltes Lernen in Computernetzen: eine Tele-Media-Trainingsarchitektur. Springer, Berlin, Heidelberg: 1997.

[TSMB95] Teufel, S.; Sauter, C.; Mühlherr, T.; Bauknecht, K.: Computerunterstützung für die Gruppenarbeit. Addison Wesley, Bonn: 1995.

[TuHH+96] Tulodziecki, G.; Hagemann, W.; Herzig, B.; Leufen, S.; Mütze, C.: Neue Medien in den Schulen: Projekte-Konzepte-Kompetenzen. Verlag Bertelsmann Stiftung, Gütersloh: 1996.

[Tver77] Tversky, A.: Features of Similarity. 1977.

[VaVM89] VanMerrienboer, J. J. G.; VanDenBerg, K. G.; Maaswinkel, D. M.: Some experiences with two intelligent tutoring systems for teaching computer programming: PROUST and the LISP-tutor. In: Pieters, J. (Ed.): Intelligent tutorial systems and instruction.

[Vest01] Vester, F.: Denken, Lernen, Vergessen: Was geht in unserem Kopf vor, wie lernt das Gehirn, und wann lässt es uns im Stich. Deutscher Taschenbuch Verlag, München: 2001.

[Viro98] o. A.: VIROR. Virtuelle Universität Oberrhein. Verbundprojekt zwischen den Universitäten Freiburg, Heidelberg, Karlsruhe und Mannheim. Freiburg, Heidelberg, Karlsruhe, Mannheim: 1999. <http://www.viror.de>, Abruf am 2000-11-15.

[Virt01] o. A.: Homepage des VIRTUS-Projektes. Köln: 2001. <http://www.virtus.uni-koeln.de/virtus/index.html>, Abruf am 2001-9-3.

[WBT00] o. A.: Web-based training. o. O.: 2000. <http://whatis.techtarget.com/definition/0,289893,sid9_gci332239,00.html>, Abruf am 2000-12-15.

[Weav62] Weaver W.: Recent Contributions to the Mathematical Theory of Communication. In: Shannon, C.E.; Weaver, W.: The Mathematical Theory of Communication. University of Illinois Press, Urbana: 1962, S. 3.

[Webe96] Weber, G.: Individual selection of examples in an intelligent learning environment. In: Journal of Artificial Intelligence in Education 7, 1 (1996), S. 3-31.

[Wede98] Wedekind, J.: Neue Medien - neues Lernen?. In: Klinzing, H.-G.: Neue Lernverfahren. Dgvt-Verlag, Tübingen: 1998.

[Weid88] Weidenmann, B.: Der flüchtige Blick beim stehenden Bild: Zur oberflächlichen Verarbeitung von pädagogischen Illustrationen. In: Unterrichtswissenschaft 3/1988, S. S. 44.

[Weid95] Weidenmann, Bernd: Multicodierung und Multimedialität im Lernprozeß. In: Issing, Ludwig J.; Klimsa, Paul (Hrsg.): Information und Lernen mit Multimedia. Psychologie-Verlags-Union, Weinheim: 1997.

[Weis98] Weiser, R. C.: Gruppenorientierte Systeme in der computergestützten betrieblichen Aus- und Weiterbildung - Ordnungsrahmen und Fallstudie. St. Gallen, Univ., Diss., St. Gallen: 1998.

[Welz98] Welzel, Peter: Datenfernübertragung. Vieweg, Braunschweig, Wiesbaden: 1993.

[WeSp97] Weber, G.; Specht, M.: User modeling and adaptive navigation support in WWW-based tutoring systems. In: Jameson, A.; Paris, C.; Tasso, C. (Eds.): Proceedings of 6th International Conference on User Modeling. Springer, Wien: 1997, S. 289-300.

[Wied86] Wiederhold, G.: Views, Objects and Databases. In: IEEE Computer, Vol. 19(12), S. 37-44.

[Will00] Will, M.: An Open Learning Environment for the Virtual University Upper-Rhine: How to Avoid Re-Inventing the Wheel. In: Uellner, S.; Wulf, V. (Hrsg.): Vernetztes Lernen mit digitalen Medien. Physica Verlag, Heidelberg: 2000.

[WiPo98] Winand, U.; Pohl, W.: Forum Virtuelle Lernwelten - Ein umfassender Zugangsservice zur multimedialen Aus- und Weiterbildung. In: Winand, U.; Nathusius, K. (Hrsg.): Unternehmungsnetzwerke und virtuelle Organisationen. Schäffer-Poeschel, Stuttgart: 1998, S. 331-337.

[Witt95] Witt, R.: Strukturierte Navigation in mehrdimensionalen Lernobjekträumen. In: Glowalla, U.; Schoop, E.; Witt, R.: Hypermedia in der Aus- und Weiterbildung: Dresdner Symposium zum computerunterstützten Lernen. Schriften zur Informationswissenschaft Bd. 17. Universitätsverlag Konstanz, Konstanz: 1995.

[WuKD01] Wu, H.; de Kort, E.; De Bra, P.: Design Issues for General-Purpose Adaptive Hypermedia Systems. In: Proceedings of the 12th ACM Conference on Hypertext and Hypermedia 2001, S. 141-150.

[YoWT+95] Yourdon, E.; Whitehead, K.; Thomann, J.; Oppel, K.; Nevermann, P.: Mainstream Objects. Yourdon Press, Upper Saddle River: 1995.

[Zell89] Zellweger, P.T.: Scripted Documents: A Hypermedia Path Mechanism. In: Akscyn, Rob et al. (Eds.): Hypertext '89: Proceedings of the 2nd ACM Conference on Hypertext.. ACM, New York: 1989, S. 1-14.

[ZhOF93] Zhao, Z.; O'Shea, T.; Fung, P.: Visualization of semantic relations in hypertext systems. In: Ottman, T.; Tomek, I. (Eds.): Proceedings of ED-MEDIA'93. World conference on educational multimedia and hypermedia. Association for the Advancement of Computing in Education, Orlando, FL: 1993, S. 556-564.

[ZiIl93] Ziegler, J.; Ilg, R.: Benutzergerechte Software-Gestaltung, Standards, Methoden und Werkzeuge. Oldenbourg, München: 1993.

Anhang A Realisierungsbeispiel WebLearn

Das folgende Kapitel zeigt die Realisierung eines web-basierten CDLS, das auf der Grundlage der Konzepte dieser Arbeit entwickelt wurde. Dieses System zeichnet sich durch eine umfassende Unterstützung der mit dem Prozess der Wissensvermittlung verbundenen Abläufe aus. Eine besondere Bedeutung hat dabei die Unterstützung der beteiligten Rollen „Lernender“, Tutor“ und „Autor“ (↗ 4.6) durch geeignete Werkzeuge, welche in diesem System integriert sind. Das System basiert auf einer Drei-Ebenen-Architektur (↗ 4.10.3). Dieser Ansatz erlaubt die flexible Integration der relevanten Prozesse und neuer Funktionen. Eine genauere Begründung für den gewählten Architekturansatz enthält Abschnitt 4.10.3.

Basis von WebLearn ist das konstruktive Wissensmodell (KoWiMo) aus Abschnitt 6.1. Eine direkte 1:1-Zuordnung der Teilmodelle von KoWiMo zu den nachfolgend beschriebenen Funktionsbereichen ist nur ansatzweise möglich, da viele Funktionsbereiche auf mehrere Teilmodelle zurückgreifen müssen (z.B. verwenden sowohl Lernende als auch Autoren das Content-Modell, das Knowledge-Modell und das Teaching-Modell). Die Teilmodelle von KoWiMo bilden die Basis für eine sinnvolle Interaktion der Rollen in WebLearn (↗ 4.6). Eine eindeutige Zuordnung lässt sich lediglich für die Rolle „Administrator“ und damit das Administrator-Frontend (↗ A.1.4) und das Management-Modell definieren.

A.1 Realisierung von WebLearn

Die Funktionen des CDLS werden in Funktionsbereiche gegliedert. Diese Funktionsbereiche sind identisch mit den Frontends[624] des implementierten Systems WebLearn und werden nachfolgend näher dargestellt.

A.1.1 Lern-Frontend

Im Lern-Frontend werden die Anforderungen der Lernenden (↗ 4.8) funktional umgesetzt. Der Lernende bekommt eine web-basierte Arbeitsumgebung zur Verfügung gestellt, die ihn bei der Durchführung des Lernprozesses unterstützt. Dabei werden die Funktionsbereiche „Wissensvermittlungsfunktionen mit dem Lerninhalt“ (Basisfunktionen) (↗ 4.8.1), „Funktionen zur Individualisierung“ (↗ 4.8.4 und 6.3) sowie „Kommunikationsfunktionen“ (↗ 4.8.3) unterschieden.

A.1.1.1 Basisfunktionen

Innerhalb des Bereichs Wissensvermittlung stehen verschiedene Funktionen zur Verfügung:

- Lerneinheiten-Browser,
- Index,
- Glossar und
- Suchmaschine.

Neben diesen inhaltsbasierten Recherchemöglichkeiten stehen weitere Varianten zur Auswertung des Lerninhaltes zur Verfügung:

- Literaturverzeichnis sowie
- Abbildungs- und Animationenverzeichnis.

[624] Frontend bedeutet in diesem Fall: Client in einer 3-Ebenen-Architektur.

Basis ist in jedem Fall die Darstellung des eigentlichen Lerninhaltes, gegebenenfalls mit zusätzlichen referentiellen Hyperlinks versehen (Struktur des Lerninhaltes), wie in der folgenden Abbildung A-1 dargestellt.

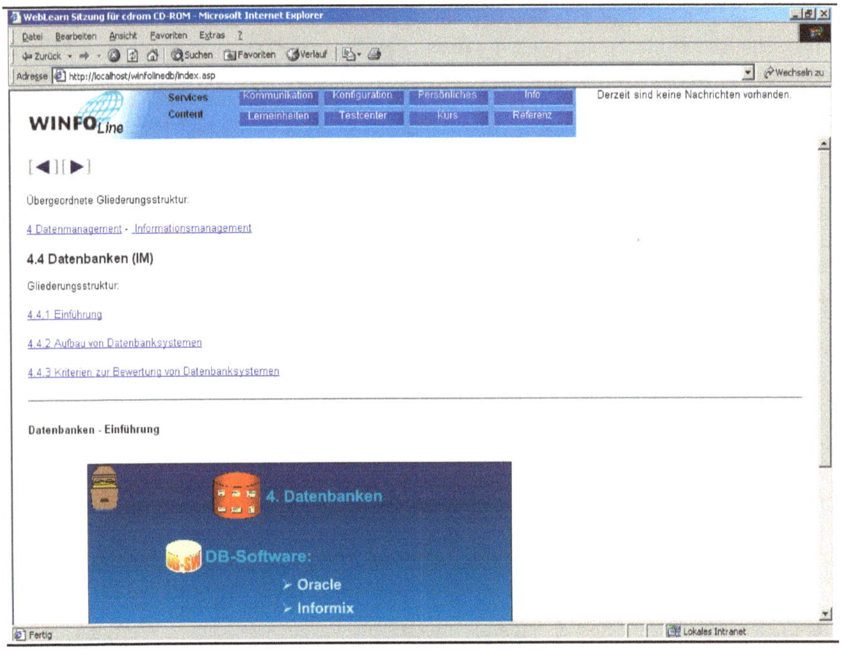

Abbildung A-1: Darstellung des Lerninhaltes

Über den Lerneinheiten-Browser (↗ Abbildung A-2) kann in einer von den Autoren des Lerninhaltes strukturierten Hierarchie auf den Lerninhalt zugegriffen werden.

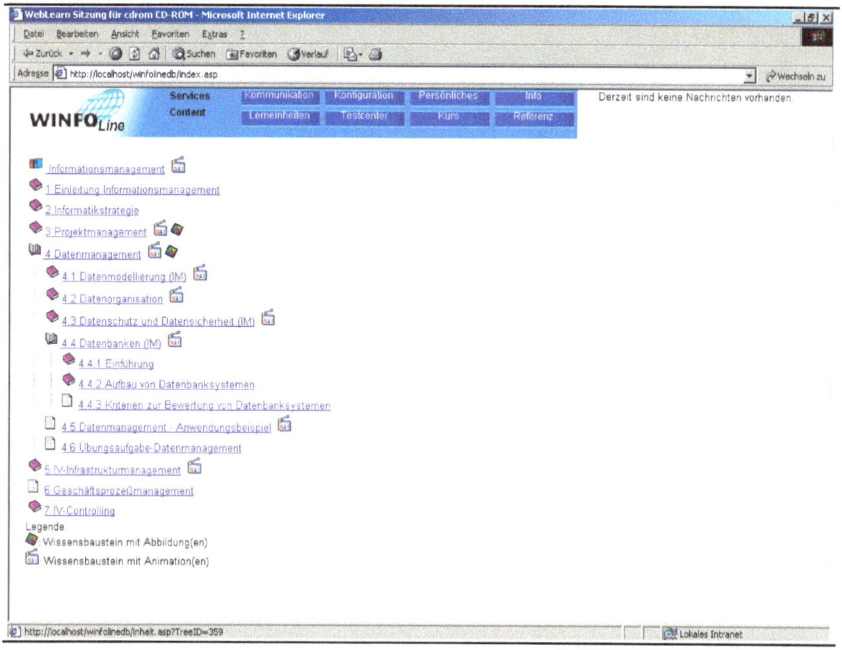

Abbildung A-2: Lerneinheiten-Browser

Die Hierarchie wird durch Ordnersymbole visualisiert und ist dynamisch erweiterbar (auf- und zuklappen). Zusätzlich zum Titel des jeweiligen Wissensbausteines wird im Lerneinheiten-Browser die Art des hinterlegten Lerninhaltes (Grafik, Text oder Animation) über Symbole dargestellt.

Jedem Wissensbaustein können mehrere Schlagworte zugeordnet sein, die beim Erarbeiten desselben zur Verfügung gestellt werden. Auf Basis der Schlagworte wird ein Index gebildet, mit dessen Hilfe eine zweite Möglichkeit zur Erarbeitung des Lerninhaltes besteht. Die folgende Abbildung A-3 zeigt ein Beispiel für den Index eines Bildungsproduktes.

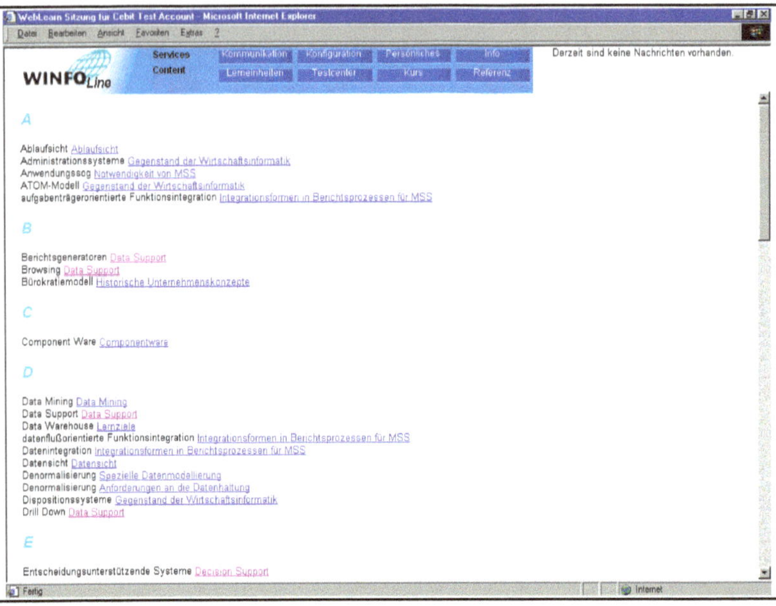

Abbildung A-3: Index

Neben dem Index wird für jedes Bildungsprodukt ein Glossar mit den für das Verständnis wichtigsten Begriffen verwaltet. Die folgende Abbildung A-4 zeigt einen Ausschnitt des Glossars eines Bildungsprodukts.

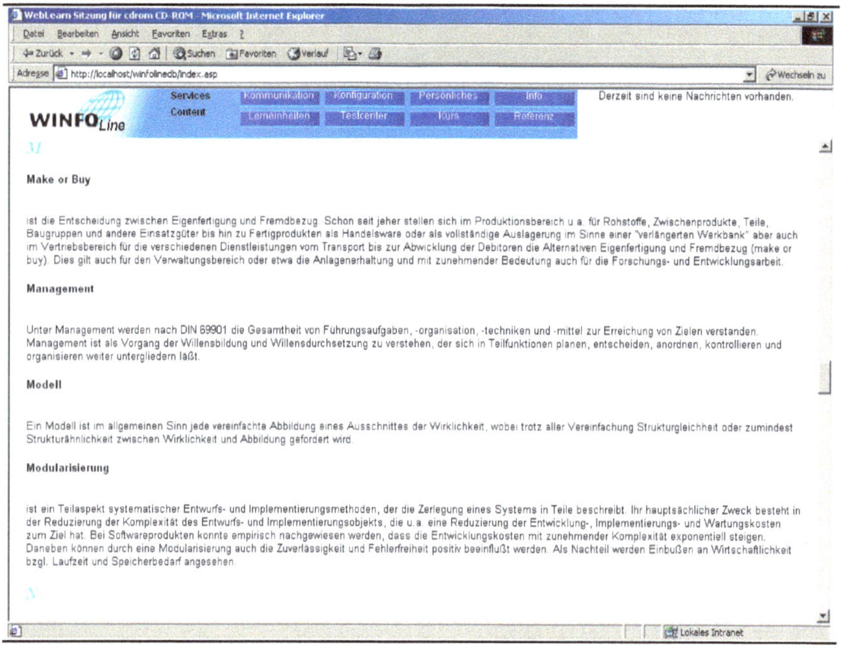

Abbildung A-4: Glossar

Eine weitere Möglichkeit zur Erarbeitung der Lerninhalte wird mit der Suchmaschine zur Verfügung gestellt. Damit wird es möglich, über den gesamten Lerninhalt eines Bildungsproduktes zu suchen. Dabei kann die Suche auf Überschriften und Schlagworte begrenzt werden oder alternativ über alle Textkomponenten des Lerninhaltes erfolgen. Die folgende Abbildung A-5 zeigt die Eingabemaske zur Suchmaschine.

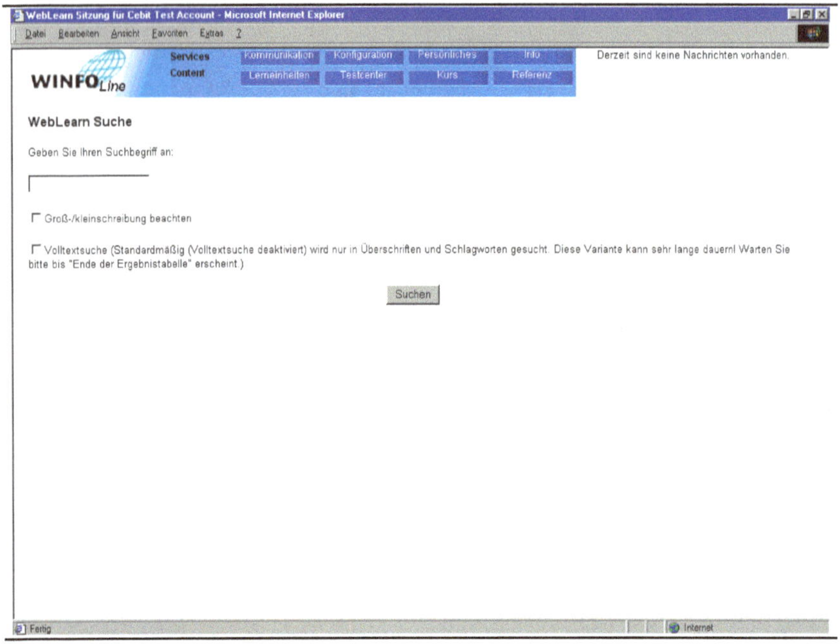

Abbildung A-5: Suchmaschine

Zu jedem Wissensbaustein können Literaturverweise hinterlegt werden. Diese werden zu den jeweiligen Wissensbausteinen zur Verfügung gestellt. Alternativ steht eine Gesamtübersicht der relevanten Literaturstellen zur Verfügung (↗ Abbildung A-6).

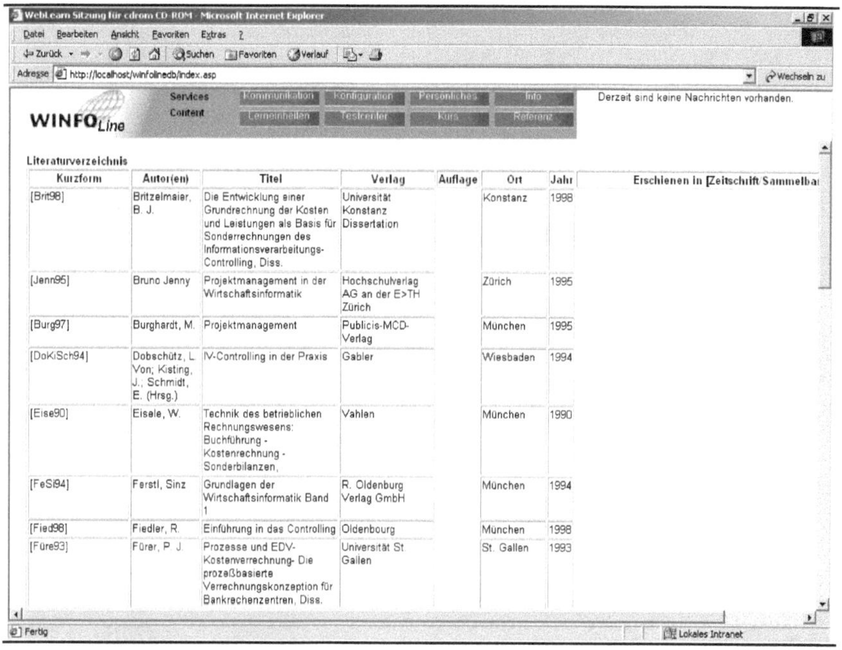

Kurzform	Autor(en)	Titel	Verlag	Auflage	Ort	Jahr	Erschienen in [Zeitschrift/Sammelba
[Brit98]	Britzelmaier, B. J.	Die Entwicklung einer Grundrechnung der Kosten und Leistungen als Basis für Sonderrechnungen des Informationsverarbeitungs-Controlling, Diss.	Universität Konstanz Dissertation		Konstanz	1998	
[Jenn95]	Bruno Jenny	Projektmanagement in der Wirtschaftsinformatik	Hochschulverlag AG an der E>TH Zürich		Zürich	1995	
[Burg97]	Burghardt, M.	Projektmanagement	Publicis-MCD-Verlag		München	1995	
[DoKiSch94]	Dobschütz, L. Von; Kisting, J.; Schmidt, E. (Hrsg.)	IV-Controlling in der Praxis	Gabler		Wiesbaden	1994	
[Eise90]	Eisele, W.	Technik des betrieblichen Rechnungswesens: Buchführung - Kostenrechnung - Sonderbilanzen,	Vahlen		München	1990	
[FeSi94]	Ferstl, Sinz	Grundlagen der Wirtschaftsinformatik Band 1	R. Oldenburg Verlag GmbH		München	1994	
[Fied98]	Fiedler, R.	Einführung in das Controlling	Oldenbourg		München	1998	
[Füre93]	Fürer, P. J.	Prozesse und EDV-Kostenverrechnung- Die prozeßbasierte Verrechnungskonzeption für Bankrechenzentren, Diss.	Universität St. Gallen		St. Gallen	1993	

Abbildung A-6: Literaturverzeichnis

Neben dem Literaturverzeichnis existiert zur besseren Übersicht über den Lerninhalt auch ein Abbildungs- und ein Animationenverzeichnis, in dem alle im Lerninhalt des aktuellen Bildungsproduktes verwendeten Abbildungen bzw. Animationen aufgelistet und verlinkt sind. Die folgende Abbildung A-7 zeigt das Animationenverzeichnis.

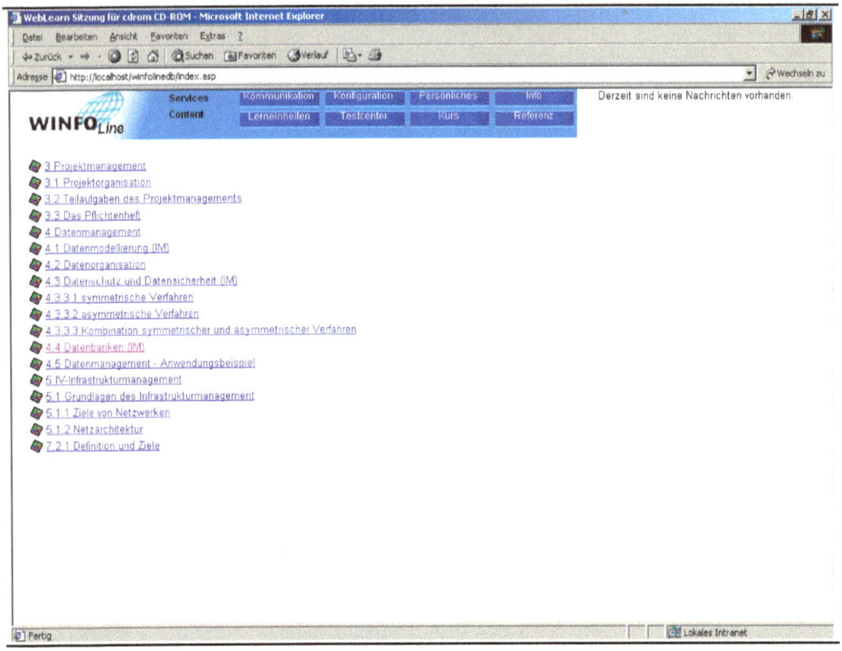

Abbildung A-7: Animationenverzeichnis

Der zeitliche Ablauf eines Kurses wird über einen in WebLearn integrierten Kurskalender visualisiert. Der Kurskalender enthält Verweise auf sämtliche im Ablauf relevante Wissensbausteine und Übungsaufgaben. Ein Beispiel zeigt die folgende Abbildung A-8.

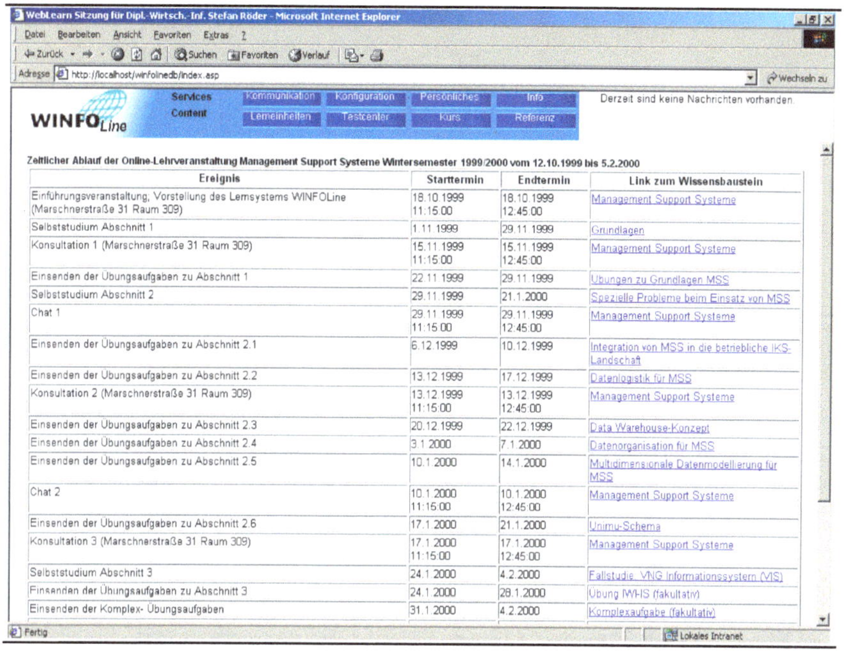

Ereignis	Starttermin	Endtermin	Link zum Wissensbaustein
Einführungsveranstaltung, Vorstellung des Lernsystems WINFOLine (Marschnerstraße 31 Raum 309)	18.10.1999 11:15:00	18.10.1999 12:45:00	Management Support Systeme
Selbststudium Abschnitt 1	1.11.1999	29.11.1999	Grundlagen
Konsultation 1 (Marschnerstraße 31 Raum 309)	15.11.1999 11:15:00	15.11.1999 12:45:00	Management Support Systeme
Einsenden der Übungsaufgaben zu Abschnitt 1	22.11.1999	29.11.1999	Übungen zu Grundlagen MSS
Selbststudium Abschnitt 2	29.11.1999	21.1.2000	Spezielle Probleme beim Einsatz von MSS
Chat 1	29.11.1999 11:15:00	29.11.1999 12:45:00	Management Support Systeme
Einsenden der Übungsaufgaben zu Abschnitt 2.1	6.12.1999	10.12.1999	Integration von MSS in die betriebliche IKS-Landschaft
Einsenden der Übungsaufgaben zu Abschnitt 2.2	13.12.1999	17.12.1999	Datenlogistik für MSS
Konsultation 2 (Marschnerstraße 31 Raum 309)	13.12.1999 11:15:00	13.12.1999 12:45:00	Management Support Systeme
Einsenden der Übungsaufgaben zu Abschnitt 2.3	20.12.1999	22.12.1999	Data Warehouse-Konzept
Einsenden der Übungsaufgaben zu Abschnitt 2.4	3.1.2000	7.1.2000	Datenorganisation für MSS
Einsenden der Übungsaufgaben zu Abschnitt 2.5	10.1.2000	14.1.2000	Multidimensionale Datenmodellierung für MSS
Chat 2	10.1.2000 11:15:00	10.1.2000 12:45:00	Management Support Systeme
Einsenden der Übungsaufgaben zu Abschnitt 2.6	17.1.2000	21.1.2000	Unimu-Schema
Konsultation 3 (Marschnerstraße 31 Raum 309)	17.1.2000 11:15:00	17.1.2000 12:45:00	Management Support Systeme
Selbststudium Abschnitt 3	24.1.2000	4.2.2000	Fallstudie VNG Informationssystem (VIS)
Einsenden der Übungsaufgaben zu Abschnitt 3	24.1.2000	28.1.2000	Übung IWHS (fakultativ)
Einsenden der Komplex- Übungsaufgaben	31.1.2000	4.2.2000	Komplexaufgabe (fakultativ)

Abbildung A-8: Kurskalender

A.1.1.2 Funktionen zur Individualisierung

Funktionen zur Individualisierung (↗ 4.8.4 und 6.3) werden im System WebLearn im Zusammenhang mit Kommentaren, Übungsaufgaben sowie Lernkonten zur Verfügung gestellt.

- Kommentare

Der Lernende kann den Lerninhalt individualisieren (personalisieren), indem er Anmerkungen an die Wissensbausteine (↗ 2.9.2 und 4.5.1.4) setzt. Diese können anschließend veröffentlicht werden, so dass dieser Vorgang auch als Kommunikationsfunktion aufgefasst werden kann. Die folgende Abbildung A-9 zeigt eine Anmerkung an einem Wissensbaustein.

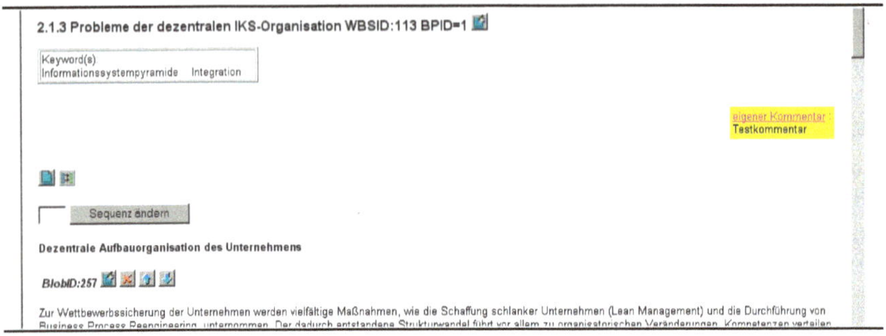

Abbildung A-9: Anmerkung an einem Wissensbaustein

Alle Kommentare eines Lernenden innerhalb eines Bildungsproduktes können innerhalb einer Übersicht dargestellt werden. Dort kann auch zwischen privater und öffentlicher Ansicht umgeschaltet werden (Veröffentlichen der Kommentare) (↗ Abbildung A-10).

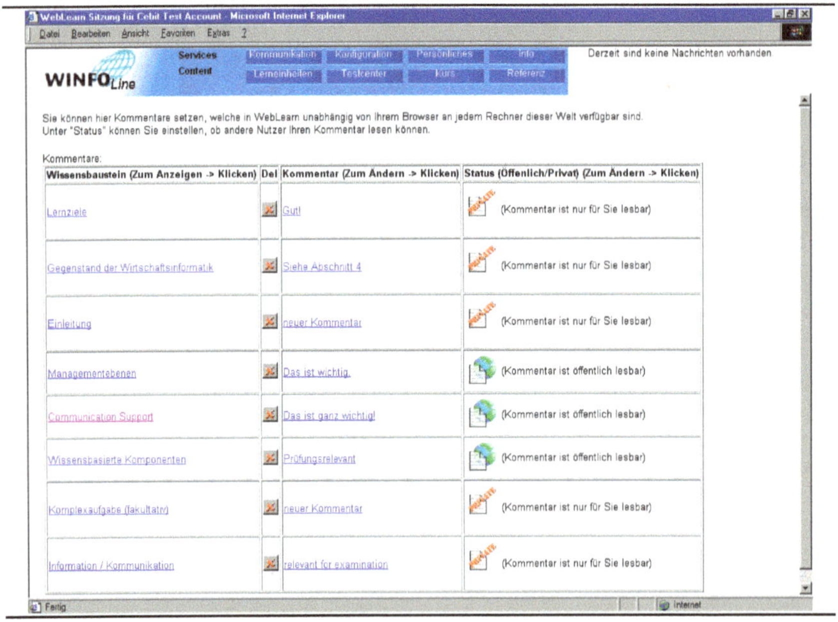

Abbildung A-10: Übersicht über eigene Kommentare

- Übungsaufgaben

Innerhalb von WebLearn wird zwischen Übungsaufgaben mit freier Beantwortung und Multiple-Choice-Aufgaben unterschieden (↗ 4.4.2).

Die folgende Abbildung A-11 zeigt das Eingabefenster, welches Lernenden zur Eingabe ihrer Lösung zu einer Übungsaufgabe mit freier Beantwortung zur Verfügung steht.

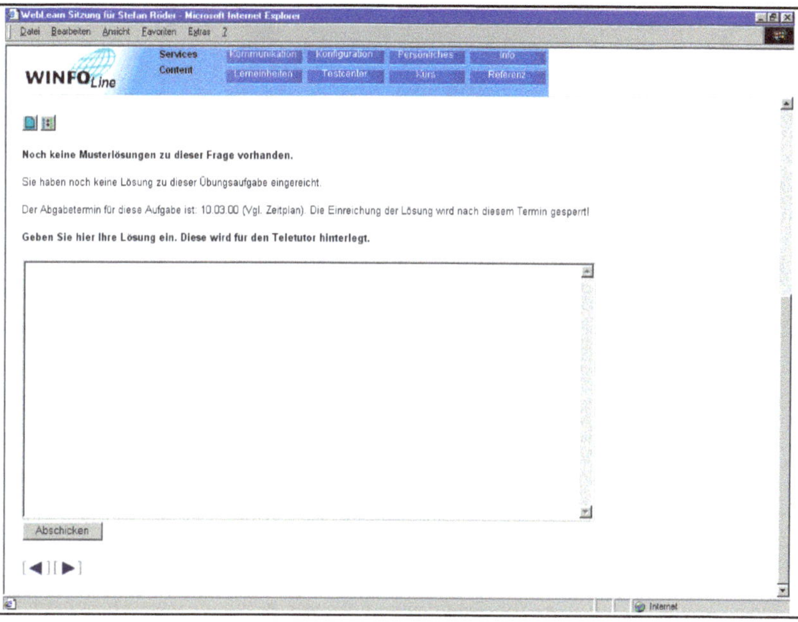

Abbildung A-11: Übungsaufgabe mit freier Beantwortung

Zu jeder Übungsaufgabe kann durch den Tutor eine Musterlösung hinterlegt werden, die dem Lernenden auf Wunsch nach Absolvieren dieser Übung zur Verfügung gestellt wird.

Nachdem der Lernende seine Lösung formuliert hat, wird sie in WebLearn für den Tutor hinterlegt. Gleichzeitig erhält der Tutor eine Nachricht mit dem Hinweis, dass eine neue Lösung eingegangen ist. Von WebLearn wird eine Übersicht über alle momentan eingegangenen und zur Beurteilung anstehenden Lösungen zur Verfügung gestellt (↗ Abbildung A-12). Diese kann vom Tutor als Übersicht über den Lernfortschritt der Teilnehmer eines Kurses genutzt werden.

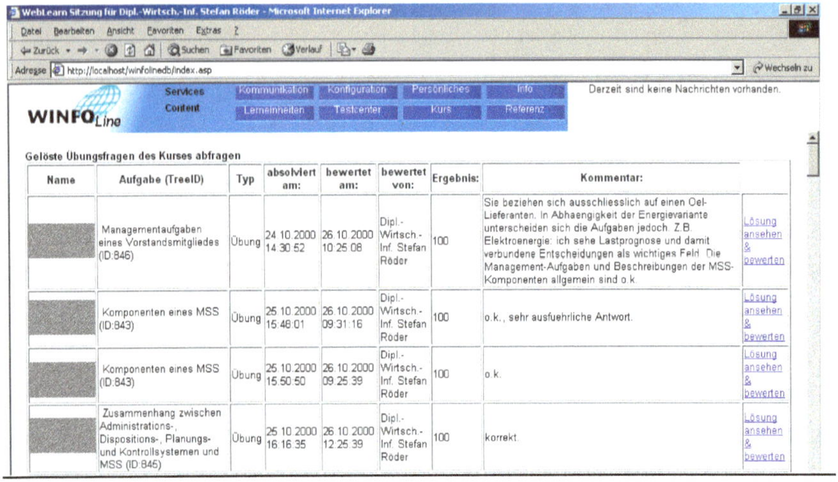

Abbildung A-12: Übersicht über zur Bewertung anstehende Übungsaufgaben[625]

Neben Übungsaufgaben mit freier Beantwortung können in WebLearn auch Multiple-Choice-Übungsaufgaben verwendet werden. Für diesen Aufgabentyp wird die Musterlösung in WebLearn hinterlegt. Die Überprüfung der Antwort des Lernenden erfolgt unmittelbar nach Absenden der Lösung durch WebLearn. Der Lernende erhält sofortiges Feedback zu seiner Lösungsvariante. Die folgende Abbildung A-13 zeigt das Formular einer Multiple-Choice-Übungsaufgabe in WebLearn.

[625] Namen wurden aus Gründen des Datenschutzes unkenntlich gemacht.

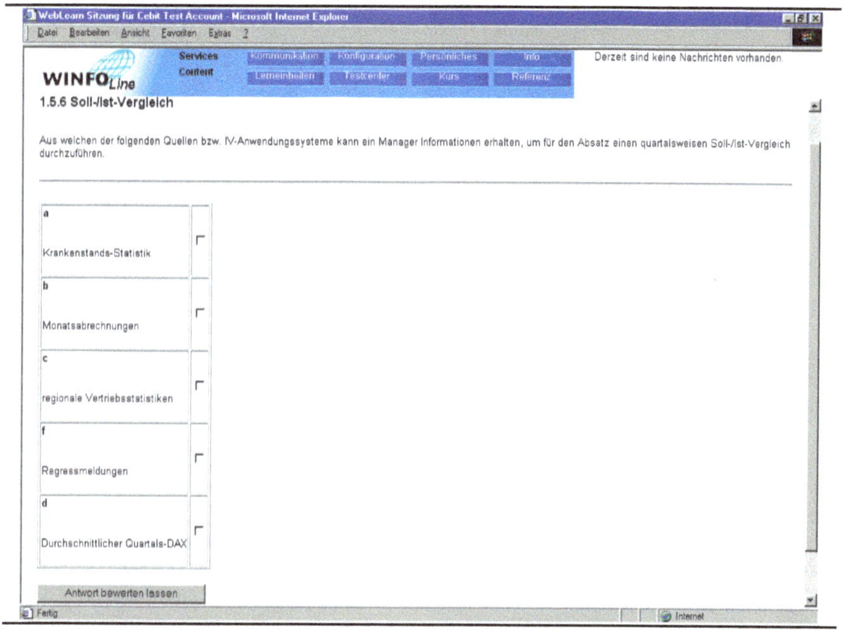

Abbildung A-13: Übungsaufgabe mit Multiple-Choice-Beantwortung

Zu jeder durch einen Lernenden absolvierten Übungsaufgabe wird ein Eintrag im Lernkonto durch WebLearn generiert. Dieser Eintrag enthält einen Verweis auf die Übungsaufgabe selbst, das erreichte Ergebnis (prozentual), den hinterlegten Kommentar des Tutors, sowie dessen Namen. Solange der Tutor die Lösung einer Aufgabe noch nicht begutachtet hat, kann diese zurückgezogen bzw. korrigiert werden. Lösungen zu Multiple-Choice-Übungsaufgaben können immer gelöscht und wiederholt werden.

Weiterhin ist das arithmetische Mittel aller Ergebnisse innerhalb des Kurses (alle Teilnehmer) im Lernkonto verfügbar. Der Lernende kann sich besser in das Gesamtleistungsbild des Kurses einordnen. Die folgende Abbildung A-14 zeigt ein Beispiel-Lernkonto aus WebLearn.

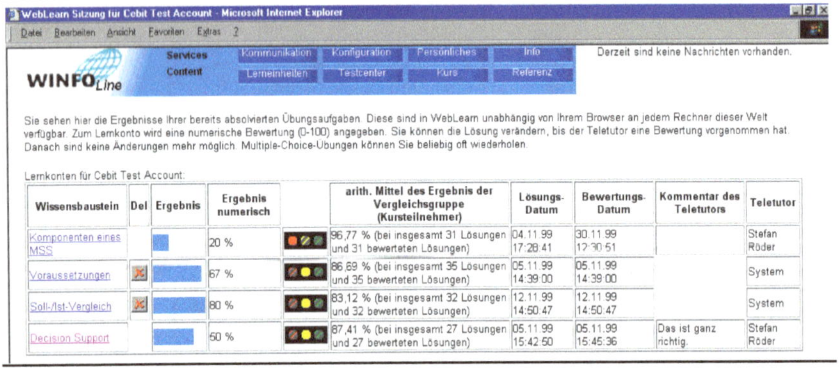

Abbildung A-14: Übersicht über Lernkonten

A.1.1.3 Kommunikationsfunktionen

Die Kommunikationsfunktionen (↗ 4.8.3) dienen der Unterstützung der Gruppenarbeit zwischen den Lernenden. Es wird eine Unterteilung in bilaterale und multilaterale Kommunikation vorgenommen.

- Bilaterale Kommunikation

Ein Lernender kann synchron und asynchron mit seinen Kommilitonen kommunizieren. Das wird durch eine Übersicht unterstützt, in der alle eingeschriebenen bzw. alle derzeit online arbeitenden Mitlernenden aufgelistet sind. Abbildung A-15 und Abbildung A-16 zeigen diese Übersichten.

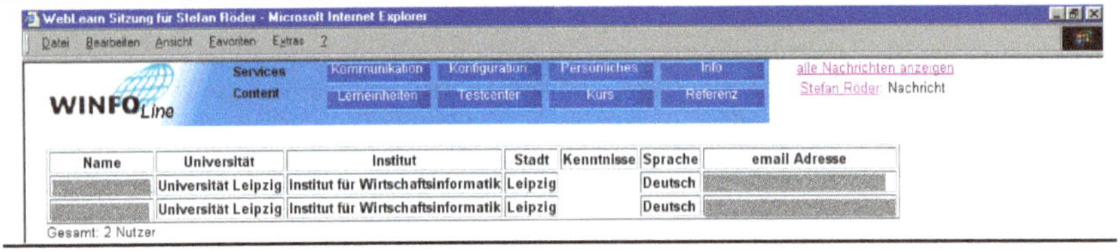

Abbildung A-15: Liste mit allen momentan online arbeitenden Nutzern[626]

[626] Namen und Adressen wurden aus Gründen des Datenschutzes unkenntlich gemacht.

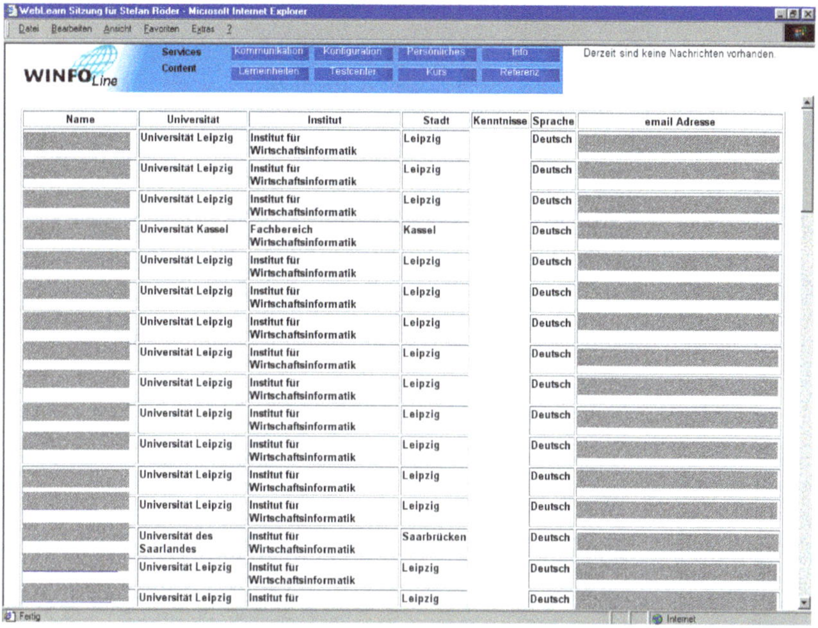

Name	Universität	Institut	Stadt	Kenntnisse	Sprache	email Adresse
[redacted]	Universität Leipzig	Institut für Wirtschaftsinformatik	Leipzig		Deutsch	[redacted]
[redacted]	Universität Leipzig	Institut für Wirtschaftsinformatik	Leipzig		Deutsch	[redacted]
[redacted]	Universität Leipzig	Institut für Wirtschaftsinformatik	Leipzig		Deutsch	[redacted]
[redacted]	Universität Kassel	Fachbereich Wirtschaftsinformatik	Kassel		Deutsch	[redacted]
[redacted]	Universität Leipzig	Institut für Wirtschaftsinformatik	Leipzig		Deutsch	[redacted]
[redacted]	Universität Leipzig	Institut für Wirtschaftsinformatik	Leipzig		Deutsch	[redacted]
[redacted]	Universität Leipzig	Institut für Wirtschaftsinformatik	Leipzig		Deutsch	[redacted]
[redacted]	Universität Leipzig	Institut für Wirtschaftsinformatik	Leipzig		Deutsch	[redacted]
[redacted]	Universität Leipzig	Institut für Wirtschaftsinformatik	Leipzig		Deutsch	[redacted]
[redacted]	Universität Leipzig	Institut für Wirtschaftsinformatik	Leipzig		Deutsch	[redacted]
[redacted]	Universität Leipzig	Institut für Wirtschaftsinformatik	Leipzig		Deutsch	[redacted]
[redacted]	Universität Leipzig	Institut für Wirtschaftsinformatik	Leipzig		Deutsch	[redacted]
[redacted]	Universität Leipzig	Institut für Wirtschaftsinformatik	Leipzig		Deutsch	[redacted]
[redacted]	Universität des Saarlandes	Institut für Wirtschaftsinformatik	Saarbrücken		Deutsch	[redacted]
[redacted]	Universität Leipzig	Institut für Wirtschaftsinformatik	Leipzig		Deutsch	[redacted]
[redacted]	Universität Leipzig	Institut für	Leipzig		Deutsch	[redacted]

Abbildung A-16: Übersicht über alle im Kurs eingeschriebenen Kursteilnehmer[627]

Mit Hilfe dieser Übersicht wird es dem Lernenden möglich, einen Kommunikationspartner auszuwählen. Das geschieht sowohl synchron (wenn der Kommunikationspartner online ist) als auch asynchron (↗ Abbildung A-17).

[627] Namen und Adressen wurden aus Gründen des Datenschutzes unkenntlich gemacht.

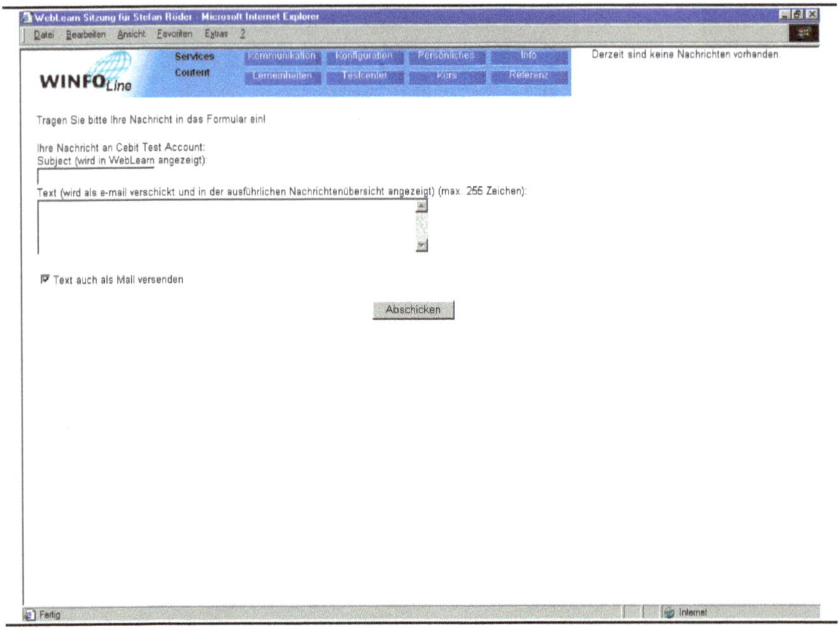

Abbildung A-17: Bilaterale Kommunikation

Im Fall der synchronen Kommunikation erhält der Kommunikationspartner sofort eine Benachrichtigung innerhalb seiner Lernumgebung. Die folgende Abbildung A-18 verdeutlicht dies:

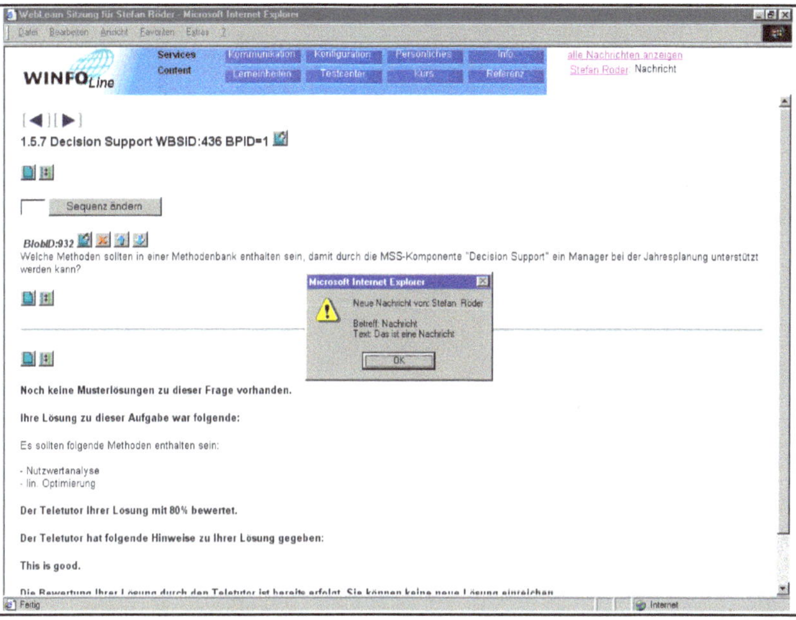

Abbildung A-18: Benachrichtigung über Kommunikationswunsch

Im Fall der asynchronen Kommunikation (Empfänger ist offline) wird die Nachricht gespeichert und nach der nächsten Anmeldung am Lernsystem angezeigt. Weiterhin ist es möglich (über das Auswahlfeld „Text auch als Mail versenden"), die Nachricht zusätzlich als E-Mail an den Empfänger zu übermitteln.

- Multilaterale Kommunikation

Die multilaterale Kommunikation ist eine Kommunikationsform, an der alle Kursteilnehmer gleichermaßen partizipieren. Damit ist sie bestens für allgemeine Ankündigungen und Betreuungsaufgaben, aber auch für das gemeinsame Lösen von Übungsaufgaben geeignet. Auch hier wird wieder zwischen synchroner und asynchroner Kommunikation unterschieden, wobei die synchrone durch ein Chat-Tool und die asynchrone durch ein Diskussionsforum realisiert wird. Dabei kommt dem Diskussionsforum die größere Bedeutung zu, da die Situation multilateraler, synchroner Kommunikation sehr selten gegeben ist. Die folgende Abbildung A-19 zeigt eine Übersicht über die Themen des Diskussionsforums in einem realen Kurs.

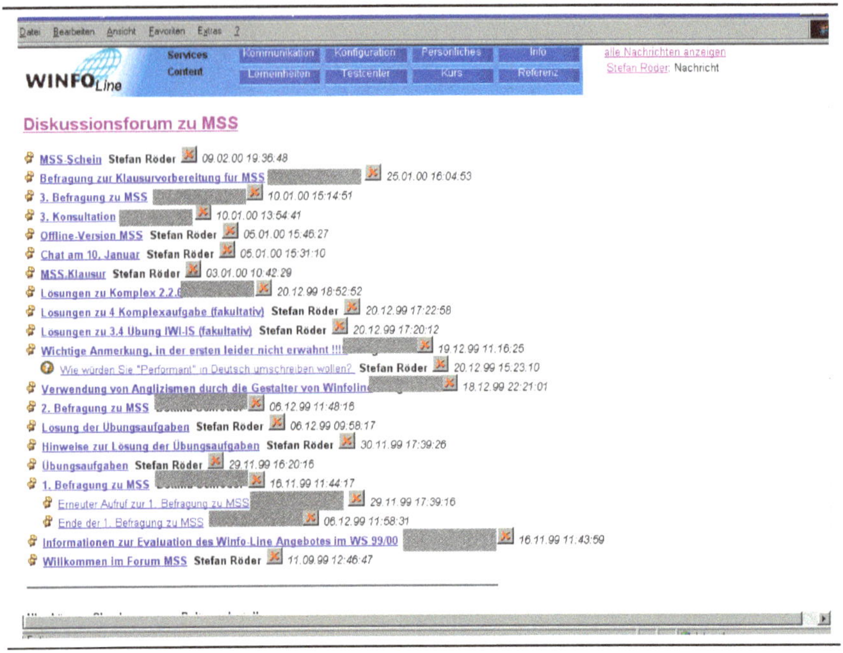

Abbildung A-19: Themenübersicht im Diskussionsforum[628]

Innerhalb des Diskussionsforums kann auf jeder Hierarchieebene ein Beitrag platziert werden. Ein logischer Zusammenhang ergibt sich dabei aus der hierarchischen Abfolge der Beiträge. Zu jedem Beitrag wird das Datum der Veröffentlichung sowie der Autor gespeichert. Eigene Beiträge können gelöscht werden. Der Tutor kann beliebige Beiträge entfernen.

Zum Einstellen eines Beitrages wird das in der folgenden Abbildung A-20 dargestellte Formular genutzt. Titel, Kategorie, sowie eigentlicher Beitragstext können hinterlegt werden.

[628] Namen wurden aus Gründen des Datenschutzes unkenntlich gemacht.

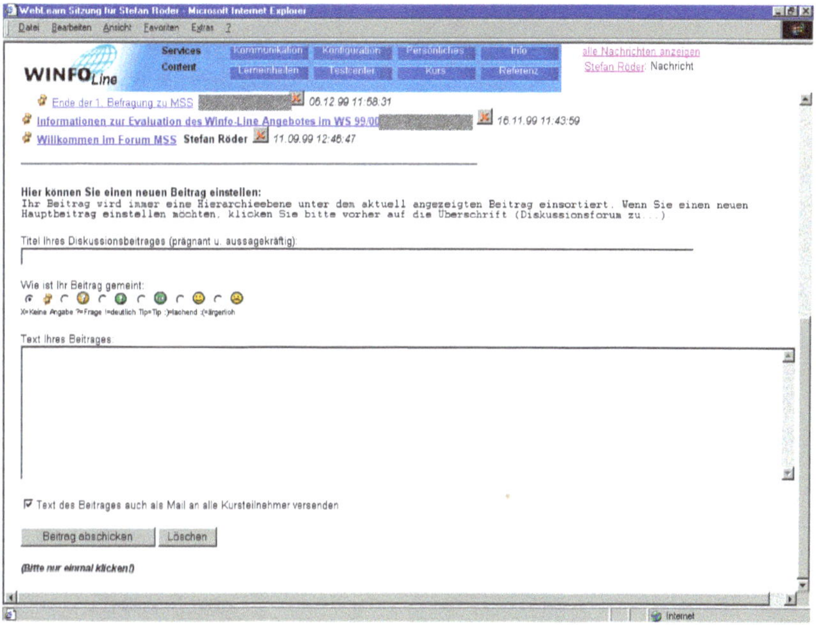

Abbildung A-20: Beitrag in das Diskussionsforum einstellen[629]

Auch beim Diskussionsforum gibt es die Möglichkeit, die Nachrichten als E-Mail zu versenden (über das Auswahlfeld „Text des Beitrages auch als E-Mail versenden"). Diese E-Mail wird in diesem Fall an alle im Kurs eingeschriebenen Nutzer versandt.

A.1.1.4 Integration von Diskussionsforen in CDLS

Der vielfältig gewählte modulare Ansatz besteht darin, ein vorgefertigtes Modul, das die Funktionalitäten eines Diskussionsforums (↗ 4.5.2.2) zur Verfügung stellt, in ein bestehendes CDLS zu integrieren. Dies bietet den Vorteil der schnellen Austauschbarkeit, wenn neue Funktionen gewünscht werden und diese am Markt verfügbar sind. Ein wesentlicher Nachteil ist jedoch, dass eine zum vorhandenen CDLS kompatible Schnittstelle meistens fehlt und somit keine funktionale Integration[630] erreicht werden kann.

Um diese Nachteile zu umgehen, wurde für das System WebLearn ein integriertes Diskussionsforum entwickelt, das

- neue Beiträge ohne erneute Angabe des Benutzernamens vermerken[631],
- Verweise auf Lerninhalte aufnehmen und

[629] Namen wurden aus Gründen des Datenschutzes unkenntlich gemacht.

[630] Der Begriff „funktionale Integration" bezeichnet in diesem Zusammenhang die Möglichkeit, Daten, welche für die laufende Transaktion benötigt werden (z.B. Benutzername, aktueller Wissensbaustein), mit dem zu Grunde liegenden CDLS auszutauschen.

[631] Der Benutzername wurde bereits bei der Anmeldung am System für die laufende Sitzung (↗ 5.5) erfasst.

- Binärattachments hinterlegen kann.

Die beiden letztgenannten Funktionen sind für die realisierte Übungsvariante „Übung mit Beantwortung durch eine Gruppe“ (↗ 4.4.2.2) erforderlich und waren nicht in einem vorgefertigten Modul verfügbar.

Besonders bedeutsam ist die Funktion „Binärattachments in Diskussionsforen verwalten“. Sie wird verwendet, wenn es um das Lösen von Aufgaben geht, deren Lösung sich nicht oder nur schlecht in Textform wiedergeben lässt (z.B. Fallstudien). Dann können mit dieser Funktion alternativ beliebige andere Medientypen im korrespondierenden Dateiformat abgelegt werden (z.B. Folien, Animationen oder Programme). Die folgende Abbildung A-21 zeigt ein Anwendungsbeispiel in WebLearn:

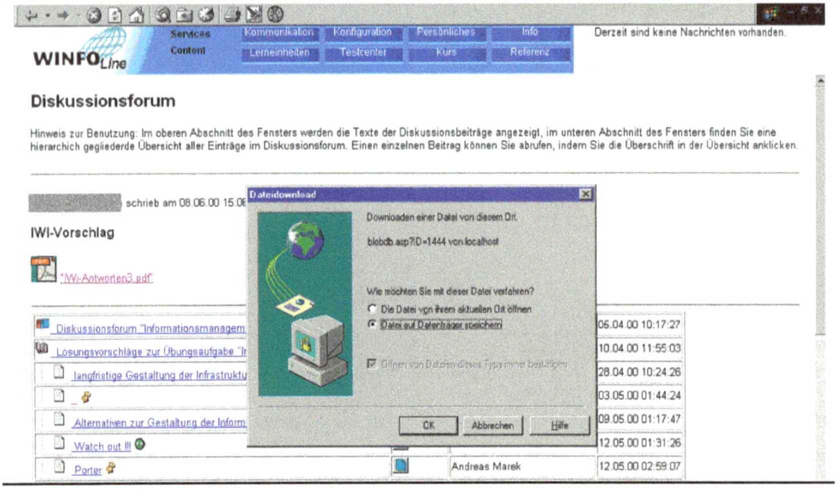

Abbildung A-21: Beitrag im Diskussionsforum mit Binärattachment[632]

A.1.2 Autor-Frontend

Das Autor-Frontend enthält die Funktionen, welche den Autor bei der Erstellung der Lerninhalte unterstützen (↗ 6.2.1).

Folgende Funktionen werden unterstützt:

- Erstellen/Editieren von Bildungsprodukten[633], Lerneinheiten und Übungseinheiten sowie
- Erstellen von Testfragen aus den Wissensbausteinen.

Jeder Wissensbaustein wird in sog. Blobs unterteilt (↗ 2.11). Ein Blob repräsentiert die kleinste einzeln adressierbare und wiederverwendbare Einheit von Lerninhalten. Die folgende Abbildung A-22 zeigt den Editor für Blobs.

[632] Namen wurden aus Gründen des Datenschutzes unkenntlich gemacht.
[633] Der Begriff „Bildungsprodukt“ ist strikt vom Begriff des „Kurses“ abzugrenzen.

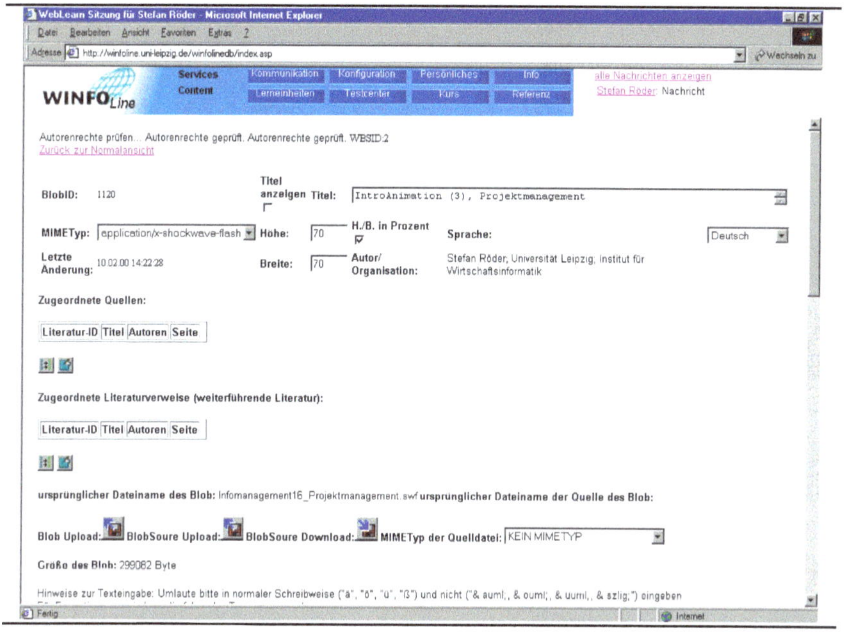

Abbildung A-22: Ändern von Wissensbausteinen und Blobs

Zu jedem Blob können Metadaten gemäß Abschnitt 5.3.3 hinterlegt werden. Zusätzlich ist es möglich, die Quelldatei (im Falle einer Grafik oder Animation), referentielle Hyperlinks, Literaturverweise und Schlagworte zu hinterlegen. Auf diese Daten greift WebLearn zum Generieren diverser anderer Funktionen (z.B. Literaturverzeichnis, Index) zurück. Die Steuerung des Zugriffes auf Wissensbausteine und Blobs erfolgt über eine in WebLearn integrierte Rechteverwaltung (↗ A.1.4).

A.1.3 Tutor-Frontend

Das Tutor-Frontend unterstützt folgende Funktionen:

- E-Mail an alle Teilnehmer eines Kurses (↗ 4.5.2.1),
- Bewerten von Übungsaufgaben (↗ 4.4.2),
- Zuordnung von Bewertungen zu Teilnehmer/Kurs-Kombinationen sowie
- Planung des Ablaufes des Kurses.

Die relevanten Funktionen wurden bereits in Abschnitt A.1.1 aus Sicht des Lernenden betrachtet. Der Tutor verwendet die gleichen Dialoge.

Der typische Ablauf eines Kurses gestaltet sich folgendermaßen:

- Einschreibung der Teilnehmer,
- Start des Kurses,
- Durchführung der Übungen Ü1-Ün im vorgegebenen Zeitfenster,

- Einschreibung zur Prüfung,
- Durchführung der Prüfung sowie
- Ende des Kurses.

Zum Abschluss eines Kurses besteht für die Teilnehmer die Möglichkeit, sich zu den relevanten Klausuren anzumelden. Dies erfolgt über den in folgender Abbildung A-23 gezeigten Dialog.

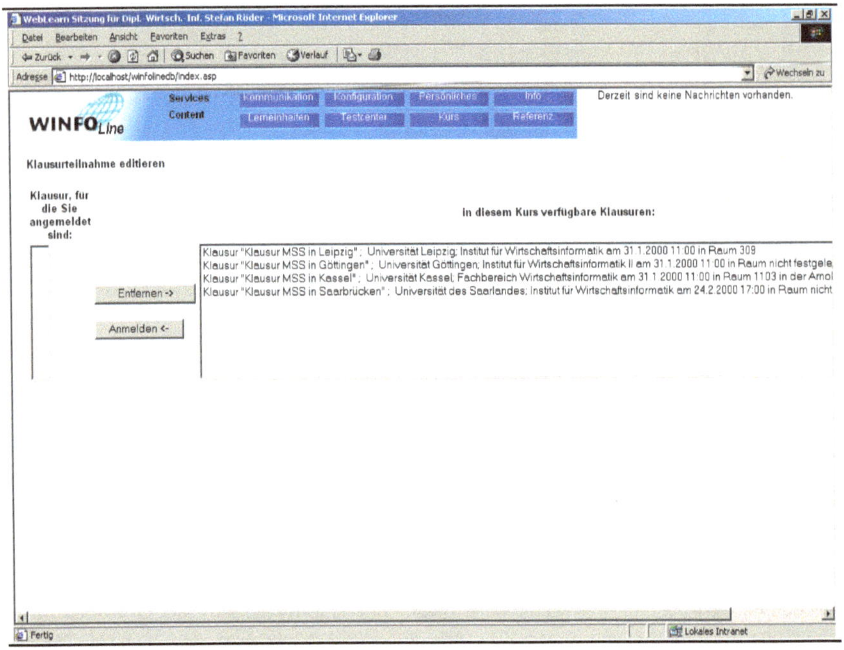

Abbildung A-23: Einschreibung zur Klausur

Wesentlich ist die Möglichkeit, aus mehreren Standorten für die Klausur wählen zu können. Es kann jeweils nur ein Standort selektiert werden.

Der Tutor hat die Möglichkeit, auf Basis der eingegangenen Anmeldungen (↗ Abbildung A-24) eine genaue Raum- und gegebenenfalls Zeitplanung der Klausur vorzunehmen.

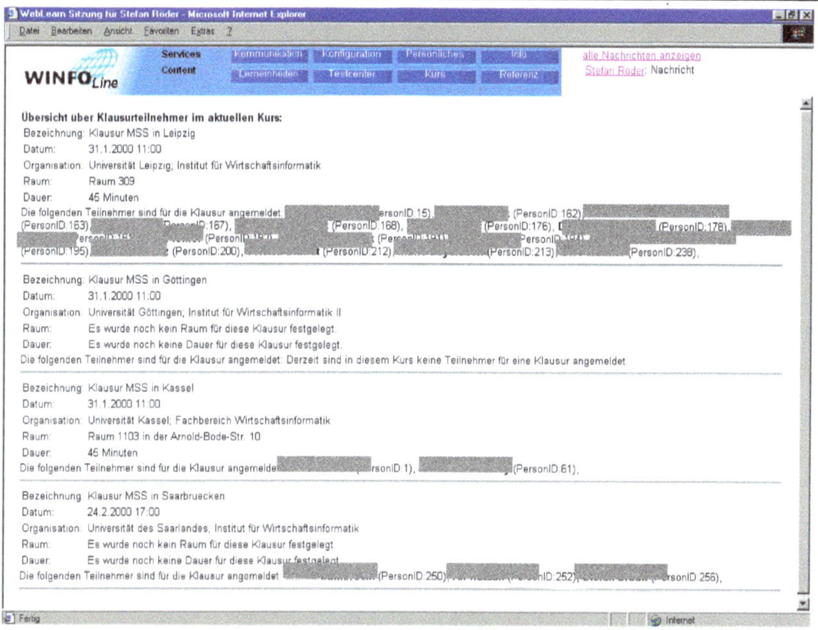

Abbildung A-24: Übersicht über vorgenommene Klausuranmeldungen[634]

A.1.4 Administrator-Frontend

Das Administrator-Frontend stellt die zur organisatorischen Betreuung eines CDLS notwendigen Funktionen zur Verfügung. Konkret sind dies:

- Erstellen/ Editieren von Kursen (↗ 2.14),
- Zuordnung von Bildungsprodukten zu Kursen (↗ 2.13, 2.14),
- Zuordnung von Teilnehmern zu Kursen,
- Zuordnung von Tutor(en) zu Kursen sowie
- Zuordnung von Terminen zu Kursen.

Die folgende Abbildung A-25 zeigt die Freischaltung von Teilnehmern für einen Kurs. Dabei werden die eingeschriebenen Benutzer aus der Benutzerdatenbank angezeigt. Ein Benutzer kann auch für mehrere Kurse freigeschaltet werden.

[634] Namen wurden aus Gründen des Datenschutzes unkenntlich gemacht.

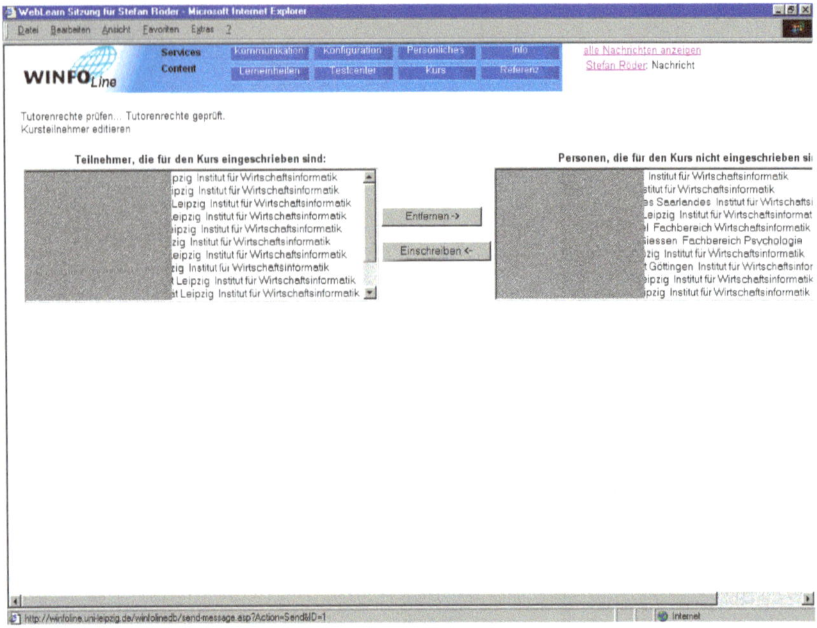

Abbildung A-25: Zuordnung von Teilnehmern zu Kursen[635]

Der Administrator ist in WebLearn auch für die Vergabe der Rechte an Autoren und Tutoren zuständig. Die Autoren und Tutoren werden dabei in Gruppen organisiert, für welche die Rechte vergeben werden. Rechte werden auf Ebene der Wissensbausteine verwaltet. Das bedeutet, dass ein Autor alle Blobs eines Wissensbausteins für den er Schreibrechte besitzt verändern darf. Die folgende Abbildung A-26 zeigt den Editor für die Vergabe von Schreibrechten an Wissensbausteinen für Autorengruppen.

[635] Namen wurden aus Gründen des Datenschutzes unkenntlich gemacht.

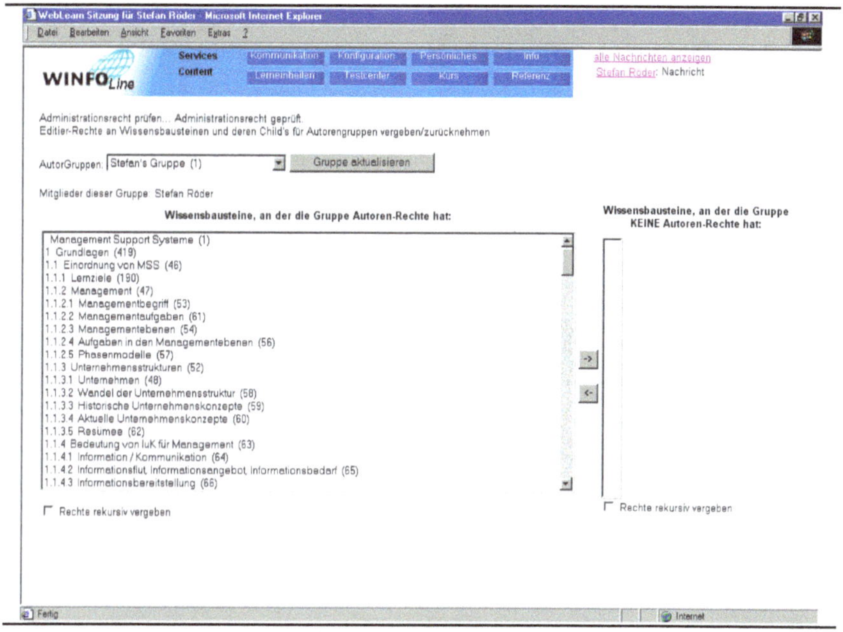

Abbildung A-26: Rechtevergabe an Autorengruppen

Anhang B Gesamtstruktur KoWiMo

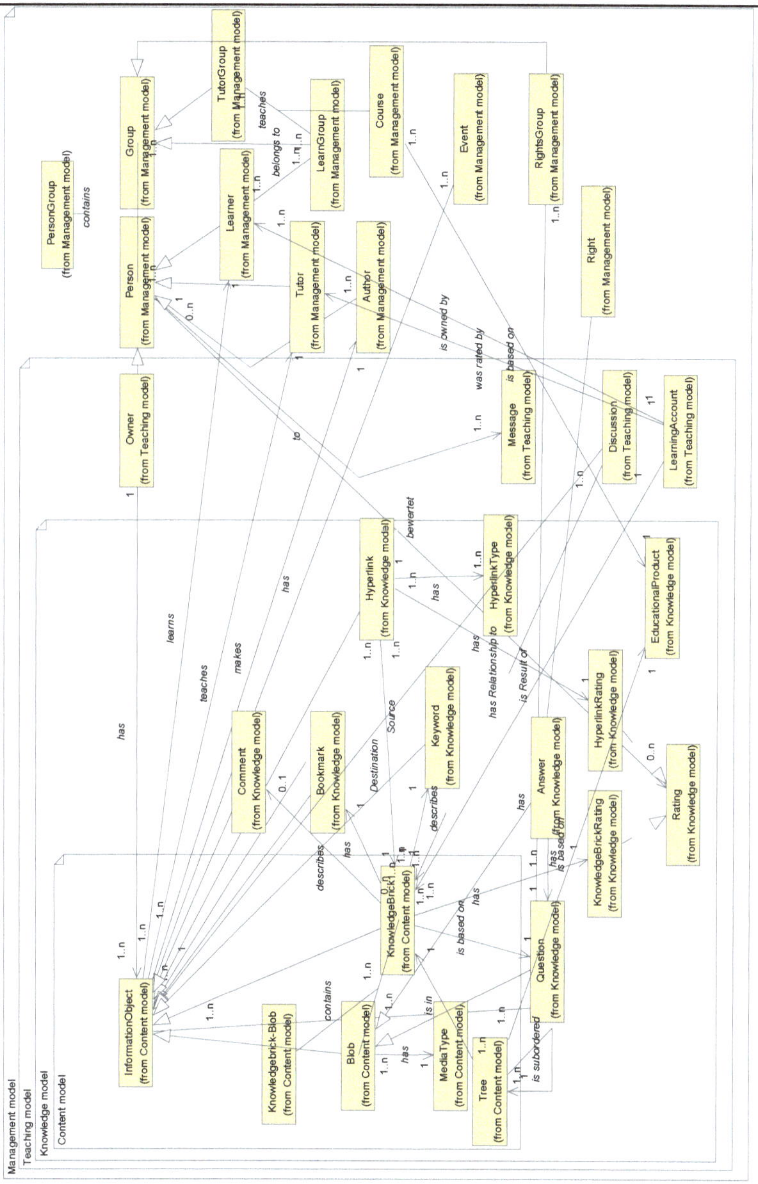

Abbildung B-1: UML-Klassendiagramm der Gesamtstruktur von KoWiMo

Anhang C Darstellungsweise

Folgende Konventionen werden in dieser Arbeit verwendet:

⇒ *Definition: Definitionen werden durch einen Pfeil gekennzeichnet. Die Definition selbst ist kursiv gesetzt, der <u>definierte Begriff</u> wird zusätzlich unterstrichen.*

Querverweise werden durch ↗ und die folgende Angabe der Kapitelnummer gekennzeichnet.

AUTORENNAMEN werden in Kapitälchen gesetzt.

Zitate sind durch: „Zitiert nach: [Quellenangabe]“ dargestellt.

Auf weiterführende Literaturhinweise wird durch: „Vgl: [Quellenangabe]“ hingewiesen.

Für viele Begriffe (insbesondere aus der IT-Domäne) hat sich eine englischsprachige Variante im deutschsprachigen Raum eingebürgert. Diese wird, so vorhanden, auch in dieser Arbeit verwendet. Zudem ist eine englischsprachige Beschreibung oft kürzer und prägnanter als die deutschsprachige Erklärung.

Weil besonders bei der Beschreibung der Entitätstypen und Attribute eine einheitliche Sprache verwendet werden soll, werden diese durchgängig englischsprachig dargestellt, auch wenn in Einzelfällen eine deutschsprachige Bezeichnung möglich ist.

Die Kennzeichnung des Plurals erfolgt bei Fremdworten durch das im Englischen übliche „s“.

Personenbezeichnungen werden ausschließlich in männlicher Form verwendet, da diese einfacher lesbar ist. Weibliche Personen sollen dadurch nicht diskriminiert werden.

Die Ausführungen beziehen sich sowohl auf den Bereich der „Erstausbildung“ als auch auf den Bereich der „Weiterbildung“. Dies wird nur dort explizit unterschieden, wo für beide Bereiche unterschiedliche Aussagen zutreffend sind. Sonst werden beide Bereiche mit „Ausbildung“ bezeichnet.

In einigen Abschnitten wird gleichzeitig auf die Lehr- und die Lernseite Bezug genommen (z.B.: Lehr-/Lernumgebung). In solchen Fällen wird der Sachverhalt der Einfachheit halber auf der Lernseite beschrieben (z.B.: Lernumgebung).

Alle aufgeführten Bezeichnungen, Logos, Namen und Warenzeichen (auch solche, die nicht explizit gekennzeichnet sind) sind Warenzeichen, eingetragene Warenzeichen oder sonstige urheberrechtlich oder marken- bzw. titelrechtlich geschützte Bezeichnungen ihrer jeweiligen Eigentümer und werden ausdrücklich als solche anerkannt. Die Nennung dieser Bezeichnungen, Logos, Namen und Warenzeichen geschieht lediglich zu Identifikationszwecken und stellt keinen irgendwie gearteten Anspruch auf diese Bezeichnungen, Logos, Namen und Warenzeichen dar. Aus der Nennung kann nicht darauf geschlossen werden, dass Bezeichnungen, Logos, Namen oder Warenzeichen frei von gewerblichen Schutzrechten sind.

Schriften zur Wirtschaftsinformatik

Herausgegeben von Dieter Ehrenberg, Bodo Rieger und Peter Stahlknecht

Band 1 Andreas Drasdo: Softwaresanierung durch objektorientiertes Reengineering eines relationalen Datenbanksystems. 1994.

Band 2 Wolfgang Hampe-Neteler: Software-ergonomische Bewertung zwischen Arbeitsgestaltung und Softwareentwicklung. 1994.

Band 3 Bernhard E. Knuth: Das Rollenkonzept im Vergleich zu anderen Strategien der Komplexitätsreduktion und die Anwendung bei Methoden der Systementwicklung. 1995.

Band 4 Wieland Appelfeller: Wiederverwendung im objektorientierten Softwareentwicklungsprozeß, dargestellt am Beispiel der Entwicklung eines Lagerlogistiksystems. 1995.

Band 5 Rüdiger Wilbert: Interpretation und Anwendung Neuronaler Netze in den Wirtschaftswissenschaften. 1996.

Band 6 Andreas Schumm: Wirtschaftlichkeitsanalysen von PC-Infrastrukturen als Aufgabe des IS-Controlling. 1996.

Band 7 Thomas Schnieders: Konzeption und Realisierung multimedialer Kataloge. 1997.

Band 8 Helge Petersohn: Vergleich von multivariaten statistischen Analyseverfahren und Künstlichen Neuronalen Netzen zur Klassifikation bei Entscheidungsproblemen in der Wirtschaft. 1997.

Band 9 Guido Biendarra: Fallbasierte Entscheidungsunterstützung für Jahresabschlußprüfungen. 1998.

Band 10 Markus Lohmann: Dynamische Ressourcenallokation in verteilten Systemen. Eine vergleichende Analyse von Koordinationsmechanismen. 1999.

Band 11 Natascha Ruske: Wiederverwendung fördernde Dokumentation objektorientierter Anwendungsentwicklung am Beispiel eines Liegenschaftsverwaltungssystems. 2000.

Band 12 Stephan Weidner: Analyse- und Gestaltungsrahmen für Outsourcing-Entscheidungen im Bereich der Informationsverarbeitung. 2000.

Band 13 Sven Küchler: Der prozeßorientierte Ansatz zur Verwaltungsmodernisierung des öffentlichen Sektors in Deutschland am Beispiel einer niedersächsischen Kommunalverwaltung. 2000.

Band 14 Matthias Krieb: Medienkonvergenz und Unternehmensstrategie. Optionen zur branchenübergreifenden Bündelung von Medien- und Kommunikationsdiensten. 2001.

Band 15 Stefan Röder: Eine Architektur für individualisierte computergestützte Lernumgebungen. Grundlagen, Modularisierung und prototypische Realisierung. 2003.

FSC
www.fsc.org
MIX
Papier | Fördert gute Waldnutzung
FSC® C083411

Kolibri 360 GmbH
Ferdinand-Jühlke-Straße 7
99095 Erfurt, Deutschland
produktsicherheit@kolibri360.de

Druck:
CPI Druckdienstleistungen GmbH
im Auftrag der
Kolibri 360 GmbH
Ferdinand-Jühlke-Str. 7
99095 Erfurt